Laurenz Andrzejewski
Trennungs-Kultur und Mitarbeiterbindung

Gewidmet allen,
die jemals etwas Wertvolles
verloren haben
– und daran gewachsen sind.

Laurenz Andrzejewski

# Trennungs-Kultur
## und Mitarbeiterbindung

Kündigungen fair und nachhaltig gestalten

3., aktualisierte und erweiterte Auflage

eine Marke von Wolters Kluwer Deutschland

**Bibliografische Information der Deutschen Nationalbibliothek**
Die Deutsche Nationalbibliothek verzeichnet diese Publikation in der Deutschen Nationalbibliografie; detaillierte bibliografische Daten sind im Internet über http://dnb.d-nb.de abrufbar.

ISBN 978-3-472-07291-1

www.wolterskluwer.de
www.personalwirtschaft.de

Alle Rechte vorbehalten.
Luchterhand – eine Marke der Wolters Kluwer Deutschland GmbH

© 2008 Wolters Kluwer Deutschland GmbH, Köln

Das Werk einschließlich aller seiner Teile ist urheberrechtlich geschützt. Jede Verwertung außerhalb der engen Grenzen des Urheberrechtsgesetzes ist ohne Zustimmung des Verlages unzulässig und strafbar. Das gilt insbesondere für Vervielfältigungen, Übersetzungen, Mikroverfilmungen und die Einspeicherung und Verarbeitung in elektronischen Systemen.

Lektorat: Richard Kastl
Herstellung: Michael Dullau

Zeichnungen: Helmut Schreiner, München
Cover-Illustration: Ute Helmbold, Essen
Umschlaggestaltung: Konzeption & Design, Köln
Satz: RG-Datenservice, Darmstadt
Druck: Wilhelm & Adam OHG, Heusenstamm

Gedruckt auf säurefreiem, alterungsbeständigem und chlorfreiem Papier.

# Vorwort zur dritten Auflage

**Der Blick weitet sich – Erfahrung macht klug**

*»Befassen Sie sich immer noch mit der Trennungs-Kultur?«* werde ich in jüngster Zeit immer wieder einmal gefragt. Und dabei ist deutlich ein etwas mitleidiger und verständnisloser Unterton zu hören. *»Aber ja«*, antworte ich dann regelmäßig, *»und ich tue es aus voller Überzeugung!«* Dann lese ich manchmal Unverständnis in den Augen meines Gegenüber.

Wie das dann folgende Gespräch zeigt, glauben die Fragenden, dass in Zeiten des Wirtschaftswachstums und der viel beschriebenen Blütezeit das Thema Trennungs-Kultur obsolet sei. Im weiteren Verlauf der Gespräche geben meine Gesprächspartner dann regelmäßig zu, dass es auch in ihrem Unternehmen zwar viele Leitfäden und Checklisten für die Personaleinstellung, die Personalentwicklung, auch für das Führen von Konfliktgesprächen etc. gäbe, nicht aber zum Thema Trennung. Und sie führen aus, dass es weder zur Handhabung von leistungs- oder verhaltensbedingten Trennungen Empfehlungen gäbe noch zum Thema betriebsbedingter Kündigungen.

Und damit es klar ist: Ich spreche von der Jetztzeit, dem Erscheinungsjahr dieser dritten Auflage des Buches.

Sehr geehrte Damen und Herrn, liebe Leserinnen und Leser, mit der Ihnen vorliegenden dritten, völlig überarbeiteten Auflage des Handbuches Trennungs-Kultur setze ich einen weiteren Meilenstein in der Entwicklung des professionellen Trennungsmanagements.

Inzwischen sind die von mir vorgelegten Konzepte zu einem ganzheitlichen Ansatz einer Folgen minimierenden Trennungs-Kultur noch vielfältiger und umfassender dokumentiert. Vorstände, Führungskräfte, Personalverantwortliche und betroffene Mitarbeiter haben im Rahmen des 1. Frankfurter Klartext-Dialogs eindrucksvoll über ihre persönlichen Erfahrungen aus der beruflichen Praxis berichtet. Das Besondere: Sie haben Klartext gesprochen. Die Kernaussagen und wesentlichen Botschaften habe ich in diese Auflage eingearbeitet und entsprechend kenntlich gemacht. Wenn Sie an den Erfahrungen anderer Unternehmen im Sinne einer Benchmark interessiert sind, können Sie gezielt diese Passagen auswählen.

Nach Jahren der erfolgreich gelebten Trennungs-Kultur wird mehr und mehr deutlich, dass Trennungs-Kultur eine kontinuierliche Managementaufgabe ist. Trennung ist ein Teil der Organisations- und Personalentwicklung und nicht nur eine reaktive, reparative Maßnahme in Zeiten von Organisations- und Personalabbau. Allerdings habe ich den Eindruck, dass dieses Verständnis von professionellem Trennungsmanagement weiterhin dringend entwicklungsbedürftig ist.

Des Weiteren gilt es, endlich zu verstehen, dass der Trennungsbegriff als solcher und der Vorgang umfassender zu sehen und zu verstehen sind, als dies gemeinhin getan wird. So ist es mir ein Anliegen, deutlich zu machen, dass wir stets die Trias von Trennen, Halten und Motivieren vor Augen haben müssen.

Auch nach den vielen Jahren meiner beraterischen Praxis ist es immer wieder eindrucksvoll für mich, zu erleben, wie im Rahmen von Trennungs- und Kündigungsgesprächen, bzw. der dazugehörigen Vorbereitungen in Workshops und Einzelgesprächen, die Verantwortlichen sich plötzlich darüber bewusst werden, dass sie umgehend ihre unternehmerische Führungs- und Feedback-Kultur verändern und weiterentwickeln müssen. Wahrhaftigkeit und Ehrlichkeit sind gefragt!

Abgesehen davon, dass ich bis zum heutigen Tage immer wieder auf's Neue bestätigt bekomme, dass es einer extrem guten Vorbereitung bedarf, um wirtschaftliche und menschliche Schäden zu vermeiden, möchte ich in dieser Auflage bei zwei Aspekten einen Schritt weiter gehen. In Kapitel 12 zitiere ich zum einen grundlegende Gedanken zum Thema Sinn der Krise und Nutzen des Wandels und gebe zum anderen einige Anregungen zur Vermeidung von Personalstau. Ich stelle Anregungen zur Diskussion, wie zukünftig Kündigungswellen, in die immer wieder die so genannten Low Performer einbezogen werden, vermieden werden können.

Weiterhin bin ich der Überzeugung, dass im Sinne der *Grundsätze guter Unternehmensführung (Corporate Governance)* neben Bilanzierungsrichtlinien und Regelwerken dringend auch Elemente der Trennungs-Kultur in die ethischen Standards der Unternehmen Eingang finden müssen.

Sollten Sie, verehrte Leserin, geehrter Leser, bereits vor dem Lesen dieses Buches von der Sinnhaftigkeit der Trennungs-Kultur überzeugt gewesen sein, oder sollten Sie durch das Lesen dieses Buches zur Überzeugung kommen, dass es sich lohnt, und sollte Sie nun die Frage plagen, »*Wie bringe ich die Entscheidungsträger in meinem Unternehmen dazu, sich den Kernfragen zu stellen, ein Coaching, eine Management-Qualifizierung oder einen Workshop zur professionellen Vorbereitung zu finanzieren?*«, so empfehle ich Ihnen, die Kapitel über die versteckten Folgekosten – versehen mit einem gelben Sticker – vorzulegen. Diese Passagen sollten Ihr Ansinnen argumentativ unterstützen.

Allen, die mir über die Jahre ihr Vertrauen geschenkt und mit mir den gedanklichen Austausch gepflegt haben, mir Anregungen, Hinweise und neue Impulse gaben und mich durch ihre Fragen in anspruchsvollen Workshops stets aufs Neue forderten, danke ich von Herzen. Sie haben maßgeblich dazu beigetragen, dass es mir möglich war, die Methodik stetig weiterzuentwickeln. In diesem Sinne möge Ihnen diese 3. Auflage der Trennungs-Kultur bei der Bewältigung einer der heikelsten Managementaufgaben behilflich sein.

Um eins bitte ich Sie ganz besonders: Behalten Sie bei allem Bemühungen um wirtschaftlichen Erfolg, Befriedigung der Aktionäre, Globalisierung und Wachstum stets im Blick: Es geht um die Menschen! Nur wenn wir die Menschen im Unternehmen mit Respekt und Wertschätzung behandeln, werden wir auf lange Sicht unseren Aufgaben im Trennungsmanagement gerecht werden und vor unserem eigenen Gewissen bestehen können.

*Usingen,* im Januar 2008 *Dr. Laurenz Andrzejewski*

# Vorwort zur zweiten Auflage (Auszug)

## Freude und Dankbarkeit

Liebe Leserinnen, liebe Leser,

genau zwei Jahre sind seit der Auslieferung der ersten Auflage vergangen – schon, oder erst? Tatsache ist, dass das Buch von den Leserinnen und Lesern und einem breiten Fachpublikum außerordentlich positiv aufgenommen wurde und sich in diesen beiden Jahren in Sachen *Trennungs-Kultur* einiges bewegt hat: Das Schweigen über ein Tabuthema ist gebrochen, die Sensibilität für eines der heikelsten Managementthemen in den Topetagen hat zugenommen, Führungskräfte stellen sich der Verantwortung für die professionelle Vorbereitung und faire Durchführung von Trennungsgesprächen.

Das deutet darauf hin, dass mein »Predigen« von Professionalität, Humanität und Fairness Früchte trägt und wir auf dem richtigen Weg zu einem professionellen, wirtschaftlichen und fairen Kündigungsmanagement sind. Die Tatsache, dass ich in der Wirtschaftspresse inzwischen als »*Deutschlands Trennungspapst*« bezeichnet werde (DIE WELT vom 15. Februar 2003), würdigt mein Engagement in Sachen Trennungs-Kultur. Danke. Selbstverständlich werde ich weiterhin sehr motiviert die Kunde verbreiten.

*Usingen*, im Februar 2004 *Dr. Laurenz Andrzejewski*

# Vorwort zur ersten Auflage (Auszug)

(M)eine tiefe Verbeugung

Mein Dank gilt in erster Linie all denjenigen, die mir in den vielen Jahren als Berater ihr Vertrauen geschenkt und mit mir um Lösungen gerungen haben. Ich danke für die Offenheit der Menschen, die mich als »Betroffene« an ihrem Schicksal haben teilhaben lassen und von denen ich Demut lernen durfte. Ich bewundere den Mut, die Stärke und die Ausdauer aller, die jemals ihren »Job« verloren haben oder verlieren werden.

Den Unternehmen, die mich durch ihre Aufträge veranlasst haben, das ganzheitliche Trennungsmanagement methodisch ständig weiterzuentwickeln und zu der Reife und Qualität zu formen, die es heute hat, danke ich für ihr Interesse an der Thematik. Meine verehrten Eltern prägten in mir die humanistische und christliche Grundhaltung. Durch ihr Vorbild lehren sie mich bis heute, was Achtung und Respekt im beruflichen und privaten Alltag wirklich bedeuten. Mein Bruder Ali bereicherte mich mit Ideen und energetisch über viele Monate bis zum »take off«.

In Ehrfurcht verbeuge ich mich vor dem, der mir den Impuls, die Fähigkeit, den Raum, die Kraft und die Klarheit gab, all das aufzuschreiben, was ich schon so lange in mir trug.

*Usingen*, im November 2001 *Dr. Laurenz Andrzejewski*

# Inhaltsverzeichnis

| | Seite |
|---|---|
| Kapitel 1 Prolog – Annäherung an ein tabubesetztes Thema | 17 |
| 1.1 »Successful Termination« – »Drama« in mehreren Akten aus der Welt der Arbeit | 17 |
| 1.2 »Trennungs-Kultur« – ein Tabu-Thema macht Karriere | 26 |
| Kapitel 2 »Kündigungsschock« – Die Realität von Trennungen im Unternehmen | 34 |
| 2.1 Sprache verrät die Diskrepanz | 34 |
| 2.2 »Trennungs-Kultur«? – »Wir machen Business!« | 35 |
| 2.3 Trennungs-Kultur und Trennungs-Ethik: Erste Begriffsdefinition und Bestimmungsgrößen | 37 |
| 2.4 Trennungsgründe und Trends in der Wirtschaft | 37 |
| 2.5 Trennungsmanagement nach Art des Hauses – Arten und Gründe für Trennungen | 44 |
| 2.6 Was passiert, wenn nichts passiert? – Messbare wirtschaftliche Folgen von unprofessionellem Trennungsmanagement | 45 |
| Kapitel 3 Deutsche Führungskräfte weinen nicht! Die Ängste der Vorgesetzten beim Trennungsgespräch | 59 |
| 3.1 Offenbarung: Die Not der Vorgesetzten im Kündigungsgespräch | 59 |
| 3.2 »Warum schwitzen Sie so, Chef?« – Schwierigkeiten | 61 |
| 3.3 »Warum haben Sie so schlecht geschlafen, Chef?« – Ängste | 68 |
| 3.4 »Vorsicht, Sie haben Dreck am Schuh!« – Fehler | 77 |
| 3.5 »Da geht dem Chef ein Licht auf!« – Erkenntnisse | 83 |
| 3.6 »Was wünschen Sie sich zum Geburtstag, Chef?« – Wünsche der Manager vor einem Kündigungsgespräch | 87 |
| Kapitel 4 Energie-Krisen – Dynamik im Trennungsprozess | 95 |
| 4.1 Chronologie und Phasen | 95 |
| 4.2 Organisation und Projektmanagement | 96 |
| 4.3 Die Trias verstehen: Trennung – Bindung – Motivation | 99 |
| 4.4 Die Achterbahn der Emotionen | 106 |
| 4.5 Die Planungsphase des Trennungsprozesses | 107 |
| 4.5.1 Babylonische Sprachverwirrung tut weh! | 107 |
| 4.5.2 Projektmanagement in der Planungsphase | 109 |
| 4.5.3 Eskalation geplant – oder reaktiv? | 113 |
| 4.5.4 »Das machen wir schon immer so!« – Ex und Hopp! | 119 |
| 4.5.5 Das »Trennungskomitee« als Task-Force-Group | 120 |

## Inhaltsverzeichnis

| | | |
|---|---|---|
| 4.6 | Betroffene von Kündigungen und Entlassungen – »Kern«-Gruppen und »Rand«-Gruppen – Makroskopische Betrachtung | 126 |
| | 4.6.1 »Wie, die gehören auch dazu?« – Die Verbleibenden und der Chef | 128 |
| | 4.6.2 Betroffene im sozialen Umfeld – Partner und Kinder | 128 |
| | 4.6.3 Die »Rand«-Gruppen – einfach nicht zu übersehen! | 130 |

**Kapitel 5  Kosten unprofessioneller Trennungsversuche – Ökonomische Aspekte im Trennungsmanagement** .......... 132

- 5.1 Indirekte Kosten .......................................... 133
- 5.2 Versteckte Kosten ........................................ 136
- 5.3 Ungeplante Kosten durch Fluktuation ...................... 138
- 5.4 Direkte Kosten........................................... 141
  - 5.4.1 »Der Kampf der Giganten« – Motive und Ziele ....... 141
  - 5.4.2 Das »Trennungspaket« ist (k)eine Wundertüte ....... 142
  - 5.4.3 Der »Abfindungspoker« – Geld oder Zukunft ......... 143
  - 5.4.4 »Geld oder Leben?« – Beratungskosten .............. 146
  - 5.4.5 »Zeit ist Geld!« – Restlaufzeit ................... 149
  - 5.4.6 »Zeit ist Geld!« – Freistellung ................... 151
  - 5.4.7 »Wer soll das bezahlen?« – Budgetplanung .......... 154

**Kapitel 6  Die vier Basis-Fragen zum Trennungsgespräch** ............. 156

- 6.1 »Wer führt das Gespräch?«................................ 156
- 6.2 »Wann findet das Gespräch statt?« ........................ 160
- 6.3 »Wo findet das Trennungsgespräch statt?«................. 168
- 6.4 »Wie lange dauert das Trennungsgespräch?« ................ 170

**Kapitel 7  Das Kündigungsgespräch – »Na endlich!«** ................ 173

- 7.1 Inhalte eines professionellen Kündigungsgespräches ....... 175
  - 7.1.1 Die Unternehmensentscheidung ...................... 175
  - 7.1.2 Vertragliche Einzelheiten ......................... 177
  - 7.1.3 Trennungskonditionen .............................. 177
  - 7.1.4 Sicherheitsaspekte ................................ 178
  - 7.1.5 Informationspolitik............................... 178
  - 7.1.6 Termine und nächste Schritte...................... 182
- 7.2 Gesprächsführung unter erschwerten Bedingungen .......... 182
  - 7.2.1 Gesprächseröffnung ................................ 184
  - 7.2.2 Die ersten fünf Sätze ............................. 184
  - 7.2.3 Die Ich-Form ...................................... 186
  - 7.2.4 Klar und deutlich – bitte! ........................ 187
  - 7.2.5 Die Trennungsbegründung........................... 187
  - 7.2.6 Argumentation und Einwandbehandlung ............... 190

| | | | |
|---|---|---|---|
| | 7.2.7 | Umgang mit den Reaktionen | 191 |
| | 7.2.8 | Beendigung des Gesprächs | 191 |
| | 7.2.9 | Checkliste zur Gesprächsvorbereitung | 191 |
| 7.3 | Die Trennungsbegründung – Mikroskopische Betrachtung | | 191 |
| | 7.3.1 | Die Art der Begründung in Abhängigkeit vom Kündigungsgrund | 192 |
| | 7.3.2 | »Warum gerade ich?« – Generalbegründung oder individuell? | 193 |
| | 7.3.3 | Argumentation gegenüber einem Leistungsträger | 193 |
| | 7.3.4 | Argumentation gegenüber einem »Low-Performer« | 194 |
| | 7.3.5 | »Wahrhaftig« oder »ehrlich«? | 195 |
| | 7.3.6 | Welche Argumente »ziehen« am besten? | 196 |
| | 7.3.7 | »Hören Sie mir überhaupt noch zu?« | 200 |
| | 7.3.8 | Checkliste zur Trennungsbegründung | 201 |
| 7.4 | Das »Trennungs-Paket« ist (k)eine Wundertüte! – Mikroskopische Betrachtung | | 201 |
| | 7.4.1 | Checkliste: Inhalte des Aufhebungs-»Angebots« | 202 |
| | 7.4.2 | Checkliste: Wirtschaftliche Aspekte | 202 |
| | 7.4.3 | Checkliste: Organisatorische Regelungen | 203 |
| | 7.4.4 | Checkliste: Termine und Fristen | 203 |
| | 7.4.5 | Checkliste: Unterlagen | 204 |
| | 7.4.6 | Checkliste: Newplacement und Coaching | 204 |

**Kapitel 8 Betroffene Kerngruppe I: Der Vorgesetzte, der die Kündigung ausspricht** ... 205

| | | |
|---|---|---|
| 8.1 | »Lüfte Deine Maske – bist Du Täter, Opfer oder Helfer?« | 208 |
| 8.2 | Sandwichposition der Führungskraft | 211 |
| 8.3 | Reaktionstypologie bei Vorgesetzten – Selbstdiagnose und Verhaltenstipps | 215 |
| | 8.3.1 Der Verdränger | 215 |
| | 8.3.2 Der Konfrontierer | 216 |
| | 8.3.3 Der Konsens-Sucher | 217 |
| | 8.3.4 Experten-Tipps für alle drei Reaktionstypen | 217 |
| | 8.4 Reaktionen von Personalprofis als »Betroffene« | 218 |
| | 8.5 Reaktionen von Betriebsratsmitgliedern als »Betroffene« | 223 |

**Kapitel 9 Betroffene Kerngruppe II: Der Gekündigte – Multiple Reaktionen der »Hauptperson«** ... 226

| | | |
|---|---|---|
| 9.1 | Trennungstrauma | 229 |
| | 9.1.1 Subjektives Erleben | 230 |
| | 9.1.2 Psychische Reaktionen | 230 |
| | 9.1.3 Medizinische Symptome | 231 |
| | 9.1.4 Soziale Dysregulation | 231 |
| | 9.1.5 Ego-Probleme | 232 |

|    | 9.1.6 Bedrohliche Auswirkungen | 232 |
|---|---|---|
| 9.2 | Die Auswirkungen von Gerüchten – »Rumors« | 232 |
| 9.3 | Die »Achterbahn« – Phasischer Verlauf der Emotionen | 233 |
| 9.4 | Reaktionstypologie bei Gekündigten – Symptome, Gefahren, professioneller Umgang | 235 |
|    | 9.4.1 Der Selbstbeherrschte | 236 |
|    | 9.4.2 Der Aufbrausende | 237 |
|    | 9.4.3 Der Geschockte | 238 |
|    | 9.4.4 Der Verhandler | 239 |
| 9.5 | Selbstreflexion für Kündigende | 240 |
| 9.6 | Botschaften – im Trennungsgespräch erkennen | 241 |
|    | 9.6.1 Der Körper spricht – Schauen Sie hin! | 241 |
|    | 9.6.2 »Die Sprache verrät alles!« – Hören Sie zu!. | 241 |
|    | 9.6.3 Kommunikationsregeln nach Trennungstrauma | 242 |
|    | 9.6.4 Reizworte und ungeeignete Formulierungen | 242 |
| 9.7 | Kündigung von »Top Dogs« – Sind gekündigte Manager die »Weicheier« der Wirtschaft? | 244 |

**Kapitel 10 Betroffene Kerngruppe III: Die »Verbleibenden« – Eine oft übersehene Gruppe!** ... 250

| 10.1 | »Survivor« – Terminologie, die verletzt | 250 |
|---|---|---|
| 10.2 | Reaktionen und Symptome der »Verbleibenden« | 251 |
| 10.3 | Die Verbleibenden zeigen die rote Karte – »fair oder unfair?« | 253 |
| 10.4 | Der »Psychologische Kontrakt« – Bruch und Erneuerung | 254 |
| 10.5 | Die Krise des »Systems« – Systemische Aspekte einer Kündigung | 255 |
| 10.6 | Das »Survivor-Syndrom« – Reaktionsmodelle | 257 |
| 10.7 | Coaching der »Verbleibenden« – Essentieller Bestandteil des professionellen Trennungsmanagements | 259 |
| 10.8 | »Das Management« ist gefordert – bitte sofort!. | 261 |
|    | 10.8.1 Retentionsmaßnahmen | 263 |
|    | 10.8.2 Umgang mit Widerstand | 266 |
|    | 10.8.3 Führung wirksam gestalten | 267 |
|    | 10.8.4 Beziehungsmanagement | 270 |
|    | 10.8.5 Veränderungsmanagement | 271 |
|    | 10.8.6 Sozialmanagement | 271 |
|    | 10.8.7 Strukturmanagement. | 272 |
|    | 10.8.8 Zukunftsmanagement | 272 |
|    | 10.8.9 Checkliste zum professionellen Umgang mit den Verbleibenden. | 273 |
| 10.9 | »Hallo Survivor!« ruft da jemand zum Chef, dreht sich um und geht | 274 |
| 10.10 | Führen im Wandel | 274 |
| 10.11 | Führen von »Mischgruppen« | 276 |

## Kapitel 11 Die Newplacementphase im Trennungsprozess – Coaching als Teil der Trennungs-Kultur .................. 278

11.1 Eine Neudefinition der Inhalte und Terminologie ................ 278
11.2 Beratungsformen und Beratungsangebote ...................... 279
11.3 Ablauf und Inhalte einer Newplacementberatung ................ 280
11.4 Möglichkeiten und Grenzen der Karriereberatung ............... 285
11.5 »Warum noch Geld nachwerfen?« – Kosten-Nutzen-Analyse ....... 292
11.6 Make or Buy? ............................................. 296
11.7 Der Markt der Newplacementberater ......................... 299
11.8 Kritische Auswahl als Beitrag zur Trennungs-Kultur .............. 299
11.9 »Das sind Sie Ihrem Mitarbeiter schuldig!« – Qualitätssicherung ... 300
    11.9.1 Qualität des Beraters? ................................ 300
    11.9.2 Flankierende Maßnahmen? ........................... 302
    11.9.3 Proaktive Beratung – was ist das? ...................... 303
    11.9.4 Qualitätssicherung und internes Controlling? ............. 305
    11.9.5 Ist Outplacement »out«? ............................. 307
    11.9.6 Abgrenzung Outplacement Counseling und Newplacement Counseling ........................................ 307
11.10 Checkliste zur Auswahl des geeigneten Newplacementberaters ..... 308

## Kapitel 12 »Wollen Sie auch mal durchs Fernglas schauen?« – Ausblick 310

12.1 Schau mir in die Augen Kleines – Wahrhaftigkeit und Ehrlichkeit ............................................. 310
12.2 Vermeidung einer erneuten Abbau-Notwendigkeit ............... 311
12.3 Sinn der Krise und Notwendigkeit des Wandels .................. 312
12.4 Trennungsmanagement ist Organisationsentwicklung ............ 313
12.5 Interdisziplinäre Kooperation ................................ 315
12.6 »Wie kommen wir da hin?« – Soll-Ist-Abgleich der unternehmensspezifischen Trennungs-Kultur .................. 315

## Kapitel 13 Abspann – Szene nach dem »letzten Vorhang« .............. 322

## Kapitel 14 »Mehrere Zugaben« – Anhang ......................... 324

14.1 Checklisten zur professionellen Vorbereitung und Durchführung von Trennungsgesprächen ...................... 324
14.2 Argumentationsleitfaden – Behandlung der am häufigsten vorkommenden Fragen und Einwände im Trennungsgespräch ..... 328
14.3 Coaching im professionellen Trennungsmanagement ............. 335

## Kapitel 15 »Wie, Sie wollen mehr?« – Hinweise auf weiterführende Literatur .................... 342

## Kapitel 16 »Was suchen Sie?« – Stichwortverzeichnis, Kontakt ........ 361

# Kapitel 1

# Prolog – Annäherung an ein tabubesetztes Thema

## 1.1 »Successful Termination« – »Drama« in mehreren Akten aus der Welt der Arbeit

Ähnlichkeiten mit lebenden und noch handelnden Personen sind nicht zufällig.

**1. Akt**

Am Anfang war das Ende – Am Anfang war das Nichts

**Regie:**

Der Vorhang öffnet sich – eine Person, sitzend, leicht abgewandt mit dem Blick in die weite Leere des Büros – im fahlen Licht der Schreibtischlampe erkennt man schemenhaft ihr Profil. Stille. Sie kritzelt etwas in eine Kladde, liest zunächst still, beginnt dann mit verhaltener Stimme halblaut zu lesen – stockend, abgehackt .

*Zittern, stockender Atem, manchmal Tränen markieren den Beginn einer neuen Zeit. Zeit der Ungewissheit. Zeit ohne Perspektive. Zeit der Angst. Die verhaltene Wut brodelt wie ein Geysir unter der dünnen Decke der guten Erziehung. Die Verletzungen sind tief. Nur nicht bewegen – sonst brechen sie wieder auf – die dünnen Krusten. Die Wunden sind noch allzu frisch.*

*Gefeuert!*

*Vertrauen? Wem? Dem Chef? Sich selbst? Einem Berater? Nein!*

*Und überhaupt – wo gehört der hin? Auf welcher Seite steht der eigentlich?*

*Ich sage nichts ohne meinen Anwalt!*

> *Warten – zuhören – fragen*
> *Fühlen*
> *Mit-fühlen*
> *Ein-fühlen*
> *Warten*

*Doch dann bricht es aus ihm heraus! Jetzt packt er aus! Jetzt sagt er alles! Jetzt klagt er an!*

> *Freiwilliger Zeuge*
> *Zeuge sein ist sein Job*
>
> *Zeuge der Wunden*
> *gerissen durch Unbedachtheit*
>
> *Zeuge der Folgen*
> *geprägt durch Feigheit*
>
> *Zeuge der Schmerzen*
> *zugefügt durch Unprofessionalität*
>
> *Beratender Zeuge*

**Regie: Stille**

Ende des ersten Aktes – Vorhang

Ganz gleich, auf welchem Weg wir zueinander kamen und zu welchem Zeitpunkt ich den Gekündigten gegenüber saß, eines passierte regelmäßig – im zweiten oder dritten Beratungsgespräch. Immer dann, wenn die Betroffenen etwas Abstand gewonnen, immer dann, wenn sie Vertrauen gefasst hatten, dann »packten sie aus«. Da sie wussten, dass die Beratungsgespräche der strengen Diskretion und Vertraulichkeit unterliegen, berichteten sie in ihrer Betroffenheit – manche gezeichnet vom Trennungsschock, teilweise mit Tränen in den Augen, andere mit vor Wut verkniffenem Mund – über die Art und Weise, wie sie während des Kündigungsgesprächs und des Trennungsverfahrens behandelt worden waren. Und dabei berichteten sie über sachliche Ungereimtheiten, über gefühlsmäßige Kälte und Brutalität, über organisatorische Mängel.

**Erinnerungen**

- *Er erfährt von seiner Sekretärin, dass er gekündigt ist und sie bereits seinen Schreibtisch ausgeräumt hat. Wie seit 12 Jahren hatte er sich kurz vor Ende seines Urlaubs gemeldet, um sich die Post schicken zu lassen und mental auf den ersten Arbeitstag vorzubereiten – der Vertriebsleiter eines Pharmaunternehmens im Rheinland.*
- *Aus seinem Bürofenster sieht er ihn fluchtartig das Gelände verlassen. Freitagnachmittag. Sein Chef hat es eilig. »17 Minuten für 17 Jahre – für jedes Jahr eine Minute« rechnet der Hauptabteilungsleiter des Lebensmittelunternehmens. Jetzt geht er allein mit seiner Kündigung ins Wochenende. Mit seinem Nebel im Kopf.*
- *Sie versteht ihn nicht – diesen fremden Berater. Was heißt »Zu neuen Ufern soll er sie begleiten«? Anfang 30 – Produktmanagerin eines namhaften Textilunternehmens – eine strahlende, engagiert wirkende junge Frau. Doch in diesem Moment verdüstert sich ihr Blick. Jetzt versteht sie. Das hatte er gemeint mit »Wir müssen über Ihre Zukunft reden«. – Ihr Chef.*

Mit der Zeit fiel mir auf, dass sie immer wieder die gleichen Geschichten erzählten. Fremde Menschen aus verschiedenen Unternehmen zu verschiedenen Zeiten. Aber die gleichen Geschichten. Immer wieder wurde ich mit den gleichen Management- und Führungsfehlern konfrontiert. Und zunehmend wuchs meine Betroffenheit. Zwangsläufig erfuhr ich Details über die Unbeholfenheit und Hilflosigkeit der Führungskräfte in Trennungssituationen. Ich hörte von Verletzungen, Kälte und Zynismus. Und zwangsläufig hörte ich von der Dramatik der Situation, von Eskalationen und Arbeitsgerichtsprozessen, von Bergen zerschlagenen Porzellans. Und immer wieder von grundlegenden Management- und Führungsfehlern.

Und da ich Unternehmen auch in Projekten zur »Optimierung von Rekrutierungs- und Interviewprozessen« begleitete, erlebte ich immer wieder hautnah die Diskrepanz zwischen dem finanziellen Aufwand, dem kreativen Engagement, der Zeit und »Liebe«, die Unternehmen in die Anwerbung und Auswahl neuer Mitarbeiter steckten – und deren Habitus und »Gezeter«, wenn es um Entlassungen und Kündigung ging. Es zerriss mich jedes Mal aufs Neue! Diese Diskrepanz – kaum auszuhalten! Wo waren der Anstand, die gute Erziehung, die beschrieben und trainiert werden, wenn es um »Manieren und Karriere« der Manager ging, die jetzt Kündigungsgespräche führten? Plötzlich vergessen? Wo waren der Respekt, die Achtung vor dem Menschen, die Dankbarkeit gegenüber dem Mitarbeiter? Vielleicht in Urlaub? Sah so die viel beschriebene »Unternehmenskultur« aus?

## 2. Akt

Am Anfang war die Angst

... und die Schlaflosigkeit

**Regie:**

Der Vorhang öffnet sich – eine Person, sitzend, leicht abgewandt mit dem Blick in die weite Leere des Büros – in den ersten Strahlen der frühen Sonne, die durch das Fenster auf der linken Seite einfallen, erkennt man schemenhaft ihr Profil. Zerknäultes Papier auf dem Boden. Stille. Sie kritzelt etwas in eine Kladde, liest zunächst still, beginnt dann mit einem tiefen Seufzer halblaut zu lesen – stockend, abgehackt.

*Bleich, mit feuchten Händen stand er da –*
*und sah aus, als ob er sich gleich übergeben wolle.*

*»Schlaflosigkeit – das ganze Wochenende«*
*klagte er.*
*»Und zermürbende Gedanken ohne Ende.«*

# Kapitel 1

*Gewissensbisse*
*Schuldgefühle*
*Ratlosigkeit*

*und Angst*

*Einfach Angst*

*Nie gelernt*
*Nie darüber gesprochen*
*Nie gemacht*

*Keine Ahnung!*

*Freiwilliger Zeuge*
*Zeuge sein ist sein Job*

*Vorsätzlicher Zeuge*
*Zeuge der Unsicherheit dessen, der bisher »alles im Griff« hatte*

*Zeuge der emotionalen Not des Machers*

*Zeuge der Ängste des Chefs*

*Kündigungsgespräch – um 9 Uhr*

*Warten – zuhören – fragen*
*Mit-Fühlen*
*mit dem Chef*
*Warten*

*So sagen Sie doch etwas – Sie sind der Berater!*

**Regie: Stille**

Ende des zweiten Aktes – Vorhang

Ganz gleich, auf welchem Weg wir zueinander kamen und zu welchem Zeitpunkt ich denen gegenüber saß, die »gleich« ein Kündigungsgespräch zu führen hatten, eines passierte regelmäßig – sofort und unmittelbar. Sie »packten aus«, sie »überwältigten« mich mit ihrer Hilflosigkeit, mit ihren Ängsten, mit ihren Fragen.

**Erinnerungen**

- *Morgens um 7 Uhr in der Nähe von Stuttgart. Der junge Vorstand des metallverarbeitenden Betriebes wirkt blass. Das ganze Wochenende habe er gegrübelt – schlecht geschlafen. Um 8 Uhr kommt er zum Gespräch – der Vertriebsmann aus Österreich. Er erwartet einen roten Teppich. Doch er bekommt die rote*

> *Karte. Kündigung. Das Gespräch der Herren dauert 12 Minuten, mein Gespräch mit dem Betroffenen drei Stunden.*
> - *Das Dröhnen der startenden Jumbojets ist deutlich hörbar. Er landete vor einer Stunde mit der Maschine aus London, der CEO. Der Geschäftsführer kommt aus einem Tal im Odenwald. Beide wissen nicht, wie sie es sagen sollen. Der eine kennt das deutsche Recht nicht. Der andere kennt die Gründe der englischen Mutter nicht. Der geladene Entwicklungschef kennt die Gesprächsinhalte nicht.*
> - *»Die hängen ja heute schon am Morgen die weißen Tücher raus, weil sie nicht wissen, wie sie die Arbeit schaffen sollen«, klagt der Niederlassungsleiter einer Bank. An diesem Morgen hat er mindestens zwei Probleme:*
>   1. *Just an dem Tag, an dem der Vorstandssprecher der Presse die Erfolgsbilanz vorlegt, soll er drei Leuten kündigen – »betriebsbedingt«.*
>   2. *Er soll den Verbleibenden »verklickern«, wie es weitergehen soll. Er weiß selbst nicht wie.*

Der Ruf nach einer professionellen Vorbereitung von Trennungsgesprächen wurde laut. Offensichtlich gab es Beweggründe, sich mit dem Thema stärker auseinander zu setzen. Waren es die »harten wirtschaftlichen Fakten«, die den Ausschlag gaben? Waren es die Erkenntnisse und Meldungen darüber, dass sehr oft die mit Personalabbau und Reorganisation verbundenen Ziele wie Reduzierung der Kosten, Steigerung der Gewinne, Erhöhung der Produktivität nicht erreicht werden? In einigen wenigen Unternehmen schien die Sensibilität und Aufmerksamkeit für die Handhabung von Trennungsprozessen zuzunehmen. Endlich!

Und so kamen die Not der Führungskräfte, die Erkenntnisse des Outplacementberaters, der Bedarf der Unternehmen und das Beratungsangebot auf »wundersame Weise« zueinander. Der »Trennungs-Workshop« war geboren. Seit 1994 hat die Konzeption zum professionellen Trennungsmanagement durch meine praktische Arbeit mit Führungskräften in Einzelberatungen und Workshops sowie die persönliche Begleitung von Personalabbau-Projekten für deutsche und internationale Unternehmen eine ständige Befruchtung, Weiterentwicklung und Verfeinerung der Methodik erfahren.

Da aber auch zu Beginn des neuen Jahrtausends die von einer Kündigung betroffenen Mitarbeiter hautnah erfahren, dass in der Vorbereitung und Durchführung von Trennungsgesprächen immer noch markante Fehler gemacht werden, gibt es Anlass, die Erkenntnisse der vielen Jahre – mit Gekündigten *und* Kündigenden – zusammenzufassen und damit einer breiteren Öffentlichkeit zugänglich zu machen. Möglicherweise bringe ich mit der »Anleitung für ein faires und professionelles Trennungsmanagement« in diesem Moment die Fachanwälte für Arbeitsrecht gegen mich auf. Aber ich möchte Sie beruhigen. Noch besteht keine Gefahr, dass Sie wegen einer rasant um sich greifenden Trennungs-Kultur »arbeitslos« werden. Dieses Buch ist kein weiterer »Ratgeber Recht«. Es ist ein »Ratgeber Mensch«. Ich lege Wert darauf, Themenbereiche abzudecken, die bei arbeitsrechtlichen Abhandlungen in aller Regel nicht abgedeckt werden: die menschliche Seite, die psychologische Seite, die Gefühlsebene. Und ich möchte Ihnen aufzeigen, wie hart sich diese »weiche« Seite des Themas im wirtschaftlichen Sinne auswirkt.

Ich möchte Sie teilhaben lassen an den Erfahrungen und Erkenntnissen, die mich die vielen Outplacement-Kandidaten in über zehn Jahren als Berater und Coach gelehrt haben. Ich kam mit den Betroffenen in Kontakt, wenn sie noch mit ihrem bisherigen Arbeitgeber über die Trennungs-Modalitäten verhandelten oder wenige Minuten, nachdem der Vorgesetzte oder ein Mitarbeiter der Personalabteilung die Kündigung ausgesprochen hatte. In einigen Fällen brachten mich die Unternehmen auch erst viele Wochen oder sogar Monate nach der Trennung mit ihnen in Kontakt. Wie auch immer. Ich begleitete sie – Woche um Woche, Monat um Monat. Manche »über's Jahr«. Ich habe viel gelernt, was ich Ihnen heute weitergeben möchte!

Und ich möchte Sie teilhaben lassen an den Eindrücken und Erkenntnissen aus der Zusammenarbeit mit einigen der unzählbaren Fach- und Führungskräften der deutschen Wirtschaft im Rahmen unzähliger »Trennungs-Workshops« oder bei den ebenso nicht mehr gezählten, individuellen Coaching-Gesprächen vor und während der Trennungsprojekte.

Immer wieder wurde der Wunsch an mich herangetragen, zu Beginn des Buches einen Überblick über die Thematik zu geben. Dem trage ich gerne Rechnung. Damit Sie wissen, was Sie erwartet, gebe ich Ihnen nachfolgend die acht Elemente der Trennungs-Kultur an die Hand. Zu jedem der einzelnen Themen finden Sie an entsprechender Stelle des Buches detaillierte Ausführungen.

## Acht Elemente der Trennungs-Kultur auf einen Blick

## Mein Ziel – Ihr Nutzen

- Das Tabu »Berufliche Trennung« zu entschleiern;
- Praktische Werkzeuge an die Hand zu geben;
- Ihre Sicherheit im Trennungsmanagement und Trennungsgespräch zu erhöhen;
- Ein völlig neues Verständnis zu prägen im Hinblick auf Trennungsmanagement als Organisationsentwicklungs-Maßnahme;
- Die Qualität und Humanität der Trennungsprozesse zu verbessern;
- Die wirtschaftlichen und seelischen Folgeschäden zu minimieren;
- Die Zeit der Rekonvaleszenz aller Beteiligten zu verkürzen;
- Trennungsprozesse fairer und menschlicher zu gestalten;
- Trennungsprozesse zügig und erfolgreich zu realisieren;
- Prägende Elemente für eine Trennungs-Kultur aufzuzeigen;
- Den Soll-Ist-Abgleich zur bestehenden, unternehmenseigenen Trennungs-Kultur zu ermöglichen;
- Hilfestellung für die Implementierung einer Trennungs-Kultur zu geben.

Außerdem habe ich »ein Herz für Führungskräfte«: Ich möchte einen Beitrag zur »Prophylaxe des Herzinfarktes bei Managern« leisten! Sie lachen? Warten Sie, ich erzähle Ihnen eine wahre Geschichte. Es ist die Geschichte von Dr. Mittleman. Sie spielt im Jahre 1998. Dr. Mittleman ist Herzspezialist am »Beth Israel Deaconess Medical Center«, einer der führenden medizinischen Einrichtungen in Boston. Was den Herzspezialisten dazu bewog, diese Studie durchzuführen und nach den Umständen am Arbeitsplatz zu fragen, die zu einem Herzinfarkt geführt hatten, weiß ich nicht. Aber was er herausfand, hat er uns hinterlassen. Ergebnisse, die jedem Manager »das Herz höher schlagen lassen« werden. Dr. Murray Mittleman klärt uns auf, welche Ursachen bei 791 Überlebenden eines Herzinfarktes – also eine privilegierte Gruppe – als Auslöser für den Herzinfarkt bestimmend waren. Es waren

- »Hoher Zeitdruck« und
- »die Notwendigkeit, eine Kündigung auszusprechen«.

Im Gegensatz zu den entlassenden Managern waren nur wenige der Herzinfarktopfer selbst gefeuert worden. Jetzt lachen Sie nicht mehr – oder? Mein Anliegen, mit diesem Buch einen Beitrag zur Prophylaxe des Herzinfarktes bei Managern, die Kündigungen aussprechen müssen, zu leisten, ist natürlich ein »Joke« – und doch so ernst!

Mit diesem Buch lade ich Sie ein: Brechen Sie das Tabu und reden Sie über »die Gefühle und Ängste des Managers vor dem Kündigungsgespräch!«. Ich bin der Überzeugung, dass die Kenntnisse über die Befindlichkeiten und Wünsche der Führungskräfte in Trennungsprozessen eine wichtige Grundlage darstellen, den Gesamtprozess besser zu verstehen, frühere Fehler zu erkennen und abzustellen und die Implementierung einer Trennungs-Kultur zu unterstützen. Die Empfehlungen, die ich in diesem Buch ausspreche, sind in der Praxis erprobt und der Prüfung auf Wirksamkeit unterzogen. Da im Rahmen eines solchen Buches Abläufe, Mechanismen, Tipps und Empfehlungen teilweise nur idealtypisch dargestellt werden können, bedarf es der individuellen Anpassung und »Übersetzung« der Kernbotschaften auf die konkrete Situation und die Rahmenbedingungen des einzelnen Unternehmens.

**Hinter allem steht meine Hoffnung**

*Wenn nur 50 Prozent der Empfehlungen und Tipps durch Führungskräfte und Personalverantwortliche umgesetzt werden, geht es allen Beteiligten in Trennungsprozessen um 100 Prozent besser. Trennungsprozesse verlaufen humaner, fairer, wirtschaftlicher und konstruktiver. Wenn auch nur ein Teil der Empfehlungen in der täglichen Praxis zur Anwendung kommt, so sind wir schon ein erhebliches Stück weiter – auf dem Weg zur Trennungs-Kultur.*

»Trennungs-Kultur« verstehe ich als Beitrag zu einem unverwechselbaren, einzigartigen Unternehmensimage, als Beitrag zu einem personalwirtschaftlichen Branding und Bestandteil dessen, was heute als »Employee Value Proposition« (EVP) – »ganzheitliches personalwirtschaftliches Angebot« – des Unternehmens an seine anwesenden und potentiellen neuen Mitarbeiter bezeichnet wird.

Von einem Kollegen erhielt ich den Hinweis, dass möglicherweise die Betriebsräte auf die Barrikaden gehen könnten aus Sorge, dass das Management Handlungsanweisungen erhält, die es ihm noch leichter machen, sich von Mitarbeitern zu trennen. In der Tat, man kann »professioneller gestalten« missverstehen als »noch durchtriebener« oder »noch ausgefuchster«. Davon bin ich weit entfernt! Wie in einer Untersuchung der Hans Böckler Stiftung dokumentiert, ist das Thema »Personalabbau und Kündigung« das Thema, mit dem sich Betriebsräte und Personalräte am meisten befassen und das sie am meisten fordert. Sicher werden sie das eine oder andere entdecken, das ihnen weiterhilft und sie in ihrer Argumentation unterstützt. Inwieweit es überhaupt eine Kongruenz der Ansichten über das, was »Trennungs-Kultur« ausmacht, unter Gekündigten, Vorgesetzten, Kunden, Gewerkschaften, Betriebsräten, Unternehmern, Personalprofis etc., geben kann, wird erst die öffentliche Diskussion zeigen.

**Gründe, das Buch zu lesen**

- Arbeitsgerichtsprozesse vermeiden
- Weniger zerschlagenes Porzellan
- Personalmarketing optimieren
- Qualitätsmerkmale verbessern
- Personal-Recruiting verbessern
- Verantwortung übernehmen
- Image verbessern

- Kosten reduzieren
- Produktivität verbessern
- Soziale Verantwortung leben
- Arbeitswelt human gestalten

Der Aufbau und die Struktur des Buches eröffnen verschiedene Zugänge und lassen unterschiedliche Intensitäten der Auseinandersetzung mit der Thematik zu.

- Als eiliger Leser finden Sie schnell praktische Hinweise zur Vorbereitung und Durchführung eines einzelnen Kündigungsgesprächs.
- Auf der Managementebene finden Sie grundlegende Anregungen zur weitsichtigen Implementierung einer Trennungs-Kultur.
- Als Personalentwickler finden Sie Elemente für ein folgenminimiertes Trennungsmanagement.
- Als Betriebsrat finden Sie konkrete Unterstützung Ihrer Arbeit im Hinblick auf eine sozialverträgliche, faire und humane Gestaltung von Kündigung und Personalabbau.
- Den Visionären und Strategen biete ich Ansätze für die grundlegende Neudefinition von Trennungsprozessen als Teil der Organisationsentwicklung.
- Als Praktiker und Macher picken Sie sich die Fragen heraus, die dazu »nötigen«, eigene Antworten zu finden.

Alle Auszüge und Zitate der Referenten beim 1. Frankfurter Klartext-Dialog sind besonders kenntlich gemacht, sodass Sie diese schnell finden können.

Bisher werden berufliche Trennungen eher als »reparative« Maßnahmen verstanden und behandelt. Es werden »technische«, »instrumentelle« Tipps gegeben. Diese finden Sie in diesem Buch auch. Darüber hinaus aber möchte ich den »Switch im Kopf« erreichen. Ich möchte, dass Sie Trennungsmanagement als Managementaufgabe annehmen – und dass Sie berufliche Trennungen als Organisationsentwicklungsmaßnahme begreifen.

Ich möchte das Tabu brechen, das wie ein Schleier über dem Thema »betriebliche Trennung« liegt. Ich möchte publik machen, was bisher nur hinter vorgehaltener Hand oder gar nicht ausgesprochen wurde. Ich möchte die interdisziplinäre Auseinandersetzung mit der Thematik anregen und die öffentliche Diskussion der Interessensvertreter und Institutionen in Gang bringen – auf dass es in absehbarer Zeit einen Konsens gibt über das, was unter »Trennungs-Kultur« zu verstehen ist. Und ich möchte, dass Unternehmen darüber nachdenken, wie ihre Trennungs-Kultur derzeit aussieht und ob diese in der Form gewünscht ist. Durch praktische Tipps möchte ich die Entwicklung einer eigenen Trennungs-Kultur unterstützen und den Veränderungsprozess begleiten. Dabei möchte ich, dass sich die »innere Haltung« zum Thema Personalabbau, Kündigung, Entlassung, Trennung ändert, da ich der Überzeugung bin, dass sich nur so etwas grundlegend ändert. Und »last but not least« möchte ich, dass es allen Beteiligten besser geht und letztendlich die Einsicht siegt, dass Fairness und Humanität sogar messbare wirtschaftliche Vorteile haben.

Ich lade Sie herzlich ein, mich auf dem »Weg zur Trennungs-Kultur« zu begleiten und Ihre Erfahrungen und Empfehlungen einzubringen. Verstehen Sie dieses Buch als Einladung und Anregung zu einer öffentlichen Diskussion des Themas. Sicher sind die Ausführungen an manchen Stellen unvollständig. Manches wird den Einwänden und der Kritik nicht standhalten. Möglicherweise haben Sie persönlich andere Erfahrungen und nehmen eine Gegenposition ein. Bitte lassen Sie mich teilhaben.

## 1.2 »Trennungs-Kultur« – ein Tabu-Thema macht Karriere

Im Zusammenhang mit Personalabbau, Restrukturierung, Kündigung und Aufhebung gab es über 20 Jahre (ca. 1984 bis 2001) nur ein Dienstleistungsangebot: die so genannte Outplacementberatung.

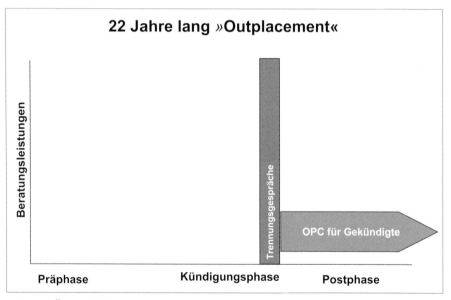

Abb. 1: Über 20 Jahre nur eins: Outplacement

Damit war die Beratung derjenigen Mitarbeiter gemeint, die ihren Job verlieren sollten oder verloren hatten, die Outplacement-Kandidaten eben. Seit 1989 begleitete ich in zahllosen Einzelberatungen und vielen Gruppenberatungen oft über viele Monate die betroffenen Menschen in ihrer beruflichen und persönlichen Neuorientierung. Dabei hörte ich immer wieder die gleichen schrecklichen Geschichten über Fehler und Unbedachtheiten, die da begangen wurden und zu tiefen seelischen Verletzungen führten. Daraus wuchs bereits sehr früh die Motivation, mich dieses Themas anzunehmen. Ich hatte bereits zu viele blutige

Nasen und zu viele blutige Knie gesehen. Und ich verspürte deutlich den inneren Impuls: »*Das mag ich nicht so lassen! – Da muss was geschehen! – Da muss ich einen Beitrag leisten, dass das anders wird!*«

Und so setzte ich 2001 den ersten Meilenstein: Die Veröffentlichung der ersten Auflage dieses Buches.

Damals hatte ein Programmleiter und Lektor den Mut, ein Buch mit einem exotischen Titel zu einem Tabu-Thema aufzulegen, ohne zu wissen, ob die Verkaufszahlen für solch eine Spezialität stimmen würden. In diesem Buch, das inzwischen in der dritten Auflage vor Ihnen liegt, habe ich erstmalig die Thematik umfassend und ganzheitlich dargestellt und ein mehrstufiges Konzept zum professionellen Trennungsmanagement vorgelegt. Die Innovation bestand darin, dass erstmalig ein Konzept vorlag, nach dem *alle Prozessbeteiligten* und *alle Betroffenen* in den *jeweiligen Phasen* des Prozesses individuell vorbereitet und begleitet werden konnten.

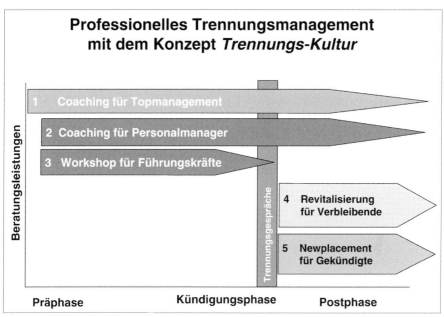

**Abb. 2:** Konzept Trennungs-Kultur (Award für Innovation)

Die Botschaft war eigentlich sehr alt. Heraklit, ein griechischer Historiker 484 vor Christus, hat gesagt: »*Quidquid agis, prudenter agas – et respice finem.*« Frei übersetzt heißt das: »*Was du auch tust, tue es weise – und bedenke die Folgen.*«

Diese Botschaft ist immer noch sehr aktuell.

Im November 2006, nach gut fünf Jahren der praktischen Anwendung der Trennungs-Kultur setzte ich einen weiteren Meilenstein. Mit einem Kongress, dem 1. Frankfurter Klartext-Dialog mit dem provozierenden Titel »*Trennung als kontinuierliche Managementaufgabe*«.

Auf Grund der überzeugenden Erfahrungen zahlreicher Unternehmen, die nach den Empfehlungen der Trennungs-Kultur gearbeitet haben, habe ich diese gebeten, die wertvollen Erkenntnisse in die Welt zu tragen. Glücklicherweise erklärten sich zahlreiche Vertreterinnen und Vertreter der Unternehmen bereit, als Referentinnen und Referenten ihre wertvollen Erfahrungen auf dem Kongress der breiten Öffentlichkeit zur Verfügung zu stellen, auf dass andere Unternehmen, die ähnlich schwierige Managementprozesse zu bewältigen haben, davon profitieren – und es am Ende allen Beteiligten und Betroffenen ein wenig besser geht. Alle Referentinnen und Referenten trugen ihre ganz *persönlichen Erlebnisse* und Erfahrungen vor und *gaben handfeste, konkrete Tipps und Empfehlungen.* Das Besondere: Es sollte *Klartext gesprochen werden, im O-Ton.* Die aalglatten Vorträge, die von Kommunikationsabteilungen bis zur Unkenntlichkeit zensierten »Sprechs« gab es im Rahmen anderer Tagungen zur Genüge. Mir schwebte vor: Wir müssen endlich einmal Klartext reden!

In welches Dilemma ich die Referenten damit bringen würde, ahnte ich zu diesem Zeitpunkt nicht. Zunächst lief alles ganz gut. Als ich dann aber von der Presseabteilung eines Unternehmens eines unserer Referenten angerufen und gefragt wurde, »Wer denn die Teilnehmer seien? Wer denn sonst noch spreche? Was das Ziel der Veranstaltung sei?« etc., und als ich dann noch erfuhr, dass die Kommunikationsabteilung eines anderen Unternehmens die Zitate eines Referenten, die er in einem Interview mit der FAZ gegeben hatte, streichen wollte, da wusste ich: *Der Klartext-Dialog hat seine Berechtigung. Das Tabu ist noch lange nicht gebrochen.* Zwar sind die Medien voll von Berichten über Personalabbau und Kündigungswellen, wenn aber jemand etwas über die *Art und Weise* sagen will, da kommt Angst auf. Angst wovor? Angst warum?

Und wir haben Klartext gesprochen. Denn nur so wird es uns gelingen, die Kunde von Wertschätzung und Respekt, die Botschaft von der Sinnhaftigkeit eines reflektierten Vorgehens weiter zu tragen. Und so wurde im Rahmen dieses 1. Frankfurter Klartext-Dialoges deutlich, dass es nicht nur *menschlich* notwendig, sondern auch *wirtschaftlich sinnvoll* ist, Trennungen einerseits zielführend und wirtschaftlich, *andererseits aber auch* unter Erhaltung des Selbstwertgefühls aller Beteiligten und aller Betroffenen durchzuführen.

Die Statements der Referenten hier im Plenum sind in diesem Buch in Auszügen oder als Posterabdruck wiedergegeben. Und damit schließt sich der Kreis: Die »Theorie« hat sich an den positiven Wirkungen und nachhaltigen und reproduzierbaren Erfolgen in der Praxis überprüfen lassen. Und die Prüfung bestanden. Sie, verehrte Leserinnen und Leser, nehmen nun in Form der ausdrücklich als solche kenntlich gemachten Beiträge vom 1. Frankfurter Klartext-Dialog an den Erfahrungen teil und sind herzlich eingeladen, diese in Ihrer eigenen Praxis zu überprüfen.

**Tun Sie, was Sie wollen – aber tun Sie es bitte reflektiert! Und bedenken Sie die Folgen.**

## Prolog – Annäherung an ein tabubesetztes Thema

Im Rahmen meiner Recherche zur ersten Auflage und auch ein wenig aus Neugier habe ich im Sommer 2001 zu einigen Stichworten viele Stunden im Internet »gesurft«, um aktuelle Informationen zu recherchieren. Mich interessierte bewusst nur, was sich in der deutschsprachigen »Szene« zum Thema fand. Ich war sehr überrascht und sah, dass ich nichts sah! Die Thematik war praktisch nicht existent. In Vorbereitung der zweiten Auflage führte ich diese Übung erneut durch und war abermals erstaunt: Erfreut durfte ich feststellen, dass sich offensichtlich Einiges getan hatte: »... und es bewegt sich doch«. Anhand der Zunahme der angezeigten Homepages lässt sich eine deutliche Zunahme der Auseinandersetzung mit der Thematik und des Interesses verzeichnen.

**Trefferzahl von Homepages zu bestimmten Suchbegriffen**

Stichtage: 09. 07. 2001, 10. 01. 2004 (hellgrau hinterlegt) und 15. 08. 2007 (grau hinterlegt)

| Suchbegriff | Yahoo | Alta Vista | Lycos | Google |
|---|---|---|---|---|
| Unternehmenskultur | 15 | 17.259 | 21.710 | 29.400 |
|  | 74.300 | 43.365 | 92.037 | 73.500 |
|  | 1.400.000 | – | – | 1.760.000 |
| Trennungs-Kultur | 5* | 4 | 4 | 6 |
|  | 233 | 43 | 86 | 391 |
|  | 65.400 | – | – | 11.400 |
| Trennungsgespräch | 13 | 26 | 22 | 30 |
|  | 121 | 121 | 116 | 123 |
|  | 11.700 | – | – | 894 |
| Kündigungsgespräch | 17 | 33 | 52 | 47 |
|  | 256 | 126 | 357 | 259 |
|  | 1.930 | – | – | 9.240 |
| Outplacement | 11 | 4.482 | 2.386 | 4.070 |
|  | 95.000 | 11.190 | 26.799 | 14.000 |
|  | 2.980.000 | – | – | 3.280.000 |
| Newplacement | 42 | 64 | 382 | 80 |
|  | 983 | 485 | 717 | 667 |
|  | 22.100 | – | – | 31.100 |

* davon eine Nennung: Ankündigung dieses Buches

| Suchbegriff | Yahoo | Alta Vista | Lycos | Google |
|---|---|---|---|---|
| Trennungsmanagement | 7 | 9 | 21 | 20 |
| | 125 | 92 | 72 | 125 |
| | 14.700 | – | – | 23.600 |
| Aufhebungsvertrag | 917 | 2.948 | 3.090 | 3.390 |
| | 14.100 | 11.005 | 26.722 | 14.800 |
| | 376.000 | – | – | 433.000 |
| Personalfreisetzung | 184 | 179 | 425 | 311 |
| | 12.700 | 549 | 1.120 | 1.360 |
| | 17.500 | – | – | 25.600 |

Während unter dem Suchbegriff »Unternehmenskultur« am Stichtag 2001 je nach Suchmaschine bis zu 30.000 Homepages angezeigt wurden, wurden von den gleichen Suchmaschinen unter dem Begriff »Trennungs-Kultur« nur 4 (in Worten: vier!) bis 6 Homepages angezeigt. Selbst unter der Annahme, dass man unter dem Begriff »Unternehmenskultur« an der einen oder anderen Stelle etwas über »Trennungs-Kultur« finden konnte, deutete doch allein die Tatsache, dass der Begriff »Trennungs-Kultur« nicht gesondert als Schlagwort ausgelobt war, darauf hin, dass eine Trennungs-Kultur als solche im Bewusstsein nicht vorhanden war und keinen Stellenwert hatte. Der Begriff schien im Internet überhaupt nicht zu existieren. Für mich ergaben sich daraus einige Fragen:

- kein Bewusstsein – keine Begrifflichkeit oder
- keine Begrifflichkeit – kein Bewusstsein?
- keine Nachfrage im Markt und daher kein Schlagwort oder
- kein Schlagwort und daher keine Nachfrage im Markt?

Im Vergleich wird die Entwicklung sichtbar. Angenommen, einige Datenbanken haben ihre Stichwortverzeichnisse ergänzt, so wird erkennbar, dass für den gesamten Themenkomplex mehr Raum zur Verfügung steht und offensichtlich eine rege Auseinandersetzung erfolgt. Gesamt betrachtet steckt das Thema Trennungs-Kultur im Vergleich zu Unternehmenskultur allerdings immer noch in den Kinderschuhen.

**Trennungs-Kultur im Fachbuch und in der Wirtschaftspresse**

Die Recherche nach Literatur zu den genannten Stichworten bei einem großen Internet-Buchhändler ergab folgende Nennungen von Buchtiteln (Spalte 1, www.amazon.de).

Die Internet-Recherche über die größte Suchmaschine für Presse-Recherchen, die inzwischen auf über 400 Datenbanken zurückgreift und die die gesamte

Wirtschaftspresse, Tages-, Wochen- und Fachpresse erfasst, ergab folgendes Bild (Spalte 2, www.gbi.de).

Die Suche in der Datenbank »Perdoc« der Deutschen Gesellschaft für Personalführung DGFP, die die Fachpresse für das Personalwesen (Personalwirtschaft, Personalführung, Personal, etc.) erfasst, allerdings nur für Mitglieder zugänglich ist, ergab folgende Treffer (Spalte 3, www.perdoc.de).

Die Ergebnisse der Recherche in der Datenbank des Bundesverbandes Deutscher Unternehmensberater BDU e.V., der »die Beraterszene« und die Aktualität der Themen repräsentieren sollte, sind unter www.bdu.de in Spalte 4 dargestellt. Die Angaben der Datenbank Managementwissen online (www.mwonline.de), die ständig neue Fachbücher und -zeitschriften rezensiert, sind in der letzten Spalte ergänzt (ohne Vergleich zu 2001).

Alle Daten werden im Vergleich zwischen 2001, 2004 (helles Raster) und 2007 (dunkles Raster) dargestellt. Fehlende Nennungen sind dadurch zu erklären, dass dieses Stichwort nicht geführt wird.

| Stichwort | amazon.de | gbi.de | perdoc.de | bdu.de | mwonline.de |
|---|---|---|---|---|---|
| Unternehmenskultur | 85 | 100 | 657 | 13 | |
| | 240 | 536 | 3 | 4 | 210 |
| | 559 | | 233 | | 473 |
| Trennungs-Kultur | 0 | 0 | 3 | 0 | |
| | 0 | 6 | 0 | 0 | 1 |
| | 2 | | 18 | | 2 |
| Trennungsgespräch | 0 | 1 | 4 | 0 | |
| | 0 | 2 | 0 | 0 | 11 |
| | 1 | | 4 | | 16 |
| Kündigungsgespräch | 0 | 1 | 5 | 0 | |
| | 0 | 2 | 0 | 0 | 7 |
| | 1 | | 1 | | 14 |
| Outplacement | 4 | 21 | 10 | 3 | |
| | 15 | 13 | 5 | 33 | 55 |
| | 42 | | 143 | | 111 |
| Newplacement | 0 | 1 | 4 | 0 | |
| | 0 | 0 | 0 | 0 | 3 |
| | 1 | | 20 | | 4 |

| Stichwort | amazon.de | gbi.de | perdoc.de | bdu.de | mwon-line.de |
|---|---|---|---|---|---|
| Trennungs-management | 0 | 1 | 3 | 0 | |
| | 0 | 1 | 0 | 0 | 2 |
| | 3 | | 14 | | 5 |
| Aufhebungs-vertrag | 5 | 35 | 88 | 0 | |
| | 48 | 84 | 12 | 0 | 16 |
| | 70 | | 88 | | 29 |
| Personalfrei-setzung | 1 | 0 | 44 | 0 | |
| | 3 | 2 | 0 | 0 | 77 |
| | 12 | | 57 | | 1 |

**Trennungs-Kultur im Fachbuch**

Nach dem Ergebnis der Internet-Recherchen zu den Stichworten verwundert dieses Bild nicht mehr.

Während 2001 unter dem Stichwort »Unternehmenskultur« immerhin 85 Buchtitel angezeigt wurden, erscheinen 2004 bereits 240 Titel, 2007 dann 559 Titel, das Stichwort »Trennungs-Kultur« war im Jahr 2001 eine komplette Fehlanzeige. Keiner der dort geführten, unzähligen Buchtitel enthielt den Begriff »Trennungs-Kultur«. Offensichtlich gab es auch den Begriff »Trennungs-Kultur« als Schlagwort nicht. Und so ergaben sich die identischen Fragen wie oben. Im Januar 2004 wird dann immerhin dieses vor Ihnen liegende Buch angezeigt und empfohlen.

**Trennungs-Kultur in der Wirtschaftspresse**

Auch in der Tages- und Wochenpresse kam 2001 der Begriff »Trennungs-Kultur« praktisch noch nicht vor. Bei einer genaueren Betrachtung der Nennungen zu verwandten Stichworten, d.h. beim Lesen der angegebenen Artikel, erkannte man, dass es sich 2001 in keinem Fall um eine Abhandlung über Trennungs-Kultur an sich handelte. Im Wesentlichen handelte es sich überhaupt nur um PR-Artikel von Personal- und Unternehmensberatungen, die eine Outplacementberatung im Angebot hatten. Hin und wieder wurde in diesen PR-Artikeln erwähnt, »dass man eine Trennungs-Kultur haben sollte«. Mehr nicht.

Bis 2007 ist hier viel geschehen. In der Wirtschaftspresse sind eine ganze Anzahl von Originalbeiträgen und diverse Artikel und Beiträge zum Thema Trennungs-Kultur und Trennungsmanagement im weiteren Sinne erschienen. Eine erfreuliche Entwicklung.

**Trennungs-Kultur in der Management- und Personalfachpresse**

Selbst in den Fachorganen, die von den Institutionen herausgegeben werden (Deutsche Gesellschaft für Personalführung und Bundesverband der Unternehmensberater BDU e.V.), von denen man weiß, dass sie sich um Unternehmen und Mitarbeiter kümmern, schien das Thema Trennungs-Kultur 2001 noch keine Rolle zu spielen. Auch in Abhandlungen der renommierten Fachzeitschriften, die sich an Führungskräfte, Personalvorstände, und Personalreferenten wenden, kam das Thema praktisch nicht vor. Auch hier das gleiche Ergebnis: Bei genauerer Betrachtung handelte es sich in den Einzelfällen nur um eine Nennung des Begriffs »Trennungs-Kultur«, nicht aber um eine Abhandlung zum Thema. Und so fragte ich damals: Warum interessieren sich die renommierten Autoren, die für diese personalwirtschaftlichen Fachorgane und die einschlägige Managementliteratur schreiben, nicht für das Thema? Warum bieten die bekannten Fachverlage ihren Lesern diese Thematik nicht an?

Nach dem, was ich in den vielen Jahren in der Outplacementberatung miterlebt und von Betroffenen gehört hatte und was ich in den zahlreichen Workshops mit Führungskräften und Personalverantwortlichen, denen das Führen von Trennungsgesprächen kurz bevorstand, erlebte, konnte es nicht sein, dass es keinen Bedarf gab! Ich hatte zu viel Blut, Schweiß und Tränen gesehen! Zu viel zerschlagenes Porzellan, zu viele Arbeitsgerichtsprozesse!

Daher kam ich 2001 zu der These: **Es gibt keine Trennungs-Kultur in Deutschland!**

Real gab es immer und gibt es heute selbstverständlich »Trennungs-Kultur« in Deutschland! In jedem Unternehmen, in dem es Trennungen gibt, gibt es sie. Egal, ob jemals jemand in diesem Unternehmen über den Begriff »Trennungs-Kultur« nachgedacht oder für die Entwicklung derselben etwas getan hat oder nicht. Und völlig unabhängig davon, ob wir diese nach dem Lesen des Buches als »Trennungs-Kultur« oder »Trennungs-Un-Kultur« bezeichnen würden. Sie ist das, was in diesem Unternehmen »Trennung« ist. Es ist die Art und Weise, wie in diesem Unternehmen »Trennung« gelebt wird.

Bis zum August 2007 hat sich das Bild verändert. Praktisch in jedem der renommierten Personalfachorgane sind Originalbeiträge zum Thema erschienen. Darüber hinaus haben verschiedene Institutionen und Seminaranbieter Workshops mit externen Referenten zum Thema angeboten.

Auch heute, sechs Jahre nach dem Erscheinen der ersten Auflage dieses Buches und zahlreicher weiterer Publikationen, äußere ich immer noch sorgenvoll meine These – hier leicht modifiziert: Es gibt immer noch zu wenig Trennungs-Kultur in Deutschland. Aber der Anfang ist gemacht. Ich werde meine Anstrengungen fortsetzen und werde dabei inzwischen von zahlreichen Beraterkollegen unterstützt.

# Kapitel 2

# »Kündigungsschock« – Die Realität von Trennungen im Unternehmen

## 2.1 Sprache verrät die Diskrepanz

Haben Sie schon einmal aufmerksam zugehört, wie Gekündigte über die Situation reden? Und haben Sie im Ohr, wie »man« in Unternehmen redet? Wenn Sie sich bewusst einmal die Sprache, die Begrifflichkeit, die einerseits die Entlassenen und andererseits die Unternehmensvertreter verwenden, genauer anschauen, besser gesagt anhören, wird Ihnen einiges klar.

| Gekündigte Mitarbeiter sagen | Im Unternehmen sagt man |
|---|---|
| ... ich bin gefeuert ... | Freisetzung |
| ... ich bin geschasst | Freistellung |
| ... man hat mich 'rausgeworfen | Flexibilisierung |
| ... bin 'rausgeschmissen | Beschäftigungsalternativen |
| ... die haben mir den Stuhl vor die Tür gesetzt | Restrukturierung |
| | Reorganisationen |
| ... bin entlassen | Redimensionierung |
| ... die haben mir gekündigt | Changeprojekt |
| ... wurde outgeplaced | Vorruhestand |
| | Frühpensionierung |
| | Downsizing |
| | Sozialverträgliche Maßnahme |
| | Outplacement |
| | Successfull termination |

Auf der einen Seite der Ausdruck der Betroffenheit, des Geknickt-Seins, der Existenzangst. Auf der anderen Seite der Eindruck der großen Freiheit und heilen Welt. Umschreibungen, Beschönigungen, Mystifizierungen. Welch eine Diskrepanz!

Als Folge von unprofessionell durchgeführten Veränderungsprozessen wird häufig ein Change-Zynismus beobachtet. Laut einer Untersuchung des psychologischen Instituts Mainz werden Veränderungen nicht nur abgelehnt, sondern ins Lächerliche gezogen (Mattenklott 2007). Insbesondere Fusionen, Wechsel des direkten Vorgesetzten, Budgetkürzungen und Restrukturierungen erzeugen Zynismus bei den Betroffenen. Maßgeblich wird die Haltung der Mitarbeiter durch die erlebte Verfahrensgerechtigkeit und das Vertrauen ins Topmanagement beeinflusst.

## 2.2 »Trennungs-Kultur«? – »Wir machen Business!«

Nachdem die Unternehmen immer wieder mit neuen, heilsversprechenden »Tools und Trends« überschüttet wurden und werden, regt sich an der einen oder anderen Stelle Widerstand gegen jegliche, von findigen Beratern kreierte, »neue Methode«, die man als Führungskraft nun auch noch beachten und beherzigen soll. Wie verhält sich das nun mit der in diesem Buch angesprochenen Thematik? Lenkt »Trennungs-Kultur« nicht nur vom Business ab? Als Manager sind Sie gewohnt, nach »ZDF« zu fragen – »Zahlen, Daten, Fakten«. Und so ergibt sich auch zu der hier angesprochenen Thematik die Frage: »Wie lassen sich die wirtschaftlichen Auswirkungen messen?« Kostet Trennungs-Kultur nicht nur Geld? Und überhaupt: Steigert Trennungs-Kultur den Profit und den Shareholder-Value? Wie viele Millionen spart man mit der Einführung der Trennungs-Kultur? Wie kann Trennungs-Kultur die Erreichung unserer Unternehmensziele unterstützen? Viele Fragen – zu viele auf einmal. Versuchen wir es Schritt für Schritt.

### »Trennungs-Kultur« – ein Widerspruch in sich?

Ist nicht allein der Titel, der Begriff, ein Widerspruch in sich? Was hat »Trennung« mit »Kultur« zu tun? Stehen nicht allein die Begriffe wie Feuer und Wasser zueinander? Oder ist der Terminus gar als Provokation gemeint? Wie kann »Trennung« mit »Kultur« assoziiert werden – wie eine Kündigung »human« und »fair« sein?

Ein Blick in die Brockhaus-Enzyklopädie hilft ansatzweise weiter: »Kultur« (lateinisch »Ackerbau«) wird unter anderem beschrieben als »... *Pflege, Veredelung, Vervollkommnung von ... menschlicher Gesittung, Lebensführung und Lebensgestaltung: der Kulturmensch, Mensch höherer Gesittung ......*«.

Könnte es also um die »Pflege und Veredelung« von Personalabbau und Kündigungsprozessen gehen? Ja, das gefällt mir. Das geht in die Richtung, in die ich gehen will.

### Unternehmenskultur

In der Literatur (Ulrich 1993, Schein 1995, Jacobsen 1996) wird »Unternehmenskultur« definiert als: **»Das öffentlich ausgehandelte und mehrheitlich geteilte Wert-, Normen- und Bedeutungsgefüge, das sich materiell in einer unternehmensspezifischen Symbolwelt äußert und die Handlungen und Interaktionen der Unternehmen maßgeblich beeinflusst.«**

Das Unternehmen wird bei dieser Definition als soziokulturelle Institution angesehen, in der Denkmuster, Verhaltensmuster, Wertvorstellungen, Normen, Bedeutungen und Wissen eine gemeinsame Grundlage sind. Im Laufe der Zeit entwickelt das Unternehmen eine »eigene Persönlichkeit«, die die Verhaltensweise der Individuen steuert und sich im Denken, Sprechen und Handeln der Unternehmensangehörigen äußert. Es entsteht ein »implizites Bewusstsein« des Unternehmens, das von innen und außen als »Corporate Identity« wahrgenommen wird.

Die so genannten »*Werte*« werden als Herz einer Unternehmenskultur angesehen.

- Mitarbeiter bringen *persönliche Werte* wie eigene Grundhaltungen zu Kollegialität, Engagement, Erfolg, Karriere, »die da oben – die da unten«, Umgangsformen mit Untergebenen, Kollegen oder Kunden ein.
- Die Gemeinschaft aller Mitarbeiter trägt *gesellschaftliche Werte* wie Gerechtigkeit und Freiheit bei.
- Das Unternehmen als Ganzes bringt durch die Art und Weise, wie es zum Beispiel Kundenservice lebt und Produktqualität versteht, *unternehmenseigene Werte* ein.

Die Gesamtheit all dieser Werte prägt den wesentlichen Teil der Unternehmenskultur.

Im Hinblick auf die »Normen« spielen vor allem *soziale und kulturelle Normen* im Unternehmen eine besondere Rolle. Sie geben gewisse Leitlinien für das Verhalten untereinander und schlagen sich in Vorschriften und Regeln nieder. *Normen* geben einen klaren Rahmen für sozial erwünschtes Handeln und haben einen starken Einfluss auf das kollegiale Verhalten im Unternehmen.

Jedes »Ding« (Einrichtung der Empfangshalle, Firmenschild, Art der Formulare, Dekoration des Büros) und jede Handlung (Einarbeitungsprocedere, Würdigung des Geburtstages, Verfassen von Memos) erhält seine/ihre Deutung und seinen/ihren Stellenwert erst durch die Bedeutungen, die ihnen Menschen zumessen. Von ein und demselben Vorgang können Mitarbeiter sehr unterschiedliche *Wahrnehmungen* haben und ihm damit sehr unterschiedliche *Bedeutungen* beimessen. Die Wahrnehmung und Deutung eines jeden Teils erfolgt vor dem Hintergrund der ureigensten Erfahrungen und individuellen Blickwinkel. Dies gilt auch für die Wahrnehmung von Unternehmenskultur und dem, was als Management- oder Führungsstil beschrieben wird.

Ergänzt wird das, was Unternehmenskultur ausmacht, durch »*Symbole*«. Sie schlagen sich in einem Firmenschriftzug und Visitenkarten ebenso nieder wie in bestimmten Ritualen (»zum Chef nur durch's Vorzimmer«, Sitzordnung im Meeting) und Zeremonien (Betriebsfeste, Art von Präsentationen). Besteht hinsichtlich der oben genannten Parameter unternehmensintern Konsens, so entwickeln die Mitarbeiter ein Gefühl von Zugehörigkeit, Sicherheit und Ordnung. Das gibt eine klare Orientierung und Stabilität im »System Unternehmen«. Maßgeblichen Einfluss auf die Unternehmenskultur hat die Grundhaltung gegenüber dem Menschen, die, ausgehend von der Unternehmensleitung, verbal kommuniziert – und vor allem nonverbal gelebt – wird. Überträgt man die Erkenntnisse und Aussagen über »Unternehmenskultur« auf das Ansinnen, den Begriff »Trennungs-Kultur« zu definieren, so nähern wir uns behutsam und mit fragendem Blick allmählich dem Kern des Themas.

## 2.3 Trennungs-Kultur und Trennungs-Ethik: Erste Begriffsdefinition und Bestimmungsgrößen

Da ich in diesem Buch sehr häufig den Begriff »Trennungs-Kultur« benutze, »muss« ich diesen zunächst definieren und beschreiben. Welche Parameter haben Einfluss auf die Prägung und die Gestaltung der Trennungs-Kultur? Hier einige Bestimmungsgrößen:

1. Die Trennungs-Kultur wird bestimmt durch *persönliche Grundhaltungen* und die *Qualität des Umgangs* miteinander in Trennungsprozessen.
2. Die Trennungs-Kultur wird bestimmt durch das *Verständnis* über persönliche und gesellschaftliche Werte sowie über spezifische, organisationseigene Werte zum Trennungsprozess.
3. Die Trennungs-Kultur wird bestimmt durch *soziale Normen*, die das Vorgehen in Trennungsprozessen prägen.
4. Die Trennungs-Kultur wird bestimmt durch die *Bedeutung*, die bestimmten Verhaltensweisen, Aktionen und Reaktionen in Trennungsprozessen beigemessen wird.
5. Die Trennungs-Kultur wird deutlich durch *Symbole*, die in Trennungsphasen Anwendung finden und mit der gewünschten Trennungs-Kultur korrespondieren.
6. Die Trennungs-Kultur drückt sich darin aus, wie sich Führungskräfte als *»kulturprägende« Vorbilder* und damit wesentliche Einflussgrößen bei Kündigungen und Trennungen verhalten.

Geht man davon aus, dass die Menschen – sinnigerweise als »Human Resources« bezeichnet – das wichtigste Kapital eines Unternehmens sind, so **definiere ich Trennungs-Kultur als:**

> **Definition Trennungskultur**
>
> **»Die Summe aller Regeln und Maßnahmen, die Trennungen und Veränderungen in Unternehmen fair und professionell machen. Trennungs-Kultur ist manifest, wenn Trennungen und Veränderungen mit möglichst geringen Verletzungen der Persönlichkeit aller Beteiligten einhergehen.«**

## 2.4. Trennungsgründe und Trends in der Wirtschaft

Im Rahmen der Betrachtung, welche wirtschaftliche oder soziale Relevanz das Thema hat, erscheint es hilfreich, einen Moment lang über die Gründe für die Trennung von Mitarbeitern nachzudenken. Dabei soll die Frage der sozialpolitischen Auswirkungen nur gestreift werden.

Mit Drucklegung der ersten Auflage dieses Buches erschien eine Dissertation der FU Berlin. In einer Auswertung von 699 Outplacementfällen, die in den Jahren 1985 bis 1995 in den Genuss einer persönlichen »Begleitung zu neuen Ufern« kamen, waren »Umstrukturierung / Rationalisierung« mit 43 Prozent der Hauptgrund für die Entlassung des Mitarbeiters gewesen (Fischer 2001). An zweiter Stelle wurde mit 12 Prozent die »Chemie« (persönliche Abneigung) zwischen Vorgesetztem und Mitarbeiter als Trennungsgrund angegeben. Also ein ähnliches Ergebnis.

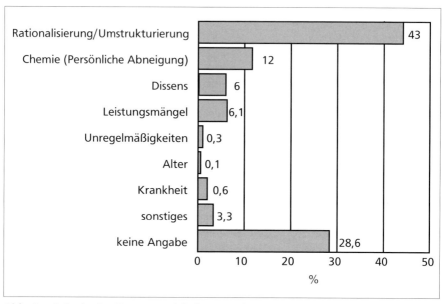

**Abb. 3:** Gründe der Trennung (Fischer 2001)

Und es erwischt nicht nur die Kleinen, die Schwächlinge, die »Underdogs«. Auch den »Großen« geht es an ihre weißen Kragen. Sehen Sie selbst.

Immerhin 31,5 Prozent der genannten 699 Outplacement-Kandidaten verdienten pro Jahr zwischen 160.000 DM und über 300.000 DM bevor sie »gefeuert« wurden. Weitere knapp 14 Prozent konnten vor ihrer Entlassung immerhin zwischen 140.000 DM und 160.000 DM pro Jahr nach Hause tragen. 21,4 Prozent des Klientels hatten eine Position im General Management bekleidet, bevor ihnen der Sessel unter dem Managerpo weggezogen wurde.

Dafür füllte das Thema aber plötzlich Theatersessel. Am 20. September 1997 fand im renommierten Neumarkt Theater Zürich die Uraufführung des Managementdramas »Top Dogs« von Urs Widmer statt, in dem der Schweizer Dramatiker gefeuerte Manager zu seinen Hauptdarstellern macht. Der Erfolg auf zahlreichen deutschen und internationalen Bühnen sowie in der Presse dokumentiert die Aktualität des Themas. Für jeden Einzelnen der Millionen Entlassenen und ihrer Angehörigen ist die Kündigung eine Tragödie. Und sicher

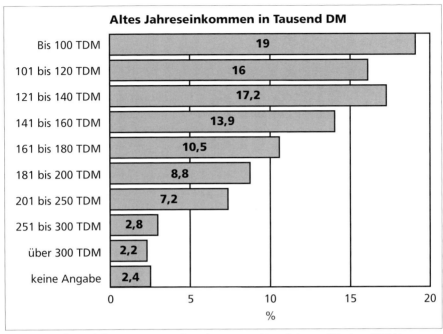

**Abb. 4:** Jahreseinkommen von Outplacement-Kandidaten (Fischer 2001)

möchte der eine oder andere wie in »Top Dogs« seinen Chef in den Tod stürzen oder das Unternehmen »volles Rohr« unter Beschuss nehmen, um Rache zu üben.

Während noch 1997 im Wesentlichen wirtschaftliche Gründe (67 Prozent) und finanzielle Engpässe die Auslöser für die Entlassung von Mitarbeitern waren, hat sich das Bild in den letzten Jahren deutlich gewandelt. Zum ersten Mal in der Geschichte verlieren mehr Menschen ihre Position auf Grund von Fusionen und Übernahmen (42 Prozent) als durch Personalabbau und Downsizing (36 Prozent) aus wirtschaftlichen Gründen (Drake Beam Morin 2000). Dies bedeutet, dass ein Sinnes- und Marktwandel stattgefunden hat. Heute sind es strategische Gründe und unternehmenspolitische Maßnahmen, die der Verbesserung der Profitabilität dienen, die zu der Entscheidung für einen Personalabbau führen. Also gerade dann, wenn es Unternehmen gut geht, gerade dann, wenn sie wachsende schwarze Zahlen schreiben, stehen Trennungen an. Diese Tendenz wird anhalten.

In einer jüngeren Umfrage im Jahre 2000 (Schwierz 2001) gaben mehr als 55 Prozent der befragten Personalmanager an, dass eine Personalreduzierung von »den Herausforderungen der Zukunft« bestimmt wird:

– Die Einführung neuer Technologien (84 Prozent),
– veränderte Geschäftsziele (54 Prozent),
– der zunehmende globale Wettbewerb (77 Prozent) und
– die bereits zitierten Fusionen und Verkäufe (77 Prozent).

Meines Erachtens werden damit allerdings die wahren Gründe für Personalabbau und Kündigungen im Einzelfall immer noch nicht ausreichend klar benannt. Geht es nicht in aller Regel um zwei Ziele: Ergebnisverbesserung (Shareholder-Value) und Kostenreduktion? Zwei legitime Ziele im Übrigen. Aber hat man nicht manchmal den Eindruck, dass sich die Unternehmen im Wissen darum, dass »das soziale Netz« die Betroffenen auffängt, relativ »leicht tun« mit »Downsizing« und wie auch immer die Maßnahmen genannt werden? Doch *nach* einer Massenentlassung ist *vor* einer Massenentlassung.

**Damals noch schockierend: Pressemeldungen an drei beliebigen Tagen im Sommer 2001**

Mittwoch, 25. Juli 2001 – FAZ –
**ABB reagiert auf Gewinneinbruch mit Abbau von 12.000 Stellen**
*Der schwedisch-schweizerische Technologiekonzern hat im ersten Halbjahr des laufenden Geschäftsjahres einen drastischen Gewinneinbruch erlitten und reagiert darauf mit einem Stellenabbau. Innerhalb der nächsten 18 Monate würden 12.000 Arbeitsplätze gestrichen, teilte ABB am Dienstag in Zürich mit. Dies entspreche 8 Prozent der Belegschaft von derzeit 163.838 Mitarbeitern.*

Mittwoch, 25. Juli 2001 – FAZ –
**Walter Bau baut noch mehr Stellen ab**
*Die vor der Fusion stehenden Baukonzerne Walter Bau AG und Dyckerhoff & Widmann AG (Dywidag) wollen über die bisher bekannten 1.600 Stellen hinaus weitere 1.000 Arbeitsplätze streichen.*

Mittwoch, 25. Juli 2001 – FAZ –
**Reuters baut 1.100 Stellen ab**
*Das britische Medienunternehmen will durch den Abbau von 1.100 Stellen mindestens 85 Millionen Pfund (272 Millionen DM) pro Jahr an Kosten sparen. Die jetzt angekündigten Personalmaßnahmen, über die in der Londoner City seit Wochen spekuliert wurde, betreffen 6,7 Prozent der Konzernbelegschaft, die weltweit aus 16.500 Mitarbeitern besteht. Der überraschend hohe Abbau von Arbeitsplätzen wird mit .......*

Mittwoch, 25. Juli 2001 – FAZ –
**Lucent muss noch einmal bis zu 20.000 Mitarbeiter entlassen**
*Der größte Telekommunikationsausrüster der Vereinigten Staaten trennt sich von weiteren 15.000 bis 20.000 Mitarbeitern. Damit wird der einstige Börsenliebling Lucent die Zahl seiner Beschäftigten in diesem Jahr um insgesamt knapp 40.000 reduzieren.*

Freitag, 27. Juli 2001 – FAZ –
**HP muss 6.000 Mitarbeiter entlassen**
*Der Computer- und Druckerhersteller wird sich bis Ende Oktober von 6.000 Mitarbeitern oder 6,5 Prozent seiner gesamten Belegschaft trennen. .... Im Juni*

*folgte die Ankündigung, man werde sich von 3.000 seiner 14.000 Führungskräfte trennen.*

Samstag, 28. Juli 2001 – FAZ –
**Dresdner Bank streicht 1.500 Stellen**
*Die Dresdner Bank wird in ihrer Investmentsparte Dresdner Kleinwort Wasserstein rund 1.500 der insgesamt 8.500 Stellen streichen.*

**Heute bereits Alltag: Trennung als kontinuierliche Managementaufgabe**
**Pressemeldungen im Sommer 2007**

Samstag, 5. Mai 2007 – FAZ –
**Nokia Siemens streicht 2.900 Stellen in Deutschland**
*Bis zu 2.900 von 13.000 Arbeitsplätzen will der Netzwerkausrüster Nokia Siemens Networks bis zum Jahr 2010 in Deutschland streichen. ... Die Prognose von insgesamt 9.000 zu streichenden Stellen wurde am Freitag vom Unternehmen abermals bestätigt.*

Freitag, 18. Mai 2007 – FAZ –
**$O^2$ Deutschland baut Stellen ab**
*Der Mobilfunkanbieter $O^2$ will in Deutschland im kommenden Jahr Personal abbauen. Allerdings wollte der Chef von $O^2$ Germany, Rudolf Gröger, die in Gerüchten umlaufende Zahl von bis zu 1.000 gefährdeten Arbeitsplätzen nicht bestätigen. ... »Wir wollen 2007 rund 80.000 Millionen Euro einsparen; 2008 ist ein niedriger dreistelliger Millionenbetrag geplant.«*

Donnerstag, 26. Juli 2007 – DIE ZEIT –
**Geh mit Geld – Deutsche Konzerne zahlen auch im Aufschwung Abfindungen in Milliarden Höhe, um Mitarbeiter loszuwerden. Wer in Kleinunternehmen entlassen wird, geht meist leer aus.**
*Beispiel Allianz: Trotz Rekordgewinnen trennt sich der Versicherungsriese bis 2009 von 5.700 Mitarbeitern in Deutschland. ... Den Personalabbau lässt sich der Konzern 650 Millionen Euro kosten.*

*Beispiel DaimlerChrysler: Der Autokonzern will im Werk Stuttgart-Untertürkheim 750 Mitarbeiter loswerden. Die Abfindungen folgen dem Kostenkürzungsprogramm Zore und betragen bis zu 250.000 Euro. Zu solchen Konditionen hatten zwischen Oktober 2005 und September 2006 rund 9.300 Daimler-Mitarbeiter auf ihren Arbeitsplatz verzichtet.*

Donnerstag, 3. August 2007 – Handelsblatt –
**Unilever baut bis 2010 rund 20.000 Jobs ab**
*Der Konsumgüterkonzern Unilever hat gestern ein neues Programm von Umstrukturierungen und Kostensenkungen angekündigt. Bis zu 20.000 Arbeitsplätze sollen dem Programm zum Opfer fallen, mit dem Unilever bis 2010 eine operative Gewinnspanne von mehr als 15 Prozent erreichen will.*

Dienstag, 7. August 2007 – FAZ –
**Siemens streicht 600 Arbeitsplätze in Deutschland**
*Der Siemens-Konzern will in seiner Kommunikationssparte Enterprise in Deutschland etwa jeden zehnten Arbeitsplatz streichen. Es gäbe Pläne, etwa 600 der 6.000 Stellen in Deutschland abzubauen, sagte ein Siemens-Sprecher am Montag in München. ... »Ziel der hier besprochenen Maßnahmen ist die konsequente Verfolgung des operativen Turnarounds«, sagte der Konzern-Sprecher.*

Mittwoch, 8. August 2007 – FAZ –
**Wellmann streicht 400 Stellen**
*Der Küchenhersteller Alno will bis Ende des Jahres bei seinem Tochterunternehmen Wellmann in Enger (Nordrhein-Westfalen) 400 von 700 Stellen streichen. Um der »weiterhin besorgniserregenden Ergebnissituation der Wellmann KG« entgegen zu wirken, müssten die Kosten drastisch gesenkt werden, heißt es in einer Mitteilung des Unternehmens.*

Donnerstag, 16. August 2007 – Kölner Stadtanzeiger –
**Telekom forciert Stellenabbau**
*Er werde den »Weg der Effizienzsteigerung weiter gehen«, hatte Telekom-Chef René Obermann in der vergangenen Woche bei der Vorlage der Halbjahreszahlen für den Konzern betont, »und zwar mit den nötigen strukturellen und personellen Maßnahmen«. Jetzt steht ein weiterer Stellenabbau bevor: In der Konzernholding sollen rund 2.000 Stellen gestrichen werden. ... Das für Ende 2010 angepeilte Sparziel von 4,7 Milliarden Euro will die Telekom-Führung offenbar noch übertreffen. Dazu soll auch der bereits laufende Stellenabbau beitragen, von dem 32.000 Mitarbeiter betroffen sind.*

Freitag, 17. August 2007 – Usinger Anzeiger –
**Kampa will bis zu 200 Stellen streichen**
*Deutschlands größter Fertighausbauer Kampa will wegen des eingebrochenen Fertighausmarktes Stellen streichen. Geplant sei ein »sozialverträglicher« Abbau von bis zu 200 Arbeitsplätzen im Konzern, teilte die Kampa AG mit. Grund sei neben dem schwachen Markt auch die geplante Straffung der Organisation.*

Wie die aktuellen Pressemeldungen zeigen, setzt sich der Umbau und Abbau trotz Aufschwung stetig fort. Während etliche Firmen händeringend nach Fachkräften suchen, verkleinern andere langfristig ihre Belegschaft. Aus unterschiedlichen Gründen. Während Personalabbau noch vor Jahren ein Mittel in äußerster Not war, ist er heute in vielen Fällen wichtiges Instrument einer Strategie zur Gewinnmaximierung. Der von mir befürchtete Trend, dass sich hierdurch bei den Verantwortlichen eine emotionale Abstumpfung einschleicht und mehr und mehr die Hire & Fire-Mentalität Raum greift, wird bisher glücklicherweise noch durch einzelne, sehr engagierte Menschen in den Unternehmungen aufgefangen. Sie kümmern sich darum, dass der Prozess professionell vorbereitet wird, erkennen, dass sich Humanität und Fairness auszahlen, vertreten mit Nachdruck, dass die Menschen im Vordergrund stehen – die Betroffenen und die Verbleibenden!

Die Zahlen beweisen es: Trennungsmanagement ist eine kontinuierliche Managementaufgabe.

**Geplanter Personalabbau in der Wirtschaft**

| Unternehmen | Anzahl | Jahr | Branche |
|---|---|---|---|
| Volkswagen | 20.000 | 2009 | Automobil |
| Bayer-Schering | 6.000 | 2008 | Pharma |
| Allianz | 5.000 | 2008 | Versicherung |
| DaimlerChrysler | 3.600 | 2009 | Automobil |
| Dresdner Bank | 2.480 | 2008 | Bank |
| RAG | 2.000 | 2009 | Mischkonzern |
| Airbus Deutschland | 3.700 | 2011 | Flugzeugindustrie |
| Nokia Siemens | 2.300 | 2010 | Informationstechnologie |
| Hella | 1.600 | 2011 | Automobilzulieferer |
| Postbank | 1.200 | 2007 | Bank |
| AXA (DBV Winterthur) | 1.200 | 2010 | Versicherung |
| AMB Generali | 1.000 | 2008 | Versicherung |
| Wüstenrot BSK + Bank | 1.000 | 2009 | Bausparkasse |
| Rhön Klinikum | 950 | 2010 | Krankenhausbetreiber |
| Commerzbank | 900 | 2008 | Bank |
| NordLB | 900 | 2007 | Bank |
| BAT | 800 | 2008 | Tabak |
| Deilmann-Haniel | 750 | 2007 | Bergbau |
| Metabo | 500 | 2010 | Maschinenbau |
| Euler Hermes | 300 | 2009 | Versicherung |
| Kiekert | 200 | 2009 | Automobilzulieferer |

*Quelle:* Frankfurter Allgemeine Zeitung Nr. 157, 10. Juli 2006 und Nr. 234, 9. Oktober 2007 (Auszug)

*Mein Fazit:*

1. Trennungsgespräche sind keine singuläre Zufallserscheinung, sondern kommen kontinuierlich vor.
2. Trennungsgespräche gehören zur »täglichen« Praxis und immer wiederkehrenden Managementaufgabe einer Führungskraft.
3. Trennungsprozesse dienen dem kontinuierlichen Feintuning im Unternehmen im Sinne der Organisationsentwicklung.
4. Im Sinne des wirtschaftlich ökonomischen »Total Quality Managements« und eines humanen »People Managements« müssen Trennungen professionell durchgeführt werden.
5. Daher braucht jede Führungskraft eine professionelle Vorbereitung und systematische Unterstützung bei dieser Führungsaufgabe.

Auf dem 1. Frankfurter Klartext-Dialog im November 2006 haben Vertreter namhafter Unternehmen die Bedeutung dieser Aspekte eindrucksvoll bestätigt. Auszüge aus den Vorträgen sind in dieser Auflage an den passenden Stellen eingefügt und kenntlich gemacht.

## 2.5 Trennungsmanagement nach Art des Hauses – Arten und Gründe für Trennungen

Grundsätzlich gehe ich davon aus, dass das Trennungsgespräch Ausdruck des unabänderlichen Willens seitens des Arbeitgebers ist, sich von einem Arbeitnehmer zu trennen. Arbeitsverträge werden »auf unbestimmte Zeit« geschlossen. In der Regel sollten ausreichend Gründe gegeben sein, das Arbeitsverhältnis zu beenden. Andererseits wissen wir aber, dass es in der betrieblichen Praxis immer wieder vorkommt, dass eine Trennung beabsichtigt ist, auch wenn die Gründe als strittig oder fraglich zu bezeichnen sind.

Auch wenn ich in diesem Buch bewusst nicht auf arbeitsrechtliche Fragen eingehe, so möchte ich der Klarheit wegen dennoch an dieser Stelle die unterschiedlichen Formen von Kündigungen darstellen. Je nach Kündigungsgrund wird die Vorgehensweise anders aussehen. Daher bitte ich Sie, entsprechende »Übersetzungen« der Empfehlungen selber vorzunehmen.

- Ordentliche, fristgerechte Kündigung
    - Personenbedingte Kündigung zum Beispiel bei lang andauernder Krankheit, wiederholter Kurzkrankheit, Arbeitsunfähigkeit, Alkohol- und Drogenabhängigkeit.
    Gründe für eine personenbedingte Kündigung liegen vor, wenn der Mitarbeiter keinen Einfluss auf die geforderten Eigenschaften, Fähigkeiten bzw. das gewünschte Verhalten hat, dieses für ihn also nicht steuerbar ist. Eine Abmahnung ist in solchen Fällen entbehrlich, da der Mitarbeiter ohnehin keine Änderung, d.h. aktive Steuerung seines Verhaltens vornehmen kann. Eine personenbedingte Kündigung ist demnach zukunftsori-

entiert. Dies bedeutet, dass einem Mitarbeiter gekündigt wird, weil er voraussichtlich künftig – unverschuldet – seine Arbeitsleistung nicht ordnungsgemäß erbringen kann. Ganz wichtig hierbei ist die negative Zukunftsprognose.
- Verhaltensbedingte Kündigung zum Beispiel bei Leistungsmängeln und vertragswidrigem Verhalten, ungenehmigten Nebentätigkeiten und Vernachlässigung der Anzeigepflicht bei Arbeitsunfähigkeit.
Die verhaltensbedingte Kündigung beruht auf einem steuerbaren Fehlverhalten des Mitarbeiters und zielt somit auf ein klar benanntes, verschuldetes Fehlverhalten in der Vergangenheit ab. Vor dem Wirksamwerden einer verhaltensbedingten Kündigung ist i.d.R. eine vorherige Abmahnung erforderlich, um den Mitarbeiter zu einer Änderung seines (Fehl-)Verhaltens zu veranlassen.
- Betriebsbedingte Kündigungen bei Stilllegungen, Restrukturierungen, Betriebsverlagerungen etc.
- Fristlose Kündigung aus wichtigem Grund
  - Störung des Betriebsfriedens (z. B. Tätlichkeiten, Beleidigungen)
  - Eigentumsdelikten
  - Verstößen gegen Betriebsgeheimnisse (Betriebsspionage)
- Änderungskündigung
- Außerordentliche Kündigung
- Alternative Möglichkeiten

Eine Alternative zur Kündigung stellt die Aufhebung des Arbeitsverhältnisses im gegenseitigen Einvernehmen dar.

Bewusst konzentriere ich mich auf den Umgang mit den menschlichen, sozialen, emotionalen Aspekten. Diese sind in der Tat in Abhängigkeit von den Anlässen einer Kündigung und der Kündigungsform unterschiedlich. Entsprechende Adaptationen der Empfehlungen sind notwendig.

## 2.6 Was passiert, wenn nichts passiert? – Messbare wirtschaftliche Folgen von unprofessionellem Trennungsmanagement

Immer noch bleibt die Frage nach dem Nutzen einer zeitlichen, energetischen und finanziellen Investition in die Auseinandersetzung mit dieser Thematik. Und wieder höre ich eine stolze Stimme: »Bisher ist es doch auch gut gegangen, wir haben nur wenige Arbeitsgerichtsprozesse geführt. Welchen Vorteil haben wir als Führungskräfte davon, wenn wir uns auch mit dieser Thematik noch belasten?« In Zeiten des ökonomischen Denkens und Handelns erscheint die Frage durchaus berechtigt. Wie aber nähern wir uns der Beantwortung dieser Intervention? Zum einen dadurch, dass ich Sie bitte, sich zu vergegenwärtigen, welche Folgen es hat, wenn Führungskräfte und Personalverantwortliche nicht professionell vorbereitet in Trennungsgespräche hineingehen. Was denken Sie?

| Reflexion: |
|---|
| »Was passiert, wenn nichts passiert«? |

Hier einige der möglichen Folgen, die Führungskräfte in früheren Workshops genannt haben:

- **Unruhe im Markt:** Es gibt Verunsicherung im Markt, die Schlagkraft lässt nach, eine saubere Positionierung weicht auf, Wettbewerbsvorteile schwinden.
- **Unruhe im Haus:** Die Produktivität des einzelnen Mitarbeiters sinkt, die Ablenkungen werden größer, die Leerlaufzeiten steigen.
- **Unbeabsichtigter Abgang von Leistungsträgern:** »Die Guten gehen zuerst« durch Verluste an Vertrauen und Perspektive ins eigene Unternehmen.
- **Schwierige Personalakquisition:** Die Mitarbeiter-Rekrutierung wird erheblich schwieriger, das Image des Unternehmens leidet.
- **Motivation leidet:** Engagement und Moral der Verbleibenden leiden, die Effizienz leidet, die Produktivität sinkt.
- **Führungskräfte unter Druck:** Diejenigen, die Trennungsgespräche führen müssen, sind einem extremen Druck ausgesetzt.
  - Der Vorgesetzte, der das Gespräch zu führen hat, fühlt sich unwohl, ist vom Tagesgeschäft abgelenkt.
  - Schlaflosigkeit, Unwohlsein und Herzbeschwerden plagen die Führungskräfte.
  - Trennungsgespräche, die nicht »wasserdicht« vorbereitet sind, hinterlassen Irritationen und zerschlagenes Porzellan.
  - Es kommt zu aggressiven Reaktionen und einer Eskalation des Prozesses.
  - Die Folge sind langwierige Auflösungsverhandlungen und höhere Kosten für Abfindungen und Restlaufzeiten.
  - Innovationen können nicht realisiert werden (Innovations-Stau).
  - Es kommt zu Irritationen und Demotivation der Verbleibenden.
- **Sinkende Produktivität** des gesamten Unternehmens: 63 Prozent der Personalverantwortlichen gaben an (Schwierz 2001),
  - dass die Moral der (verbleibenden) Mitarbeiter gesunken sei.
  - Ebenso leiden das Vertrauen in die Führung,
  - die Fähigkeit mit Stress klarzukommen,
  - die Produktivität und
  - die Teamarbeit.

Eine unzureichende Planung wird in 20 Prozent der Fälle und ein Mangel an Kommunikation in 16 Prozent der Fälle als die eklatantesten Fehler angegeben.

Auf dem ersten Frankfurter Klartext-Dialog stellte Frau Karin Steiner die Ergebnisse und Erkenntnisse einer empirischen Studie aus dem Institut für Personal- und Organisationsforschung der Universität der Bundeswehr München vor. Professor Rainer Marr und Karin Steiner gingen seinerzeit der Frage nach, auf welche Weise in deutschen Unternehmen Personal abgebaut wird, welche Folgewirkungen auf das Unternehmen und die verbleibenden Arbeitnehmer zu beobachten sind und wie zukünftige Personalabbauprozesse so gestaltet werden können, dass negative Folgewirkungen vermieden und die langfristige Überlebensfähigkeit des Unternehmens gesichert werden. Ziel war, daraus Gestaltungsempfehlungen für ein die Folgen minimierendes Trennungsmanagement, d.h. für eine professionelle Trennungs-Kultur, abzuleiten.

»Personalabbau in deutschen Unternehmen«
*Auszug aus einem Forschungsprojekt (empirische Studie) des Instituts für Personal- und Organisationsforschung der Universität der Bundeswehr München (1997 bis 2004)*
Von Prof. Dr. Rainer Marr und Dipl.-Kffr. Karin Steiner

Zu den Wirkungen von Personalabbau und strategischem Downsizing gibt es vor allem im anglo-amerikanischen Sprachraum umfassende empirische Forschungsarbeiten, etwa zum »Survivor Syndrom« oder zum »Dirty Dozen« unerwünschter Folgewirkungen eines Personalabbaus. Dagegen suchte man in Deutschland lange vergebens nach wissenschaftlichen Untersuchungen zur Praxis des Personalabbaus und seinen Wirkungen. Diesem Defizit zu begegnen und die Übertragbarkeit der amerikanischen Ergebnisse auf deutsche Unternehmen zu prüfen, war die Zielsetzung eines mehrjährigen empirischen Forschungsprojekts des Instituts für Personal- und Organisationsforschung der Universität der Bundeswehr München. Dazu wurde untersucht, auf welche Weise in deutschen Unternehmen Personal abgebaut wird und welche Folgewirkungen dies auf das Unternehmen und die verbleibenden Arbeitnehmer auslöst. Die identifizierten Erfolgsfaktoren bei der Gestaltung von Personalabbauprozessen bilden die Basis für Empfehlungen zu einem risikobewussten Trennungsmanagement.

Für eine Bestandsaufnahme der Praxis des Personalabbaus wurden in einer breit angelegten Fragebogenerhebung rund 3.000 deutsche Unternehmen aller Größenklassen befragt. Die Ziele und Bedingungen, die eingesetzten Instrumente und flankierenden Maßnahmen sowie die erwünschten und unerwünschten Wirkungen des Personalabbaus konnten bei 155 Unternehmen, die in den vergangenen Jahren ihre Personalkapazität abgebaut hatten, untersucht werden. Um ein tieferes Verständnis für die Perspektive der verbleibenden Mitarbeiter zu gewinnen, wurden in einer begleitenden Fallstudie bei einem Unternehmen mit großzahligem Stellenabbau die Folgewirkungen des Personalabbaus durch eine Mitarbeiterbefragung (n = 320) detailliert erhoben. Dabei interessierte besonders, ob es Unterschiede in der Bewertung der Folgewirkungen des Personalabbaus bei verschiedenen Mitarbeitergruppen gibt, beispielsweise bei Führungskräften und Nicht-Führungskräften, älteren und jüngeren Mitarbeiter oder Mitarbeitern verschiedener Berufsgruppen.

Kapitel 2

## Personalabbau in deutschen Unternehmen

Empirische Studie 1998-2004 der Universität der Bundeswehr München
Institut für Personal- und Organisationsforschung

**Forschungsziel:**
Bestandsaufnahme "Personalabbau in Deutschland" sowie Ableitung von Gestaltungsempfehlungen für ein folgenminimales Trennungsmanagement

**Forschungsfragen:**
Auf **welche Weise** wird in deutschen Unternehmen Personal abgebaut?
Welche **Folgewirkungen** gehen vom Personalabbau aus?
Wie können Personalabbauprozesse in Zukunft so **gestaltet** werden, dass negative Folgewirkungen für Unternehmen und Arbeitnehmer vermieden und die langfristige Überlebensfähigkeit des Unternehmens gesichert wird?

**Forschungsdesign:**
**Unternehmensbefragung** bei 155 deutschen Unternehmen (aus ca. 3.000 angeschriebenen Unternehmen), die Personalkapazität abgebaut haben;
Begleitende Fallstudie mit **Mitarbeiterbefragung** in einem mittelgroßen Unternehmen (Vollerhebung, 320 Teilnehmer)

**Publikationen:**
Rainer Marr u. Karin Steiner: Personalabbau in deutschen Unternehmen: Empirische Ergebnisse zu Ursachen, Instrumenten und Folgewirkungen, Wiesbaden: Gabler Edition Wissenschaft 2003
Karin Steiner: Bewahrung des Humankapitals bei Personalabbau durch ein professionelles Trennungsmanagement, in: Human Capital Leadership: Wettbewerbsvorteile für den Erfolg von morgen, hrsg. von Dürndorfer, M.; Friederichs, P. (2004), S. 509-545.
Siehe auch: www.trennungsmanagement.de

**Bild A:** Forschungsprojekt – Ziele und Design

»Kündigungsschock« – Die Realität von Trennungen im Unternehmen

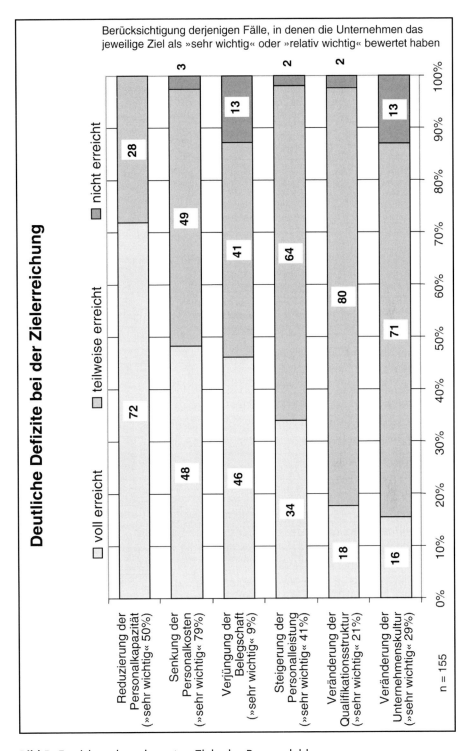

**Bild B:** Erreichen der relevanten Ziele des Personalabbaus

**Deutliche Defizite bei der Zielerreichung**

Um die Effizienz einer Personalanpassung beurteilen zu können, ist es erforderlich, die entsprechenden Ziele vorab zu betrachten. Hierbei steht für die Unternehmen die Senkung der Personalkosten an erster Stelle, gefolgt von einer Reduzierung der Personalkapazität und einer Steigerung der Personalleistung. Allerdings konnten nicht alle verfolgten Ziele auch vollständig erreicht werden (siehe Bild B), da sich sowohl ungünstige Kosteneffekte (z.B. unerwartet hohe Neben- oder Folgekosten des Personalabbaus) als auch Leistungseffekte (z.B. Beeinträchtigung der Leistungsbereitschaft und -fähigkeit) einstellten.

Die Ergebnisse der Studie zeigten Verhältnisse, die ich als ziemlich erschreckend bezeichne.

Wenn 72 Prozent der untersuchten Unternehmen angeben, dass sie die Reduzierung der Personalkapazitäten erreicht haben, bedeutet dies auch, dass 28 Prozent, d.h. nahezu ein Drittel, das eigentliche Ziel des Personalabbaus *nicht oder nur teilweise* erreicht haben. Da kann man doch nur sagen: Thema verfehlt. Da muss etwas schief gegangen sein.

Aber es kommt noch schlimmer:
Weniger als die Hälfte der Unternehmen (48 Prozent) haben das, was dort mit einem Personalabbau bezweckt wird, nämlich die Reduzierung der Personalkosten, erreicht. Heißt im Klartext: Etwa die Hälfte der Unternehmen erreichen angestrebte wirtschaftliche Ziele des Personalabbaus nur teilweise oder gar nicht. Und da frage ich mich, wie soll es in diesen Unternehmen weiter gehen?

Noch dramatischer sehen die Ergebnisse im Hinblick auf die Steigerung der Personalleistungen und die Veränderung der Qualifikationsstrukturen aus. 66 Prozent der untersuchten Unternehmen erreichten eine Steigerung der Personalleistungen nur teilweise oder nicht. 82 Prozent der Unternehmen konnten nur bedingt oder keine Veränderung der Qualifikationsstruktur realisieren. Erneut sage ich: Thema verfehlt. Oder andersherum, mit dem Blick nach vorne: Es gilt etwas zu tun. Das kann und muss man doch erheblich besser machen!

**Folgewirkungen auf individueller, kollektiver und organisationaler Ebene**

Personalabbau stellt einen schwerwiegenden Eingriff in das organisatorische und soziale Gefüge eines Unternehmens dar. Die daraus resultierenden Wirkungen für das Unternehmen und die im Unternehmen verbleibenden Mitarbeiter sind Gegenstand verschiedener Untersuchungen und Modelle und können auf drei Ebenen differenziert werden: individuelle, kollektive und organisatorische Folgewirkungen von Personalabbau (siehe Bild C).

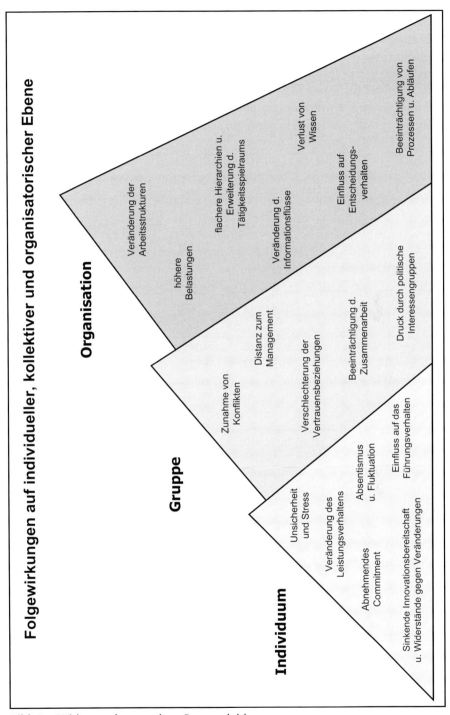

Bild C: Wirkungsebenen eines Personalabbaus

Eine Personalanpassung bedeutet, dass Aufgaben neu verteilt und Aufgabenträger neu organisiert werden müssen; jeder ausgeschiedene Mitarbeiter hinterlässt eine Lücke im Beziehungsgeflecht, wobei er möglicherweise nur ihm verfügbares Wissen mit sich nimmt. Belastungen und Unsicherheit der verbleibenden Mitarbeiter führen zu Veränderungen im Leistungs- und Führungsverhalten sowie zu einer geringeren Bereitschaft zu Veränderungen. Konflikte und Vertrauensverluste können die Zusammenarbeit im Team beeinträchtigen. Notwendige Anpassungen der Arbeitsstrukturen, eine Verschlechterung der Informationsflüsse sowie kurzfristig orientierte Entscheidungen beeinflussen die Qualität von Prozessen und Arbeitsabläufen.

Für das Auftreten der Folgewirkungen ist neben den eingesetzten Maßnahmen und der konkreten Unternehmenssituation auch der Umgang mit den ausscheidenden Mitarbeitern von Bedeutung, da sich z.B. ein als unfair empfundener Trennungsprozess auch auf das Verhalten der Verbleibenden negativ auswirken kann.

**Kurzfristige Effekte des Personalabbaus**

In der Befragung deutscher Unternehmen ergab sich hinsichtlich dieser Wirkungen ein recht widersprüchliches Bild: Im Durchschnitt konnten kurzfristig sowohl positive als auch negative Effekte im Zusammenhang mit dem durchgeführten Personalabbau verzeichnet werden (siehe Bild D). Aber nicht alle Betroffenen bewerten die Folgen des Personalabbaus gleich, und so müssen die Ergebnisse der Studie differenziert bewertet werden:

1) Die Wirkungen unterscheiden sich teilweise erheblich hinsichtlich der Größe der untersuchten Unternehmen: So müssen größere Unternehmen in der Regel mit einer stärkeren Ausprägung der einzelnen Wirkungen rechnen – vor allem auf individueller und kollektiver Ebene haben etwa Konflikte und politischer Druck deutlich stärker zugenommen.

2) Die Mitarbeiter bewerten einige Effekte zum Teil deutlich schlechter als die Führungskräfte oder die Unternehmensleitung. Viele der von den Führungskräften als positiv empfundenen Veränderungen, wie z.B. ein besseres Teamwork oder höhere Leistungsmotivation, werden in einer vergleichbaren Situation von Nicht-Führungskräften signifikant schlechter bewertet (in Bild D mit * gekennzeichnet).

3) Die Mehrheit der in der Stichprobe untersuchten Unternehmen zeichnet sich durch ein insgesamt überaus ausgewogenes und professionelles Trennungsmanagement aus (z.B. hinsichtlich der »Härte« des Personalabbaus oder dem erfolgreichen Einsatz flankierender Maßnahmen). Jedoch ist anzunehmen, dass gerade Unternehmen mit einem weniger »erfolgreichen« Personalabbau auch nicht bereit waren, an einer derart detaillierten Befragung teilzunehmen.

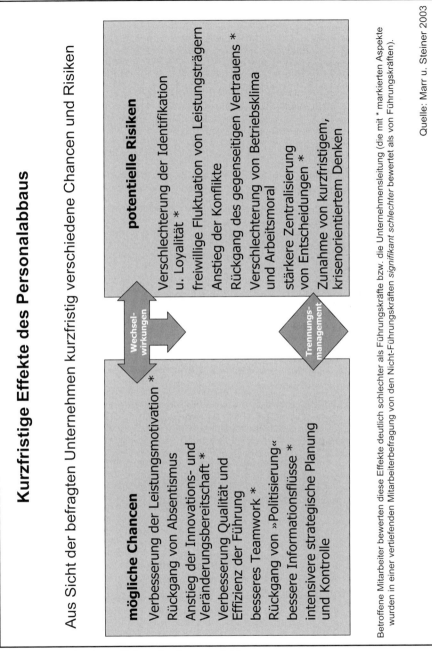

**Bild D:** Kurzfristige Effekte des Personalabbaus

**Kein Patentrezept für Personalabbau!**

Aus den Ergebnissen dieser Studie lassen sich Anforderungen an ein Folgen minimierendes Trennungsmanagement ableiten. Zwar gibt es kein Patentrezept zum Personalabbau; zur Wiederherstellung und langfristigen Sicherstellung der Überlebensfähigkeit des Unternehmens kann aber die Berücksichtigung der folgenden Leitlinien beitragen:

1. Bei Auftreten eines Personalkapazitätsproblems ist zunächst eine umfassende Situationsanalyse und Zieldefinition erforderlich.
2. Auf dieser Basis können für das Unternehmen passende Maßnahmen aus dem Spektrum an Handlungsalternativen ausgewählt werden. Das Spektrum reicht von den präventiven Maßnahmen zur Verringerung des Abbaubedarfs über die Maßnahmen zur Reduzierung der Personalkapazität bis hin zu den flankierenden Maßnahmen und Angeboten zur Vermeidung oder Milderung von Belastungen und negativen Folgewirkungen.
3. Die Effizienz des Personalabbaus hängt stark von der Strukturierung des Personalabbauprozesses ab, wobei eine Anlehnung an das klassische Projektmanagement hilfreich ist. Wichtige Erfolgsfaktoren hierbei sind die Planungsqualität, eine offene Informations- und Kommunikationspolitik, umfassende Mitwirkungsmöglichkeiten aller Beteiligten sowie konstruktive Verhandlungen mit den Sozialpartnern. Auch eine – über den Personalabbauprozess hinausgehende – strukturelle, strategische und kulturelle Neuausrichtung darf nicht vernachlässigt werden.
4. Die Wirkungen der ergriffenen Maßnahmen sind ständig zu überwachen, um ein Auftreten von unerwünschten Nebenwirkungen zu verhindern. Dazu müssen auf Basis von Risiko- und Effizienzanalysen geeignete Indikatoren und Kennzahlensysteme entwickelt werden.
5. Die Entscheidungsträger benötigen viel Fingerspitzengefühl und Einfühlungsvermögen, um Personalabbau in seiner Komplexität zu begreifen und typische »Risiken« des Personalabbaus abzuwenden bzw. von den ebenfalls möglichen Chancen zu profitieren.

Bei allen Entscheidungen und Handlungen sollte deren Wirkungen auf das grundlegende Beziehungsgefüge im Unternehmen berücksichtigt werden. Hierbei geht es vor allem darum, dass trotz notwendiger Anpassungen der implizite psychologische Kontrakt zwischen dem Unternehmen und seinen Mitarbeitern erhalten bleibt und damit die Wettbewerbsfähigkeit des Unternehmens nicht nachhaltig beeinträchtigt wird.

## Schlussfolgerung

Während »man« sich in »grauer Vorzeit« noch leisten konnte, Mitarbeiter »einfach zu feuern« – Produktivitätsverluste und Imageschaden hin oder her –, kann sich heute kein Unternehmen mehr erlauben, im »Hau-Ruck-Verfahren« Mitarbeiter rauszuwerfen. Die Auswirkungen einer Trennungs-Un-Kultur und die dadurch angerichteten Schäden sind oft größer als der direkt messbare Schaden.

Die vielen kleinen Mosaiksteinchen, die insgesamt das Bild einer humanen und fairen Trennungs-Kultur ergeben, dürfen als Beitrag eines professionellen Personal-Marketings verstanden werden. Somit trägt eine Trennungs-Kultur maßgeblich dazu bei, auf das Image eines Unternehmens bei den eigenen und bei potenziellen neuen Mitarbeitern (Interessenten, Bewerbern) positiv zu wirken. Dies wiederum darf als Beitrag für die Bindung von Mitarbeitern ans Unternehmen verstanden werden. Rückschlüsse von der Art und Weise, wie ein Unternehmen am Ende des »Lebenszyklus« mit einem Mitarbeiter umgeht, auf andere Zeiten der Zusammenarbeit sind durchaus zulässig. Daher plädiere ich dafür, Trennungs-Kultur als maßgeblichen Beitrag zur Motivation der Mitarbeiter, zur Humanisierung der Arbeitswelt und nicht zuletzt zum wirtschaftlichen Erfolg eines Unternehmens zu verstehen.

## Erfolgskritische Aspekte

Über die Jahre der praktischen Erfahrung habe ich die folgenden Aspekte als Nadelöhr und damit als erfolgskritisch wahrgenommen. Mögen diese insbesondere in der Planungsphase sowie im Hinblick auf die Organisation des Prozesses mehr Berücksichtigung finden.

*1. Auftrag an einen Externen – eine Gewissensfrage:*

Trägt sich ein Unternehmen mit dem Gedanken, ein Training für Führungskräfte und Personalverantwortliche oder ein individuelles Coaching für Führungskräfte zur Vorbereitung des Themas Trennungsmanagement anzubietenden, ist zu prüfen, ob es im eigentlichen Sinne um eine Management-Qualifizierung geht oder ob die ganze Übung lediglich ein Alibi sein soll? Ein externer Coach, der sich mit Trennungsmanagement wirklich gut auskennt, kann sehr wohl bei der Reflexion der Prozesse hilfreich sein, niemals aber die Verantwortung für Entscheidungen übernehmen.

*2. Wahre Ziele der Geschäftsleitung – eine politische Frage:*

Nicht erst in der Durchführungsphase, sondern viel früher sollte die Frage geklärt werden, welches die wahren Ziele der Geschäftsleitung im Hinblick auf den Personalabbau, das heißt, die Trennung der Menschen vom Unternehmen, eigentlich sind. Sie verstehen die Frage nicht? Nun gut. Es ist eine höchst politische Frage, ob das Topmanagement zu seinen Entscheidungen steht, z.B. die Profitabilität zu steigern, oder ob unliebsame Entscheidungen kaschiert werden. Man muss sich in der Geschäftsleitung darüber bewusst sein, dass es der nötigen Konsequenz in der Umsetzung bedarf, die unter Umständen teuer und auch mal unbequem werden kann. Oder ist das Rückgrat der Geschäftsleitung eher schwächlich und allzu biegsam? Dann wird es oft soft und zäh. Zäh wie Kaugummi und am Ende doch teuer. Ich empfehle, die politische Frage mit dem Blick nach vorne zu beantworten, mit dem Ziel: Wir wollen das Thema fair und final lösen, um zügig, frei und kraftvoll nach vorne zu gehen. Die Geschäftsleitung muss wissen, was sie will. Jeder Weg hat seinen Preis.

*3. Tückische Korrelation: Investition & Erfolg – eine wirtschaftliche Frage:*

Immer wieder habe ich erlebt, dass diejenigen, die für die Umsetzung verantwortlich gemacht werden, unter einen massiven zeitlichen Druck gesetzt werden. Die für die Entscheidung Verantwortlichen sind die z.B. im Rahmen der Fusion bereits Gegangenen. Die neuen Manager des anderen Unternehmens sind nicht vertraut mit den Gedanken und Entwicklungen der Konzeption und auch nicht wirklich interessiert an der Art und Weise des Umgangs mit den Menschen, sondern lediglich bestrebt, dass die Zahlen stimmen. Die Frage ist: Nimmt sich ein Unternehmen die Zeit für eine angemessene Qualifizierung und professionelle Vorbereitung, oder nimmt es viel Ärger und erhebliche Kosten im Verlaufe des Prozesses sehenden Auges auf sich? Auch hier haben wir die Wahl: Erst denken und dann handeln, oder erst handeln und dann reparieren.

Ich bin ein entschiedener Befürworter davon, die Dinge zunächst gut vorzubereiten, um nachher Zeit, Geld und unnötige Verletzungen zu ersparen.

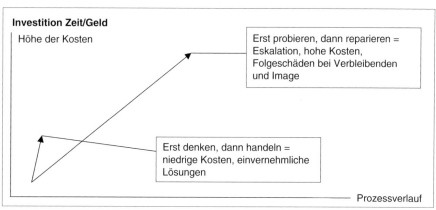

**Abb. 5:** Relation zwischen Grad der Professionalität und Kosten

*4. Eskalationsbereitschaft – eine Kulturfrage:*

Wie an anderer Stelle ausführlich besprochen, weise ich nochmals auf die kulturelle Frage nach der Eskalationsbereitschaft der Geschäftsleitung hin. Wegen der eminenten Bedeutung dieser Frage stresse ich auch nochmals das Thema: Hat man die Bedeutung erkannt und ist bereit, vorab darüber nachzudenken? Was tun, bei Widerstand und Unverständnis? Was tun, bei Ablehnung und Drohung? Ist die Geschäftsleitung wirklich zu einem Commitment zu den Entscheidungen bereit? Konsequenz und Nachhaltigkeit sind angesagt, auch wenn es mal unangenehm und knifflig wird!

*5. Verantwortung & Rollenverständnis – eine Rollenfrage:*

Für den Prozesserfolg ist es wichtig, die Verantwortung zu klären und das Rollenverständnis der handelnden Gruppen zu besprechen, bevor es losgeht. Wenn ich in den Präsentationen der Unternehmen lese: »Für den Erfolg sind die Führungskräfte verantwortlich« und an anderer Stelle darüber stolpere, dass es heißt »Treiber des Prozesses ist die Personalabteilung«, dann scheinen mir Rollen und Verantwortlichkeiten nicht wirklich geklärt (was auch so war). Neben den Grundsatzfragen sind Detailfragen zu klären wie zum Beispiel: Wer ist für den Gesprächserfolg verantwortlich? Wer ist für den Prozesserfolg verantwortlich? Wer wird, wenn es nicht klappt, »verhaftet« und zur Rechenschaft gezogen? Wer erhält, wenn es klappt, den satten Bonus?

*6. Setting & Argumentation – eine Mutprobe:*

Das gesamte Setting und die Argumentationskette erscheinen mir immer wieder wie eine Mutprobe für die jeweilige Geschäftsleitung und Steuerungsgruppe. Auch hier bin ich dezidiert der Meinung, dass es einer wahrhaftigen und tiefen inneren Entscheidung zu Beginn des Prozesses bedarf: Wollen wir das Ganze wirklich transparent, klar, konsequent und kongruent gestalten oder, wenn wir mit uns selber ehrlich sind, wollen wir ein wenig pfuschen, tricksen und stümpern? Beides geht, dass eine besser, dass andere schlechter.

*7. Legitimation & Flexibilität – eine Vertrauensfrage:*

Für den Erfolg entscheidend ist die innere Überzeugung der Führungskräfte und Personaler vom Konzept und den damit verbundenen Angeboten an die Mitarbeiter. Es nutzt nichts, eine dreifache Turboprämie auszuloben, wenn diese lieblos angeboten und nicht argumentativ unterstützt wird. Keiner greift zu – sehr zur Überraschung der Geschäftsleitung. Für zügige, erfolgreiche, respektvolle und wertschätzende Verhandlungen mit den Betroffenen brauchen die Gesprächsführer eindeutige Rahmenbedingungen. Sie müssen klar wissen, in welchem Rahmen sie über einzelne Beträge und Forderungen des Mitarbeiters verhandeln und entscheiden dürfen. Natürlich braucht es einen Rahmen. Je besser sich die Gesprächsführer auf den einzelnen Menschen einstellen, je mehr sie über dessen persönliche Bedürfnisse (einmal ist es eine zusätzliche Qualifizierung, ein anderes Mal ist es eine argumentative Unterstützung gegenüber der

Familie, ein drittes Mal ist es ein persönliches Gespräch über den zukünftigen Sinn des Lebens) wissen, umso gezielter können die Angebote und umso fruchtbarer die Gespräche sein.

*8. Workshop-Design & Präsenzpflicht – eine Frage des Vorbildes*

Banal, aber beinhart: Es ist letztendlich eine Führungsfrage, ob die Mitglieder der Geschäftsleitung als gutes Vorbild vorangehen und die mit einem externen Berater verabredete Management-Qualifizierung persönlich durchlaufen. Bei allem Respekt vor den engen Zeitplänen der Topmanager und ihrer immensen Workload, wertvoller und Gewinn bringender können sie sich nicht einbringen, als in den Workshops mit der eigenen Mannschaft den gesamten Prozess gedanklich zu durchlaufen und zu reflektieren. Der Tag ist gut investiert (wie mir Vorstände, Geschäftsführer und Topmanager immer wieder bestätigt haben). Ebenso darf es keine Frage des Nice-to-have sein, ob und welche Führungskräfte an den Qualifizierungsmaßnahmen teilnehmen. Präsenzpflicht ist angesagt!

*9. Glauben an die Zukunft – eine Sinnfrage*

Selbst wenn Unternehmen Wochen und Monate über Abbau und Umbau gesprochen haben, selbst wenn das Management das Gefühl hat, wir haben die Visionen und Ziele der Zukunft schon mehrfach in glänzenden Präsentationen an die Wand geworfen, fehlt es in den allermeisten Fällen, so meine einschlägige Erfahrung, an einer tiefen Verankerung im mittleren Management. Daher lege ich dem Topmanagement dringend ans Herz, alles dafür zu tun, dass die für die Umsetzung Verantwortlichen wirklich die tiefere Sinnhaftigkeit der Maßnahmen verstanden haben und auch in der Lage sind, diese mit Überzeugung zu kommunizieren. Es braucht die Einbettung in einen größeren Zusammenhang, es braucht die visionären Ausblicke, die spürbare Begeisterung und Empathie des Topmanagements.

# Kapitel 3

# Deutsche Führungskräfte weinen nicht! Die Ängste der Vorgesetzten beim Trennungsgespräch

Im Rahmen von nicht mehr zählbaren persönlichen Beratungsgesprächen seit 1989 und in unzähligen »Trennungs-Workshops« seit 1993 habe ich Fach- und Führungskräften sowie Personalverantwortlichen, denen das Führen von Trennungs- und Kündigungsgesprächen bevorstand, immer wieder die gleichen Fragen gestellt:

- »Warum ist für Sie das Führen von Kündigungsgesprächen so schwierig?«
- »Wovor haben Sie in den Trennungsgesprächen persönlich Angst?«
- »Welche Fehler werden Ihrer Erfahrung oder Ihrer Ansicht nach in Kündigungs- und Trennungsgesprächen gemacht?«
- »Welche Erkenntnisse ziehen Sie für sich aus den Erfahrungen mit Trennungsgesprächen und der systematischen Auseinandersetzung mit der Thematik?«
- »Was wünschen Sie sich zur Bewältigung der Aufgabe ›Trennungsgespräch‹ am meisten?«

## 3.1 Offenbarung: Die Not der Vorgesetzten im Kündigungsgespräch

Mit der Zeit haben sich die Eindrücke aus über 600 systematisch geführten Interviews (1994–2000), sowie weiteren unzählbaren Gesprächen bis zu dieser dritten Auflage in mir »kumuliert« und aufgestaut. Die Äußerungen, ihre Antworten und ihre Anregungen habe ich jeweils vor Ort mit den Befragten gemeinsam reflektiert und Schlüsse daraus gezogen. Die Quintessenz biete ich Ihnen heute als »Offenbarung« an. Ein hochprozentiges Konzentrat zum vorsichtigen Genuss. Ein Notstandsbericht!

Unter den Befragten befanden sich sowohl Manager und Personalverantwortliche (Personalleiter und Personalreferenten), die bereits viele Jahre Erfahrung im Führen von Trennungsgesprächen hatten, als auch solche, die noch wenig oder keine Kündigungsgespräche geführt hatten. Im Einzelcoaching zur Vorbereitung von Trennungsgesprächen handelte es sich meist um Führungskräfte der ersten Ebene. In der Begleitung großer Change- und Trennungsprojekte mit mehreren hundert Managern eines Unternehmens in einer Vielzahl von »Trennungs-Workshops« quer durch die Bundesrepublik waren es überwiegend Führungskräfte der zweiten und dritten Ebene der Konzerne.

Immer wieder werde ich gefragt, um welche Unternehmen es sich handelte. Man möchte, dass ich Namen und Referenzen nenne. Und da sind wir bereits mitten im Thema. Die Unternehmen wollen nicht an die Öffentlichkeit gehen mit dem, was sie tun. Nicht einmal mit dem Positiven, das sie für die Weiterentwicklung der Managementkompetenzen ihrer Führungskräfte tun. Und auch nicht mit dem, was sie zur Unterstützung ihrer gekündigten Mitarbeiter tun. Da ich mich im Sinne der Beratungsethik selbstverständlich an die versprochene Diskretion und Vertraulichkeit halte, möchte ich Ihnen hier lediglich die Branchen nennen, aus denen die Unternehmen kamen.

Die Unternehmen kamen aus den Bereichen: Pharmazie / Chemie; Computer- und Informationstechnologie; Konsumgüterindustrie; Fertigungsindustrie; Banken / Versicherungen; Dienstleistung; Wirtschaftsprüfung; Marktforschung. Es handelte sich sowohl um Konzernunternehmen als auch mittelständische Betriebe.

Wie habe ich die Ergebnisse und Erkenntnisse zusammengetragen? Für die, die es genau wissen möchten: Es handelt sich im statistischen Sinne um eine nicht-repräsentative Stichprobe, da ich mit allen Befragten im Rahmen der Change- und Trennungsprojekte »zufällig« zusammentraf. Eigentlich stellt das Klientel nicht einmal eine zufällige Auswahl dar, da es sich um Mitarbeiter von Unternehmen handelte, die auf der Suche nach professioneller Unterstützung in der Thematik waren. Insofern handelt es sich um eine positive Selektion von Unternehmen und Personen, die gegenüber dieser Thematik offen und positiv eingestellt waren. Eine Klientel, die sich dieser Thematik im Rahmen einer persönlichen Beratung oder durch die Teilnahme an Workshops stellen wollte und gestellt hat. Oder soll ich die Klientel eher als eine »negative Stichprobe« bezeichnen? Negativ in dem Sinne, dass es Unternehmen waren, die es vielleicht »besonders nötig« hatten? Urteilen Sie bitte selbst, wenn Sie die Ergebnisse gelesen und die Stimmen gehört haben, ob die Nennungen deswegen tendenziös, nicht repräsentativ oder unbrauchbar sind oder ob sie in Anbetracht der genannten »positiven« Selektionskriterien um so mehr Gewicht haben? Ich persönlich halte die Antworten für überaus spannend. Denn sie zeigen auf, wie es Führungskräften in einer der schwierigsten Managementsituationen geht. Ihre Statements sprechen Themen an, über die man bis heute nicht öffentlich spricht. Ihre Äußerungen geben Anlass, genauer hinzuschauen.

Stichprobe hin oder her. Eines war ganz sicher repräsentativ: das Geschlecht der Stichprobe. Nach eigener, »statistisch repräsentativer Augenprobe« waren 99 Prozent der Klientel männlich – so, wie es in den Führungsebenen der deutschen Wirtschaft überwiegend anzutreffen war. Die vereinzelten Teilnehmerinnen kamen durchweg aus dem Personalwesen.

## 3.2 »Warum schwitzen Sie so, Chef?« – Schwierigkeiten

Im Rahmen der persönlichen Beratungsgespräche und der Trennungs-Workshops stellte sich sehr schnell heraus, dass das Thema »Berufliche Trennungssituation« viel weiter zu fassen ist, als es die meisten Gesprächspartner zuvor gedacht hatten. Daher möchte ich zu Beginn auch Ihren Blick erweitern. Im ersten Moment denkt man bei Trennung in der Regel an Kündigung. Man denkt an die Mitarbeiter, die das Unternehmen definitiv verlassen müssen. Bei genauerer Betrachtung stellt sich jedoch sehr schnell heraus, dass es viele Situationen gibt, die ebenfalls zum Thema »Berufliche Trennung« und damit hierher gehören. Bitte, prüfen Sie sich selbst.

| Reflexion: | |
|---|---|
| Welches Gespräch ist für Sie das schwierigste? | (X) |
| Versetzung innerhalb des Unternehmens? | |
| Reduzierung von Voll- auf Teilzeit? | |
| Verschiebung zu externer Zeitarbeitsgesellschaft? | |
| Angebot der Altersteilzeit? | |
| Aufhebungsvertrag anbieten? | |
| In Vorruhestand schicken? | |
| Betriebsbedingte Kündigung? | |
| Verhaltensbedingte Kündigung? | |
| Änderungskündigung? | |

In aller Regel werden im Rahmen umfassender Change- und Trennungsprozesse verschiedene Alternativen im Sozialplan verankert und unternehmensweit differenzierte Angebote unterbreitet. Manche Unternehmen sprechen lautmalerisch von einem Beschäftigungsmosaik oder nennen das Programm beschönigend Beschäftigungsalternativen. Bei genauer Betrachtung geht es in allen Fällen aber um die *Trennung der Mitarbeiter vom angestammten und lieb gewonnenen, gewohnten Arbeitsplatz*. Insofern stellt sich die Frage, welches Gespräch für einen Vorgesetzten schwierig ist, was auch immer schwierig im Einzelfall heißen mag.

Selten machen sich Vorstände und Geschäftsleitungen Gedanken über die verschiedenen Arten von Trennungen. Vorgesetzte aber bekunden, dass nicht nur echte Kündigungsgespräche sehr schwierig sind, sondern alle Arten von Trennungen, wie sie in der Tabelle aufgelistet sind.

*Beispiel:*

*Der Vorstand eines Lebensmittelkonzerns weiß, dass die »Grande Dame« des Hauses, die all die Jahre die Meinungsbildner auf den Kongressen und Messen betreut hat, nichts hat als die Firma. Sie ist alleinstehend und ihr Lebensmittelpunkt ist die Firma. Ihren Einsatz hat er immer zu schätzen gewusst. Aber nun, mit der Neuorganisation, »verordnet« durch die Holding, wird sie überflüssig. Man schickt sie in den »wohlverdienten« Vorruhestand. Doch jeder weiß, dass sie keine Person ist, die Ruhe hat. Und was soll sie denn plötzlich alleine machen, ohne »ihre« Empfehler, ohne »ihre« Kongresse, ohne »ihre« Außendiensttagungen? Der Vorstand brachte nur mit Assistenz der Personalleitung die Botschaft über die Lippen.*

Für den einen Vorgesetzten ist das Gespräch mit einer alleinerziehenden Mutter, die von einer Vollzeit- auf eine Teilzeitstelle versetzt werden soll, schwierig, für einen anderen die Botschaft an einen langjährigen »Kumpel«, der auch Nachbar oder Patenonkel der eigenen Tochter ist, dass er in den Vorruhestand gehen soll. Oder ist das Gespräch mit einem 42-jährigen Entwicklungsingenieur, den der Vorgesetzte erst vor einem halben Jahr zum Abteilungsleiter befördert hat, über dessen Entlassung aufgrund der Konzernentscheidung das unangenehmste Gespräch? Auch wenn bei allen in der Tabelle aufgezeigten Anlässen im individuellen Fall ähnliche Probleme auftauchen mögen, soll im Nachfolgenden exemplarisch die Situation bei »echten« Trennungen, also Kündigung und Aufhebung des Arbeitsverhältnisses, beleuchtet werden. Übertragungen auf die anderen Formen von Trennungen dürften relativ leicht fallen.

Ich spreche also nachfolgend von Trennung, Trennungs- oder Kündigungsgespräch, Gesprächen also, die in jedem Falle zu einem Ausscheiden des Mitarbeiters führen. Mit Trennungsprozess meine ich den gesamten Vorgang als Prozess, als Projekt, und nicht den Arbeitsgerichtsprozess.

*Beispiel:*

*Jeder im Haus weiß, dass die Chefsekretärin ihren Job im Büro des Unternehmensberaters mit ihren Pflichten als alleinerziehende Mutter verbinden muss. Daher hatte sie auch gewisse Privilegien, durfte später kommen, pünktlich gehen. Jetzt will man ihre Stelle teilen. Und jeder im Haus fragt sich mit ihr, wie sie denn ihren alten Benz und ihren arbeitslosen Lebensgefährten mit der Hälfte des bisherigen Einkommens finanzieren soll.*

*Beispiel:*

*Natürlich wurde auch der 37-jährigen Mitarbeiterin einer Bank angeboten, mit ihrer Arbeit in eine rheinische Großstadt zu wechseln. Doch wie sollte die Mutter von zwei schulpflichtigen Kindern, mit Mann und Eltern in ihrem Heimatort im Ruhrgebiet täglich die Strecke mit höchstem Verkehrsaufkommen bewältigen?*

Dem Vorgesetzten standen die Schweißperlen auf der Stirn, als er mit ihr ins Trennungsgespräch hineinging. Er brauchte eine Stunde, um auf den Punkt zu kommen. »Stress pur« sagen viele Führungskräfte!

Kommen wir also zur ersten Frage:

»Warum ist für Sie das Führen von Kündigungsgesprächen so schwierig?« Was denken Sie? Machen Sie mit, bevor Sie weiterlesen! Hier ist Platz für Ihre Notizen.

> **Reflexion:**
>
> **Warum ist ein Kündigungsgespräch so schwierig?**

Bei der Befragung der genannten Klientel kamen folgende Aspekte am häufigsten zur Sprache.

- Mangelnde Erfahrung,
- eigene Betroffenheit,
- jedes Gespräch ist einzigartig,
- Argumentations-Notstand,
- Harmonie nicht möglich,
- Zerstörung einer Existenz,
- Reaktion der Verbleibenden.

## Mangelnde Erfahrung

In den Unternehmen beklagten die Vorgesetzten in erster Linie die mangelnde Erfahrung im Umgang mit derartig schwierigen Gesprächen und Situationen. *In guten Zeiten habe man eben nur die Lorbeeren verteilen und die Beförderungen aussprechen dürfen. Nun sei es das erste Mal, dass man in größerem Stil Kündigungen aussprechen müsse. Mit anderen Vorgesetzten im Unternehmen könne man sich auch nicht beraten, denn denen ginge es ähnlich. Und für eine Beratung mit Kollegen anderer Unternehmen sei das Thema viel zu heikel. In keinem Führungskräftetraining oder Lehrbuch werde diese sensible Thematik besprochen,* beklagten viele Manager. Sogar »alte Hasen« gaben zu, die in den vergangenen Jahren vereinzelt oder gehäuft geführten Trennungsgespräche zwar »nach bestem Wissen und Gewissen«, aber dennoch immer »aus dem Bauch heraus« geführt zu haben. Nie habe man sich mit der Komplexität der Materie näher auseinander gesetzt. So blieben das flaue Gefühl im Magen und der unruhige Schlaf in der Nacht zuvor.

## Eigene Betroffenheit

Die eigene Betroffenheit nennen nahezu alle Befragten als emotionales Problem. Dabei hat dieser Punkt mehrere Aspekte. Zum einen meint »eigene Betroffenheit« die eigene emotionale Betroffenheit durch den Beschluss der Geschäftsleitung oder der Konzernspitze zum Personalabbau oder einer Kündigung. Nicht immer können alle Führungskräfte eines Unternehmens die Entscheidung der Zentrale nachvollziehen, oft haben sie erhebliche persönliche emotionale

Probleme mit den zunächst nur an sie als Manager vertraulich kommunizierten Maßnahmen. Selbst wenn die Entscheidung allein auf Initiative des Vorgesetzten basiert, kann es sein, dass er emotionale Probleme mit seiner eigenen Entschlussfreudigkeit hat. Ein anderer Aspekt des Stichwortes beinhaltet die Problematik, dass in manchen Fällen die Linienmanager, die die Schließung eines Bereiches umsetzen mussten, selber noch nicht sicher waren, ob sie würden bleiben können. Und es gibt die Gruppe der Vorgesetzten, die wussten, dass sie am Ende des Reorganisationsprojektes »das Licht ausmachen« und selber in die Arbeitslosigkeit gehen – als Betroffene. Ein dritter Gesichtspunkt, den Führungskräfte artikulieren, ist der, dass sie praktisch »keinen Raum« für die eigene Betroffenheit im Unternehmen haben. Sie beklagen, dass sie mit niemandem sprechen können und sie wissen nicht, wie sie ihre Betroffenheit verarbeiten sollen.

Seit Einführung der Lohnfortzahlungen war der Krankenstand in Deutschland noch nie so niedrig. Nach dem DAK-Gesundheitsreport 2007 ist der Krankenstand seit drei Jahren rückläufig und sank 2006 auf sensationelle 3,3 Prozent. Wie Experten meinen ein schlechtes Zeichen – und kein Grund zur Freude. Denn nicht mehr Krankfeiern – zu deutsch Absentismus – sei das Problem der Zeit, sondern der Präsentismus, der zwanghafte Drang, anwesend sein zu müssen. Da stehe nicht der böse Chef dahinter, der mit Kündigung droht, sondern die Selbstwahrnehmung habe sich gewandelt: Der Druck wird als Sachzwang erlebt. Gerade in Führungsetagen passt es nicht zum Selbstbild und zum »Unternehmer im Unternehmen«, Unwohlsein und Krankheit zuzugeben. Das führt dann u.U. zur falsch verstandenen Selbstausbeutung. Die Angst vor eigener Entlassung steht eben auch im Raum.

**Jedes Gespräch ist einzigartig**

Ein systemimmanentes Problem stellt das Faktum dar, dass jedes Trennungsgespräch einzigartig ist, einen individuellen Charakter und Verlauf hat. Insbesondere bei nicht vorhandener oder dilettantischer Vorbereitung bereitet das Bewusstsein hierüber den Kündigenden immer wieder erhebliche Probleme. Oft fehlen auch »Durchführungs-Verordnungen« für die Grundsatzentscheidung der Unternehmensleitung, oder der eigene Gesprächsbedarf über den einzelnen Fall kann weder hausintern noch extern befriedigt werden. Auch nach der Erfahrung mit einigen Kündigungsgesprächen stellt sich keine Routine ein. Zwar eignen sich die Vorgesetzten entsprechend der eigenen Persönlichkeitsstruktur individuelle »Techniken« der Selbstorganisation oder des Selbstschutzes an und legen sich ein mehr oder weniger »dickes Fell« zu, aber gerade die erfahrenen Personalprofis wissen: »Jedes Gespräch verläuft anders, jedes Gespräch ist so einzigartig wie der Mensch, der mir gegenübersitzt.« Da kann man sich »technisch« noch so gut vorbereiten, vor Überraschungen ist niemand sicher. Gerade dieses Wissen macht unsicher.

## Argumentationsnotstand

Viele der genannten Schwierigkeiten korrespondieren eng mit dem häufig genannten Argumentationsnotstand der Vorgesetzten in einem Kündigungsgespräch. Wie soll er die beabsichtigte Trennung begründen, wenn er in den letzten Jahren immer gute Beurteilungen ausgesprochen und im vorigen Monat eine Bonuszahlung genehmigt hat, obwohl er eigentlich nicht zufrieden war? Kann er in diesem Moment die Defizite der vergangenen Jahre auf den Tisch bringen nach dem Motto »Was ich Ihnen schon immer mal sagen wollte«? Ist es angemessen und menschenwürdig, einem so genannten »low performer« in dem Moment der Trennung auch noch seine fachlichen oder menschlichen Defizite »um die Ohren zu hauen« und damit in der ohnehin schwierigen Situation zusätzlich sein Selbstwertgefühl zu zerstören? Ist es verantwortbar, den Mitarbeiter gerade in diesem Moment mit dieser kritischen Botschaft alleine zu lassen? Ich meine nein. Zu häufig habe ich die Wunden und die Folgen eines solchen Tuns erlebt.

Ein anderer Fall: Was soll der Vorgesetzte sagen, wenn er noch vor 6 Monaten der Beförderung zugestimmt hat und nun die Kündigung aussprechen soll? Sogar hartgesottene Managertypen mit »Hire-and-fire-Mentalität« geben zu, dass es ihnen in der Seele weh tut, wenn sie gerade einem verdienten, lange Jahre treu dienenden, loyalen Mitarbeiter mit Potenzial die Kündigung überreichen müssen. Sie wissen nicht, wie sie argumentieren sollen.

## Harmonie nicht möglich

Was vielen Linienmanagern und manchen Personalprofis nicht so bewusst und gar nicht so lieb ist: Die Situation hat etwas Finales. Harmonie ist in einer solchen Situation kaum möglich. Jeder Vorgesetzte und jeder Personalverantwortliche weiß, dass die Thematik im Grunde einem harmonischen Ablauf des Prozesses und des persönlichen Trennungsgesprächs zuwiderläuft. Jede Kommunikation zwischen Menschen ist letztendlich darauf angelegt, dass die interpersonelle Beziehung fortgesetzt werden kann. Dies streben Gesprächspartner sogar an, wenn Verhandlungen extrem schwierig sind. Am Ende versuchen sie, einen minimalen Konsens herzustellen, um zu einem späteren Zeitpunkt das Gespräch selbst unter extremen Bedingungen fortsetzen zu können. Das »We-agree-that-we-disagree« ist eine typische Ausdrucksform. Bei der Kündigung eines Arbeitsvertrages ist genau dies grundlegend anders: Der Kündigende weiß, dass die Botschaft etwas Endgültiges hat. Es gibt zwar noch einige Verhandlungen, aber es gibt kein »*danach*« mehr. Und genau das ist das Belastende und Schwierige an diesem »Schlechte-Botschaft-Gespräch« – das Einreißen der Verbindungsbrücke.

Jeder Kündigende weiß, dass es Konflikte, Streit, Frust und jede nur erdenkliche Form von Disharmonie geben kann. Auch dies belastet viele Führungskräfte erheblich. Im Grunde kann es seitens des Betroffenen keine Zustimmung zu dem

Vorhaben geben. Lediglich Schadensbegrenzung ist möglich. Wenn dann auch noch die geringsten Möglichkeiten fehlen, das Angebot »attraktiv«, d.h. halbwegs fair und human auszugestalten (Zeit, Geld, Coaching), dann fühlen sich Kündigende extrem unter Druck.

Zerstörung einer Existenz

Auch wenn jede Führungskraft und jeder Mitarbeiter weiß, dass die Formulierung »auf unbestimmte Zeit« im Arbeitsvertrag nicht lebenslänglich bedeutet, empfinden die meisten der befragten Vorgesetzten das Wissen, dass die Kündigung eine Familie, eine Existenz zerstören kann, als besonders belastend. Dies gilt gleichermaßen für die Entlassung des Familienvaters, der eine fünfköpfige Familie zu ernähren und gerade ein Haus gebaut hat, wie für die Kündigung der alleinstehenden Frau Ende 40, die nur sich und ihre Firma hat und sich über die Arbeit definiert. Unter den Befragten und Beratenen waren zahlreiche, die ihr Unwohlsein und ihre Unsicherheit gerade in Kenntnis der familiären Umstände zum Ausdruck brachten. Andere kennen auch die Angaben über die Dauer der Arbeitslosigkeit aus der Presse (siehe Abbildung 6) und empfinden in diesem Kontext einen immensen Druck.

Ebenso gab es einige Befragte, die selber Betroffene waren. Für diese stand neben dem Wissen um die Probleme ihrer Mitarbeiter natürlich auch noch die eigene Existenzfrage im Raum.

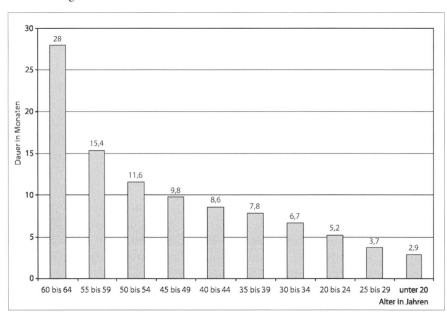

**Abb. 6:** Durchschnittliche Dauer der Arbeitslosigkeit in Deutschland 2000
*Quelle:* Strukturanalyse 2003, Bundesanstalt für Arbeit, 04. 12. 2004

Reaktion der Verbleibenden

Ein ganz anderer Problemkreis im Rahmen von Entlassungen ergibt sich für die Vorgesetzten im Hinblick auf die verbleibenden Mitarbeiter. Mit diesen wollen und müssen sie die Arbeit bewältigen, die Zukunft gestalten. Doch oft reichten schon die personellen Kapazitäten *vor* dem Abbau kaum aus, um das Tagesgeschäft zu bewältigen. Die Konfrontation mit den persönlichen Ängsten, bohrenden Fragen und direkten Angriffen der verbleibenden Kolleginnen und Kollegen macht Vorgesetzten schwer zu schaffen. Wie soll der Chef den Verlust einer Kollegin, mit der die anderen seit Jahren in die Mittagspause gingen, kompensieren, wie soll er das Loch an der Seite des Kollegen, mit dem man »durch dick und dünn gegangen ist«, stopfen? Augenscheinlich ein unmögliches Unterfangen.

**Eine Studie mit 205 Führungskräften dokumentierte die Ängste der Manager in eindrucksvoller Weise.**

| Verlust des Arbeitsplatzes | 69,2 % |
|---|---|
| Unfall / Krankheit | 68,8 % |
| Fehler zu machen | 58,6 % |
| Fehlinfo / Wissensdefizit | 43,9 % |
| Konkurrenz | 35,3 % |
| Autoritätsverlust | 34,7 % |
| Innovationen | 34,5 % |
| Überforderung | 18,5 % |
| Einengung des Spielraumes | 14,3 % |

*Quelle:* Hochschule Bremen, Prof. Dr. J. Freimuth

## 3.3 »Warum haben Sie so schlecht geschlafen, Chef?« – Ängste

Denjenigen, die die negativen Botschaften verkünden müssen, den vorgesetzten Führungskräften, geht es, wie ich aus unzähligen Workshops und Einzelgesprächen weiß, gar nicht gut. Hören Sie eine Stimme im O-Ton.

### Vortrag auf dem 1. Frankfurter Klartext-Dialog

*Michael Ripken, Mitinhaber der Paretop GmbH, Esslingen, ehemalige Führungskraft in unterschiedlichen Banken*

Ich habe ein ziemlich mulmiges Gefühl im Bauch. Weil ich Ihnen eine ganz persönliche Erfahrung erzähle. Und dies tue ich, weil ich denke, dass wir in Deutschland, was Trennungs-Kultur betrifft, dringend einen Schritt nach vorne machen müssen.

Ich war Anfang 30 und plötzlich verantwortlich für 150 Leute, weil ich durch einen menschlichen Umstand kurzfristig in eine Führungsposition gekommen war. Wir arbeiteten engagiert und hart und hatten Spaß an dem, was wir gemeinsam bewegten. Eines Tages wurde ich zu meinem Verwaltungsratsvorsitzenden gerufen und der sagt mir: »*Herr Ripken, es tut uns fürchterlich leid, der Konzern hat eine Entscheidung getroffen: Von ihren 150 Leuten werden 150 Leute gehen. Sie haben 6 Wochen Zeit, mit den Leuten die entsprechenden Vereinbarungen zu treffen. Unterstützung von ihrer Personalabteilung haben sie ja zahlreich, da sitzen zwei Leute in der Zentrale, die können Ihnen helfen.*«

6 Wochen. 100% der Belegschaft. Alles meine Leute!

Ich habe 2 ½ Tage, d.h. das ganze Wochenende, mit mir gerungen: »*Was soll ich tun? Soll ich selber kündigen? Montag hingehen und sagen, Abbau gerne, aber ohne mich!*«? Der Fluchtreflex war ziemlich groß. »*Das ist nicht das, was ich brauche! Nix wie weg!*«, dachte ich. Oder soll ich den Leuten einfach schematisch, einem nach dem anderen sagen: »*Du bist gekündigt, der Nächste bitte!*« – »*Du bist gekündigt, der Nächste bitte!*«?

Schließlich habe ich für mich persönlich die Entscheidung getroffen, ich mache das. Ich mache das deshalb, weil es mir persönlich wichtig ist, dass *ich* es tue, als deren Boss. Also, ich bin derjenige, der die Nachricht überbringt. Weil ich mir erhofft habe, dass ich fair sein kann, weil ich mir erhofft habe, dass ich offener sein kann als eine Personalabteilung, die aus dem Konzern kommt und den Einzelnen gar nicht kennt. Und weil ich mir erhofft habe, Kleinigkeiten in dem Prozess zu beeinflussen, die letztendlich dazu führen, dass es für den einen oder anderen erträglicher wird.

Letztendlich ist es egal, was man tut, egal welche Maßnahmen man ergreift, egal wie man die Dinge verpackt: Eine Trennung bleibt eine Trennung, eine Kündigung bleibt eine Kündigung und das, was bleibt, ist einer, der geht, und einer, der bleibt. Was einen als Vorgesetzten beschäftigt, ist doch die Frage, wie man dem, der vor einem sitzt, im Trennungsgespräch gerecht wird.

Im Nachgang zu der Maßnahme habe ich 6 Monate ein massives gesundheitliches Problem gehabt. Ich habe 6 Monate nahezu nicht geschlafen. Ich konnte einfach nicht mehr schlafen. Vielleicht denken einige von Ihnen jetzt, *»Na, eine gute Führungskraft kann das, ein guter Manager, ein harter Manager, der kann so was einfach, dem macht das nichts aus.«*

Meine Thesen lauten anders:

1. These: Führungskräfte sind auch nur Menschen. Und jeder Mensch versucht, beim Show down unter den Guten zu sein und auf der Seite reinzureiten, wo die Guten in die Stadt reinreiten.

2. These: Ich glaube persönlich, dass keine Führungskraft in der Lage ist, solche Gespräche, Trennungsgespräche meine ich, zu führen, ohne selbst vorbereitet worden zu sein.

3. These: Viele Führungskräfte, die ich erlebt habe, mich eingeschlossen, sind auf der persönlichen Seite überhaupt nicht vorbereitet. Als ich meine Führungsaufgabe in der Bank angetreten habe, habe ich nie mein Wertesystem reflektiert. Viele der Führungskräfte sind auf der Werteseite nicht vorbereitet.

4. These: Führungskräfte, die unvorbereitet in einen solchen Prozess gehen müssen, erleiden mit ganz großer Wahrscheinlichkeit Schaden. Führungskräfte, die in einen solchen Prozess eingebunden sind und die dann Schaden genommen haben, sind *die* Führungskräfte, die die Unternehmen zukünftig mitbestimmen.

5. These: Führen in schlechten Zeiten ist sehr schwierig. Und insbesondere wir Männer sind es nicht gewöhnt, im beruflichen Umfeld Gefühle zuzulassen. Wir glauben, dass wir alles mit Sachverstand lösen können. Ich kann aus meiner Erfahrung sagen: »Weit gefehlt! Weit gefehlt!«.

6. These: Wenn man solche Maßnahmen durchführen will, muss das Topmanagement jede Führungskraft sehr genau auswählen. Nicht jede Führungskraft ist in der Lage, im Rahmen von Trainingsmaßnahmen derartige Fähigkeiten zu erwerben, darüber sollte man sich klar sein. Eine weitere Frage ist, wie ich seitens des Unternehmens die Führungsleute unterstütze. Es ist nicht damit getan, dass ich sie im Rahmen von eintägigen Schulungsmaßnahmen vorbereite, ich muss sie auch im Prozess begleiten. Ja, es tut was mit den Menschen, es tut auch was mit den Führungskräften.

7. These: Einen Grundsatz würde ich gerne den Führungskräften ins Handbuch schreiben. Es ist der Grundsatz, den ich beim Heiligen Benedikt gefunden habe, der besagt: »Der Abt führt durch Vorbild«. Es ist für mich die perfekteste Beschreibung für Führung generell. Derjenige, der vorne steht, ist derjenige, der durch seine Handlungsweisen, durch sein Wertesystem, durch das, was er transportiert, Führung ausübt. Die Menschen, die Mitarbeiter, beobachten genau, wie geht man mit jemanden um, wie ehrlich ist man, wie seriös ist man, was bringt man rüber, wo kommt man an. Und das ist ein Punkt, da müssen wir in Sachen Führungskultur in Deutschland noch viel lernen.

Die geschilderte Trennungserfahrung hat mir die Notwendigkeit beschert, mich mit meinem persönlichen Wertesystem auseinander zu setzen! Und das war gut so!

Würde ich es heute noch einmal so machen? In der Form sicherlich ja. Weil mir die Menschen nach wie vor sehr wichtig sind.

**Auszug aus der nachfolgenden Diskussion**

Teilnehmer:

*»Ich möchte Ihnen, Herr Ripken, zunächst dafür danken, dass Sie so ehrlich über Ihre Gefühle und Befindlichkeiten gesprochen haben* (Applaus). *Im wahrsten Sinne des Wortes: Klartext.*

*Sie haben sich ganz bewusst dafür entschieden, es Ihren Mitarbeitern selber zu sagen, die unangenehme Nachricht selbst zu übermitteln. Hatten Sie das Gefühl, dass das bei den Mitarbeitern positiv aufgenommen wurde. Haben Sie mal eine Rückmeldung bekommen?*

M. Ripken:

*»Nein, nie. Natürlich nicht. Ich glaube nicht, dass das, in welcher Form auch immer, auf Dank stößt.«*

*Das größte Problem in diesen Prozessen ist Sterilität. Also Sterilität in dem Sinne, dass derjenige, der vor dem betroffenen Mitarbeiter sitzt, Mitgefühl heuchelt, was bei demjenigen nicht ankommen kann, weil der Sprecher kein Mitgefühl haben kann, wenn er denjenigen Mitarbeiter nicht kennt. Der wichtigste Punkt ist jedoch der, dass man als Führungskraft versuchen sollte, die Menschen, die als Betroffene vor einem sitzen, nicht zu brechen. Das, was die Menschen in diesem Moment am wenigsten gebrauchen können ist, gebrochen zu werden durch den Prozess. Gelingt einem das immer? Nein. Nicht immer. Selbst mit bester Vorbereitung und bestem Willen gelingt einem das nicht immer. Aber das ist nun einmal ein Teil der Aufgabe, die man als Führungskraft übernimmt. So viel muss man einfach wissen als Führungskraft.*

## Die Ängste der Vorgesetzten beim Trennungsgespräch

> Rudi Hert (Leiter Job-Center Bund, Eidgenössisches Personalamt in Bern, Schweiz)
>
> *Mein Name ist Rudi Hert. Ich komme aus der Schweiz.*
>
> *Ich war einmal ein Gegenüber eines Chefs, der mir gekündigt hat – und ich möchte mit der gleichen Betroffenheit, wie Sie, Herr Ripken, die Situation als Führungskraft geschildert haben, Ihnen widerspiegeln, wie es einem geht, der nach 15 Jahren Loyalität und Freundschaft mit seinem Chef, von diesem plötzlich gekündigt wird.*
>
> *Es dauerte bei mir etwa anderthalb Jahre, bis ich mit meinem früheren Chef, meinem immer noch Freund, darüber sprechen konnte.*
>
> *Es braucht eine Nachbearbeitungs-Phase, um darüber hinwegzukommen. Das hatte nichts mit meinem Job zu tun. Das hatte nichts mit meiner Arbeitssuche zu tun. Es war ein Bruch in einer Freundschaft, die uns beiden sehr nahe gegangen ist und durch diese Nachbearbeitung wieder ins Lot gekommen ist. Ich habe größten Respekt vor Ihnen, dass Sie persönlich die Gespräche geführt haben und mit ihren Mitarbeitern durch diese schlimme Zeit hindurchgegangen sind.*
>
> *Jeder, den ich in meiner jetzigen beruflichen Funktion als Berater begleite, widerspiegelt mir diese Situation: Die ehrliche, offene Art, miteinander umzugehen, und die Achtung vor dem Menschen sind das Entscheidende.*
>
> *Ich danke Ihnen ganz herzlich, Herr Ripken, heute als Stellvertreter eines Betroffenen, der Ihnen dieses Feedback seinerzeit nicht hat persönlich geben können. Danke, Sie haben es gut gemacht.* (Rührung und Betroffenheit im Saal – Applaus)

Die zweite Frage, die ich Führungskräften im Zusammenhang mit Trennungsgesprächen stellte, lautet:

»Wovor haben Sie in den Trennungsgesprächen persönlich Angst?«

Bevor ich die Antworten und Statements der Befragten darstelle, sind nochmals Sie selbst gefragt.

> **Reflexion:**
>
> **Wovor haben Sie persönlich am meisten Angst in einem Trennungsgespräch?**
>
> Seien Sie ehrlich mit sich selbst.

Möchten Sie noch etwas ergänzen? Haben Sie alles? Dann kläre ich auf, was die größten Ängste der befragten Führungskräfte waren. Vergleichen Sie. Bei der Beantwortung der Fragen nach ihren Ängsten kamen im Einzelnen folgende Nennungen (Verdichtung aus einer langen Liste):

Die Ängste der Manager sind:

- Verlust der eigenen Glaubwürdigkeit,
- Imageverlust,
- Auswahlverfahren,
- Trennung trotz positiver Unternehmensentwicklung,
- Formulierung der individuellen Begründung,
- Konfrontation mit Unerwartetem.

**Eigene Glaubwürdigkeit**

Die eigene Glaubwürdigkeit sehen zahlreiche Führungskräfte im Rahmen von Trennungsprozessen massiv bedroht. Die Gefährdung der Glaubwürdigkeit in dieser Situation hängt maßgeblich vom Verhalten in der Vergangenheit ab, welches in diesem Moment nicht mehr zurückzudrehen und zu beeinflussen ist. Jeder Vorgesetzte reflektiert in dem Moment, in dem er Mitarbeiter entlassen muss, bewusst oder unbewusst, ob er in der Vergangenheit wahrhaftig gehandelt und geredet hat oder nicht. Aufgrund der Rückmeldung durch die große Anzahl von Führungskräften gehe ich davon aus, dass es praktisch keinen Vorgesetzten gibt, der seinen Mitarbeitern gegenüber in allen Phasen der Zusammenarbeit, zu jeder Zeit und immer wieder, ungeschminkt, klar, ehrlich und wahrhaftig Rückmeldung gegeben hat. In aller Regel wird in Jahresgesprächen, Zielgesprächen, ja sogar in Kritikgesprächen »drum herum geredet«, verschwiegen, beschönigt. Doch ist dies geschehen, so wird jede Führungskraft im Trennungsgespräch unweigerlich von der eigenen Vergangenheit eingeholt. Die Nachlässigkeit und die Feigheit im Umgang mit den eigenen Mitarbeitern holt ihn unerbittlich ein. Sein innerer Kompass signalisiert ihm, dass etwas nicht stimmt. Sein schlechtes Gewissen stellt ihm ein Bein. Außerdem: Wenn es um »Bauernopfer« geht – was ja immer wieder vorkommen soll – schwingt unterschwellig das Wissen mit: »Eigentlich müsste ich selbst gehen – ich könnte der Nächste sein.«

**Beurteilungen als Falle:** Wie soll er auch, wenn er noch vor einem halben Jahr beschönigend und die realen Defizite verschweigend eine mittelmäßige oder gar gute Beurteilung geschrieben hat, nun guten Gewissens und mit fester Stimme die Trennung argumentieren? Er weiß, dass der Mitarbeiter fragen wird: »*Warum gerade ich?*« Und er spürt, dass er nicht die passende Argumentation wird vortragen können, ohne seine Glaubwürdigkeit einzubüßen.

**Beförderungen als Stolperstein:** Auch eine andere Situation hat bei vielen der befragten Führungskräfte zur Auslösung von Ängsten geführt. Es ist einfach kaum argumentierbar, dass ein Vorgesetzter den Betroffenen noch vor einem halben Jahr befördert, der Zahlung der Tantieme zugestimmt hat, und nun die Entlassungsurkunde unterschreibt. In dieser Situation haben die Kündigenden das Gefühl, ihre Glaubwürdigkeit völlig zu verlieren. Wenn der Vorgesetzte den Mitarbeiter vielleicht erst vor nicht allzu langer Zeit als hochqualifizierten Experten abgeworben und unter großem Jubel an Bord genommen hat, hat er jetzt als Kündigender die Angst, ihn zu enttäuschen.

**Verhalten in vergangenen Entlassungswellen (»jetzt ist Ruhe«):** Wenn es sich bei der anstehenden Kündigungswelle nicht um die erste handelt, so hat die in der Vergangenheit gelebte Argumentation maßgeblichen Einfluss auf die anstehende Situation. Und manch ein Vorgesetzter erinnert sich nur zu gut daran, dass er damals behauptet hat, *»dies sei die letzte Entlassungswelle und nun sei man in ruhigem Fahrwasser«*. Und was, wenn er dies bereits zweimal so praktiziert hat? Seine Glaubwürdigkeit ist kaum zu retten.

**Versprechungen als Würgegriff:** Natürlich melden sich in solchen Phasen auch die »Leichen« im Keller. Wehe, wenn ein Vorgesetzter seinen Mitarbeitern Perspektiven aufgezeigt und Versprechungen gemacht hat. Da dies sehr häufig der Fall zu sein scheint, artikuliert eine große Anzahl der Befragten, dass sie gerade wegen dieser Zusammenhänge große Angst vor dem Verlust ihrer Glaubwürdigkeit haben.

**Und da bleibt noch die Glaubwürdigkeit vor sich selbst:** Erschreckend häufig kommt es vor, dass Führungskräfte, die die Kündigungsgespräche führen sollen, selber nicht von der Sinnhaftigkeit des Vorhabens überzeugt sind. Identifikationsprobleme mit der getroffenen Entscheidung und Loyalitätskonflikte gegenüber der Geschäftsleitung führen zu einem inneren Konflikt. Dieser verhindert ein authentisches und sicheres Auftreten. Sie spüren, dass sie praktisch nicht glaubwürdig sein können, da die »technisch« noch so gut vorbereiteten Argumente im Kündigungsgespräch nicht stichhaltig erscheinen und da sie wissen, dass dies der Betroffene auch spürt – garantiert! An dieser Stelle macht sich auch der Rollenkonflikt bemerkbar. Der Vorgesetzte ist selber innerlich emotional betroffen – von der Maßnahme und den Entscheidungen. Andererseits hat er jetzt die Aufgabe und auch die Macht, die Maßnahmen umzusetzen, selbst dann, wenn er nicht hinter der Entscheidung steht. Spricht er die Kündigung dann »von Amts wegen« in Erfüllung seiner Pflicht aus, so läuft er Gefahr, vor sich selbst unglaubwürdig zu werden. Wie soll er sich noch im Spiegel anschauen können? Diese Angst spürt er.

## Imageverlust

Geradezu panische Angst haben Führungskräfte vor Schäden am eigenen Image. Gerade in Change- und Reorganisationsprozessen stehen sie selber erheblich unter Erfolgsdruck und unter ständiger Beobachtung der Geschäftsleitung. Es kommt zu einem Zugehörigkeits- und einem Interessenskonflikt. Gelingt es der Führungskraft nicht, die beschlossenen Maßnahmen erfolgreich und termingerecht umzusetzen, so verliert er bei seinem eigenen Vorgesetzten und der Geschäftsleitung sein Gesicht. Gelingt es ihm nicht, die Trennungsbotschaft angemessen zu vermitteln, so verliert er vor seinem Mitarbeiter das Gesicht. Wenn die Gekündigten dies im Unternehmen kommunizieren, was regelmäßig der Fall sein dürfte, ist sein Imageverlust bei den Verbleibenden nahezu vorprogrammiert. Denn die Maßnahme als solche hat ein negatives Image, auch bei denen, die nicht betroffen sind und bleiben.

Die Situation als solche *ist* schizophren! Die Tatsache, dass es immer mehr Trennungen gibt, obwohl die wirtschaftliche Situation des Unternehmens gut ist, löst bei Führungskräften dieser Unternehmen große Ängste aus. Sie befürchten, dass sie in dieser Diskrepanz die Trennungsbegründungen nicht kommunizieren können und demzufolge ihr Image angekratzt wird. Denn die Angst vor dem Imageverlust hängt systemimmanent mit dem Selbstverständnis und dem bisherigen Führungsverhalten des Vorgesetzten zusammen. Viele Führungskräfte sehen sich in der Rolle als »Macher«. Und sie sind es gewohnt, am Ende als Sieger und Problemlöser aus einer Aufgabe hervorzugehen. Bei der Realisierung von Trennungen – seien es Einzelfälle, seien es größere Abbaumaßnahmen – ist es unmöglich, »strahlend« auf das Siegerpodest zu steigen. Zumindest nicht öffentlich. Und das entspricht so gar nicht ihrem Image und Selbstverständnis. Hinzu kommt die Angst vor den Emotionen. Den eigenen und denen der Mitarbeiter. Viele der befragten Manager gaben an, sehr schlecht mit Emotionen umgehen zu können. Sie flüchten sich lieber in pure Sachlichkeit.

Der andere Typus: Wenn sich der Vorgesetzte bisher gegenüber seinen Mitarbeitern als Förderer und Gönner zeigen konnte, was ihm ein positives Image einbrachte, so läuft er nun Gefahr, dass ein Teil der negativen Botschaft an ihm haften bleibt und sein Image beschädigt. Vorgesetzte berichten, dass sie sich als »Täter« fühlen. Und vor diesem Gefühl fürchten sie sich. Auch ein Selbstverständnis als Gönner oder Förderer des Mitarbeiters wird in aller Regel nicht aufrechtzuerhalten sein und dazu führen, dass der Vorgesetzte ein anderes, neues Image bekommt.

Vorgesetzte, die sich als »Primus inter Pares« verstehen, empfinden die Kündigung eines Mitglieds aus ihrem Team unterschwellig als Angriff auf das Team. Da gerade für diese Vorgesetzten die Einheit der Gruppe von höchstem Wert ist, ist die Loyalität gegenüber der eigenen Gruppe sehr stark ausgeprägt. Können diese »Teamplayer« nun durch die Notwendigkeit, eine Kündigung aussprechen zu müssen, nicht mehr ihre bisherige Rolle und Haltung einnehmen, so laufen sie Gefahr, dass sich ihr Image verändert. Auch diese Vorgesetzten äußern massive Ängste vor einem Imageverlust. Sämtliche Ängste vor einem Imageverlust sind eng verknüpft mit den anderen, in diesem Abschnitt besprochenen Ängsten.

### Auswahlverfahren

Ein in sich komplexes und für die Vorgesetzten extrem schwieriges Kapitel ist die Auswahl der Mitarbeiter, die das Unternehmen verlassen müssen. Rein rational betrachtet gilt: Arbeitsverträge werden zwar auf unbestimmte Zeit geschlossen, nicht aber »lebenslänglich«. Trotzdem kann kein Vorgesetzter oder Personalprofi in dieser Situation damit argumentieren. Auf der einen Seite gibt es die Zwänge der Sozialauswahl und die Forderungen der Personal- und Betriebsräte. Auf der anderen Seite stehen die Erfolgszwänge des Marktes und Wettbewerbs.

**Downsizing und Low-Performer:** Auch wenn es niemand offen zugibt: im Rahmen jeder größeren Abbaumaßnahme wird versucht, sich von »Low-Performern« zu trennen. Diese werden in aller Regel in der eigenen Gruppe auch als solche erkannt. Was aber, wenn es soziale Gründe gibt, die eine Trennung von diesen verhindert und so die Trennung von einem anerkannten Leistungsträger der Abteilung erzwungen wird? Wie soll der Vorgesetzte das erklären? Vorgesetzte äußern die Angst vor Vorwürfen wegen mangelnder Durchsetzungsfähigkeit. Hier hat der Vorgesetzte sowohl dem Betroffenen als auch den Verbleibenden gegenüber ein Problem.

**Sozialauswahl versus Zukunftsgestaltung:** Neben den Themen, die sich um die eigentliche Trennung von den betroffenen Mitarbeitern drehen, äußern Führungskräfte ihre Sorge darüber, wie es weitergehen soll – nach dem Abbau. Sie haben Angst, die Herausforderungen der Zukunft nicht meistern zu können. Denn sie wissen: Ein engagierter, fähiger Mitarbeiter wird gekündigt, der Leistungsschwächere bleibt – aufgrund der sozialen Kriterien. Infolge der Unruhen durch die Veränderungsprozesse kündigt ein weiterer Mitarbeiter – ein High-Performer – einer, mit dem man die Zukunft gestalten wollte. Davor haben Führungskräfte Angst. Und sie werden sich bewusst, dass der Begriff »sozialverträglich« häufig mystifiziert wird. Oft beklagen sie, dass sie eigentlich keinen Einfluss auf die Auswahlkriterien wie Leistung, Betriebszugehörigkeit, Familienstand etc. haben.

**Rückzieher wegen schlechter Vorbereitung / Unkündbarkeit:** Auch wenn man es kaum glauben mag, so kommt es doch immer wieder vor, dass sich erst nach Aussprache der Kündigung herausstellt, dass der angesprochene Mitarbeiter unkündbar ist. Sei es, dass Informationen über einen Schwerbehindertenstatus nicht vorlagen oder übersehen wurden, sei es, dass andere Gründe die Trennung unmöglich machen. Zahlreiche Führungskräfte haben bestätigt, dass sie erlebt haben, wie eine Trennungsabsicht zurückgezogen werden musste. Und dann wird es peinlich. Die Ängste der Vorgesetzten, dass ihnen dies passiert, sind also durchaus berechtigt. Zu den Unsicherheiten im Hinblick auf die richtige Auswahl gehört auch die Sorge der Vorgesetzten, im dann reduzierten und neu zusammengesetzten Team zu bestehen. Manch ein Vorgesetzter machte sich bereits in einer frühen Phase Gedanken um die Balance in seiner Mannschaft.

**Die Angst zu beißen:** Eine der größten und am weitesten verbreiteten Ängste ist die »Beißangst«. »Beißangst« – bewusst drastisch formuliert – umschreibt den Tatbestand, dass »sinnvolle« oder notwendige Trennungen nicht vollzogen werden. Kennen Sie das:

> *Der, der ihn geholt hat, will sich keine Blöße geben, dass seine Entscheidung falsch war. Der Neue »kann zunächst nichts über ihn sagen«, will dann nichts*

*überstürzen, da er ohnehin das Ressort bald wieder abgibt. Soll sich doch der Dritte sein Urteil selber bilden. Der merkt schnell – und empfiehlt ihn in eine andere Abteilung. Er – der nicht weiß, dass er der Vierte ist – will auch nicht der Ausputzer sein, quält sich rum. Und dann kommen Sie! Und jetzt sind Sie dran – jetzt müssen Sie ihn entlassen. Und jetzt ist er 53!*

Das krasseste, was ich in dem Kontext gehört habe, war folgendes Zitat einer Personalleiterin: »*Eigentlich wollten wir uns schon in der Probezeit von ihr trennen – (lange Pause) – das war vor zehn Jahren – (Schweigen).*«

Sie? Sie war inzwischen Ende 40.

**Trennung trotz positiver Unternehmensentwicklung**

Es kommt immer häufiger vor, dass Trennungen ausgesprochen werden, obwohl die Unternehmensentwicklung positiv verläuft und die Bilanz tiefschwarze Zahlen ausweist. Jetzt eine Kündigung auszusprechen, davor haben Führungskräfte Angst. Ebenso, wenn ein Unternehmen auf Expansionskurs ist. Führungskräfte wissen nicht, wie sie Expansion und Trennung gedanklich miteinander vereinbaren und argumentieren sollen. Konkret äußern sie die Angst, einmal in die Situation zu geraten, dass sie »Wachstum und Fusion« neben »Schrumpfung und Abbau« argumentieren müssen. Schizophrenie – davor haben Führungskräfte Angst.

Mehrfach habe ich Führungskräfte erlebt, die bekundeten, dass ihre Abteilung schon jetzt nicht wisse, wie die Arbeit zu bewältigen sei, dass ihre Mitarbeiter bereits jetzt schon am Morgen die weiße Fahne hissen, weil sie nicht wissen, wie sie den Tag überstehen sollen. Wie sollen sie dann einen Abbau verkraften? Davor haben Führungskräfte Angst.

**Individuelle Begründung**

Grundsätzlich steht die Frage nach einer individuellen Trennungsbegründung im Rahmen von Kündigungsgesprächen immer im Raum. Eine »Generalbegründung« wird oft nicht akzeptiert. Generelle Statements kommen nicht gut an. Dies weiß jeder Vorgesetzte. Und daher kommt die Angst des Managers vor der Frage des Mitarbeiters: »*Warum ich???*«

»*Wie tief muss ich die Auswahl konkret begründen? Soll die persönliche Qualifikation Inhalt des Gesprächs sein? Soll ich dem Mitarbeiter endlich das sagen, was ich ihm schon immer sagen wollte, nur nie zu sagen wagte? Wie kann ich eine individuelle, persönliche Begründung formulieren, ohne den Mitarbeiter zu verletzen?*« Diese und andere Fragen stellen Führungskräfte im Rahmen von Trennungsprojekten.

**Ich nicht, die anderen:** Des Weiteren äußern Vorgesetzte die Sorge, in eine vergleichende Argumentation hineingezogen zu werden. »*Warum ich? Warum reden Sie nicht mit xy? – Oder warum gehen Sie nicht gleich selbst?*« Davor haben Führungskräfte Angst.

**Kontroverse zu bisherigen Beurteilungen, Beförderungen:** Bereits im Zusammenhang mit der Frage der eigenen Glaubwürdigkeit habe ich über die »Spätfolgen« von unprofessionell geführten Beurteilungsgesprächen gesprochen. Daher sei an dieser Stelle nur noch einmal wiederholt, dass sich die Angst der Führungskräfte spezifisch auf die Trennungsbegründung bezieht.

**Überraschungen inbegriffen**

Nicht erstaunlich ist, dass Führungskräfte eine feinfühlige Scheu vor Unerwartetem haben. Zu recht. Häufiger als vermutet kommen erst im Kündigungsgespräch Fakten ans Tageslicht, die dem Kündigenden die Schweißperlen auf die Stirn treiben. Trotz jahrelanger Zusammenarbeit wusste der Chef nicht, dass der Mitarbeiter schwerbehindert ist oder ein anderer eine pflegebedürftige Frau zu Hause hat. In einem anderen Fall erfährt der Vorgesetzte von dem in Tränen aufgelösten Gekündigten, dass seine Lebensgefährtin auch soeben den Job verloren hat. Gründe, die die Auswahl in Frage stellen und das ganze Gefüge der Argumentation ins Rutschen bringen können.

Besondere Angst haben Führungskräfte davor, dass der Gekündigte sich etwas antut oder Selbstmorddrohungen ausspricht. Ich werde nie vergessen, wie der Vorgesetzte gelitten hat, nachdem ein Betroffener nach dem Gespräch am Donnerstag das Unternehmen verlies, am Freitag nicht auftauchte und auch am Wochenende nicht erreichbar war. Unsicherheiten bestehen auch im Hinblick auf den Umgang mit einem tätlichen Angriff gegenüber dem Kündigenden. Praktisch in jeder Workshopgruppe wusste ein Teilnehmer von einem solchen Fall im eigenen Unternehmen oder bei einem befreundeten Manager zu berichten.

Unerwartetes wird auch im Umgang mit besonderen Härtefällen befürchtet. Dabei kann es sich um Härtefälle im Sinne von sozialen Härten handeln oder auch Härtefälle im Sinne einer besonderen Konstellation im familiären oder betrieblichen Umfeld. Ebenso Härtefälle durch Reaktionen, die aus einer völlig anderen Wahrnehmung von Mitarbeitern fremder ethnischer Gruppen resultieren. In der Summe führen die Schwierigkeiten und Ängste dazu, dass die Führungskräfte gerade in den schwierigen Zeiten von Umbruch und Neuorganisation erheblichen Belastungen ausgesetzt sind. Ansprechpartner zur Behebung dieser Ängste fehlen oft.

## 3.4 »Vorsicht, Sie haben Dreck am Schuh!« – Fehler

Die dritte Frage, die ich Führungskräften im Zusammenhang mit der Trennung stellte:

»Welche Fehler werden Ihrer Erfahrung oder Ihrer Ansicht nach in Kündigungs- und Trennungsgesprächen gemacht?«

> **Reflexion:**
>
> **Welche Fehler sind Ihnen selbst aufgefallen?**

Im Rahmen der Workshops haben die Führungskräfte selber die genannten, regelmäßig vorkommenden Fehler herausgearbeitet. Ein Teil der Erkenntnisse basiert auf den Erfahrungen in den Rollenspielen.

- Mangelnde Vorbereitung,
- Delegation des Gesprächs,
- Fehlender Konsens,
- Unklare Botschaften,
- Den »starken Mann« markieren,
- Informationspolitik unbedacht,
- Verbleibende werden übersehen.

### Mangelhafte Vorbereitung

Die mangelhafte Vorbereitung der Trennungsprozesse ist ein weit verbreitetes Übel und wird als wesentliche Ursache zahlreicher Probleme erkannt. Nur allzu selten kommen Unternehmen ohne externe Beratung zu der Erkenntnis, dass sie erst »ihre Hausaufgaben« machen müssen, bevor sie in die Gespräche hineingehen können. Die »schlechte Vorbereitung« umfasst eine weite Spanne verschiedener Phasen und Ebenen. In einem Fall ist die Unkenntnis der Daten in der Personalakte (Eintrittsdatum, Familienstand ...) gemeint, in einem anderen Fall die fehlende Abstimmung über die Höhe der Abfindungssumme und den Freistellungstermin. Im dritten Fall geht es ganz generell um die fehlende Abstimmung über den Ablauf der Gespräche an dreizehn Standorten der Republik.

Regelmäßig – und ich setze den Anteil bei etwa 90 Prozent an – wussten die Führungskräfte und Personalverantwortlichen, die mich anriefen, um einen Beratungsfall anzukündigen, nicht die grundlegenden Daten wie Alter, Betriebszugehörigkeit, Kündigungsfristen, Höhe des Einkommens, Familienstand etc. der Betroffenen. Als ich sie bat, doch einmal nachzuschauen, brauchten sie ewig, bis sie die Angaben fanden. So erhielt ich den Eindruck, dass sie die Daten zum ersten Mal in der Personalakte nachschlugen.

### Delegation des Gesprächs

Der am häufigsten vorkommende Fehler ist die Delegation des Trennungsgesprächs. Generationen von Personalreferentinnen und -referenten haben sich darüber beklagt, dass Führungskräfte zwar gerne die Lorbeeren verteilen und die Beförderungen aussprechen, wenn es aber um die Trennung von einem Mitarbeiter geht, abwinken und sagen:

*»... Kümmern Sie sich als Personalprofi mal um Frau Bauer, die muss raus...«*

Die Delegation an die Personalabteilung ist aber nur eine Variante. Auch die »Delegation an die neuen Medien« wird praktiziert. Dies sieht dann so aus, wie ich es bei einem renommierten Unternehmen kürzlich erlebt habe: Der Vorstand kommunizierte die Botschaft per E-Mail an die Betroffenen. Nun glauben Sie aber bitte nicht, dass jeder seine eigene E-Mail erhielt. Es war eine E-Mail mit einem offenen Verteiler, den jeder einsehen konnte. So wussten also alle »auf einen Klick«, wer rechts und links betroffen war. Sehr »galant und sauber« ist auch die Delegation an Externe. An einen Rechtsanwalt zum Beispiel. Dieser überbringt die Trennungsbotschaft und ist autorisiert, gleich die Verhandlungen zu führen. »Trennungs-Outsourcing« als Ausdruck des modernen Management- und Führungsverständnisses?

Gehört es nicht zu den originären Aufgaben einer Führungskraft, auch die schlechten Botschaften zu überbringen? Menschlich ist es vielleicht verständlich, dass eine Führungskraft sich gerne vor unangenehmen Dingen drückt. Diesen Versuch zu akzeptieren ist allerdings kein Beitrag zur Trennungs-Kultur und extrem schädlich für alle Beteiligten. Am meisten jedoch für den Vorgesetzten selber. Wie steht er da vor dem Mitarbeiter, der viele Jahre und immer treu ergeben für ihn gearbeitet hat? Und was denken die Verbleibenden von ihrem Chef?

Es gilt, den Kreislauf zu durchbrechen und die Mitarbeiterinnen und Mitarbeiter in den Personalabteilungen zu ermutigen: *»Lassen Sie los. Trauen Sie diesen Job Ihren Managern ruhig zu!«* Und noch etwas: *»Muten Sie diesen Job Ihren Managern ruhig zu! Diese werden (unter anderem) dafür bezahlt.«* Mein eindeutiges Votum: Trennungsgespräche gehören in die Hand des direkten Vorgesetzten.

## Fehlender Konsens – Dolch im Rücken

Häufiger als bekannt, fehlt den Vorgesetzten im Trennungsprozess der Rückhalt in der Geschäftsleitung. So paradox wie es klingt, ist es auch. Es sind mir zahlreiche Fälle bekannt, in denen der gekündigte Mitarbeiter völlig verunsichert war, da er vormittags von seinem direkten Vorgesetzten die Trennungsbotschaft vernommen hatte, nachmittags per Augenzwinkern von einem Mitglied des Vorstandes signalisiert bekam: *»...Das müsste doch mit dem Teufel zugehen, wenn wir für Sie nicht eine Lösung fänden...«* Und der Mitarbeiter blieb. Schlimmer kann sich ein Vorgesetzter nicht blamieren und für die soeben anstehende Kündigungswelle seine Glaubwürdigkeit ruinieren. Oder der in Konzernen immer wieder auftretende Fall, dass der Vorgesetzte im Kündigungsgespräch behauptet, er habe alle Möglichkeiten in anderen Sparten und Divisionen geprüft und festgestellt, es gebe keine Alternative. Wenige Tage später kommt der Mitarbeiter hämisch grinsend zu ihm und hat in einem anderen Bereich eine Stelle aufgetan, die »genau zu ihm passt«. Kommt dies nur einmal vor, mag es ein Zufall sein. Im

Wiederholungsfall ist der Glaube an die Professionalität der Vorbereitung allerdings dahin.

Und dann die bange Frage: Wer darf überhaupt über die Konditionen verhandeln und entscheiden? Was macht der Vorgesetzte, wenn er plötzlich einem Mitarbeiter gegenüber sitzt, den wir dem Typus des »Verhandlers« zurechnen? Einem Mitarbeiter, der umgehend bereit ist, über die Konditionen zu verhandeln, nach der Höhe der Sozialleistungen fragt und noch in der nächsten halben Stunde den Aufhebungsvertrag unterschreiben will? Wehe dem Vorgesetzten, der ihm sagen muss: »*... äh, darüber muss ich mich noch schlau machen ... das muss ich morgen erst mit der Personalabteilung klären...*«

Und was ist, wenn es hart auf hart geht? Dies ist einer der am weitesten verbreiteten und simpelsten Fehler: Es ist nicht definiert, was geschieht, wenn der Gekündigte »mauert«. Die Situation: Der Vorgesetzte soll das Kündigungsgespräch führen und die Aufhebungsverhandlungen vorantreiben. Der betroffene Mitarbeiter ist nicht einverstanden und gibt sich resistent. Was geschieht jetzt? In den allermeisten Fällen, die ich kenne, war nicht von vornherein abgestimmt, was dann geschehen würde. Es gab keinen Konsens in der Unternehmensleitung und damit auch keinen Rückhalt für den Vorgesetzten, dass er in die nächste Verhandlungsrunde eintreten solle. Ebenso gab es keinen Konsens, geschweige denn einen Rückhalt für den Vorgesetzten, den Fall auch »durch die Instanzen« zu bringen. Ich habe so viele Rückzieher von Vorständen und Geschäftsleitungen erlebt, dass mir die Vorgesetzten im mittleren Management inzwischen leid tun. In solch einem Unternehmen braucht sich niemand mehr zu wundern, wenn Motivation und Produktivität sinken und dann kurze Zeit später die Besten das Haus verlassen.

**Unklare Botschaften**

Doch was passiert nun, wenn der Vorgesetzte das Kündigungsgespräch führt, aber die Trennungsbotschaft nicht »rüberbringt«? Natürlich beteuert er seiner Personalreferentin gegenüber, *es sei alles gut gelaufen, er habe alles erklärt und der Mitarbeiter sei sehr gefasst gewesen.* Immer wieder kommt es in der unternehmerischen Praxis vor, dass die Mitarbeiterin oder der Mitarbeiter erst im Verlaufe des Folgegesprächs in der Personalabteilung oder in dem üblichen Informationsgespräch bei einem externen Berater versteht, was der Vorsetzte gemeint hat, als er davon sprach, *dass es schwer werden würde oder dass es keine Perspektive mehr geben werde.* Erst durch das Gespräch des Personalprofis oder des externen Beraters über Neubeginn und erfolgreiche Bewerbungsmethoden realisiert er, dass er »gefeuert« ist.

Wer schon einmal mit den Beteiligten nach solchen Gesprächen *einzeln* gesprochen hat, weiß, was ich meine, wenn ich von »babylonischer Sprachverwirrung« spreche. Während der Vorgesetzte beteuert, »kurz und knackig« die Botschaft übermittelt zu haben, hat die Personalreferentin oder der Personalreferent von dem betroffenen Mitarbeiter ein völlig anderes Bild vermittelt bekommen. Nämlich, dass der Mitarbeiter »nichts« verstanden hat. (Die Möglichkeit, dass der Gekündigte durch die emotionale Blockade nichts mehr mitbekommen hat, wird an anderer Stelle diskutiert). Unzählige Male habe ich in all den Jahren die Diskrepanz zwischen dem Sender und Empfänger hautnah erlebt. Das geht sogar so weit, und dies ist eine reale Geschichte, dass ein gekündigter Mitarbeiter bei mir saß und glaubte, er sei befördert worden. Als Fehler ist es sicherlich auch zu bezeichnen, wenn im Rahmen von Betriebsversammlungen die Trennungsbotschaft pauschal verkündet wird, sodass sich jeder, der sich angesprochen fühlt, die Botschaft herausfiltern kann.

**Den »starken Mann« markieren**

In Trennungs-Workshops sagen Manager immer wieder, dass sie unsicher sind, wie sie mit ihren Gefühlen und ihrem Mitgefühl in Kündigungsgesprächen umgehen sollen. Sie fühlen sich in einer Zwangslage, in der insbesondere Männer, die ja sonst »alles im Griff haben«, dazu neigen, »den starken Mann« zu markieren. »Nur keine Schwäche zeigen, keine Emotionen rauslassen« lautet die Devise. Aber warum soll der allwettererprobte Steuermann in einer solchen Situation nicht auch mal zugeben, dass noch nicht geklärt ist, wie es weitergeht. Die Befragten beklagen, dass sie die Maßnahmen auch persönlich verunsichern, da sie nicht wissen, ob sie nicht selbst betroffen sind. Warum nicht Mitgefühl mit der Situation des Betroffenen zeigen?

Ebenso erscheint es mir *nicht* angebracht, nach der »Verkündigung« so zu tun, als sei nichts gewesen. Dazu gehört einerseits die häufig beobachtete Unsitte, dass Vorgesetzte nach einem Kündigungsgespräch fluchtartig ihr Büro verlassen. Oder die »Business-as-usual-Attitude« im Umgang mit sich selbst und in der Behandlung des betroffenen Mitarbeiters. Ich habe den Eindruck, dass sehr viele Führungskräfte danach streben, Trennungsprozesse menschlich und fair zu gestalten, so weit es die Rahmenbedingungen und die Sache an sich erlauben. Sie bemühen sich, mit mehr Gefühl und Herz in die Gespräche hineinzugehen. Oft wissen Sie nur nicht wie. Ob allerdings die nachwachsenden Generationen von Managern weiterhin daran interessiert sein werden, Kündigungen fair und human zu gestalten und professionell durchzuführen, wird sich herausstellen. Einerseits gibt es zwar den Druck des Marktes, etwas für das Personalmarketing und für das Image des Unternehmens zu tun, andererseits gibt es aber auch den Wertewandel und möglicherweise einen neuen Stil. Unter Umständen gehört zu diesem Stil der »Fast-Food-Generation« auch eine »Fast-Termination-Methode«.

**Informationspolitik unbedacht**

Ebenso unvorbereitet und unklar wie die Trennungsbotschaft ist oft die Informationspolitik des Unternehmens – ein Fehler, der vielfältige, schleichende, fatale, geschäftsschädigende Auswirkungen hat. Allzu oft wird überhaupt nicht abgeklärt, wer wann wem was sagt. Denn das bedarf einer gedanklichen Vorbereitung durch den Vorgesetzten, das bedarf einer Abstimmung im Vorfeld, das bedarf der Besprechung im Trennungsgespräch, das bedarf einer Lösung, wenn diese denn im aktuellen Moment überhaupt möglich ist. Das ist mühsam. Also besser nichts tun? Verdrängen? Schweigen?

Und so überlässt man es dem traumatisierten Mitarbeiter, dass er traurig, wütend oder verwirrt beim Verlassen des Büros seines Vorgesetzten die negative Botschaft kommuniziert. Man geht das Risiko ein, dass er in seiner Betroffenheit seine Kunden anruft, Lieferanten einweiht und so geschäftsschädigend wirkt. Ebenso zerstörerisch – diesmal in Richtung Mitarbeiter – kann es sein, wenn der Vorgesetzte der Telefonistin überlässt, wie sie die Freistellung des Kollegen formuliert: Aussagen wie »...der ist entlassen« oder »...die ist doch schon lange nicht mehr bei uns« (drei Wochen nach Freistellung) wirken sich negativ auf die Bemühung des Mitarbeiters um Neuorientierung aus. Erfahrungsgemäß ist auch die Sekretärin des Betroffenen überfordert, selber eine Sprachregelung zu finden. Kann sie auch nicht, denn sie kennt nicht die Fakten und Absprachen. Also gibt es oft *mehrere* Varianten einer Sprachregelung, verwirrende Informationen, Verunsicherung und Frustration. Vor allem bei denen, mit denen man die Zukunft gestalten will.

### Verbleibende werden übersehen

Einer der gefährlichsten Fehler ist, die Verbleibenden zu übersehen. In der Realität ist dies bisher allerdings häufig an der Tagesordnung. Meistens werden die Verbleibenden gar nicht oder viel zu spät informiert. Dann kommt es zu Unsicherheiten. Manche Unternehmen beklagen, dass gerade in dieser Zeit die Besten davonlaufen. Das Schlimmste aber ist, dass die Produktivität dramatisch absinkt.

Oft werden die Verbleibenden, d.h. diejenigen Mitarbeiter, die zum Verbleib vorgesehen sind, viel zu spät in die Planung der neuen Organisation und der neuen Aufgabenverteilung eingebunden. Sie werden vor vollendete Tatsachen gestellt und sollen plötzlich ein größeres oder gänzlich anderes Arbeitspensum bewältigen. Hintergründe und Zusammenhänge werden sehr selten erklärt. Neue Ziele und Perspektiven fehlen. Wie soll da eine Neuausrichtung und Identifikation erfolgen? Natürlich erfordert es sehr viel Fingerspitzengefühl, in verschiedenen Phasen des Trennungsprozesses das richtige Maß an Informationen in der geeigneten Art und Weise zu kommunizieren. Und natürlich bedarf es einer bewussten Auseinandersetzung mit der Thematik, um in subtiler Weise Signale auszusenden und Motivation zu verbreiten. Aber dies gehört zu den klassischen Führungsaufgaben.

## 3.5 »Da geht dem Chef ein Licht auf!« – Erkenntnisse

### Vortrag auf dem 1. Frankfurter Klartext-Dialog

*Dieter Liebler, Geschäftsführer der Alfred Sternjakob GmbH & Co. KG, Frankenthal*
*Hersteller der Marken Scout (Schulranzen) und 4you (Schulrucksäcke) sowie Hardware Reisegepäck*

Ich vertrete die Mehrheit der arbeitnehmenden Bevölkerung der BRD. Denn 80% der Werktätigen arbeiten in mittelständischen Betrieben. Die Firma Sternjakob in Frankenthal hat 150 Mitarbeiter. Wir machen 38 Mio. Euro Umsatz im Jahr und für die Banker unter Ihnen: Wir haben ein A-Rating.

Die Geschäftsleitung ist in unserem Fall gleichzeitig die Marketingleitung oder die Marketingleitung gleichzeitig die Geschäftsleitung.

Wir hatten die Aufgabe, die Vertriebsleitung zu ersetzen. Das ist eine wichtige Person im Haus. Leider war der Stelleninhaber nicht »mitgewachsen« und auch alle »Stützkurse« und viele Gespräche halfen nichts. Gerade im Mittelstand hat man keine Alternative, da gibt es nur eine Person auf jedem Platz – und die muss hundertprozentig funktionieren. Als Geschäftsführer ist man da in einem echten Dilemma: einerseits den Erfolg zu sichern, andererseits den Menschen gerecht zu werden. Im Sinne der Fairness gegenüber dem Betroffenen und mit Blick auf die Auswirkungen in seiner Mannschaft sowie bei den Verbleibenden haben wir etwas sehr Besonderes unternommen.

1. Schritt: Zunächst haben wir einen Workshop im Managementteam durchgeführt. In diesem Workshop habe ich deutlich gemacht, dass strukturelle Veränderungen anstehen – um das vorweg zu sagen, ich bin das Thema offen angegangen. Wir haben ein komplettes Sollprofil erstellt, mit persönlichen Eigenschaften, fachlichen Voraussetzungen und allen erforderlichen menschlichen Eigenschaften für den Vertriebsleiter. Methodisch wurde dies durch Elemente aus dem Leadership Architekt® und Karriere Architekt® unterstützt.

2. Schritt: In einem persönlichen Coachingtermin wurde dann zwischen einem externen Berater und dem Stelleninhaber dessen Selbstbild ermittelt und durch ein vertrauliches Gespräch ergänzt. Darin kam bereits zum Ausdruck, dass der Stelleninhaber nicht mehr wirklich glücklich und zufrieden war auf dieser Position. Eigentlich fühlte er sich seit längerem überfordert. Als wir dann mit ihm gemeinsam sein Selbstbild mit dem Sollprofil und einem Fremdbild verglichen, wurde auch faktisch die Diskrepanz deutlich. Der Abschied war besiegelt. Zwar war die Trennungsbotschaft für den Mitarbeiter persönlich nicht angenm, in diesem Falle aber rational besser nachvollziehbar. Nach Unterzeichnung des Aufhebungsvertra-

ges wurde die Belegschaft informiert. Mit einem Abendessen haben wir den Mitarbeiter im Führungskreis gewürdigt und respektvoll verabschiedet.

3. Schritt: Wir haben ihm bei der beruflichen Eingliederung geholfen. Dank einer zeitlich befristeten Karriere-Beratung, man kann sagen individuellem Karriere-Coaching, hat er zügig eine neue Position gefunden. Heute hat er einen neuen Job bei einem namhaften Markenartikler. Wir haben sehr viel dazugelernt und es besteht eine gegenseitige Akzeptanz.

4. Schritt: Bei der Neubesetzung der Position haben wir wiederum einen Teil der Belegschaft eingebunden. Wir haben die Anforderungen an den Stelleninhaber und gleichzeitig im Prinzip mit den Mitarbeitern auch die Anzeige inhaltlich strukturiert. Das Ergebnis: Es gab eine völlige Kongruenz zwischen den Vorstellungen der Geschäftsführung und den Vorschlägen der Workshopteilnehmer. Die Mitarbeiter haben im Laufe des Prozesses gelernt, dass sie Nutznießer einer solchen Veränderung sind und dass sie mehr davon haben, wenn sie den Besseren, den leistungsfähigeren Vorgesetzten haben, der mit ihnen arbeitet und der dann das Unternehmen weiterbringt. Sie haben verstanden, dass es letztendlich um Substanzerhaltung, um erfolgreiches Wirtschaften geht. Sie haben Verantwortung für ihre eigene und die Zukunft des Unternehmens übernommen.

Der gesamte Prozess war für uns sehr, sehr schwierig. Es war schwierig, die eigenen Mitarbeiter zur Offenheit und Ehrlichkeit zu motivieren. Wir haben gemeinsam die Neuorganisation strukturiert. Die Mitarbeiter waren hervorragend in der Lage, exakt zu sagen, was ihnen gut tut, exakt zu sagen, was der Firma gut tut und sie waren auch hervorragend in der Lage, das mitzutragen. Ich sage, es ist nicht mittelstandsüblich, dass man so was macht, dass man die Mitarbeiter miteinbezieht. Und es ist fantastisch, wie toll die mitgearbeitet haben, da sie das Gefühl hatten, sie werden ernst genommen. Auch die Akzeptanz beim Betriebsrat war hervorragend, der war ebenso im Prozess eingebunden, der durfte opponieren, der durfte auch positive Beiträge geben und letztendlich: Es war das Konzept der Belegschaft und deren Vertretung – und der neue Mann war ihr Mann.

Der Aufwand hat sich gelohnt. Eine in der Regel geringe Fluktuation im Mittelstand lässt eben keinen Spielraum für Experimente im Personalbereich. Das ist so. Die Scherben flicken Sie nicht mehr, wenn was schief geht, und ich kann als Führungskraft nicht weglaufen. Das ist im Mittelstand alles ein bisschen anders als in den großen Unternehmen. Als Führungskraft kann man da nicht flüchten. Man läuft über den Hof, trifft jeden Tag die gleichen Leute. Man kann auch die Bürotür nicht einfach zumachen. Man hat keine Personalabteilung, die man vorschieben kann, man ist täglich, tagtäglich der gesamten Mannschaft ausgesetzt. Das heißt natürlich auch, dass man stets beobachtet wird. Sie müssen den Leuten immer direkt ins Gesicht gucken können. Sie

> ohnehin! Ich habe schon gesagt, als Führungskraft im Mittelstand können Sie nicht einfach weglaufen.

Die vierte Frage, die ich Führungskräften stellte, lautet:

»Welche Erkenntnisse ziehen Sie für sich aus den Erfahrungen mit Trennungsgesprächen und der systematischen Auseinandersetzung mit der Thematik?«

Nachfolgend sind die wesentlichen Erkenntnisse aus den Trennungs-Workshops zusammengestellt. Unter dem Stichwort »Erkenntnisse« sind einerseits die Erkenntnisse der Führungskräfte durch die systematische, vorbereitende Auseinandersetzung mit der Materie, andererseits die persönlichen Erfahrungen der Führungskräfte in Rollenspielen während der Workshops, gemeint.

- Vorbereitung ist alles!!!
- Der Vorgesetzte hat den schwierigeren Part,
- Missbehagen ist körperlich spürbar,
- Zehn Minuten sind lang,
- Perspektiven aufzeigen zu können, hilft.

### Vorbereitung ist alles

Eine zunächst banal erscheinende Einsicht erweist sich als entscheidend – Vorbereitung ist alles. Diese Einsicht resultiert aus der strukturierten Auseinandersetzung mit der Komplexität der Materie »Trennungsprozess«. In der Beratung durch den externen Coach oder durch die Teilnahme an einem Workshop wurde vielen Managern erst bewusst, was ihnen fehlt. Dies wurde bereits dargestellt.

### Der Vorgesetzte hat den schwierigeren Part

Obwohl viele der Befragten bereits zahlreiche Kündigungsgespräche hinter sich hatten, war es in der Regel das erste Mal, dass sie sich mit sich selbst, mit ihrer Rolle als Kündigender und mit ihren Befindlichkeiten im Rahmen von Change- und Trennungsprozessen auseinander setzten. In der Regel war es für die Beteiligten eine überraschende Erkenntnis, dass **sie** den schwierigeren Part im Rahmen von Kündigungsgesprächen haben. Dies stimmt in der Regel sehr nachdenklich und führte zu der beschriebenen Einsicht: »Ich muss mich besser vorbereiten.«

Rollenspiele sind im Rahmen von Management-Trainings und Workshops ein häufig eingesetztes Mittel, um Inhalte »erlebbar« zu machen. Wegen der Flut von Seminaren und Trainings gab es immer wieder Vorbehalte hinsichtlich der Sinnhaftigkeit und des Nutzens solcher »Rollenspiele« zur Vorbereitung von Kündigungsgesprächen. Widerstand regt sich gegen die »Sandkastenspiele« zu einer solch heiklen Thematik. Mit Motivationskunst und sanftem Druck zum Mitmachen bewegt, waren regelmäßig die Kommentare *nach* dem Praxisteil völlig andere als noch zuvor. Die befragten Teilnehmer bekundeten, dass sie es nicht für möglich gehalten hätten, dass man das Missbehagen als Vorgesetzter wirklich körperlich spüren könne, auch wenn es »nur eine Rolle« ist, die man spielt. Dass man trotz der Vorbehalte sehr beeindruckt sei vom Lernwert und Mehrwert dieser Praxis-Szenarien und dass man, obwohl jeder gewusst habe, dass es »nur« ein Rollenspiel ist, bestimmte Dynamiken sehr gut spüren konnte. So erlebte der »Vorgesetzte« seine Unsicherheit und das flaue Gefühl in der Magengrube, das sich je nach Reaktion des »Betroffenen« einstellte. Als »Gekündigter« erlebte die gleiche Führungskraft, wie sich sein Kollege als Vorgesetzter im »Blabla« erging, wie er die Pausen nicht aushielt oder Kälte verbreitete. Die »Beobachter« gaben wertvolle Hinweise an die »Vorgesetzten« zu Einleitung und Schluss des Gespräches und zum Umgang mit den Reaktionen der »Betroffenen«.

### Missbehagen ist körperlich spürbar

Unaufgefordert beschrieben Teilnehmer immer wieder, dass Sie das Missbehagen körperlich wahrnehmen konnten. Dies gilt sowohl für die Rolle des gekündigten Mitarbeiters, als auch für die Rolle des Vorgesetzten. Differenziert beschrieben die Führungskräfte, wann sie sich in der Rolle des Betroffenen »wohl« fühlten und wann nicht. Sie beschrieben, was sie als fair und human empfanden. Und sie bezeichneten, was sie als »un-professionell« erlebten. Ebenso in der Rolle des Vorgesetzten. Hierbei wurde deutlich, was der Vorgesetzte braucht, um sich »wohl« zu fühlen in einem Trennungsgespräch. Die Erkenntnisse wurden im Laufe der Zeit immer wieder in die Workshops und Einzelberatungen eingearbeitet und sind ab Kapitel 6 dargestellt.

### Zehn Minuten sind lang

Einen Knackpunkt stellt immer wieder die Frage nach der **Dauer** eines Trennungsgesprächs dar. Einige der Befragten boten Zeiten von »ein bis zwei Stunden«, andere hielten drei Minuten für ausreichend, wieder andere hielten »open end« für den geeigneten Zeitrahmen für das Erstgespräch. Durch die Bank gehört zu den zentralen Erkenntnissen der befragten Führungskräfte, dass »zehn Minuten in einem Trennungsgespräch sehr lang sein können«. Im Zusammenhang mit der Strukturierung der Gespräche, der Kenntnis der eigenen Rolle und der Auseinandersetzung mit den Reaktionen der Betroffenen entwickelten die Vorgesetzten ein neues Zeitgefühl und beschlossen, die Gespräche kürzer zu fassen, als sie es bis dahin getan hatten. Viele wollten ihre »Strategie« der Trennungsgespräche überdenken und dem Mitarbeiter kurzfristig angesetzte Folgetermine anbieten.

Perspektiven aufzeigen können

Zu den ebenfalls immer wieder genannten Forderungen gehört, dass die kündigenden Vorgesetzten gerne »irgend eine Perspektive« aufzeigen wollen. Dazu kann bereits der konkrete Termin für das Zweitgespräch nach dem Trennungsschock gehören oder das Angebot eines professionellen Coachings. So erkannten die Manager, dass es hilfreich ist, sich in der Vorbereitung der Trennungsgespräche mit der Motivationslage der Gekündigten, mit dem Stimmungsablauf im Trennungstrauma und mit der Reaktionstypologie zu befassen. Selbst wenn man berücksichtigt, dass in der Praxis des unternehmerischen Alltags nur ein Teil der Erkenntnisse und Erfahrungen umgesetzt werden, sind Unternehmen, die dies realisieren, doch schon erhebliche Schritte weiter auf dem Weg zur Trennungs-Kultur.

## 3.6 »Was wünschen Sie sich zum Geburtstag, Chef?« – Wünsche der Manager vor einem Kündigungsgespräch

Nach so vielen Fragen und Antworten wissen wir bald nicht mehr, wie es weitergehen soll. Was soll sich ändern? Was brauchen die Vorgesetzten, damit es Ihnen besser geht? Was schreiben Manager auf ihre Wunschliste? All diese Fragen fasse ich zusammen in der fünften Kernfrage: »Was wünschen Sie sich zur Bewältigung der Aufgabe ›Trennungsgespräch‹ am meisten?«

Doch bevor ich Ihnen die Antworten präsentiere, sind Sie wieder dran.

| Reflexion: |
|---|
| **Das wünsche ich mir im Zusammenhang mit einem anstehenden Trennungsgespräch am meisten:** |
| |

Befragt nach ihren konkreten Wünschen und ihrem größten Unterstützungsbedarf gaben die Führungskräfte folgende Themen an:

- Erfahrungsaustausch
- Besserer Umgang mit sich selbst
- Systematik der Abläufe
- Gesprächstechniken
- Argumentationshilfen
- Integration in die Unternehmenskultur

Erfahrungsaustausch

Sowohl von Managern mit vielfältigen Erfahrungen im Führen von Trennungsgesprächen als auch von Vorgesetzten, die noch keine oder erst vereinzelte Kündigungsgespräche geführt hatten, wurde massiv der Bedarf nach Erfahrungsaustausch angemeldet. Dies betreffe sowohl den unternehmensinternen als auch den unternehmensübergreifenden Austausch. Da es sich bei der genannten Thematik »Trennungs-Kultur« in vielen Unternehmen immer noch um ein Tabuthema handelt, findet ein Austausch über positive oder negative Erfahrungen, gangbare Wege und Methoden der »humanen« und »professionellen« Trennung offensichtlich nicht statt. Aus meiner langjährigen Beratungspraxis kann ich für beide Seiten – Unternehmen und gekündigte Mitarbeiter – bestätigen, dass die Themen Trennung und Kündigung immer noch totgeschwiegen werden und eine offene Auseinandersetzung selten stattfindet.

Führungskräfte, die vor der schwierigen Aufgabe stehen, Trennungsgespräche vorbereiten und durchführen zu müssen, rufen nach Hilfestellung. Sie wünschen sich eine gemeinsame Kommunikationsbasis, auf der sie Erfahrungen mitteilen und voneinander lernen können. Und sie wünschen sich einen »geschützten Raum«, in dem sie ihre Ängste, ihre Betroffenheit und Hilflosigkeit zum Ausdruck bringen, ihre Fragen stellen und unzensiert Meinungen äußern können. Und sie fragen, wo es möglich ist, das Thema »Schuld« aufzuarbeiten, über Verantwortlichkeiten zu reden und Konsequenzen abzuleiten. Wie ihnen aus anderen Bereichen des beruflichen Alltags – »Peer Groups« oder »ERFA-Kreise« – bekannt ist, möchten sie auch zu dieser Thematik aus den praktischen Erfahrungen der Kollegen lernen. Dadurch erhoffen sie sich Hinweise auf vermeidbare Fehler und Anregungen und Tipps zu mehr Professionalität.

Sie möchten eigene problematische Fälle diskutieren können und Anregungen und Denkanstöße mit nach Hause nehmen. So sind die befragten Führungskräfte durchaus daran interessiert und bereit, die eigenen Fälle im Rahmen von Rollenspielen zu erproben. Nicht wenige äußerten, durch die »Selbsterfahrung« mehr Sicherheit und Souveränität gewinnen zu wollen. Ebenso wurde der Wunsch geäußert, eine Praxis-Beratung und Supervision durch externe Trennungs-Profis in Anspruch nehmen zu können.

Ein nicht zu unterschätzender Wert des Erfahrungsaustausches liegt auch in der »Ventilfunktion« einer Sharing-Gruppe. Die Erfahrung, dass man nicht alleine ist mit dieser schwierigen Thematik und die Einsicht, dass auch andere Angst haben, relativiert die Wahrnehmung der eigenen Person und Rolle. Von einigen Befragten wurde vorgeschlagen, Netzwerke und Patenschaften ins Leben zu rufen. Als Initiatoren dürften sich hierzu sicherlich Konzernchefs und Institutionen der Personalwirtschaft aufgerufen fühlen. Bei Konzernunternehmen erwarten sich die Führungskräfte des Weiteren, dass durch den Erfahrungsaustausch allmählich ein gemeinsames Verständnis der Vorgänge, eine einheitliche Vorgehensweise und letztendlich »der Stil des Hauses« – eben eine positive Trennungs-Kultur entwickelt wird.

**Selbstreflexion**

Durchweg geben die Führungskräfte einen hohen »Eigenbedarf« an Aufklärung, Reflexion, Beratung und Coaching zur genannten Thematik an. Vordringlich richten sich die Wünsche an die Unternehmensleitung. In erster Linie fordern Führungskräfte Aufklärung und Information: frühzeitig und umfassend! Zahlreiche Vorgesetzte beklagten, dass sie selbst erst aus der Presse über anstehende Veränderungen erfahren hätten. Im Laufe der Jahre habe ich zweimal erlebt, dass just an dem Tag, an dem die Vorgesetzten die ersten Kündigungsgespräche führen sollten, in der Zeitung der Wortlaut des Vorstandsvorsitzenden zu lesen war: *»Es gibt auch in diesem Jahr keine Entlassungen, wir halten an der Vollbeschäftigung fest ...«* Die Führungskräfte waren nicht nur fassungslos, sondern auch völlig hilflos.

Die befragten Manager fordern eine frühzeitige Information und eine nachvollziehbare und von jedem Mitarbeiter begreifbare Argumentation hinsichtlich der geplanten Veränderungen. Zudem erwarten sie eine klare und schlüssige Information über die Neuausrichtung der Unternehmensstrategie und -ziele. Die Informations- und Kommunikationspolitik nach innen und außen und die Hilfestellung in der Argumentation für sie selbst müsse Teil des Gesamtprojektes sein, fordern sie. Des Weiteren artikulieren sie den Wunsch, von der Unternehmensleitung mit ihren Sorgen und Nöten in Trennungsprozessen mehr beachtet zu werden. Niemand kümmere sich um sie als Kündigende. »Es ist eben Ihr Job – und dann los«, hören sie zu oft.

Danach folgt das Verlangen, eine gezielte, persönliche Unterstützung in der Umsetzung von Change- und Trennungsprozessen zu bekommen. Die Kündigenden wünschen sich Hinweise, wie die beschlossenen Veränderungen menschlich fair umgesetzt werden sollten. Der Wunsch nach externer Unterstützung erscheint immer dann besonders hoch, wenn die befragten Führungskräfte eigene Identifikationsprobleme mit der getroffenen Entscheidung haben.

**Systematik der Abläufe**

In diesem Zusammenhang fordern die befragten Manager eine frühere, konsequentere und umfassendere Einbindung in die Planung und Organisation der Abläufe. Insbesondere in Konzernunternehmen wird die Forderung nach einer einheitlichen Systematik der Prozessschritte, nach einheitlicher Behandlung, nach abgestimmter Argumentation laut. Wenn diese Dinge nicht vorbereitet und abgestimmt sind, kommt es eben zu den eingangs genannten Nöten der Vorgesetzten und zu wenig überzeugendem Auftreten. In der betrieblichen Praxis scheint es häufig so zu sein, dass alle Regeln eines professionellen Projektmanagements in Trennungsprojekten vergessen werden. Woran es liegt, dass gerade Trennungsprojekte immer wieder hemdsärmelig und dilettantisch vorbereitet und organisiert werden, erscheint schwer zu ergründen. Ich selber hatte hin und wieder den Eindruck, als ob Führungskräfte der Topebene im Hinblick auf diese Projekte »paralysiert« waren. Oder will ich sie mit dem Hinweis auf die »innere Lähmung« nur in Schutz nehmen?

Gesprächstechniken

Im Hinblick auf die Gesprächsführung selber werden die Wünsche sehr konkret. Viele Führungskräfte merken, dass die erworbenen Kommunikationstechniken in dieser Situation oft nicht mehr ausreichen. Allerdings geht es immer wieder darum, die Vorgehensweise und die Techniken im eigenen Haus abzustimmen. Die Führungskräfte wollen Verhaltenssicherheit im Hinblick auf den Gesprächseinstieg, die Argumentationskette, die möglichen Zusagen und Konditionen sowie den galanten Ausstieg aus dem Gespräch. Dies gilt sowohl für Gespräche mit *jüngeren* Mitarbeitern wie auch mit *lang gedienten, älteren* Mitarbeitern.

Besonders die Übermittlung der Trennungsbotschaft möchten die Befragten mit Hilfe spezieller Gesprächstechniken sicher, prägnant und trotzdem entspannt leisten. Auch wollen sie wissen, welche Pflichtbausteine in ein solches Gespräch hineingehören und wie sie mit besonders brisanten Situationen professionell umgehen können. Ein besonderer Trainingsbedarf wird angemeldet hinsichtlich der Integration der reflektierten und erworbenen Gesprächstechniken in den eigenen, persönlichen Kommunikationsstil.

Argumentationshilfen

Die befragten Führungskräfte wünschen sich von der Geschäftsleitung eine saubere Argumentation im Allgemeinen und gut begründete Detailinformationen mit Argumentationshilfen im Speziellen. Insbesondere wenn zeitgleich an verschiedenen Orten von mehreren Personen Trennungsgespräche geführt werden sollen, fordern Führungskräfte zu Recht eine einheitliche, wahrheitsgemäße und stimmige Argumentation. Hierzu gehören eine sachliche Herleitung, die Motive für die Veränderung, die Gründe für die Auswahl und eine klare Antwort auf die Frage »warum ich?«

Der Betriebsrat sollte im Vorfeld informiert werden. Ist dies der Fall, ist erheblich weniger Widerspruch nach der Konsultation durch den gekündigten Mitarbeiter zu erwarten, als wenn der Betriebsrat erst durch diesen informiert wird.

Ebenso fordern die Führungskräfte eine Abstimmung der Argumentation im Hinblick auf spezielle Mitarbeitergruppen. Hierzu gehört z.B. eine spezifische Argumentation für einen Mitarbeiter, der erst vor kurzem befördert wurde, oder eine abgestimmte Trennungsbegründung gegenüber einem leistungsstarken Mitarbeiter, der aus Gründen der Sozialauswahl gehen muss.

An der Spitze der Bedürfnisse steht der Wunsch nach Unterstützung in Hinblick auf die Argumentation der individuellen Auswahlkriterien im Einzelfall. Dabei geht es darum, dass die Befragten fordern, dass ihnen Mitglieder der Geschäftsleitung nicht mit anderslautenden Statements in den Rücken fallen.

Integration der Unternehmenskultur

Ein besonderes Problem in der Vorbereitung von Trennungsprojekten stellt immer wieder die bisher kommunizierte und gelebte Unternehmenskultur dar. Auch wenn es heute praktisch kein Unternehmen mehr gibt, in dem die Mitarbeiter sicher sein können, dort ihre Pension zu erreichen, so stellen doch Kündigung, Aufhebung oder Trennung in jedem Fall einen Einschnitt und einen neuen Abschnitt dar. In der Phase von Change- und Trennungsprozessen gilt es, die bisher gelebte Unternehmenskultur zu beachten und die Kernelemente mit Fingerspitzengefühl in die Trennungs-Kultur zu integrieren. Wenn ein Unternehmen über Jahrzehnte die Vollbeschäftigung praktiziert und gelebt hat, so ist allein die Idee, dass dies einmal anders sein könnte, von weitreichender Bedeutung und nicht mit einem »Fingerschnipp« zu leisten. In ihrer Doppelrolle als potenziell betroffene Mitarbeiter und Übermittler der Botschaft fordern Führungskräfte, dass ein Übergang sanft und schonend erfolgen solle. Immer wieder betonen die Manager, dass es notwendig sei, die Unternehmenskultur überhaupt erst einmal um Elemente für Change- und Trennungsprojekte zu erweitern, um Schritt für Schritt einer Trennungs-Kultur näher zu kommen. Hierbei geht es also nicht um die Integration der Unternehmenskultur, sondern um eine Ergänzung und Ausweitung definierter und gelebter Werte auf die Kündigungsprojekte. In vielen Fällen müssten überhaupt erst neue Umgangsformen definiert werden, betonten manche Vorgesetzte. Sie erkennen dabei sehr wohl, dass eine von den Betroffenen als fair empfundene Kündigung ein wesentlicher Beitrag zur Imagepflege und zum Personalmarketing ist.

Ich denke, die Ängste und Nöte, die Wünsche und Bedürfnisse der Vorgesetzten zur Vorbereitung und Durchführung von Trennungsprojekten sind sehr ernst zu nehmen. Sie, die Führungskräfte sind es, die die Trennungs-Kultur eines Unternehmens mit Leben erfüllen. Sie, die Manager, repräsentieren diese Kultur und praktizieren den Stil des Hauses. Im Grunde sind die Inhalte und Themen ja nicht schwierig. Wenn man sie bespricht, erscheint vieles banal. Dennoch geben die befragten Manager immer wieder zu, sich nie mit der Materie auseinander gesetzt zu haben. In Zeiten, in denen der Wert des »Human Capitals« hinlänglich bekannt ist, reicht es nicht mehr, Trennungsgespräche »aus dem Bauch heraus« zu führen. Ich lade Sie als Manager ein, ein neues Bewusstsein für die weitreichenden Auswirkungen ihres Tuns oder Lassens gerade in Change- und Trennungsprojekten zu entwickeln.

## Vortrag auf dem 1. Frankfurter Klartext-Dialog

*Dr. Peter Schmid, Geschäftsführer der Intervet Innovation GmbH in Schwabenheim*
*Tochtergesellschaft der Intervet International bv in den Niederlanden, und damit derzeit noch Teil des Akzo Nobel Konzerns*
*Gegründet 2000, aus der Höchster Forschung Tiergesundheit, Kernauftrag: Erforschung und Entwicklung von innovativen Lösungen für die Tiergesundheit*

Unsere Organisation bestand zu 40 Prozent aus Akademikern, die es gewohnt waren und schätzten, in einer Campusatmosphäre zu arbeiten.

Unser Problem war die Entwicklung der Mitarbeiterzahlen. In der Startphase mussten Führungskräfte sich nur laut genug um Personal bemühen, dann bekamen sie es. Dann bekamen wir plötzlich einen Head freeze verordnet. Jegliche Erhöhung der Mitarbeiterzahl wurde von der Konzernleitung in Holland aufgrund wirtschaftlicher Konzernziele und Rahmenbedingungen strikt abgelehnt. Aus Sicht des lokalen Managements war allerdings aus strategischen und operativen Gründen eine Stärkung einzelner Funktionen im F&E Bereich unabdingbar. Als Lösung unseres Problems sahen wir, das Management-Team der Intervet Innovation GmbH, eine qualitative Umstrukturierung.

Der Umbauprozess umfasste 3 Aspekte:

1. Qualifizierung der Mitarbeiter, denen wir dies zutrauten.
2. Trennung von den Mitarbeitern, die für eine Qualifizierung nicht in Frage kamen.
3. Neueinstellungen.

Was fällt mir heute ein, wenn ich den Prozess des Jahres 2004 Revue passieren lasse? Was lief gut, was lief nicht so gut?

1. Es war ein Prozess, den wir von innen heraus angestoßen hatten, keine Maßnahme der Konzernleitung, die wir umsetzten. Das trug zur Glaubwürdigkeit bei.
2. *Größtmögliche Sorgfalt bei der Vorbereitung* ist entscheidend für den Erfolg und die Nachhaltigkeit des Veränderungsprozesses.
   Wir haben uns mit dem Thema 4 Monate intensiv auseinander gesetzt. Jeder im Team war mit seinen Gedanken an dem Tag X, dem Tag, an dem wir unseren Mitarbeitern entgegentreten und die Maßnahme erklären mussten. Jeder wollte bestmöglich vorbereitet sein. Das lief sehr gut. Wir waren vorbereitet.
3. Wir waren uns einig, dass wir diesen Prozess auf einmal durchziehen wollten. Keine Salamitaktik, kein Stückwerk, kurz und konzentriert. Das hat sich ausgezahlt. Keine Gerüchte, keine lähmende Ungewissheit.

Allerdings: Wir haben sehr frühzeitig informiert. Einzelne Betroffene wurden informiert, obwohl ihre Funktion/Stelle noch für etwa 1 Jahr erhalten werden musste. Wir taten dies aus der Idee unserer Fürsorgepflicht, aus Wertschätzung, ihnen die Gelegenheit zu geben, sich neu zu orientieren, sich zu qualifizieren. Das würde ich heute anders mache. Wir würden die Betroffenen umgehend freistellen, gegebenenfalls mit Zeitarbeitskräften überbrücken. Die Belastung für die, die gehen und die, die bleiben ist im Regelfall so groß, dass früher oder später ohnehin freigestellt wird. Ein klarer Schnitt erscheint mir einfacher, weniger belastend.
4. Klarheit bezüglich der Ziele der Maßnahme ist ebenfalls außerordentlich wichtig. Ehrlichkeit und Transparenz bezüglich der Zielsetzung gegenüber den mittelbar und unmittelbar Betroffenen. Was wollen wir eigentlich erreichen: Es geht nicht um Personalabbau, es geht nicht um Trennung von eher schwachen Mitarbeitern. Es geht um qualitativen Umbau zu Lasten der Administration, zugunsten von F&E. Wenn Sie anschließend mit den Bleibenden weiter arbeiten wollen, ist dies der einzige Weg. Sie erwarten motivierte kreative Mitarbeiter, dann müssen diese auch die Maßnahmen verstehen und mit tragen. Wir hatten diese Klarheit, das lief gut. Bei fehlender Klarheit in diesem Punkt, also bei Vorliegen einer eher unübersichtlichen Gemengelage (Vermischung der Trennungsgründe), besteht eine ernste Gefahr für die Glaubwürdigkeit des Gesamtprozesses.
5. Probleme/Grenzen: Bei aller Sorgfalt in Planung und Durchführung: Wir haben unsere Unschuld/Jungfräulichkeit verloren. Es hat sich eine kritische Distanz, eine gesunde Distanz zum Unternehmen entwickelt. Das ist sicher gesund so.

Insgesamt hat sich die gewissenhafte Vorbereitung gelohnt: Kein Produktivitätseinbruch, wir haben erfolgreich prozesskritische Funktionen etabliert, unsere Projekte liegen im Plan, die Fluktuationsrate ist trotz Konkurrenz in unmittelbarer Nachbarschaft sehr gering.

Hilfreich war, und das möchte ich uneingeschränkt empfehlen, dass wir den Betroffenen eine Beratung zur beruflichen Neuorientierung anbieten konnten: Newplacementberatung.

Dieses Angebot hat mindestens drei positive Effekte:
Die Führungskraft fühlt sich im Trennungsgespräch wohler, falls man von Wohlfühlen sprechen kann. Sie hat etwas Konkretes anzubieten, kann zeigen, dass wir uns kümmern. Wir haben das sehr konsequent gemacht. Das Angebot war nicht herauskaufbar, nicht in Geld wandelbar.

1. Die freigesetzten Mitarbeiter haben tatsächlich sehr positive Erfahrungen gemacht. Sie fanden eine neutrale Einrichtung, die sie auffing, die ihnen bei der Neuorientierung half. Es gab überwiegend sehr positive Rückmeldung von den unmittelbar Betroffenen.

2. Der verbleibenden Belegschaft wurde bewusst, dass wir die unmittelbar Betroffenen in dieser schwierigen Situation nicht alleine lassen, sondern uns aktiv kümmern.

Ebenfalls hilfreich war der vorbereitende Trennungsworkshop. Diesen sehe ich als unverzichtbaren, integralen Bestandteil *der gründlichen, gewissenhaften, sorgfältigen Vorbereitung.*

1. Wir haben bei der FTE Diskussion (FTE = full time equivalents) den Menschen nicht aus den Augen verloren. Besser gesagt: Unser Coach hat uns die Augen für die Menschen geöffnet!
2. Wir haben uns in Rollenspielen auf die Gesprächsführung vorbereitet. Wir lernten den Umgang mit den eigenen Ängsten, der Aufregung und der Unsicherheit. Man fühlt sich besser auf die Situation vorbereitet.
3. Ein weiterer, wichtiger Effekt: Wir Führungskräfte traten im Schulterschluss als ein Team auf. Und wir waren als Menschen präsent. Ein wertvolles Ergebnis des Trennungsworkshops.
4. Wir planten über den Tag X hinaus: Organisation der Auffanggespräche, Kommunikationsleitfaden und Maßnahmen zur Mitarbeiterbindung wurden geplant.

Die grundlegende Erkenntnis aus dem Workshop war:

Die Führungskräfte müssen die Verantwortung für ihre Mitarbeiter übernehmen. Nicht die Personalabteilung oder der Geschäftsführer führt die Trennungsgespräche. Dies ist Aufgabe der Führungskräfte.

Im Nachhinein bin ich überzeugt, das Richtige für die Firma gemacht zu haben, und dies mit aller Sorgfalt und bewusst »anständig«.

Einmal ist jährlich auf unserem Gelände ein Betriebsfest, zu dem wir Mitarbeiter mit ihren Familien und Freunden einladen. Dieses Jahr kamen erstmalig auch ehemalige Mitarbeiter aus der Aktion 2004. Wir konnten uns in die Augen sehen und haben uns gut unterhalten. Ein gutes Gefühl.

# Kapitel 4

# Energie-Krisen – Dynamik im Trennungsprozess

Egal wie man es nennt – Personalabbau, Entlassung, Downsizing, Kündigung – es geht um eine Krise des Systems und eine Krise eines oder mehrerer Menschen in diesem System. Diese Krise mobilisiert Energien, die ihrerseits innerhalb des Systems und in dessen Umfeld etwas in Bewegung setzen. Dadurch entsteht eine Dynamik, deren Verlauf, Richtung und Heftigkeit in der Regel nicht absehbar und kaum planbar sind. Auch wenn eigentlich jeder Mensch Krisen als sehr »unkomfortabel« empfindet, weiß man doch von der Ratio her, dass eine »Evolution«, eine Entwicklung und Verbesserung eines Systems oft erst durch eine Krise in Gang gesetzt wird. Da eine Krise in dem Moment, in dem man über sie spricht, in aller Regel nicht mehr abwendbar ist, bleibt nur, sich angemessen auf die Situation einzustellen und mit einem professionellen Krisenmanagement das Projekt voranzubringen. Das Verständnis der Abläufe, der Reaktionsmechanismen und der »Dynamik« eines Trennungsprozesses trägt bereits viel zur qualitativen Verbesserung der Handhabung bei.

Nähern wir uns der Thematik mit einer makroskopischen Betrachtung und gehen »vom Groben zum Detail«.

Unter der Dynamik des Trennungsprozesses verstehe ich die

- ganzheitliche Betrachtung als Projekt,
- die Einteilung in *verschiedene Phasen,*
- die Betrachtung der *verschiedenen Ebenen* und
- die Berücksichtigung der *verschiedenen Gruppen.*

Es geht eben nicht nur um das eigentliche Kündigungsgespräch, was oft angenommen wird, sondern um eine ganzheitliche Betrachtung und Behandlung des Themas »Trennung« als Projekt. Dies gilt im besonderen Maße bei einem größeren Personalabbau, ebenso aber auch bei einer Einzelkündigung.

## 4.1 Chronologie und Phasen

Zum Verständnis von Trennungsprozessen als Teil der Organisationsentwicklung ist es hilfreich, sich die drei Phasen des Change- und Transitionprozesses zu vergegenwärtigen. Sie liegen jedem Trennungsprozess zu Grunde.

Abb. 7: Die drei Phasen eines Change- und Transitionprozesses

Von diesen Phasen sind alle Mitarbeiter eines Unternehmens betroffen, egal ob sie gehen oder bleiben.

## 4.2 Organisation und Projektmanagement

Vorsorglich erzähle ich Ihnen, dass meine Gesprächspartner und Workshopteilnehmer immer wieder überrascht waren über die Komplexität der Materie und den Facettenreichtum der beachtenswerten Fettnäpfchen. Einige hatten die erste Phase fast gänzlich überspringen wollen, andere hatten nicht bedacht, dass es noch eine Zeit nach dem Kündigungsgespräch gibt. Die Atmosphäre, in der die Trennungsgespräche stattfinden, die Art und Weise, in der das gesamte Verfahren abläuft, letztendlich der Erfolg der gesamten Aktion, hängen maßgeblich von einer durchdachten, professionellen Vorbereitung, Durchführung und Nachsorge des gesamten Trennungsprojektes und des einzelnen Kündigungsgespräches ab. Die gezeigte Abbildung über die Phasen eines Change- und Transitionprozesses erscheint uns für eine genauere Betrachtung natürlich viel zu grob. Daher gehe ich zu einer differenzierteren Betrachtung über und fokussiere den Blick ab jetzt auf den Trennungsprozess als solchen. Nachfolgend gezeigtes »Phasen-Schema« deutet die Komplexität des gesamten Vorgangs »Trennung« aus organisatorischer Sicht an.

Zu jeder der einzelnen Phasen werden an verschiedenen Stellen des Buches die zentralen Fragen und Themen besprochen, sodass erst am Ende des Buches die einzelnen Puzzleteile als ganzes Bild zu erkennen sein werden.

## Die Phasen des Trennungsprozesses aus organisatorischer Sicht

### Entscheidungsphase (Outplacementphase)

- Intellektuelle Entscheidung zur Veränderung
- Treibende Kräfte
- Neue Ziele und Visionen
- Einbindung Betriebsrat fakultativ
- Beschlüsse

### Vorbereitungsphase (Unterrichtung und Beratung)

- Information des Wirtschaftsausschusses
- Verhandlungen mit dem Betriebsrat
- Sozialplanverhandlungen
- Auswahlprozedere
- Identifikation der Betroffenen
- Trennungsbegründung
- Gesprächsinhalte
- Argumente und Einwände
- Abstimmung Personalbetreuung / Betriebsrat
- Organisation der Gespräche

### Gesprächsphase

- Umsetzung der im Interessenausgleich und Sozialplan vereinbarten Maßnahmen
- Part des Vorgesetzten
- Beteiligung der Personalprofis
- Kündigungsgespräch
- Wer führt wann, wo, wie lange das Gespräch?
- Inhalte und Angebote
- Krisenintervention

### Nachsorgephase

- Betreuung des Betroffenen
- Folgetermine
- Verhandlungen
- Anwaltliche Klärung
- Weitere Vorgehensweise
- Deeskalations-Bemühungen

> **Neuausrichtungsphase**
> - Betreuung der Verbleibenden
> - Neuausrichtung der Inhalte / Aufgaben
> - Evaluation des Prozesses
> - Controlling und Support
> - Betreuung der Gekündigten (Newplacementphase)
> - Interne oder externe Beratung
> - Persönliches Coaching oder
> - Gruppenberatung
> - Einrichtung eines Career-Centers

Aus organisatorischer Sicht geht es im Grunde um ein professionelles Projektmanagement, wie Sie es aus Ihrem Alltag als Manager kennen. Das Ziel ist, allen an dem Projekt beteiligten Personen die Gedanken und Philosophien nachlesbar und gegenständlich werden zu lassen, da diese von jedem Einzelnen praktisch »inhaliert« werden müssen.

Projektmanagement

**1. Schritt: Definition der Ziele (Objectives) und Visionen (Shared Visions)**

Hierbei geht es um die schriftliche Ausarbeitung der Projektziele. Diese fließen später beispielsweise in die Trennungsbegründung gegenüber den Betroffenen und die Argumentation zur Neuausrichtung gegenüber den Verbleibenden ein. Es reicht nicht, als Sinn und Zweck des Personalabbaus eine »Kostenreduktion« oder die »Verbesserung der Rentabilität« anzugeben. Beispiele für die Definition sind: Sicherung des Standortes, Behalten der Unabhängigkeit, Verbesserung der Wettbewerbsfähigkeit, das Überleben des Unternehmens, höhere Flexibilität und so weiter.

**2. Schritt: Definition des Rahmens und Volumens (Scope)**

Hier werden die Eckdaten, auf die sich das Projekt bezieht, festgelegt. Dies betrifft den Unternehmensbereich, die Abteilung, dass Einsparungspotenzial, Anzahl der betroffenen Personen und den zeitlichen Rahmen.

**3. Schritt: Definition der einzelnen Maßnahmen (Approach)**

Hier wird die Art und Weise, in der das Projekt geplant und abgearbeitet werden soll, festgeschrieben. Jeder einzelne Schritt wird beschrieben und Zuständigkeiten werden festgelegt.

**4. Schritt: Festlegung der Meilensteine (Time Line)**

Entsprechend dem »kritischen Pfad« werden die Knotenpunkte und gegenseitigen Abhängigkeiten transparent gemacht, Sitzungstermine festgelegt, Kontrolltermine definiert.

**5. Schritt: Definition des finanziellen Rahmens (Finance, Budget)**

Realitätsnah werden die Kosten für die einzelnen Schritte und Maßnahmen errechnet, wie Budgets definiert und genehmigt.

**6. Schritt: Festlegung der Projektorganisation (Tracking, Processing)**

Idealerweise wird ein »Steering Commitee« – ich nenne es gerne Trennungskomitee – benannt und installiert. Dieses Komitee muss in die Architektur des Unternehmens passen und mit den entsprechenden Ressourcen und Kompetenzen ausgestattet werden.

Nach dem Motto »erst denken, dann handeln« können Sie mit Hilfe des Ablaufplanes und der Checklisten jeden einzelnen Schritt der Vorgehensweise betrachten und planen. Allein die Reflexion des Vorgangs, die Klärung offener Fragen, die Einsicht der Personalakte, die Abstimmung der Strategie und Argumentation und die gedankliche Vorwegnahme der einzelnen Schritte trägt maßgeblich dazu bei, dass von den betroffenen Mitarbeitern der Umgang als human, fair und durchdacht empfunden wird. Kommen aber bereits in den ersten Gesprächen zu viele Fragen auf, die nicht beantwortet werden können, oder müssen Sie als Vorgesetzter sogar einzelne Kündigungen zurücknehmen, so spricht sich das sofort herum. Ihre Glaubwürdigkeit leidet und die Mitarbeiter fühlen sich unfair behandelt. Davor bewahrt Sie ein professionelles Projektmanagement wie oben beschrieben.

## 4.3 Die Trias verstehen: Trennung – Bindung – Motivation

Eine kritische Phase stellt in aller Regel die *Auswahl* der Mitarbeiter dar, die eine Kündigung erhalten sollen, respektive die Auswahl *derjenigen*, mit denen man die Zukunft gestalten will. Es geht um die Abwägung zwischen verschiedenen Zielsetzungen. Wie ich immer wieder beobachten konnte, gibt es eine Überlegung, die in der Hektik von Kündigung und Entlassung immer wieder erheblich zu kurz kommt. Es ist die Frage:

»Welche Potenziale und Ressourcen, welche Schlüssel-Qualifikationen, welche Erfahrungen und Kompetenzen brauchen wir, um in *Zukunft* erfolgreich zu sein?«

Zwar befassen sich Vorgesetzte mit Unterstützung der Personalprofis in Change- und Trennungsprozessen in der Regel eingehend mit den »Human Resources« und unterscheiden »High-Potentials« von »Low-Performern«. Allerdings tun sie dies allzu oft lediglich rückwärts gerichtet. Zu selten habe ich erlebt, dass Unternehmen im Rahmen von Trennungsprozessen nach vorne schauen – weder bei Einzelkündigungen noch bei größeren Abbauprozessen. Es gibt kein prospektiv ausgerichtetes Anforderungsprofil für die Neubesetzung, es macht sich Ratlosigkeit breit auf die Frage, welche Schlüsselqualifikationen denn zur Gestaltung des Erfolgs erforderlich seien, und eine lähmende Hilflosigkeit legt sich bleiern auf manches Projekt, wenn man merkt, dass plötzlich bestimmte Erfahrungen fehlen. Zu spät!

Wenn die Möglichkeit oder Absicht besteht, den Personalabbau zunächst über den Weg der Freiwilligkeit zu bestreiten, ist es sinnvoll und notwendig, sehr genau zu überlegen, welcher Mitarbeiter unverzichtbar bzw. entbehrlich ist – und welche Mitarbeiter, sollte es später doch zu einer Sozialauswahl kommen, kaum haltbar bzw. kaum trennbar sind. Aus dieser kritischen Reflexion zwischen Führungskräften und Personalabteilung ergibt sich, welche Mitarbeiter mit welchem Angebot und in welchem Tenor angesprochen werden.

Kommt es dann zur Verhandlung einer Sozialplanes, ist die Verwendung von Punkteschemata für die Durchführung der Sozialauswahl die übliche Vorgehensweise. Der Betriebsrat hat bei der Aufstellung eines Punkteschemas ein Mitbestimmungsrecht. Langwierige Verhandlungen sind an der Tagesordnung.

**Matrix Mitarbeiter-Auswahl**

| Leistung | hoch | unverzichtbar, vermutlich nicht haltbar | | unverzichtbar, nicht trennbar |
|---|---|---|---|---|
| | mittel | | ??? | |
| | gering | verzichtbar, kaum zu halten | | entbehrlich, aber kaum trennbar |
| | | gering | mittel | hoch |
| | | Sozialpunkte (Anzahl) | | |

**Abb. 8:** Trennen und Halten

**Beispiel für ein Punkteschema für einen Sozialplan**

| Betriebszugehörigkeit | Bis 10 Dienstjahre: je Dienstjahr | 1 Punkt |
| --- | --- | --- |
| | Ab dem 11. Dienstjahr maximal bis zum 55. Lebensjahr: je Dienstjahr | 2 Punkte |
| | Maximal | 70 Punkte |
| Lebensalter | Je Lebensalter bis maximal bis zum 55. Lebensjahr | 1 Punkt |
| Unterhaltspflichten | Ehepartner | 8 Punkte |
| | Je unterhaltsberechtigtes Kind | 4 Punkte |
| Schwerbehinderung | Ab einem Grad der Behinderung (GdB) von 50 | 5 Punkte |
| | Über GdB von 50 je 10 GdB | 1 Punkt |
| Nach wie vor ist eine sorgfältige Ermittlung der Sozialpunkte nötig. | | |

*Quelle:* Monke (2007, S. 42f.)

In Kündigungsverfahren wird bei betriebsbedingten Kündigungen die Sozialauswahl regelmäßig angegriffen. Dabei hatte der Arbeitnehmer oft gute Karten: wenn dem Arbeitgeber bei der Anwendung des Punkteschemas ein Fehler unterlaufen war, so waren die Kündigungen aller gekündigten Mitarbeiter wegen fehlerhafter Sozialauswahl unwirksam (Domino-Theorie). So konnten auch vergleichsweise harmlos erscheinende Fehler bei großen Personalabbaumaßnahmen die Unwirksamkeit aller Kündigungen nach sich ziehen. Ende 2006 hat das Bundesarbeitsgericht nun die Domino-Theorie aufgegeben. Damit hat sich die Rechtssicherheit bei Personalabbaumaßnahmen erheblich erhöht. Dennoch bleiben die Definition eines Punkteschemas, das Verhältnis der Sozialkriterien und erst recht die zuverlässige Ermittlung der Sozialdaten ein schwieriges Unterfangen. Größte Sorgfalt ist von Nöten.

Ich plädiere dafür, im Rahmen der Auswahl der zu Kündigenden genauer auf Potenziale zu schauen. Durch Klärung des Bedarfs und einen Abgleich der vorhandenen und entwickelbaren innerbetrieblichen Ressourcen sowie nachfolgende Umbesetzungen oder Development-Maßnahmen hat manches Unternehmen viel Geld gespart und eines bewiesen: Mut zu dieser Form der Trennungs-Kultur.

Meine bisherige Beobachtung ist die, dass man, wenn man von Trennung redet, man meist nur an Aufhebung und Kündigung denkt. Die Erfahrungen in der Praxis zeigen allerdings, dass wir den Begriff Trennung und Trennungsgespräche viel weiter fassen müssen. So erfordert sogar eine Versetzung oder eine Beförderung eines Mitarbeiters im eigentlichen Sinne ein Trennungsgespräch. Das, was man seitens des Managements sehr leicht als fantastisches Angebot und großartige Chance ansieht und dem Mitarbeiter zu verkaufen denkt, wird von diesem zunächst als Trennungsbotschaft und Trennungsabsicht empfunden. Nicht selten sind für die Vorgesetzten überraschende, ablehnende Reaktionen die Folge, wenn solche Gespräche nicht entsprechend gut vorbereitet wurden.

Heute definiere ich also Trennung viel weiter: Trennung ist jede Art von Veränderung vom angestammten Arbeitsplatz und/oder vom Unternehmen.

---

**Trennungsgespräche sind erforderlich bei**

Versetzung von Ort A nach Ort B
Veränderung von Abteilung zu Abteilung
*Aufhebung*
*Kündigung*
Qualifizierung auf andere Position
Beförderung mit Standortwechsel

---

Wenn es um Fusionen, wirtschaftlich bedingte Reorganisationen und Personalabbau aus welchem Grund auch immer geht, denken selbst die Fachleute im Unternehmen in der Regel sehr eindimensional und eingleisig. Sie denken an ein schwarzes Loch, an eine Bewegung nach unten, eben an Reorganisation, Abbau und Trennung.

Dass mit jedem Personalabbau zwangsläufig auch Veränderungen und Versetzungen realisiert werden und insofern selbst die »nicht betroffenen Bereiche« sehr wohl massiv betroffen sind, kommt den Aktiven zunächst nicht in den Sinn. Ebenso wenig der Aspekt, dass es mit einem Teil der Belegschaft – und dies ist in der Regel der prozentual größere Teil der Belegschaft – in Zukunft erfolgreich weitergehen soll. Die Themen Mitarbeiterbindung und Mitarbeitermotivation haben also bereits in der frühen Planungsphase einen immens hohen Stellenwert.

Im Sinne des professionellen Trennungsmanagements und im Sinne der Trennungs-Kultur halte ich es für zwingend notwendig, gleichzeitig mit beiden Augen alle drei Themen (Trennen, Halten, Motivieren) in den Blick zu nehmen. Dies bedeutet, von vornherein die Themen der Reorganisation, Organisations- und Personalentwicklung in der Planung zu verknüpfen.

Behalten Sie sie bitte im Auge: die Trias von Trennen, Halten und Motivieren.

| Maßnahme | Aktion | Zielsetzung |
| --- | --- | --- |
| OE<br>Organisationsentwicklung | Versetzung<br>Veränderung | halten |
| RE<br>Reorganisation | Aufhebung<br>Kündigung | trennen |
| PE<br>Personalentwicklung | Qualifizierung<br>Beförderung | motivieren |

## Vortrag auf dem 1. Frankfurter Klartext-Dialog

Zu dem Thema Trennen – Halten – Motivieren gibt es ein inzwischen publiziertes, mustergültiges Beispiel (Quelle: Personalführung 12/2006). Nachfolgend daraus einige Auszüge, wie wir sie sinngemäß auf dem 1. Frankfurter Klartext-Dialog hörten.

*Dr. Elisabeth Keßeböhmer, Stellvertretende Personalleiterin der HSH Nordbank AG, Hamburg, Kiel*

Mit dem Wegfall der Staatsgarantien im Juli 2005 ist für die HSH Nordbank AG wie für alle Landesbanken ein entscheidendes Kapitel in der Geschichte der Bank zu Ende gegangen. Seitdem steht auch die HSH Nordbank voll im internationalen Wettbewerb und hat sich hierauf frühzeitig vorbereitet: Die Fusion der Hamburgischen Landesbank mit der Landesbank Schleswig-Holstein im Juni 2003 zur HSH Nordbank war die erste länderübergreifende Fusion zweier Landesbanken und erntete auch dadurch Beachtung, dass die private Rechtsform der Aktiengesellschaft für das neue Institut gewählt wurde.

Die Umstellung auf das neue Geschäftsmodell bedingte auch eine dramatische quantitative und qualitative Veränderung der Anforderungen an die Mitarbeiter. Dies kam bei dem bisherigen Klima einem Kulturschock gleich.

Nach reiflicher Überlegung, umfangreichen Planungen und heftigem Ringen fiel die Entscheidung letztendlich gegen Personalabbau als alleinige Maßnahme. Erklärtes Ziel war nun, einen qualitativen Umbau so geschickt zu gestalten, dass durch *Qualifizierung* die Anzahl von Trennungen so gering wie möglich gehalten werden könne. Erfreulicherweise wuchs zudem die Bank gleichzeitig in schnellem Tempo weiter, sodass jährlich rund 200 Neueinstellungen vorgenommen wurden. Hierin spiegelte sich ebenfalls der Bedarf an frischem, externem Know-how und spezialisierten Fachkräften wider.

Als erfolgskritisch für den qualitativen Umbau stellte sich von Anfang an die richtige und angemessene Ansprache der betroffenen Mitarbeiter dar. Schnell erlebten die Führungskräfte, dass allein die Botschaft, »*man werde eine neue Stelle im Konzern für ihn suchen*«, vom Mitarbeiter als schmerzhafte Trennungsbotschaft empfunden wurde. Nur, wenn die Botschaft dem Mitarbeiter in adäquater Form überbracht wurde, und das zeigte auch der weitere Verlauf, konnte die jeweilige Zielsetzung erreicht werden. Daher wurden rund 200 Führungskräfte gewissenhaft vorbereitet und trainiert. So wurde sichergestellt, dass jede Führungskraft in der Lage war, diese extrem schwierigen Gespräche souverän und fair zu führen. Durch realistische Rollenspiele und eine Vielzahl von Übungssequenzen im Workshop wurde für jede Führungskraft eindrucksvoll erfahrbar, wie sorgfältig sie sich auf das Gespräch und insbesondere eine schlüssige Trennungs-Begründung vorzubereiten hatte. Diese professionelle Vorbereitung trug maßgeblich dazu bei, die sonst oft üblichen Fehler zu vermeiden und die Mitarbeiter wertschätzend und fair zu behandeln. Bereits nach den ersten Gesprächen wurde deutlich, dass sich die zeitliche und finanzielle Investition gelohnt hatte.

Wichtiger Bestandteil des Workshops war ein Kaminabend, an dem sich jeweils ein Vorstandsmitglied der Diskussion über Personalumbau und Trennungskultur widmete. Durch die Einbindung des Vorstands wurde der gewünschte Kulturwandel abermals betont und die für alle Führungskräfte notwendige Neuausrichtung gefördert.

Ein weiterer wesentlicher Nutzen des Workshops war die Reflexion der Auswirkung auf die Verbleibenden in den jeweiligen Organisationseinheiten. Durch eine zeitnahe Information aller Mitarbeiter einer Organisationseinheit konnten massive Produktivitätseinbrüche vermieden und die Motivation im Wesentlichen aufrechterhalten werden. Allein die klare Ansprache in der Gruppe, wo immer es möglich war, hatte eine sehr gute Wirkung, die letztlich auch dem Betroffenen nutzte und abermals den Kulturwandel in der Bank deutlich machte. Die Mehrzahl der Mitarbeiter gab anlässlich einer Betriebsversammlung an, dass sie die Notwendigkeit des qualitativen Umbaus nachvollziehen könnte.

Organisatorische Veränderungen im Zuge von Personalanpassungen werden von den Mitarbeitern als existenzbedrohlich, einschneidend und verunsichernd erlebt. Daher kommt der professionellen Planung, weitsichtigen Vorbereitung sowie einer stringenten und wertschätzenden Umsetzung von Personalentscheidungen eine besondere Bedeutung zu. Durch ein beispielhaftes Vorangehen des Vorstandes, eine umsichtige Arbeit des Projektteams sowie professioneller Qualifizierung der Führungskräfte wurde erreicht, dass die

»Energie-Krisen« – Dynamik im Trennungsprozess

kontinuierliche Anpassung an veränderte Anforderungen in der HSH Nordbank als normale Daueraufgabe für alle Beschäftigten verstanden und mit Motivation angenommen wurde.

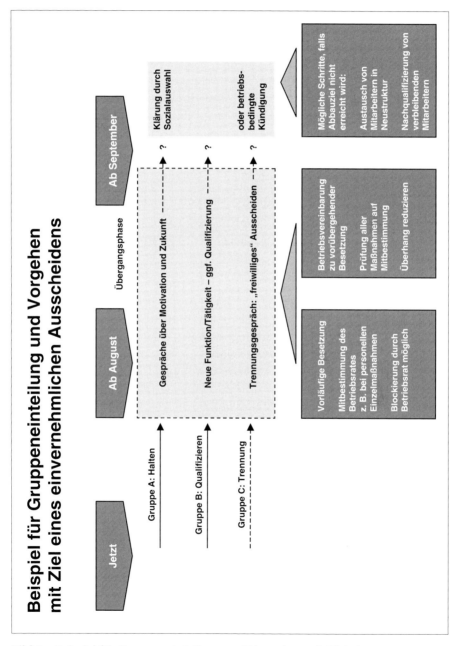

**Bild A:** Beispiel für Gruppeneinteilung und Vorgehen mit Ziel eines einvernehmlichen Ausscheidens

## 4.4 Die Achterbahn der Emotionen

Bevor ich nachfolgend einen Überblick über die emotionalen Aspekte gebe, verweise ich auf die Abhandlungen im Sinne der »mikroskopischen« Betrachtung an anderen Stellen des Buches (u.a. Kap. 9 und 10). Die dort beschriebenen emotionalen Zustände, Mechanismen, Einstellungs- und Verhaltensänderungen erläutern / reflektieren / spiegeln die Situation und Dynamik des Trennungsprozesses für die jeweilige Phase ausführlich und detailliert. Die Symptome treten in unterschiedlichen Graden der Ausprägung bei allen Betroffenen – Gekündigten, Verbleibenden, Vorgesetzten – auf. Spezifische Aspekte der einzelnen Gruppen werden in eigenen Kapiteln behandelt. Die Hinweise zur Hilfestellung in der rechten Spalte des folgenden Phasenschemas beziehen sich auf die Vorgesetzten und die Personalverantwortlichen.

**Emotionale Symptome des Trennungsprozesses und Empfehlungen für Vorgesetzte zum professionellen Umgang**

| Phasen | Symptome bei den Mitarbeitern | Hilfestellung durch die Vorgesetzten |
|---|---|---|
| Ende der »alten Zeit« kündigt sich an | Schock<br>Angst<br>Frustration<br>Stress<br>Kontrollverlust<br>Identitätsverlust<br>Beziehungsverlust<br>Strukturverlust<br>Sicherheitsverlust<br>Fluchtgedanken<br>Verdrängung<br>Irrtums-Gedanken<br>Aggressionen | Zeit geben<br>»Loslassen«, d.h. alte Anforderungen, Strukturen, Abläufe überdenken<br>Informieren<br>Zugeben, wenn etwas nicht planbar ist<br>Soweit wie möglich Struktur geben<br>Raum für Ängste |
| »Chaos«-Phase | Verleugnung<br>Vermeidung<br>Verwirrung<br>Widerstände gegen Unbekanntes<br>Produktivitätsverlust<br>»Sonderangebote« bzw. Konditionen<br>Wut<br>Klammern<br>Wechselbad der Gefühle<br>Verhandeln<br>Rettungsversuche | Struktur geben<br>Support anbieten<br>Coaching anbieten<br>Mediation einrichten |

→

| Phasen | Symptome bei den Mitarbeitern | Hilfestellung durch die Vorgesetzten |
|---|---|---|
| Übergangsphase | Loyalitätsverlust<br>Loslass-Versuche<br>Ungeduld<br>Euphorie<br>Trauer<br>Abschied<br>Heimatlosigkeit<br>Skepsis<br>Zustimmung<br>Hoffnung<br>Rückfall | Evaluation der Prioritäten<br>Visionen entwickeln<br>Alternativen anbieten<br>Druck rausnehmen<br>Zeit geben<br>Win-Win-Situation schaffen |
| Neuanfang | Anpassung<br>Neuausrichtung<br>Kreativität<br>Kooperation<br>Aktivitätssteigerung<br>Energieeinsatz<br>Skepsis<br>Commitment | Identifikation fördern<br>Empowerment erhöhen<br>Positives Denken fördern<br>Ruhe bewahren<br>Innovationen zulassen<br>Psychologischen Kontrakt erneuern |

Grundsätzlich kommen diese Phasen und Reaktionen immer vor. Lediglich die Dauer und Intensität variieren. Wechsel der Phasen können plötzlich und unerwartet eintreten, Rückfälle in vorhergehende Phasen sind möglich. Der Versuch, eine Phase abzukürzen, hat in der Regel unangenehme Spätfolgen. Da der Gekündigte oder die Entlassenen ab einem gewissen Moment »andere« Wege gehen, geraten die Verbleibenden mehr ins Blickfeld. Für Sie als Führungskraft ist es wichtig zu wissen, dass Sie gerade diesen Mitarbeitern Zeit und Raum geben, die einzelnen Phasen möglichst bewusst und aktiv zu durchleben. Die Trennungssituation ist vergleichbar mit dem Verlust eines geliebten Menschen, die Verarbeitung des Traumas braucht seine Zeit.

## 4.5 Die Planungsphase des Trennungsprozesses

### 4.5.1 Babylonische Sprachverwirrung tut weh!

Im hiesigen Sprachgebrauch werden die Begriffe »Outplacement« oder »Outplacementberatung« regelmäßig – falsch! – für die *Beratung des Gekündigten* zur beruflichen Neu-Orientierung und die Begleitung zu neuen Ufern gebraucht. Nach Äußerungen von Gekündigten, die oft nicht des Englischen mächtig sind, wird der Begriff als verletzend, despektierlich und erniedrigend empfunden. Sie sind »out« – weg vom Fenster. Und »Out« bedeutet so viel wie alt, verschlissen, nicht mehr zeitgemäß, arbeitslos. In diesem Bewusstsein ist die Verwendung des

Begriffes kein Beitrag zur Trennungs-Kultur, weil er die Empfindungen von Menschen verletzt. Auch wenn mir bewusst ist, dass es extrem schwierig ist, die einmal im Markt etablierte Terminologie zu ändern, so plädiere ich dafür, im Sinne der Klarheit und Verständlichkeit, sowie als Beitrag zur Trennungs-Kultur, für diesen (zweiten) Teil eines Trennungsprojektes und für die Beratung der Gekündigten von »New-Placement« oder »Re-Placement« zu sprechen. Diesem Thema ist ein eigenes Kapitel gewidmet.

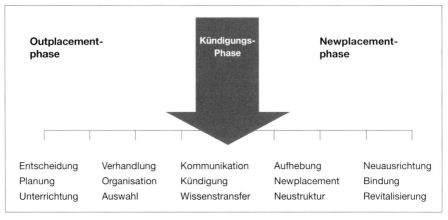

**Abb. 9:** Phasen des Trennungsprozesses

Beim »Outplacementprozess« handelt es sich im eigentlichen Sinne des Wortes jedoch um die Phase von der Unternehmensentscheidung über das Kündigungsgespräch bis hin zur einzelnen Trennungsvereinbarung oder bei umfassendem Personalabbau zur Verabschiedung des Sozialplanes selbst. Der Begriff »Outplacement« ist dann angebracht, wenn es um die *frühe* Phase des Prozesses geht. Und die dazugehörige professionelle Begleitung der Geschäftsleitung und der einzelnen Kündigenden durch externe Berater oder interne Personalprofis bekommt in dieser Phase mit dem Begriff »Outplacementberatung« den passenden Titel.

Über die Inhalte und die Qualität der Begleitung ist damit noch nichts gesagt. In der Regel beziehen sich die Gespräche mit einem externen Berater *bisher* lediglich darauf, in welcher Form dem (oder den) Gekündigten eine »Begleitung zu neuen Ufern« angeboten werden soll. Wenn es »gut läuft«, wird noch ein Auffanggespräch im unmittelbaren Anschluss an das Kündigungsgespräch terminiert – das ist alles. Meine Gespräche mit Geschäftsleitungen, Kündigenden, Betroffenen und Anwälten zeigen mir allerdings, dass ein weitergehender Bedarf nach Unterstützung gegeben ist.

Im Sinne der in diesem Buch entwickelten Maßnahmen und Regeln für ein faires und professionelles Trennungsmanagement schlage ich vor, eine begriffliche Neu-Definition und inhaltliche Neu-Belebung der Outplacementberatung vorzunehmen: Outplacement-Beratung im Sinne einer »außergerichtlichen

Schlichtungsstelle« zwischen Unternehmen und Mitarbeiter, um den Konflikt »Trennung« im Sinne der definierten Trennungs-Kultur fair, human, professionell und ökonomisch zu lösen. Der Outplacementberater bekäme damit neue Rollen als Klärungshelfer, Mediator und Schlichter.

### 4.5.2 Projektmanagement in der Planungsphase

Neben den planerischen und menschlichen Aspekten, die ich in diesem Buch bewusst immer wieder betone, sind selbstverständlich die rechtlichen Rahmenbedingungen zu berücksichtigen.

Nachfolgend einige grundlegende rechtliche Aspekte. Bitte beachten Sie, dass Sie die rechtlichen Rahmenbedingungen stets aktuell prüfen, da sich hier soviel so rasend schnell ändert!

**Übersicht wichtiger arbeitsrechtlicher Regelungen**

| Was? | Quellen |
|---|---|
| Unternehmerentscheidung für Wegfall der Arbeitsplätze | (§ 1 KSchG) |
| Betriebsänderung mit Interessenausgleich/Sozialplan | (§ 111 f BetrVG) |
| Kündigungsfristen | (BGB; Tarif- und Arbeitsverträge; § 113 InsO) |
| Erstattungspflicht bei Mitarbeitern über 56 Jahre | (§ 147a SGB III) |
| Massenentlassungsanzeige | (§§ 17, 18 KSchG) |
| Tarifverträge zu Unkündbarkeit Älterer und Rationalisierungsschutz | Branchen- oder unternehmensinterne Regelungen |
| Betriebsvereinbarungen mit bestimmten Personalabbau-Schranken | Unternehmensintern |
| Standortsicherungsverträge | Unternehmensintern |
| Sonder-Kündigungsschutz | (§ 85 ff. SGB IX; § 9 MuSchG; § 18 BErzGG) |
| Anhörung des Betriebsrates vor Kündigung | (§ 102 BetrVG) |
| Unterzeichnung der Kündigung durch Organ oder Personalleiter | Unternehmensintern |

Des Weiteren sind die Vorlaufzeiten zu berücksichtigen. Kann sein, dass Sie es mal schneller hinkriegen, aber wie ich es immer wieder erlebe – und wie auch auf dem 1. Frankfurter Klartext-Dialog vorgetragen –, unterschätzt man oft die notwendige Zeit.

| Professionelles Projekt-Management in der Planungsphase unter organisatorischen und arbeitsrechtlichen Aspekten | Vorlaufzeit, bevor Personalabbau umgesetzt wird |
|---|---|
| 1. Prüfung und Entscheidung der Unternehmensleitung, ob eine Betriebsänderung nach § 111 BetrVG oder ein reiner Betriebsübergang nach § 613a BGB geplant ist; eine Betriebsänderung beansprucht mehr Zeit wegen Verhandlungen mit Betriebsrat. | 4–10 Monate (je nach Kündigungsfristen der Mitarbeiter) |
| 2. Einschaltung des externen »Trennungs-Experten« zur professionellen Planung und Organisation sowie eines Anwalts für Arbeitsrecht zur Vermeidung kostspieliger Fehler und Versäumnisse sowie zur realistischen Zeitplanung. | s.o. 1. |
| 3. Erste Absprachen mit dem Management und der Personalabteilung über Mitarbeiter, Auswahlverfahren und Prüfung von Alternativen. | s.o. 1. |
| 4. Unterrichtung des Wirtschaftsausschusses und/oder (Gesamt-)Betriebsrates nach §§ 111 BetrVG. | s.o. 1. |
| 5. Unterrichtung weiterer Instanzen wie Sprecherausschuss der leitenden Angestellten nach § 32 Sprecherausschussgesetz, Vertretung der Schwerbehinderten nach § 95 Sozialgesetzbuch (SGB) IX und der Transfergesellschaften, ggf. auch der Presse. | s.o. 1. |
| 6. Prüfung allgemeiner Schranken für die Kündigung etwa in Tarifverträgen oder Betriebsvereinbarungen (z.B. »Beschäftigungs- oder Standortsicherungsverträge«). | s. u. 1. |
| 7. Sofern Betriebsänderung geplant ist: Versuch eines Interessensausgleichs nach § 112BetrVG, § 323 Umwandlungsgesetz und/oder §§ 121–125 Insolvenzordnung; bei Scheitern: Anrufung der Einigungsstelle. | s.o. 1. |
| 8. Prüfung, ob Transfer-Sozialplan nach §§ 254 ff SGB III sinnvoll ist; wenn ja, Antrag der Zuschüsse beim Landesarbeitsamt. | s.o. 1. |
| 9. Alternativ: Verhandlung eines Abfindungs-Sozialplanes nach §§ 112, 112a BetrVG. | s.o. 1. |
| 10. Prüfung, ob eine Transfergesellschaft (früher: Beschäftigungs- und Qualifizierungsgesellschaft) mit Unterstützung von Kurzarbeitergeld nach § 216b SGB III gegründet werden soll. | s.o. 1. |
| 11. Entwicklung einer Unternehmenspolitik zur Trennungs-Kultur incl. Kommunikationsstrategie | Möglichst früh! 2 Monate |
| 12. Schulung der Kündigenden (Führungskräfte und Personaler) im Rahmen von eintägigen oder mehrtägigen »Trennungs-Workshops. | 2 Monate: Angebote, Entscheid, Organisation, Durchführung |

| Professionelles Projekt-Management in der Planungsphase unter organisatorischen und arbeitsrechtlichen Aspekten | Vorlaufzeit, bevor Personalabbau umgesetzt wird |
|---|---|
| 13. Zusammenstellung von Namenslisten (Gehende und Bleibende); definitiver Entscheid | 4–6 Monate |
| 14. Entlassungsanzeige an das Arbeitsamt laut §§ 17, 18 KSchG vor Ausspruch der Kündigung bzw. Abschluss des Aufhebungsvertrags. | 1–3 Monate |
| 15. Anträge auf Zustimmung zur Kündigung Schwerbehinderter nach §§ 85–92 SGB IX, Schwangerer nach § 9 Mutterschutzgesetz oder Mitarbeitern in Elternzeit nach § 18 Bundeserziehungsgeldgesetz. | 4–6 Monate |
| 16. Kontakt mit den zuständigen Stellen der Bundesanstalt für Arbeit, insb. der Zentralstelle für Arbeitsvermittlung (ZAV) und der Managementvermittlung für obere Führungskräfte in Bonn zwecks Arbeitsvermittlung, Information und Beratung nach §§ 29 ff. SGB III | 2–6 Monate |
| 17. Organisation und Ablauf der Kündigungs-/Trennungsgespräche; Definition des Trennungspaketes (im Einzelfall) mit Abfindung | 1–2 Monate |
| 18. Anhörung des Betriebsrats zu Versetzungen und Kündigungen nach § 99 bzw. § 102 BetrVG. | 2 Wochen vor längster Kündigungsfrist |
| 19. Definition des New-Placement-Angebotes mit externem Berater. | 2–4 Monate |
| 20. Trennungsgespräche, Versetzung und/oder Ausspruch der Kündigung. | Unmittelbar nach Stellungnahme des Betriebsrates |
| 21. Aufhebungsverhandlungen mit einzelnen Mitarbeitern mit Einigung über die Art der Trennung. | Unmittelbar nach Ausspruch der Kündigung |
| 22. Exit-Interviews mit den Gekündigten. | Bei Freistellung |
| 23. Einrichtung eines Career Centers (bei umfassenden Personalabbau-Maßnahmen). | 2 Monate |
| 24. Öffentlichkeitsarbeit, z. B. Pressemitteilung über Gründe des Personalabbaus. | |

Zur Bewältigung dieser zahlreichen und komplexen Schritte sind ein extrem straffes Projektmanagement, eine weitsichtige Vereinbarung der Termine sowie eine konsequente Realisierung der verabredeten Gesprächstermine erforderlich. Bitte beachten Sie die frühe Einbindung der Führungskräfte (siehe Abbildung 10).

Kapitel 4

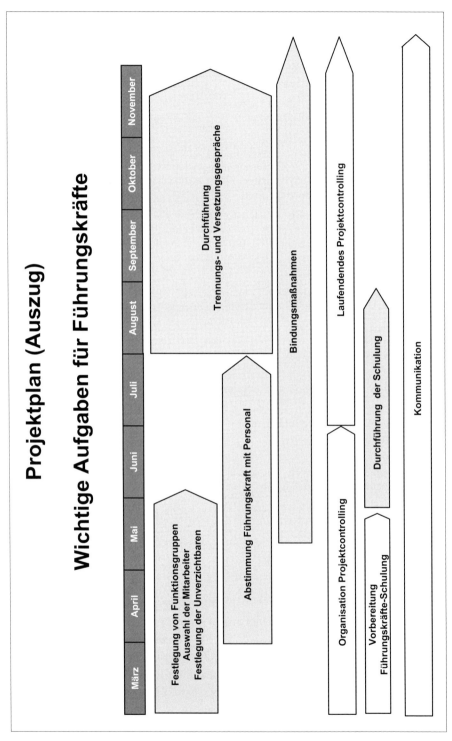

**Abb. 10:** Projektplan (Auszug)

In aller Regel und bis in die heutige Zeit handeln und verhandeln die Unternehmen in dieser Phase des Prozesses ausschließlich intern. Es sei denn, dass sie einen externen Berater zur Reorganisation hinzugezogen haben. Erfahrungsgemäß befassen sich die Beratungsgesellschaften, sprichwörtlich als »die McKinseys« (synonym für »Stellenstreicher«) bezeichnet, die diese Themen abdecken, mit den wirtschaftlichen sowie mit strukturellen und organisatorischen Aspekten und mit dem »Zählen von Köpfen« zwecks Einsparung von finanziellen Mitteln. Viele wichtige menschliche und soziale Aspekte bleiben häufig unberücksichtigt. Aus Unkenntnis werden massive Fehler gemacht. Der Einsatz von externen Beratern als Trennungsexperten in der eigentlichen »Outplacementphase« ist nach meiner Erfahrung nur rudimentär ausgeprägt, kann aber wesentlich dazu beitragen, dass der gesamte Trennungsprozess mit weniger Friktionen, dafür aber zielgerichteter und ökonomischer abläuft. Zwei positive Beispiele:

- *In einer kleinen Stadt am Rhein.*
  Betriebsratsvorsitzender, Personalleiter und Führungskraft eines eher traditionellen Unternehmens sitzen auf Einladung und mit Unterstützung der Geschäftsleitung an einem Tisch und sprechen über den Fall des Herrn B.K. Nach sechs Jahren Betriebszugehörigkeit soll B.K. entlassen werden, weil er Alkoholprobleme hat. Man beschließt, zu kündigen, bietet aber an, dass B.K. während der Restlaufzeit auf Kosten des Unternehmens eine Entziehungskur machen kann. Zum Kündigungsgespräch wird eine speziell geschulte Fachkraft für Alkoholkrankheiten hinzugezogen.

- *In einer großen Stadt am Main.*
  Personalleiter, Betriebsratsvorsitzender eines modernen Dienstleistungsunternehmens und der Outplacementberater sitzen am »Runden Tisch« beisammen. Sie arbeiten vertraulich einen »Fahrplan« aus, wie eine Abteilung mit 20 überwiegend jungen Mitarbeitern abgebaut und die Kommunikation gestaltet werden soll. Nach zwei Tagen liegt ein komplettes »Drehbuch« mit Briefen, Kundeninformationen, Pressemitteilungen und einer Würdigung im Intranet vor. Die Inhalte werden in Einzeltrainings mit den Führungskräften, die Trennungsgespräche führen müssen, durchgearbeitet. Die Kündigungsgespräche werden innerhalb von nur drei Tagen geführt. Bis auf einen Fall wird sehr schnell Einigung erzielt.

## 4.5.3 Eskalation geplant – oder reaktiv?

Entscheidet die Geschäftsführung, dass Arbeitsplätze abgebaut werden, erstellen meist die Personalabteilung oder eine Arbeitsgruppe Konzepte, wie die Personaltrennungen ablaufen sollen. Die Pläne sehen aufgrund der größeren Sensibilität und Aufklärung für die wirtschaftlichen und menschlichen Folgen von Trennungen heute professioneller aus als noch vor Jahren. Dennoch werden zwei erfolgskritische Aspekte immer noch übersehen: *Nachhaltigkeit und Konsequenz.*

Wenn die Geschäftsleitung einknickt, sind die Schäden unübersehbar.

Das Problem: Vorstände und Geschäftsleitungen, die den Personalabbau beschlossen haben, fallen bei Widerstand aus der Belegschaft gerne den Führungskräften, die die Maßnahmen umsetzen müssen, in den Rücken. Oder sie knicken hinsichtlich der getroffenen Entscheidung ein, wenn Mitarbeiter mit der lokalen Presse, Anwälten und lautem Protest drohen. Wenn sich bereits ausgesprochene Kündigungen als rechtlich nicht haltbar herausstellen oder aufgrund des Widerstandes der Betroffenen zurückgenommen werden, verbreitet sich dies wie ein Lauffeuer in der übrigen Belegschaft, und im Nu ist die gesamte Konzeption durchlöchert wie ein Schweizer Käse oder ganz dahin.

Die Lösung lautet: Vereinbarung auf einen Eskalationsprozess, bevor es überhaupt losgeht. Doch was ist damit gemeint – Eskalationsprozess?

> **Definition: Eskalationsprozess**
>
> Verbindliche Vereinbarung der Geschäftsleitung mit Personalwesen, Rechtsabteilung und Steuerungsgruppe über den Umgang mit Widerständen und Interventionen. Weitsichtiges Durchspielen aller Schritte des Prozesses sowie prospektive Festlegung von Konsequenzen und Maßnahmen an den kritischen Stellen.

Das Topmanagement, die Personalabteilung und die Steuerungsgruppe müssen sich in der Planungsphase weitsichtig auf ein Vorgehen verständigen, das im Sinne der Trennungskultur anzuwenden ist, wenn es zu Widerständen und Querschlägen kommt. Hiermit will ich nicht der Gewalt das Wort reden – ganz im Gegenteil. Es geht um Klarheit und Weitblick. Damit es nicht zur Eskalation kommt, braucht es einen Eskalationsprozess.

Um einen Eskalationsprozess aufzusetzen, müssen die Verantwortlichen den gesamten Ablauf des Personalabbaus Schritt für Schritt gedanklich durchgehen. Jede einzelne Gruppe der Betroffenen, ob 1. Qualifizierung, 2. Versetzung oder 3. Trennung, wird im Detail als Prozessablauf dargestellt. Am besten funktioniert dies, wenn sich das Planungsgremium einzelne Mitarbeiter vor Augen führt. Und dann braucht es im Grunde nur eine einzige Frage: »*Wie verhalten wir uns als Unternehmen, wenn dies oder jenes passiert, wenn der Mitarbeiter z. B. das Angebot, die Vorschläge oder das Prozedere nicht akzeptiert oder, wenn sich herausstellt, dass der Weg nicht gangbar ist?*«

## »Energie-Krisen« – Dynamik im Trennungsprozess

**Fallbeispiele und kritische Fragen**

*Beispiel Qualifizierung:* Herrn Burger wird angeboten, im Unternehmen zu verbleiben, allerdings mit der zwingenden Erfordernis, eine bestimmte Qualifizierungsmaßnahme, die gut ein halbes Jahr dauern wird, durchzuführen. Frage: *»Wie verhalten wir uns, wenn der Mitarbeiter diese Qualifizierungsmaßnahme als Veränderung ablehnt, sich diese nicht zutraut oder die Qualifizierungsmaßnahme nicht erfolgreich besteht? Was dann? Wie geht es weiter mit Herrn Burger?«*

*Beispiel Versetzung:* Frau Körner wird angeboten, eine ähnliche Funktion wie bisher, jedoch am Standort 350 Kilometer weiter südlich, auszuüben. Frage: *»Was tun wir, wenn sie das Angebot nicht annehmen kann oder will? Was dann? Wie geht es weiter mit Frau Körner?«*

*Beispiel Trennung:* Frau Licht wird angeboten, per Aufhebungsvertrag mit attraktiver Abfindung, verlängerter Restlaufzeit, Karriereberatung und Transferhilfen das Unternehmen zu verlassen. Man strebt eine einvernehmliche, faire Lösung an, macht aber deutlich, dass, wenn diese nicht erreicht wird, eine betriebsbedingte Kündigung ausgesprochen werden wird. Frage: *»Was tun, wenn Frau Licht trotz zunächst Erfolg versprechenden Verhandlungen plötzlich den Weg durch die Instanzen beim Arbeitsgericht wählen will? Was dann?«*

### Jeden einzelnen Prozessschritt festlegen

Jeder einzelne Schritt, jede einzelne Weichenstellung im Follow-up des Prozesses, nachdem das Gespräch eröffnet wurde, muss *vorab* festgelegt sein. Dies sieht dann auf dem Papier oder am Bildschirm so ähnlich aus wie ein Netzplan. Wenn die Thematik nicht so ernst wäre, könnte man den Vergleich mit einem Spielplan heranziehen: »Wenn ja, vorrücken auf Feld 7. Wenn nein, zurück auf Feld Nummer 3.«

Das Entscheidende ist, dass sich die für die Umsetzung Verantwortlichen und im besonderen die Damen und Herrn im Topmanagement *im Vorfeld* über die Konsequenzen jedes einzelnen Schrittes bewusst werden und zu den Folgeschritten *ihr Commitment abgeben*. In der prospektiven Reflexion der Prozessschritte wird zwangsläufig deutlich, dass bei Ablehnung oder auch Nicht-Gelingen ein Schritt im Sinne einer konstruktiven Lösung, manchmal auch ein Schritt im Sinne der Eskalation, d.h. konsequenten Durchsetzung der Entscheidung, festzulegen ist.

### Die Anzahl der Folgegespräche vorab definieren

Im oben genannten Beispiel mit Herrn Burger könnte dies bedeuten, dass bei Ablehnung oder Nicht-Gelingen der Qualifizierung entweder ein zweites Angebot und ein zweiter Versuch erfolgen müssen (entspricht unserer Fürsorge-Kultur), oder von vornherein im Eskalationsprozess klar festgelegt ist, dass man bei Ablehnung des Angebotes umgehend über die Trennung/Kündigung sprechen muss. Mit diesem Bewusstsein gehen die Gesprächsführer bereits ins erste

115

Gespräch und in die Folgegespräche hinein. Und sie machen dem Betroffenen bereits im ersten Gespräch das Prozedere und die Konsequenzen klar.

Ebenso im Falle von Frau Körner: Es muss *vorab* festgelegt werden, ob im Falle ihrer Ablehnung des Versetzungsangebotes eine weitere Alternative zu unterbreiten ist, oder ob in Ermangelung von Alternativen am bisherigen Standort umgehend eine Trennung eingeleitet wird. Im beabsichtigten, besser gesagt, zur Trennung entschiedenen Fall von Frau Licht muss *von vornherein* klar sein, welche Mittel der Motivation oder welche »Daumenschrauben« man zur Verfügung hat, welche man – passend zur Unternehmenskultur – zur Hand nehmen kann und will.

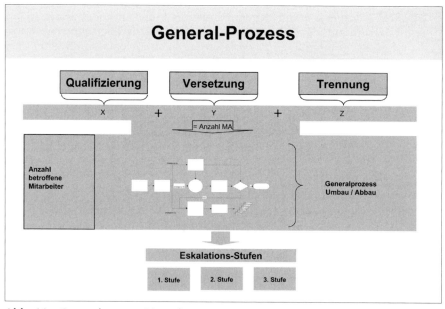

**Abb. 11:** Generalprozess-Netzplan

Gruppe 1: Mitarbeiter, die sich über das normale Maß hinaus auf ihrer Stelle weiterqualifizieren müssen.

Gruppe 2: Mitarbeiter, für die eine andere Stelle im Konzern gesucht wird unter Einschluss von Qualifizierungsmaßnahmen.

Gruppe 3: Mitarbeiter ohne Weiterbeschäftigungsmöglichkeit.

**Den Eskalationsprozess konsequent umsetzen**

Eine notwendige Voraussetzung im Prozess ist, dass sich die handelnden Personen quer durch die Hierarchien über die Entscheidung als solche, was mit Herrn Burger, Frau Körner oder Frau Licht geschehen wird, *einig sind*. Dass sie sich darüber einig sind, die Entscheidung konsequent und nachhaltig umzusetzen, man könnte fast sagen, »koste es, was es wolle«. Gemeint ist, dass zweifelsfrei

*Einigkeit* darüber besteht, dass an der Entscheidung als solcher nicht mehr zu rütteln ist. Klingt banal, ist aber in der Realität der Unternehmen oft nicht wirklich klar! Aber auch das, was es kosten darf (im materiellen und im immateriellen Sinne), sollte im Sinne des Eskalationsprozesses *von vornherein* festgelegt sein.

Ich empfehle dringend, dass hinsichtlich der Entscheidung zwischen Topmanagement und Umsetzer »kein Blatt Papier mehr passen darf«. Und eines muss ebenso klar sein: Egal, wen der Betroffene auf der Eskalationsleiter anspricht, egal mit wem er verhandeln will, ob der direkte Vorgesetzte, der nächsthöhere Vorgesetzte oder die Personalabteilung, alle sagen das Gleiche, alle mit der gleichen Eindeutigkeit, Nachhaltigkeit und Konsequenz. Denn die Entscheidung ist eindeutig und begründbar. Jeder Mitarbeiter wird im Rahmen des Planes und des sauber strukturierten Prozesses fair und anständig behandelt.

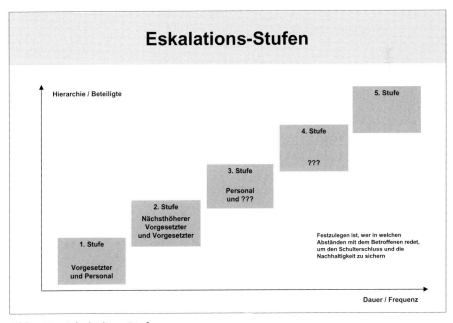

**Abb. 12:** Eskalations-Stufen

### Alle Verantwortlichen müssen an einem Strang ziehen

Dass die Kongruenz der Aussagen, die Konsequenz des Handelns und das nicht diskutierbare Commitment im Trennungsfalle durch die Hierarchien eine Grundvoraussetzung für den Erfolg in der Umsetzung der Maßnahmen ist, muss vor Prozessbeginn – vor allen Dingen den Damen und Herren im Topmanagement – glasklar vor Augen geführt werden. Warum ich dies so betone? Na ja, weil ich bis zum heutigen Tage immer wieder erlebe, dass dies nicht geschieht, weil man sich nicht traut, Klartext zu reden – und es regelmäßig zu einem herrlichen Desaster führt. Es muss deutlich werden, dass auch alte Seilschaften und interne

Netzwerke keinen Vorteil bringen. Es muss gelebt werden, dass auch persönliche Beziehungen und Verbindungen nichts nützen.

Bewährt hat sich, den Entscheidern im Topmanagement durch konkrete, reale Fälle aus dem eigenen Unternehmen vor Augen zu führen, was konsequentes Handeln im Hinblick auf einen Eskalationsprozess im unternehmerischen Alltag bedeutet. Wir stellen etwa der Geschäftsleitung mit einem Blick tief in die Augen immer wieder die Frage:

*Was tun Sie, wenn Ihre Frau zu Ihnen kommt und für Frau Licht eine Petition einreicht?*

*Wie verhalten Sie sich, wenn ihr Mitgeschäftsführer für Frau Körner noch mal ein gutes Wort einlegt?*

*Werden Sie weich, wenn Herr Burger als Ihr früherer Mitarbeiter bei Ihnen anklopft, und von den gemeinsamen Leichen im Keller spricht, die er zum Leben erwecken könnte?*

**Fazit**

Vorteile eines definierten Eskalationsprozesses:

1. Für die Verantwortlichen aus der mittleren Hierarchie bedeutet die Definition eines Eskalationsprozesses eine gewisse Rückenstärkung und Absicherung. Sie wissen ganz genau, dass, wenn der Mitarbeiter den nächsthöheren Vorgesetzten einschaltet, dieser das Gleiche sagt wie er. Oder wenn der Mitarbeiter den Geschäftsführer fragt, auch er die Entscheidungen trägt, vertritt und bekräftigt.
2. Top down betrachtet, zwingt der Eskalationsprozess die Entscheidungsträger im Topmanagement zu Konsequenz und Nachhaltigkeit. Sie haben sich in weiser Voraussicht und in Kenntnis der Konsequenzen für die einzelnen Maßnahmen und Schritte entschieden und zur Durchsetzung verpflichtet.
3. Für die betroffenen Mitarbeiter bringt der Eskalationsprozess Klarheit in jeder Hinsicht. Von vornherein ist Transparenz gegeben, es gibt Orientierung und die Kommunikation ist kongruent und schlüssig.

Auch, wenn sich meine Forderung nach Definition eines Eskalationsprozesses im Rahmen von Reorganisation, Fusionen oder Restrukturierungen zunächst nicht so nett, vielleicht sogar herzlos angehört, so dient sie dem Wohle von allen. Die Entscheidungsträger nehmen Verantwortung für das, was Sie entscheiden. Führungskräfte und Personalverantwortliche, die mit der Umsetzung betraut sind, haben das klare Commitment des Top-Managements. Die Belegschaft hat Transparenz und erlebt die handelnden Personen als geradlinig, durchdacht, konsequent und professionell. Die Verbleibenden bleiben im Vertrauen zum Management.

## 4.5.4 »Das machen wir schon immer so!« – Ex und Hopp!

Natürlich bleibt es jedem unbenommen, das, was sich als »bewährt« herausgestellt hat, zu bewahren und zu pflegen. Die immer noch zu hörende Meinung *»Das machen wir schon immer so – bisher ist es doch auch gut gegangen«* erscheint mir allerdings gefährlich und unakzeptabel. Welches sind die Messparameter für das »gut gegangen«? Was erlaubt die Arroganz, bisherige Praktiken ohne Reflexion fortzuschreiben? Und was stellt sicher, dass die Methoden von gestern morgen auch noch passen?

In der Phase der Vorbereitung geht es darum, mit wachem Verstand die einzelnen Schritte durchzuspielen und zu planen. Wenn Sie dabei die grundlegenden Aspekte eines fairen Umgangs respektieren, haben Sie bereits die wesentlichen Schritte auf dem Weg zur Trennungs-Kultur getan. Der Nutzen liegt für alle Beteiligten klar auf der Hand.

**Outplacement-Service im neu definierten Sinne – Vorteile/Nutzen für Sie als Führungskraft**

| Nutzen | Für mich relevant? (X) |
| --- | --- |
| Sie haben einen erfahrenen Trennungsexperten zur Seite | |
| Professionelle Unterstützung bei Koordination und Organisation | |
| Persönliches Coaching für Sie als Kündigenden | |
| Sichere Vorbereitung der Argumentation und Einwandbehandlung | |
| Formulierung der Trennungsbegründung nach innen und außen | |
| Sie haben mit der geplanten Newplacement-Beratung dem Gekündigten im Trennungsgespräch etwas anzubieten | |
| Sie helfen dem Betroffenen wirklich und lösen das Versprechen von »Fürsorge« real ein | |
| Der Berater führt unmittelbar im Anschluss an Ihr Kündigungsgespräch ein Auffanggespräch mit dem Betroffenen | |
| Positives Signal gegenüber den Verbleibenden bez. der sozialen Verantwortung | |
| Entlastung bei der Zeugniserstellung (Delegation in die Newpacement-Beratung) | |

**Outplacement-Service im neu definierten Sinne – Vorteile/Nutzen für die Verbleibenden**

| Nutzen | Relevanz? (X) |
|---|---|
| Unterstützung bei der Neuorganisation des Bereiches | |
| Definition zukunftsweisender Anforderungsprofile | |
| Analyse der vorhandenen Schlüssel-Qualifikationen | |
| Individuelle Developmentplanung für die Survivors | |
| Neutraler Ansprechpartner für Ängste und Sorgen | |
| Professionelles Coaching im neuen Beziehungsgeflecht | |
| Wissen um ein externes Korrektiv für den Chef | |
| Verarbeitung der im Exit-Interview der Gekündigten hinterlassenen Anregungen | |

### 4.5.5 Das »Trennungskomitee« als Task-Force-Group

Entscheidend für das Gelingen einer Outplacementphase ist die prospektive, systematische, umsichtige, höchst professionelle, gedankliche, konzeptionelle und organisatorische Planung und Realisierung des Trennungsprozesses. Wegen der Komplexität der Thematik rate ich zur Einrichtung eines hausinternen »Trennungskomitees«. Diesem Komitee obliegt dann das gesamte Trennungsmanagement im Unternehmen – mit allen Rechten und Pflichten. Eine der ersten Aufgaben des Trennungskomitees sollte sein, für Klarheit zu sorgen. Unter Klarheit für alle Beteiligten im Unternehmen verstehe ich die Definition:

- der Aufgaben jedes Beteiligten
- der Verantwortlichkeiten
- der Befugnisse
- der Zuständigkeiten
- der Ressourcen
- der Rollen

Die Klärung der Kompetenzen stellt einen Dreh- und Angelpunkt im gesamten Trennungsprozess dar. Ebenso kann vereinbart werden, dass die Führungskräfte, die Kündigungen aussprechen müssen, in diesem »Trennungskomitee« einen »geschützten Raum« für die Verarbeitung der eigenen Betroffenheit und Ängste sowie professionelle Ansprechpartner zur Klärung ethischer Grundsatzfragen finden.

## »Energie-Krisen« – Dynamik im Trennungsprozess

**Abb. 13:** Zusammensetzung des Trennungskomitees

## Zusammensetzung des Trennungskomitees

| Funktion / Position | Namen im Unternehmen | Relevanz? (ja) |
|---|---|---|
| Ein Mitglied der Geschäftsleitung | | |
| Personalleiter | | |
| Personalreferent | | |
| Personalentwickler | | |
| Betriebsratsvorsitzender | | |
| Betriebsratsmitglied | | |
| Führungskraft | | |
| Jurist (intern/extern) | | |
| Konzernvertreter | | |
| Externer Trennungsprofi | | |

Kapitel 4

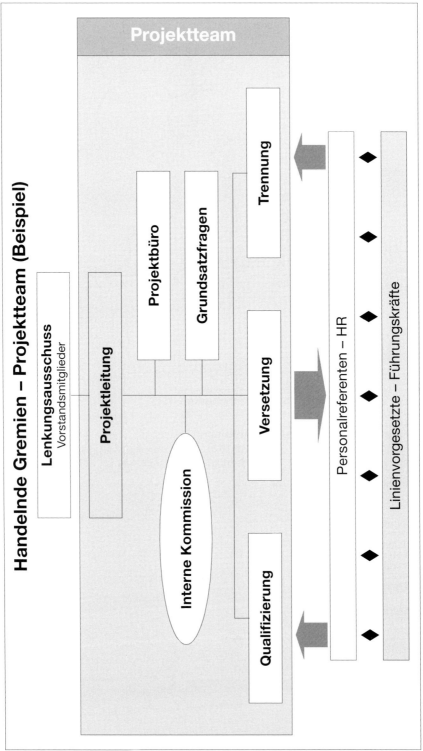

Abb. 14: Projektteam zur Steuerung des Wandels

Eine wichtige Aufgabe des Trennungskomitees im Sinne der Trennungs-Kultur könnte die Prüfung von Alternativen sein, die Kündigungen und Entlassungen verhindern könnten, wie z.B.

- Abbau von Überstunden,
- Freiwilliger Lohnverzicht,
- Kurzarbeit,
- Betriebliche Arbeitsabsenkung,
- Abschluss befristeter Arbeitsverträge,
- Teilzeit oder Wahlarbeitszeit,
- Jobsharing,
- Job Rotation,
- Job Move (zwischen Unternehmen),
- Unbezahlter Urlaub,
- Sabbatical (Unbezahlte »Auszeit«),
- Teil-Gewinnverzicht,
- Reduzierung des Shareholder-Value,
- Verschiebung von Investitionen (z.B. Neubau einer pompösen Zentrale),
- Effizienzsteigerung durch mehr Selbstverantwortung,
- Steigerung der Produktivität durch Steigerung der Motivation durch mehr Respekt, Achtung und Wertschätzung,
- Besinnung auf das Wesentliche,
- Wahrhaftigkeit im Umgang miteinander,
- Erneuerung des psychologischen Kontraktes ohne Trennung.

Die Kündigung und Trennung sollte wann immer möglich »Ultima Ratio« sein. Wenn sie nicht zu umgehen ist, so umfasst die Aufgabe des Trennungskomitees die spezifische Adaptation und Umsetzung dessen, was als Beitrag zu einem fairen und professionellen Trennungsmanagement im Unternehmen definiert worden ist. Ein wichtiger Aspekt im Hinblick auf die Wahrnehmung der gesamten Abwicklung als »fair« oder »unfair« ist die Informations- und Kommunikationspolitik. Auch um dieses Thema sollte sich das Trennungskomitee hauptamtlich kümmern. Neben der zeitlichen Frage »wann sollen wir informieren?« stehen auch die Fragen der Zielgruppen (Adressaten), die Art und Weise (Medien) und die Qualität der Inhalte zur Abstimmung an.

## Kapitel 4

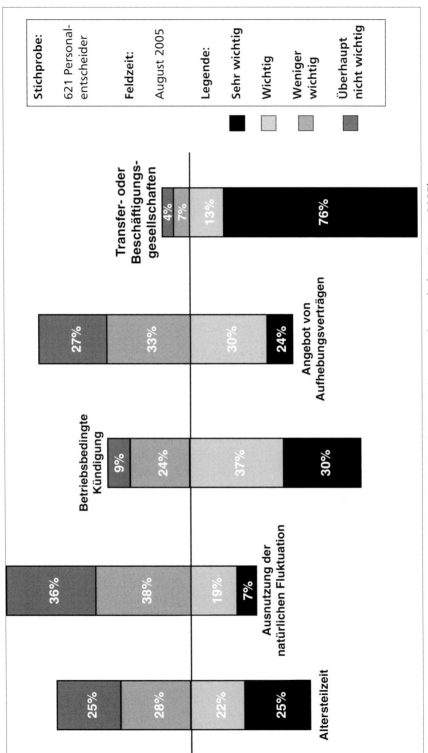

**Abb. 15:** Instrumente des Personalabbaus (Studie Kündigung und Unternehmenskultur, Karent 2005)

Ebenso ist das Trennungskomitee gut beraten, die angedachten Maßnahmen und Angebote intern zu diskutieren und zu bewerten, um ein Gefühl für die Realisierungschancen zu bekommen. Die nachfolgend beispielhaft dargestellte Matrix eignet sich auch gut als Vorlage für Entscheidungen im Topmanagement.

**Interne Bewertungsmatrix für die angedachten Angebote (Entscheidungshilfe)**

|  | Beispiele für Angebote ||||| 
|---|---|---|---|---|---|
|  | Aufhebungs-vertrag | Vorruhe-stand | Transfer-gesellschaft | Turbo-prämie | Angebot XY |
| Kosten | 😐 | ☹ | 😊 | 😊 | ? |
| Erfolgsquote | 😐 | 😊 | 😊 | 😊 | ? |
| Schnelle Wirksamkeit | 😊 | 😊 | 😊 | 😊 | ? |
| Wahrscheinlichkeit der Zustimmung durch Betriebsrat | 😊 | 😊 | 😊 | 😊 | ? |
| Passt zur Unternehmenskultur | 😐 | 😊 | 😊 | ☹ | ? |
| Administrativer Aufwand | 😊 | 😐 | 😊 | ☹ | ? |
| Öffentlichkeitswirkung | 😐 | 😊 | 😊 | 😐 | ? |
| Solidarisierung durch Verbleibende | 😐 | 😊 | 😊 | 😐 | ? |
| Instrumentarium intern bekannt | 😊 | 😊 | 😐 | 😐 | ? |

Bei Abbauprozessen in größerem Umfang gehört es unter anderem zur Aufgabe des Trennungskomitees, für die Koordination derjenigen Führungskräfte zu sorgen, die Kündigungen auszusprechen und Trennungsgespräche zu führen haben. Wenn viele Gesprächspartner an mehreren Standorten eingebunden sind, kommt der Entwicklung eines gemeinsamen Verständnisses von Trennungs-Kultur und der Sicherstellung einer Corporate Identity hinsichtlich Vorgehensweise und Informationspolitik eine besondere Bedeutung zu. Bewährt hat sich, diese in einem gemeinsamen »Trennungs-Workshop« zu erarbeiten. Beispielhaft skizziere ich im Anhang die Inhalte eines solchen »Trennungs-Workshops«. In jedem Falle bedarf es eines erfahrenen, seriösen, professionellen Moderators, um die hohen Anforderungen im Sinne der Qualitätssicherung im Trennungsmanagement erfolgreich umzusetzen.

Letztendlich obliegt dem Trennungskomitee auch das Controlling des gesamten Trennungsprozesses, die Einrichtung von Feedbackschleifen und die Evaluation der Ergebnisse und des Erfolgs im Sinne der Projekt-Realisierung. In bestimmten Abständen sollte sich das Trennungskomitee selbst prüfen, wo es steht und inwieweit die Projektziele erreicht wurden. Nachfolgende Tabelle stellt eine Anregung dar, sich selbst einen unternehmensspezifischen »Evaluationsbogen« zu entwickeln.

**Evaluation des Projektfortschritts durch das Trennungskomitee**

| Parameter / Bewertung | 0 | 1 | 2 | 3 | 4 | 5 |
|---|---|---|---|---|---|---|
| Organisation und Planung | | | | | | |
| Coaching der Führungskräfte | | | | | | |
| Kommunikationsstrategie | | | | | | |
| Planung für Survivors | | | | | | |
| Entwicklung der »Kultur« | | | | | | |

## 4.6 Betroffene von Kündigungen und Entlassungen – »Kern«-Gruppen und »Rand«-Gruppen – Makroskopische Betrachtung

Ich lade Sie herzlich ein, jetzt *nicht* weiterzublättern, sondern erst einmal in dem nachfolgenden Kasten folgende Frage zu beantworten:

---

Wer sind die Betroffenen einer Kündigung?

1. _____

2. _____

3. _____

4. _____

5. _____

6. _____

7. _____

---

Bitte schauen Sie sich jetzt folgende Abbildung an.

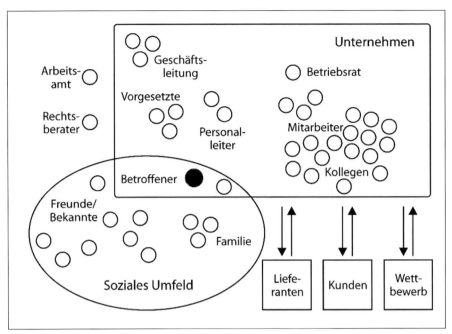

**Abb. 16:** Betroffene einer Trennung

| Vergleichen Sie bitte. Welche Gruppen fehlen Ihnen in Ihrer Aufzählung? |
|---|
| 1._____ |
| 2._____ |
| 3._____ |

Oder haben Sie alle Gruppen erfasst? Eine weitere Frage: Welche Gruppe wird eigentlich *regelmäßig* übersehen?

Was glauben Sie?

Die Antwort finden Sie etwas weiter unten.

Wenn ich in den Trennungs-Workshops gefragt habe, wer denn die Betroffenen wohl sind, kamen Nennungen, wie sie kommen müssen:

»Na, diejenigen, denen gekündigt wird ...«

»Die Familie des Entlassenen ....«

»Die Geschäftspartner, die ihren Ansprechpartner verlieren ...«

»Die Kunden in seinem Gebiet, das er betreut hat ...«

»Die Personalabteilung, denn die hat die Arbeit ....«

Alles richtig.

Aber fehlt da nicht jemand?

### 4.6.1 »Wie, die gehören auch dazu?« – Die Verbleibenden und der Chef

Bei der Abfrage der Gruppen von Betroffenen fehlen regelmäßig zwei Gruppen!

- **Die Verbleibenden:** Die »Verbleibenden« werden in der Regel erst relativ spät und manchmal erst bei gestützter Frage als Betroffene genannt.
- **Die Vorgesetzten:** Die Vorgesetzten werden als Betroffene regelmäßig vergessen! Auch gestützte Fragen bringen die interviewten Manager oft nicht darauf.

Hätten Sie's gedacht? Hätten Sie's notiert? Ja, *Sie* als Vorgesetzter gehören zu der Gruppe, die immer wieder vergessen wird. Von den Unternehmensleitungen und Geschäftsleitungen, von den Führungskräften selbst. Ja, *Sie* als Kündigender gehören sehr wohl auch zu den Betroffenen. Auch die Forschung kümmert sich noch nicht um Sie. Während die Verbleibenden zunehmend in den Blick kommen, lassen Studien über die »zentralen Figuren«, die »Transmitter«, das »Nadelöhr« von Trennungsprozessen – die Vorgesetzten, die Überbringer der schlechten Botschaft – immer noch auf sich warten.

Der Kreis der von einem Kündigungsprozess betroffenen Personen ist größer als man denkt. Natürlich steht der Mitarbeiter, von dem sich ein Unternehmen trennen will, im Mittelpunkt. Zur Erfassung der Reichweite der Maßnahmen ist es allerdings hilfreich, dass Sie sich als Vorgesetzter über die Auswirkungen im sozialen Umfeld, die Auswirkungen auf Kunden und Lieferanten und die Auswirkungen auf die verbleibenden Mitarbeiter Gedanken machen. Ebenso die Auswirkungen auf *sich selbst* als bisheriger und zukünftiger Chef.

Dem *engeren* Kreis der Betroffenen sind eigene Kapitel gewidmet, um in einer »mikroskopischen« Betrachtung auf diese Kerngruppen genauer eingehen zu können: die Gekündigten, die Vorgesetzten, die Verbleibenden.

Nachfolgend ein Blick auf weitere »Rand«-Gruppen, die ebenfalls von der Kündigung eines Mitarbeiters oder der Entlassungswelle in einem Unternehmen betroffen sind. Dabei bitte ich Sie zu beachten, dass das Wort »Rand«-Gruppe in dicken Anführungszeichen steht!

### 4.6.2 Betroffene im sozialen Umfeld – Partner und Kinder

Die Gekündigten sind nicht allein die »Betroffenen«. Insbesondere, wenn der Hauptverdiener und Ernährer der Familie seine Arbeit verliert, hat dies massive

Auswirkungen auf die Familie – Kinder und Ehepartner / Lebensgefährten. Die Arbeitslosigkeit eines Familienmitgliedes stellt in extremem Maße die Partnerschaft und das soziale Gefüge der Familie auf die Probe. »Eindrucksvoll« sind die Auswirkungen in der so genannten Marienthal-Studie aus der Zeit der Weltwirtschaftskrise beschrieben (Jahoda et al 1933). Sie stellt die Folgen der Stilllegung eines Unternehmens in einem österreichischen Industriedorf dar. Auch später haben andere Autoren die drastischen Folgen untersucht. Nachfolgend seien einige der Auswirkungen und Probleme kurz angerissen.

**Wirtschaftliche Probleme**

- Nur zögerliche Anpassung der Konsumgewohnheiten,
- Finanzieller Druck,
- Verarmung bei anhaltender Arbeitslosigkeit,
- Soziale Not bei Alleinerziehenden,
- Verlust der Statussymbole (kleineres oder kein Auto, billigere Kleidung).

**Partnerschaftsprobleme**

- Risiko der »Ansteckung« des Lebensgefährten (Depression),
- Belastung durch plötzliche Nähe und ständige Präsenz des gekündigten Familienmitgliedes,
- Eingriffe in die bisherige Autonomie (Tagesablauf, »Frau hat bisher alles alleine gemanagt«),
- Spannungen und Konflikte, wenn sich die Beziehung ohnehin schon »auf dünnem Eis« bewegte,
- Verwunderung (meist der Männer) über die Tatsache, dass die Kinder »aus dem Haus« und auch die Partnerin »weg« ist (Ehefrau hat sich in den Jahren *seiner* 60-Stunden-Wochen »selbstständig« gemacht),
- Konflikte durch plötzliche Erziehungsversuche des bis dato nicht ständig anwesenden Partners,
- Verschiebung der Rollen innerhalb der Familie und Beziehung.

**Die Kinder**

- Existenzielle Ängste,
- Zukunftsängste,
- Doppelte Belastung durch die Angst und den Paarkonflikt,
- Bedrängnis durch plötzliche Nähe (z.B. des Vaters),
- Opfer von Reizbarkeit und Gewalt (vermehrt in dieser Extremsituation),
- Soziale Probleme in Schule und Umfeld durch Stigmatisierung,
- Schlechtere Bildungschancen durch schlechtere Bildungsangebote,
- Gefahr der »Vererbung« der Armut wegen geringerer beruflicher Qualifizierung,
- Ausgrenzung wegen fehlender Statussymbole (»Insider-Klamotten«).

Ich selber habe einige Dramen bei den von mir betreuten Klienten miterlebt. Fälle, in denen Betroffene den oben beschriebenen Auswirkungen auszuweichen versuchten, und Fälle, in denen die familiäre Krise einen massiv hemmenden Effekt auf die Dynamik der Neuorientierung hatte.

- *Ich wunderte mich, wer da bereits zu früher Morgenstunde im Parkhaus im dunklen Auto saß. Nach einigen Tagen realisierte ich: Es war einer meiner Klienten, der zu Hause nicht erzählt hatte, dass er gekündigt und freigestellt worden war. Wie immer fuhr er früh von zu Hause los – und musste warten, bis unser Büro öffnete.*
- *Oder der Fall des Klienten, der der Einladung, doch bitte seine Ehefrau zum Gespräch über die berufliche Zielsetzung und Ortswahl mitzubringen, trotz mehrfacher Aufforderung nicht folgte. Sie wissen bereits, warum.*
- *Und mehrere Fälle von gestandenen Männern, die merkwürdig kraftlos umherschlichen, bis ich mitbekam, dass sie ihren halbwüchsigen Kindern nicht sagen konnten, dass sie gefeuert worden waren.*
- *Und zahlreiche Fälle, in denen die Depression der Betroffenen (zu 98 Prozent Männer) nur durch die Tatsache zu erklären war, dass sie im Moment der Kündigung realisierten, dass sie nicht nur ihren Job, sondern auch noch ihre Partnerschaft verloren hatten – seit Jahren. Dabei hatten sie sich »den A ... aufgerissen für die Familie«.*
- *Oder wenn es wieder mal nicht vorangig in der Beratung. Wenn sich herausstellte, dass »sie« ihm »die Hölle heiß macht« – wegen der Nachbarn, wegen des Hauses, wegen der jetzt fehlenden »Abzeichen«. Er – der erfolgreiche Manager – blockierte daraufhin völlig.*

Dies bestätigt die Bedeutung der familiären Ressourcen und die Qualität der familiären Bindung und Tragfähigkeit, die maßgeblichen Einfluss auf die Wahrnehmung der Dramatik einer Kündigung haben können. Entweder, die familiäre Bindung trägt den Gekündigten oder es folgt nicht selten der totale Zusammenbruch.

### 4.6.3 Die »Rand«-Gruppen – einfach nicht zu übersehen!

Kunden, Lieferanten, Geschäftspartner ganz allgemein sind im Wesentlichen in ihrer Geschäftsbeziehung betroffen, wenn ein guter, langjähriger Kontakt zu dem Gekündigten bestanden hat. Zusätzlich ist eine persönliche Betroffenheit dann zu beobachten, wenn über die Jahre über die Geschäftsbeziehung hinaus auch ein privater Kontakt gewachsen war. Das wesentliche Problem für Geschäftspartner ist in den meisten Fällen hausgemacht. Es ist die nicht vorhandene, zu späte oder mangelhafte Information der Geschäftspartner. Oft wird weder über den Abgang noch über die Ursachen und schon gar nicht über neue Ansprechpartner informiert. Dass dies für die Geschäftsbeziehung fatale Folgen haben kann, liegt auf der Hand. Deshalb sage ich »hausgemacht«.

### Die Region ist betroffen

Nur kurz anreißen möchte ich das thematisch weite Feld der Auswirkungen von Massenentlassungen auf ein Dorf, eine Stadt, eine Region. Zum ersten Mal wurden 1933 in der bereits zitierten »Studie von Marienthal« die Auswirkungen beschrieben. Einflüsse größerer Personalabbaumaßnahmen in einer Region auf die Stimmung, die Aktivität und Dynamik, auf den sozialen Frieden und das wirtschaftliche Verhalten sind auch später beschrieben worden. Zunehmend rücken in diesem Zusammenhang auch das Verbraucherverhalten und die Konsumgewohnheiten ins Blickfeld. Handel und Wirtschaft befürchten Kettenreaktionen.

### Die Politik ist betroffen

Auch auf »die Politik« üben die täglichen Meldungen über Entlassungen und die Statistiken der Bundesanstalt für Arbeit in Nürnberg über die Entwicklung der Arbeitslosenzahlen eine Wirkung aus. Je nach Wahl-Jahres-Zeit herrscht Ruhe oder hektischer Aktionismus vor. Unternehmer, Arbeitslose, Familien und Kollegen verfolgen interessiert die Anstrengungen zum Erhalt der Arbeitsplätze und die Maßnahmen zum Abbau der Arbeitslosigkeit. Das liest sich dann wie

- »Job-Aqtiv-Gesetz« (»Aktivieren, Qualifizieren, Trainieren, Investieren, Vermitteln«),
- »SAM« (»Strukturanpassungsmaßnahmen«),
- »ABM« (»Arbeitsbeschaffungsmaßnahmen«),
- »Zeitwertpapier und Bildungsgutschein«,
- »Flexicurity« (»Fexible Arbeitszeiten«),
- »BORIS« (»Bewerberorientierte Integrationsstrategie«),
- »CAST« (»Subventionierte Kombilöhne« nach dem Mainzer Modell).

Man spricht über Reformen und Evaluierung der Arbeitsmarktpolitik, Arbeitszeitpolitik und Wettbewerb unter den Arbeitsämtern. Wie es damit den 3,8 Millionen geht, die ihren Arbeitsplatz verloren haben, steht auf einem anderen Blatt.

… Kapitel 5

# Kosten unprofessioneller Trennungsversuche – Ökonomische Aspekte im Trennungsmanagement

Im Rahmen der Planung und Durchführung von Trennungsprozessen stehen wirtschaftliche Aspekte in aller Regel im Mittelpunkt der Betrachtung. In Zeiten, in denen betriebsbedingte Kündigungen Einzelfälle darstellten, zeigten sich die Unternehmen eher großzügig, um möglichst galant aus dem Fall herauszukommen. Dann kam die Zeit, in der der Einzelne in der Masse der Gekündigten nicht auffiel, d.h. die finanziellen Angebote eher bescheiden waren – zumal dann, wenn wirtschaftliche Schwierigkeiten des Unternehmens der Grund für den Abbau von Mitarbeitern waren. Heute und in Zukunft, wo der planmäßige Um- und Abbau aus strategischen Überlegungen oder nach Fusionen und Übernahmen im Vordergrund stehen – es den Unternehmen also gut geht – kann sich kein Vorgesetzter, kein Personalverantwortlicher mit wirtschaftlichen Gründen herausreden, wenn er ein »bescheidenes Trennungspaket« anzubieten versucht. Um so mehr wirken sich die Strategie und Konzeption des finanziellen Angebots bei Trennungen auf die Wahrnehmung als »fair« oder »unfair« aus. Dass es bei der wirtschaftlichen Seite der Trennungen nicht nur um die Höhe der Abfindung geht, dass das Thema vielschichtiger ist, und welche Möglichkeiten Sie als Führungskraft haben, Trennungsprozesse einerseits fair und human, andererseits »extrem sparsam« und ökonomisch zu gestalten, wird in diesem Kapitel aufgezeigt. Hinsichtlich der wirtschaftlichen Aspekte unterscheide ich folgende Kostenarten:

1. Indirekte Kosten
2. Versteckte Kosten
3. Ungeplante Folgekosten
4. Direkte Kosten

Möglicherweise wundert die Reihenfolge der Betrachtung und die Art der Einteilung. Ich unterscheide Kosten im Sinne von *nicht direkt* messbaren Kosten (»Soft costs«) – Positionen 1 bis 3 – und Kosten pekuniärer Art im wirtschaftlichen Sinne (»Hard costs«) – Position 4. In aller Regel werden immer nur die Kosten der Betrachtung unterzogen, die ich unter Punkt 4 als »direkte Kosten« aufgeführt habe. Die anderen Kosten werden im Allgemeinen gänzlich übersehen, wie beim Eisberg der Teil, der unter der Wasseroberfläche schwimmt. Jedenfalls redet davon keiner. Daher will ich es tun, denn es geht um viel – sehr viel Geld! Ich möchte Ihren Blick schärfen für die großen Posten, die ein Vielfaches dessen ausmachen, was die Höhe einer Abfindung ausmacht. Ich rede über die Positionen, die eine *wirkliche Relevanz* im finanziellen Sinne haben. Und ich möchte Ihnen damit *Einsparungspotenziale* aufzeigen in bisher ungeahnter Größenordnung. Dagegen verlieren sich die *direkten* Kosten wie »Peanuts« im Himbeerpudding. Folgen Sie mir, schauen wir gemeinsam hin.

Abb. 17: Der Kosten-Eisberg (modifiziert nach Grimmeisen 1997)

## 5.1 Indirekte Kosten

Bei den indirekten Kosten unterscheide ich solche, die sich in Euro und Cent ausdrücken lassen, aber auch solche, für die es keine »Währung« gibt.

### Folgekosten unprofessioneller Trennungsversuche

Zunächst möchte ich Ihnen anhand einiger Praxisbeispiele aufzeigen, welche wirtschaftlichen Konsequenzen unprofessionell durchgeführte Trennungen, besser gesagt »Trennungsversuche«, haben können.

*Beispiel 1: Verzögerung um drei Monate*

Nehmen wir den Fall einer mittleren Angestellten mit einem Bruttogehalt von 3.000 EURO pro Monat (+ Nebenkosten ...) in einer Niederlassung eines mittelständischen Betriebes. Macht auf der Gehaltsliste in der Summe 4.500 EURO pro Monat. Die Entscheidung über die Kündigung fällt nach einigem Hin und Her mit der Zentrale (wie so oft) kurz vor Quartalsende – Ende Juni. Die Mitarbeiterin hat einige Tage genehmigten Urlaub genommen. Der Vorgesetzte, juristisch weder erfahren noch gut beraten, überlegt, ob er an diesem Freitag, dem vorletzten Termin für eine fristgerechte Kündigung, das Schreiben persönlich überbringen soll. Da er die Mitarbeiterin telefonisch nicht erreicht, wirft er das Kündigungsschreiben auf dem Weg seiner Dienstreise in den Briefkasten in dem Glauben, dass die Zustellung per Post am letzten Tag des Monats fristgerecht sei. Doch weit gefehlt. Die Mitarbeiterin – anwaltlich gut beraten – weist die nicht formgerechte Kündigung nach. Es folgt der übliche Briefwechsel. Erst jetzt klärt der Rechtsberater des Unternehmens sowohl den Geschäftsführer als auch den Abteilungsleiter auf, dass Letzterer das Kündigungsschreiben nur unter Zeugen in den Briefkasten der Mitarbeiterin hätte werfen müssen. Zu spät. Der Kündigungstermin ist verpasst. Die unprofessionelle Vorbereitung kostet eine Verzögerung von drei Monaten mit Kosten durch die Fortzahlung der Bezüge sowie Anwaltskosten etc. in Höhe von 14.000 EURO.

*Beispiel 2: Abteilungsleiter mittleres Unternehmen*

Der Abteilungsleiter verdient 60.000 EURO pro Jahr. Man will ihm kündigen, da das Unternehmen in wirtschaftliche Schieflage geraten ist und man sein »hohes« Gehalt einsparen will. Drei Geschäftsführer – zwei davon aus einer entfernt gelegenen Metropole extra angereist – sitzen ihm morgens um 9 Uhr gegenüber. Man spricht über ein liegengebliebenes Manuskript, die Beschwerde einer Mitarbeiterin und dass man sein Aufgabengebiet verändern wolle – zukünftig also keine Personalverantwortung mehr. Das Wort »Kündigung« kommt keinem der drei Geschäftsführer über die Lippen. Tage später kommt eine Abmahnung zu einem Vorgang, der fast 9 Monate zurückliegt. Erst dann spricht man über die Trennungsabsichten. Der Streit beginnt, nimmt den Weg durch die Instanzen. Mit Verhandlungen in einem ersten und einem zweiten Kammertermin ziehen sich die Verhandlungen 1,5 Jahre hin. Kosten: Eineinhalb Jahre Gehaltfortzahlung plus Abfindung für inzwischen 6 Jahre Zugehörigkeit ergibt insgesamt eine Summe von 240.000 EURO – von den nicht pekuniären Schäden ganz zu schweigen.

*Beispiel 3: Ein 50-jähriger Mitarbeiter*

Eine internationale Fluggesellschaft will sich von einem 50-jährigen Mitarbeiter trennen. Die Argumentation ist jedoch nicht stichhaltig, der Betriebsrat reklamiert eine nicht ordnungsgemäße Anhörung nach §§ 92, 106 BVG und setzt sich für den Mitarbeiter ein. Die Airline verliert den Prozess und muss ihn bis zur Rente bezahlen. Dies sind weitere 15 Jahre. Ergibt in der Summe einen Betrag von 0,8 Millionen EURO

Anhand dieser drei in der unternehmerischen Realität erlebten Beispiele wird deutlich, dass es um viel Geld geht. Andersherum ausgedrückt: Durch eine systematische Vorbereitung von Trennungsprozessen und durch eine professionelle Abwicklung lässt sich mehr Geld sparen als durch manche Restrukturierungsmaßnahme!

**Folgekosten in unmessbaren Summen**

Zu den indirekten Kosten zähle ich solche Aufwendungen, die nicht direkt in »Euro und Cent« auszudrücken sind. Dazu gehören zum Beispiel:

| Worum geht es? | Kommt vor (X) |
|---|---|
| Die Zeit, die Sie im Top-Management für die Vorbereitung und Planung der Maßnahmen aufwenden. | |
| Die Zeit, die Sie als Vorgesetzter für die Vorbereitung und Durchführung der Gespräche aufwenden. | |
| Die Zeit, die die Personalabteilung für die Vorbereitung aufwendet. | |
| Die Zeit, die der Betriebsrat für die Vorbereitung und Begleitung aufwendet. | |
| Die Zeit, die alle genannten Abteilungen und Personen für Gespräche miteinander aufwenden. | |
| Die Zeit, die für die Reparatur von Problemen aufgewendet werden muss. | |

Hinter dem Faktor »*Zeit*« steht natürlich immer der Faktor »*Geld*«. Anhand des nachfolgenden Beispiels wird deutlich, um welche Größenordnung es geht.

*Beispiel:*

In einer großen Bank kommt es zu Schwierigkeiten in der Abwicklung des geplanten Personalabbaus. Um »Reparaturarbeiten« (Verhandlungen, Abstimmungen, Telefonate, Korrespondenz mit Anwälten) zu leisten, müssen ein Top-Manager, der Vorgesetzte der zu Kündigenden, ein Personalreferent und eine Betriebsrätin sich jeweils nur *eine* Stunde pro Tag mit »dem Fall« befassen. Macht vier Stunden pro Tag. Was das in Euro und Cent ausmacht, sehen Sie hier:

**Kostenkalkulation:**

| Zusatzaufwendungen je Person | Stunden | Stundenlohn Euro | Anzahl Tage | Gesamtkosten Euro |
|---|---|---|---|---|
| Top-Manager | 1 | 150 | 5 | 750 |
| Vorgesetzter | 1 | 60 | 12 | 720 |
| Personalreferent | 1 | 45 | 6 | 270 |
| Betriebsrätin | 1 | 30 | 6 | 180 |
| Gesamtkosten Euro | 1 | 285 | | 1.920 |

## 5.2 Versteckte Kosten

Möchten Sie mehr sehen? Wollen Sie *noch* größere Potenziale entdecken? Na gut. Aber ich warne Sie! Das wird unbequem! Sie wollen trotzdem? Na dann! Prüfen Sie selbst Ihre Situation und seien Sie ehrlich mit sich und Ihrem Unternehmen. Zu den versteckten Kosten in Trennungsprojekten gehören u.a. folgende Posten:

| Worum geht es? | Kommt vor (X) |
|---|---|
| Bindung der Energie des Vorgesetzten | |
| Ärger des Vorgesetzten | |
| Warteschleifen und Innovations-Stau | |
| Konfusion im Team | |
| Zunehmende Apathie | |
| Verlust an Unternehmenskultur | |
| Verlust an Commitment der Verbleibenden | |
| Produktivitätsverlust beim Vorgesetzten | |
| Produktivitätsverlust bei Kollegen | |
| Produktivitätsverlust beim Betroffenen selber | |
| Sinkende Motivation der Verbleibenden | |
| Imageverlust im Markt | |
| Verlust an Kundentreue | |
| Zunehmender Krankenstand wegen Überlastung | |
| Produktivitätsverlust insgesamt | |

Während die meisten Posten der versteckten Kosten als »Soft facts« kaum konkret zu ermitteln sind, lässt sich an einem Beispiel deutlich machen, welche Schäden allein durch den Produktivitätsverlust während eines Trennungsprozesses entstehen. Und hier wird es wieder *sehr konkret* – messbar in Euro und Cent.

**Produktivitätsverlust**

Angenommen, Ihr Unternehmen hat 400 Mitarbeiter. Seit Wochen kursieren Gerüchte über Um- und Abbau. Soeben wird die örtliche Presse auf Sie aufmerksam. Sie sorgen für Gesprächsstoff im Sommerloch. Wenn jeder Ihrer 400 Mitarbeiter – von der Telefonistin über die Sekretärin, das mittlere Management bis hin zur Geschäftsleitung – jeden Tag nur *eine Stunde* mit dem Thema der Trennungen in Gedanken, in Gesprächen am Kopierer oder dem erregten Plausch am Telefon befasst ist, ergeben sich rein rechnerisch 400 Mann-/Frau-Stunden pro Tag. Und ich sage Ihnen – es werden mehr sein, viel mehr! Nehmen wir weiterhin an, dass eine Stunde je Mitarbeiter nur 100 EURO kosten würde, so ergibt sich eine Summe von 40.000 EURO pro Tag. Unfassbar? Unfassbar! Das muss man sich erst einmal »auf der Bilanzzunge zergehen lassen«: 40.000 Euro Produktivitätsverlust pro Tag.

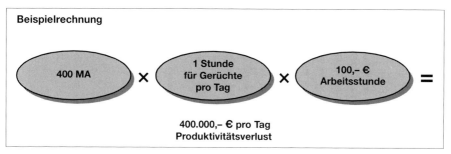

Abb. 18: Was kosten Gerüchte?

Höre ich wieder etwas von »fiktiv«, »theoretisch«, »artifiziell«? Wer will da nicht hinschauen? Wer hat da immer noch zu viel Geld zu verplempern? In einer Studie wurde ein Produktivitätsrückgang von 21% nachgewiesen. Das bedeutet: Jeder 5. Mitarbeiter ist ein Totalausfall (Capgemini Change Management Studie 2005). Aber es geht ja noch weiter! Überlegen Sie selbst, wie lange eine solche Phase der Unruhe, der Sorge, des Ärgers, der Diskussionen dauern kann. Drei Wochen? Acht Wochen? Drei Monate? Sechs Monate? Sagen wir, sie dauert nur acht Wochen – eine extrem freundliche Annahme – macht:

44 Arbeitstage × 40.000 EURO – (Schrecksekunde!) = 1.76 Millionen EURO

Das glauben Sie nicht? Das ist unrealistisch? Davon haben Sie noch nie gehört? Das wäre ein Drama? Es ist ein Drama!

Wie gerne hätte ich unrecht! Bitte stellen Sie Ihre eigene Rechnung auf:

Anzahl der Mitarbeiter × durchschnittliche Kosten pro Stunde × Dauer der Unruhe = Produktivitätsverlust

| Elemente | Kosten pro Stunde | Anzahl Mitarbeiter | Summe der Mitarbeiter | Gesamtsumme |
|---|---|---|---|---|
| Anzahl Stunden | | | | |
| Anzahl Wochen | | | | |
| Gesamte Arbeitstage | | | | |

Gesamtsumme Produktivitätsverlust = ................................................. EURO

Wenn Sie realistisch an die Planung und Realisierung von Trennungsprojekten herangehen wollen, dann *müssen* Sie diese Kosten berücksichtigen. Noch besser:

Sie vermeiden diese Kosten weitestgehend durch eine professionelle, faire und humane Vorgehensweise im Trennungsprozess.

**Innovationsstau**

Ebenfalls zu den versteckten Kosten, an die niemand denkt, zähle ich die Kosten für

- verhinderte Innovationen,
- Stau bei der notwendigen Neubesetzung,
- entgangene Umsetzung vorhandener Konzepte,
- blockierte Einführung notwendiger Neuerungen,
- fehlende Dynamik im Markt,
- verlorene Marktanteile durch suboptimale Betreuung.

Denken Sie daran und schätzen Sie ab, was teurer kommt: Dem Gekündigten noch 15.000 EURO mit auf den Weg zu geben, oder die Einführung Ihrer neuen Produktkonzeption, mit der Sie im ersten Jahr bereits 1 Million EURO umsetzen wollen, aufs nächste Jahr zu verschieben?

## 5.3  Ungeplante Kosten durch Fluktuation

Von ungeplanten Folgekosten spreche ich in diesem Zusammenhang hinsichtlich

- der ungewollten Kündigungen seitens der Mitarbeiter
- des Abgangs der Mitarbeiter, mit denen Sie eigentlich die Zukunft gestalten wollten
- Neu-Akquisition zur Besetzung der Vakanzen durch interne oder externe Kandidaten

| Qualifizierte Fachkraft (Facharbeiter) | _____,– € × 1,5 = (Jahresgehalt) | **Summe** _____ |
|---|---|---|
| **Führungskraft** | _____,– € × 1,5 = (Jahresgehalt) | _____ |

**Abb. 19:** Kosten für Fluktuation

Die Verunsicherung und die Unruhe ist unter den Verbleibenden, d.h. unter denen, mit denen Sie die Zukunft gestalten wollen, nach Umstrukturierungs- und Abbauprozessen, aber auch nach Einzelkündigungen, besonders groß. Auch wenn Sie den Leistungsträgern, die Sie behalten möchten, frühzeitig und in geeigneter Weise signalisiert haben, dass sie eine Perspektive im Unternehmen haben, kann es sein, dass Sie mit spontanen Abgängen werden leben müssen. »Die Besten gehen zuerst« heißt das bekannte Zitat. Dabei ist es letztendlich nur von gradueller Bedeutung, ob es sich um Leistungsträger oder eher »mittelprächtige« Mitarbeiter handelt. Weg ist weg. Unprofessionelles Management der Prozesse hat dramatische Auswirkungen: Capgemini hat in einer Studie einen Anstieg der Fluktuation um 9 Prozentpunkte nachgewiesen (Studie Change Management 2005). Ich selbst habe in meinen Projekten von noch höheren Zahlen gehört. Die Funktionalität der Betriebe konnte kaum gesichert werden. In Folge dessen kommt es vor, dass Unternehmen die unfreiwillig frei gewordene Stelle aus den eigenen Reihen oder von außen neu besetzen. Spielen wir die Konsequenzen der beiden Fälle einmal durch.

### Neubesetzung aus den eigenen Reihen

Vordergründig betrachtet ist es eine »Opportunität«, die Position mit jemandem zu besetzen, der »das Haus kennt«. Und es scheint so, dass sich alle Beteiligten freuen: Der, der zum Aufstieg befördert wurde, wegen der neuen Stellung und Herausforderung, das Management wegen der schnellen und kostengünstigen Besetzung, die Kollegen wegen der vertrauten Gesichter. Doch ist eine solche »Promotion« wirklich sinnvoll? Natürlich, so werden Sie sagen, ist dies im Einzelfall zu prüfen. Damit bin ich einverstanden. Wenn dies geschieht, und wenn diese Prüfung sehr gewissenhaft und professionell geschieht, *dann* bin ich einverstanden.

### Akquisition eines Externen

Wenn Sie in einer solchen Situation die Akquisition eines Externen wählen, so wissen Sie, dass Sie mit einer Reihe von Kosten zu rechnen haben. Checken Sie selbst die mögliche Höhe für eine Position im mittleren Management (Beispiel).

### Externe Personal-Akquisition für Managementposition

| Kostenart | Euro |
|---|---|
| 1. Personalberater | 15.000 – 30.000 |
| 2. Mitarbeiter-Auswahlverfahren | 2.500 – 4.000 |
| 3. Anzeige in der Tageszeitung / Fachpresse | 2.000 – 8.000 |
| 4. Bonus für Abwerbung | 3.000 |
| 5. Umzugskostenerstattung | 5.000 |
| 6. Höheres Gehalt | +15% |
| 7. Einarbeitungskosten | 2 Monatsgehälter |
| 8. Kosten für Schulung und Training | 3 Wochen p.a. |
| 9. Risiko | |
| Bemerkung: Position 4 entfällt bei 1 | |

Je nach Position können diese Kosten in der Summe durchaus 60.000 EURO betragen. Abgesehen von dem Risiko, ob der Neue überhaupt bleibt. Wenn schon Unruhe im Unternehmen ist, sich Strukturen und Organisationen im Umbruch befinden, das Neue noch nicht sauber definiert ist, dann färbt dies auch auf neue Mitarbeiter ab. 21 Prozent der neuen Mitarbeiter haben nach 90 Tagen geistig bereits wieder das Unternehmen verlassen. Warum sollte die Situation gerade in diesen Zeiten besser sein? Warum sollte die Einarbeitung gerade in diesen Zeiten professioneller sein? Ich glaube nicht daran.

Wenn man sich also die Kosten für die Akquisition eines neuen Mitarbeiters anschaut, so stellt sich die Frage, was günstiger ist. Den gesamten Trennungsprozess gut vorzubereiten und professionell zu gestalten, sich um die Verbleibenden zu kümmern – oder neue Leute anzuwerben? Gerade in Zeiten der Trennung sollten Sie als Führungskraft an die Mitarbeiterbindung denken.

**Weitere Folgekosten (Beispiel)**

| Weitere Folgekosten: | EURO |
|---|---|
| Überstunden der Kollegen während der Zeit der Vakanz | 173 Std.p.M. x 100 Euro x 3 Monate = 51.900 |
| Einsatz von Aushilfen und Zeitarbeitskräften | 3.000 p.M. |
| Bindung der Kapazitäten im Management, Personalabteilung | + 25% |
| Projektverspätungen | |
| Geplatzte Projekte | |

Trennungs-Kultur als Kostenbremse

Haben Sie sich das schon einmal überlegt? Trennungs-Kultur als Kostenbremse! Könnte das reizvoll für Sie sein? Wenn man sich die dargestellten Aspekte

- Mehrkosten durch verzögerte Lösung des Falles
- Produktivitätsverlust wegen Unruhe
- Versteckte Kosten wegen Zeit- und Energieeinsatz
- Innovationsstau wegen Blockade der Position
- Folgekosten wegen ungeplanter Abgänge

einmal genau anschaut, dann kann man nur zu dem Schluss kommen, dass es allein die wirtschaftlichen Gründe gebieten, umgehend alle Kraft aufzuwenden, eine unternehmenseigene Trennungs-Kultur zum Leben zu erwecken. Und so möchte ich Sie an dieser Stelle allein und maßgeblich aus ökonomischen Gründen motivieren, alles daran zu setzen, Trennungsprozesse human, fair und professionell zu gestalten.

## 5.4 Direkte Kosten

Bevor wir über die einzelnen Posten der direkten Kosten reden, möchte ich Sie für einen Moment entführen, um mit Ihnen über wesentliche Einflussfaktoren bei der Gestaltung von Trennungsvereinbarungen nachzudenken. Dabei möchte ich Sie erneut für die nicht direkt greifbaren, dennoch vorhandenen Einflussgrößen sensibilisieren. Die Betrachtung dieser Parameter trägt maßgeblich dazu bei, Trennungsprozesse wirtschaftlicher, erfolgreicher, zügiger, fairer und humaner zu gestalten.

### 5.4.1 »Der Kampf der Giganten« – Motive und Ziele

Im »Ring« stehen sich plötzlich zwei ungleiche Partner gegenüber: David und Goliath. Beide treten an zum »Kampf«. Doch welche Motive treiben sie? Es geht um die *Motive* beider Seiten, die in Trennungssituationen mitschwingen. Betrachten wir

- die Zielsetzung und Motivationslage »des Unternehmens« einerseits und
- die Motivationslage des Mitarbeiters andererseits.

Wir vermuten, dass sie sehr unterschiedlich sind. Sie sagen: »eine Banalität«. Stimmt, das sehe ich auch so. Warum wird diese »Banalität« dann so selten als Grundlage in den Verhandlungen berücksichtigt?

*Zielsetzung des Unternehmens*

»Das Unternehmen« – sagen wir lieber, die Menschen, die das Unternehmen vertreten und die Kündigung »ausgedacht« haben, wollen die Trennung von einem Mitarbeiter

- schnell
- sauber
- preiswert

abwickeln und »über die Bühne bringen«. Doch was bedeuten die Begriffe genau?

*Schnell* kann bedeuten: termingerecht, ohne Verzögerungen, ohne Stau wegen langwieriger Arbeitsgerichtsprozesse. *Sauber* kann heißen: ohne Ärger, ohne Arbeitsgericht, ohne Imageschaden. *Preiswert* kann sein: ohne Kostenexplosion, unter Budgetplanung.

*Zielsetzung des Mitarbeiters*

Der Mitarbeiter will in dem gesamten Trennungsprozess

- sein Gesicht wahren,
- eine finanzielle Kompensation,
- einen Arbeitsplatz mit Perspektive.

Was bedeuten hier die Begriffe? »*Sein Gesicht wahren*« heißt: sein Selbstwertgefühl bewahren, sein Image sichern. »*Eine finanzielle Kompensation*« meint: einen Ausgleich für den Verlust des Arbeitsplatzes als Lebensgrundlage und »Trostpflaster«. »*Einen Arbeitsplatz mit Perspektive*« meint: Arbeit zu haben als Einkommensquelle und Lebensinhalt – beim bisherigen oder bei einem neuen Arbeitgeber.

Oft genug werden die genannten Motive des Mitarbeiters entweder nicht reflektiert, unbedacht übersehen oder fahrlässig ignoriert. Nach meiner Beobachtung führt diese Missachtung dann regelmäßig zu Problemen und zur Nicht-Erfüllung der Zielsetzung des Unternehmens. Zu einer professionellen, ökonomischen und humanen Durchführung von Trennungsprojekten gehört die Berücksichtigung der Zielsetzung *beider* Seiten. Wenn Sie als Unternehmensvertreter die Motivationslage des Mitarbeiters berücksichtigen, kommen Sie ein Stück weiter – auf dem Weg zur Trennungs-Kultur und Ihren Zielen »schnell, sauber, preiswert«.

**Abb. 20:** David und Goliath

### 5.4.2 Das »Trennungspaket« ist (k)eine Wundertüte

Geht es um die Vermeidung eines »Scherbenhaufens« oder bemühen Sie sich um eine »leise Trennung«, so sollten Sie sich genau überlegen, welche Kosten im Zusammenhang mit der beabsichtigten Trennung anfallen und was Sie im Aufhebungs-»Angebot« anbieten wollen und was nicht. Sonst wundern Sie sich unter Umständen, was plötzlich in der »Wunder«-Tüte alles drin ist. Zu den direkten Kosten zähle ich:

- Abfindung,
- Restgehälter (Fortzahlung der Bezüge),
- Auszahlung Restgehälter bei Finden eines neuen Jobs,
- Bonus, Tantieme, Sonderzahlungen,
- Bleibeprämien,
- Auto bzw. einen Ausgleich,
- Sachkosten,
- Anwaltskosten (Unternehmen),
- Gerichtskosten,
- Out- / Newplacement,
- Career-Center,
- Verzicht auf Rückzahlung von Umzugs- und Schulungskosten.

In aller Regel fallen im Rahmen von Trennungsprojekten einzelne oder alle der genannten Posten an. Dies ist allgemein bekannt und wird bei der Planung von Einzelkündigungen, Restrukturierungs- und Downsizing-Maßnahmen im Budget berücksichtigt. Entsprechende Mittel werden freigesetzt oder zurückgestellt. Erfahrungsgemäß ist die Budgetierung allerdings auf das Ziel abgestimmt, dass alles »glatt« läuft. Dies ist jedoch selten der Fall. Es kommt zu Streitigkeiten und Verzögerungen. Die Kosten steigen. Der einzige Weg: Vermeiden Sie durch gezielte Planung eine Überschreitung Ihres Budgets.

### 5.4.3 Der »Abfindungspoker« – Geld oder Zukunft

Hinsichtlich der Höhe der Abfindung, die Sie anbieten wollen, können Sie verschiedene Strategien verfolgen. Die Abfindung – gemeinhin auch als »goldener Handschlag« bezeichnet – zielt lediglich auf die Wahrung des materiellen Besitzstandes des Betroffenen ab. Abgesehen von der Orientierung an den einschlägigen Paragraphen (§10 KschG) und Divisoren haben Sie im Bezug auf die »Abfindungs-Politik« eine große Variationsbreite in Ihrer Vorgehensweise und den sich daraus notwendigerweise ergebenden Konsequenzen und Reaktionen. Nicht nur die Höhe einer Abfindung ist Ausdruck der Trennungs-Kultur, sondern auch die Herangehensweise. Sie haben die Wahl! Wählen Sie lieber die »Feilscher«-Variante, befriedigen Sie Ihre »Spielermentalität« oder bevorzugen Sie eine »humane Art«? Ich unterscheide folgende Arten:

- Basar und Teppichhandel
- Zocker und Spieler
- Faires Angebot

# Kapitel 5

Wie gesagt, Sie haben die Wahl.

- Entweder, Sie steigen mit einem unseriös niedrigen Angebot in die Gespräche ein und rechnen damit, dass der Mitarbeiter verhandeln wird. Sie planen bei Ihrem Angebot bereits strategisch ein, »sich hoch handeln zu lassen«.
- Oder Sie gehen mit einem »mittleren« Wert ins Rennen und sehen vor, dass ein Verhandlungsspielraum gegeben ist.
- Oder Sie machen von vornherein ein faires, tendenziell »komfortables« Angebot, das der Mitarbeiter als solches erkennt und das auch der Überprüfung durch seinen Anwalt standhält.

Ihnen ist natürlich bewusst, was in den ersten beiden Fällen nach den ersten Gesprächen passieren wird. Es spricht sich herum, dass man nur heftig genug verhandeln muss, um das Ergebnis zu verbessern. Und schon ist Ihre Strategie nichts mehr wert. Bedenken Sie die Außenwirkung dieser Angebots-Strategie. Von Betroffenen habe ich immer wieder Kommentare gehört wie »Zocker« oder »Halsabschneider«. Oder die Verbitterung äußert sich in Statements wie: »*In diesem Laden muss man kämpfen bis zum letzten Tag.*« Oder es spricht sich herum, dass trotz aller Härte der Entscheidung ein »faires« Angebot unterbreitet worden ist. Dies zeigt Wirkung. Auch bei den Verbleibenden.

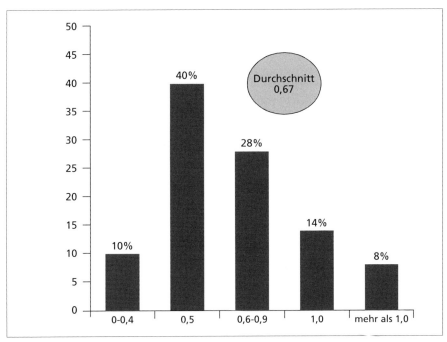

**Abb. 21:** Durchschnittliche Höhe des Abfindungsfaktors
Kündigung und Unternehmensstruktur
*Quelle:* Studie Kündigung und Unternehmensstruktur (Karent 2005)

## Ökonomische Aspekte im Trennungsmanagement

Entscheidend sind die Geschäftspolitik des Unternehmens und die Vorgaben an Sie als Vorgesetzten im mittleren Management und Personalverantwortlichen:

- Gewinnmaximierung durch Drücken der Abfindung
  oder
- Trennungs-Kultur durch faires Angebot?

Abhängig von den Parametern, an denen *Ihr Erfolg* als Vorgesetzter oder Personalverantwortlicher in diesem Trennungsprozess gemessen wird, werden Sie Ihre Strategie ausrichten. Einsparung als oberstes Ziel – oder Fairness und Humanität? Gradlinigkeit und Klarheit – oder Feilschen und »über den Tisch ziehen«? Ein faires Angebot unterbreiten Sie, wenn es auch den kritischen Prüfungen gegnerischer Anwälte standhält. Wenn sich herumspricht, dass es an Ihrem Angebot »nichts zu rütteln« gibt, dann beschleunigen Sie damit die Verhandlungen. Denn es erübrigt sich ein Feilschen seitens der Mitarbeiter. Und auch dies wird kommuniziert. Die Mitarbeiter knirschen zwar mit den Zähnen, werden aber den Umstand, »lege artis« und fair behandelt worden zu sein, honorieren, auch wenn sie es nicht mit einem strahlenden Lächeln quittieren.

Und Sie, verehrte Geschäftsleitung, klären Sie mit Ihren Führungskräften und der Personalabteilung bitte, wer eigentlich Verhandlungspartner des Mitarbeiters ist und über »Preise« spontan entscheiden darf. Die Personalabteilung oder er, der Vorgesetzte, oder nur Sie selber? Damit geben Sie Ihren Führungskräften Sicherheit und Klarheit.

Ziel des Mitarbeiters ist, eine angemessene Kompensation für den Verlust des Arbeitsplatzes zu erhalten. Also Geld. Immer wieder habe ich die Erfahrung gemacht, dass betroffene Mitarbeiter – und hier schließe ich Führungskräfte ausdrücklich mit ein – völlig überfordert sind, mit dem ihnen »zustehenden« Geld aus der Abfindung sinnvoll umzugehen. Wann erhält ein »normaler Mensch« in seinem Leben jemals so viel Geld auf die Hand, wie in dem Moment der Kündigung?

Was passiert? Die Betroffenen beraten mit ihrer Familie, den Lebensstandard halten zu wollen und dennoch die Ausgaben leicht zu drosseln. Sie beschließen, die zweite Zeitung abzubestellen und einmal weniger im Monat essen zu gehen. Zur Kompensation des Leides werden aber nicht selten Investitionen getätigt: von der Anschaffung eines neuen Video-Recorders angefangen über den längst überfälligen Städtetrip bis hin zu dem fälligen neuen Computer, weil man ja jetzt Bewerbungen schreiben muss. Und so ist ein Teil der Abfindung schnell aufgebraucht. Daher ergibt sich die Frage, ob der Gedanke der Wahrung des materiellen Besitzstandes im Sinne einer zeitgemäßen Trennungs-Kultur überhaupt noch diese überragende Bedeutung haben sollte. Immer wieder habe ich mich gefragt, ob nicht der »goldene Handschlag« geradezu die Freisetzung von Ressourcen und die Mobilisierung der Energien zur Neuorientierung und Qualifizierung lähmt oder gar verhindert. Auch wenn es wie ein Widerspruch klingt:

Der »goldene Handschlag« betäubt die Betroffenen in gewisser Weise durch das Gefühl einer Absicherung, leistet aber keinen Beitrag zur Schaffung einer beruflichen Perspektive und keinen Anreiz für eine zukunftsweisende Weiterbildung. Insofern ist die bloße Zahlung einer Abfindung unter dem Aspekt einer verantwortungsbetonten und weitsichtigen Trennungs-Kultur eher kritisch zu beurteilen (da in diesem Moment nicht der Aspekt der »Abfederung« des Arbeitsplatzverlustes berücksichtigt wird). In diesem Sinne sind auch die seit 1998 wirksamen Neuerungen des Sozialgesetzbuches zu verstehen: Eher ein Transfer-Sozialplan als ein Abfindungs-Sozialplan.

### 5.4.4 »Geld oder Leben?« – Beratungskosten

In diesem Sinne sollten je nach Qualifikationsstand, Position, Alter, Marktchancen etc. gezielt Maßnahmen angeboten werden, die *Perspektiven* schaffen und die *Employability* erhöhen. Hierzu gehören alle Arten von Qualifizierung, Diversifizierung, Schulung und auch ein individuelles Coaching. Letztere Beratungsleistung eines Externen wird Outplacement, Newplacement, Beratung zur beruflichen Neuorientierung oder einfach Karriereberatung genannt. Auch von Career Transition sowie Relocation Service wird gesprochen. Sie erinnern sich an die Bedürfnisse des Mitarbeiters in der Trennungssituation? Richtig. Er will Arbeit. Also macht ein solches Angebot Sinn und wird per se als human und fair verstanden, denn es hilft, möglichst nahtlos einen neuen Job zu finden und nicht in die Arbeitslosigkeit abzurutschen. *Wenn* Sie es richtig anbieten.

Da solch eine Beratung Geld kostet, überlegen sich manche Unternehmen, das Beratungshonorar von der Abfindung abzuziehen. Ein Widerspruch in sich, da das eine mit dem anderen nichts zu tun hat. Andere Unternehmen wollen sich das Honorar mit dem Mitarbeiter teilen. Und wieder andere packen die Beratung als Sahnehäubchen auf die im »mittleren Bereich« angesiedelte Abfindung oben drauf.

Auf Basis der jahrelangen Zusammenarbeit mit den Betroffenen appelliere ich an Sie als weitsichtige Führungskraft: Überzeugen Sie Ihren Mitarbeiter, dass Sie als Unternehmen Ihre soziale Verantwortung einlösen wollen, indem Sie ihm *beides* geben – Geld *und* Arbeit. Das heißt: Perspektive durch professionelle Karriereberatung oder New-Placement-Beratung sowie Qualifizierung oder Umschulung.

Ich prognostiziere, dass Sie im ein oder anderen Falle viel Überzeugungsarbeit werden leisten müssen, nämlich dann, wenn Ihr Mitarbeiter will, dass Sie ihm auf die Abfindung »on top« auch noch das Beratungshonorar *bar* auszahlen. Der Reiz des Geldes als finanzielles »Trostpflaster« ist verlockend – der Nutzen eines Coachings oder einer Qualifizierungsmaßnahme dagegen nicht unmittelbar erfassbar. Und so manövrieren sich die Mitarbeiter u.U. in die »Abfindungs-Sackgasse« oder, wie es die Bundesanstalt für Arbeit nannte, die »Abfindungsfalle«.

Meine persönliche Erfahrung: Gerade Führungskräfte erliegen immer wieder dieser Verlockung. Sie glauben, die berufliche Neuorientierung alleine zu schaffen. Doch das ist oft eine Fehlannahme. Mehrmals habe ich erlebt, dass ein Betroffener, der sich *gegen* eine Beratung und *für* das Geld entschieden hatte, nach Monaten anrief und nun doch nach einem Coaching verlangte. All seine Bemühungen hatten nicht gegriffen. Mehrere Dutzend Bewerbungen verliefen ohne einen Vorstellungstermin im Sande. Dann war das Leid groß: Nicht nur, dass »der Markt verbrannt war«, auch »die Kohle war abgebrannt«. Und ein neuer Job war noch lange nicht in Sicht. Daraus habe ich gelernt: Im Trennungsgespräch darf es nicht heißen »Geld *oder* Leben«, sondern »Geld *und* Leben«. *Das ist Trennungs-Kultur.*

Geld (Abfindung) + Leben (Beratung)

Ihre Mitarbeiter werden es Ihnen danken. Erfüllen Sie Ihre Fürsorgepflicht, indem Sie mit Ihrer Weitsicht durch Steigerung der Employability die Sicherung der beruflichen Zukunft Ihres Mitarbeiters und damit die Befriedigung seiner existenziellen Bedürfnisse »bedienen«. Prüfen Sie in erster Linie die Möglichkeiten von Qualifizierungsmaßnahmen oder den Sinn einer Umschulung. Beide Maßnahmen werden nach §§ 77 ff. SGB III mit Zuschüssen gefördert. Machen Sie es sich bitte nicht zu einfach, indem Sie sagen: »Der Mitarbeiter wollte das doch so.« In dem Fall wissen *Sie*, was besser für ihn ist.

Glücklicherweise werden Sie argumentativ durch den Gesetzgeber unterstützt, indem das alte Arbeitsförderungsgesetz (AFG) zum 01.01.1998 durch das neue Sozialgesetzbuch III (SGB III) abgelöst wurde. Darin sind eine Reihe von beschäftigungswirksamen Maßnahmen enthalten. Da bisher die Möglichkeiten der §§ 254 ff. SGB III wie Transfer-Sozialplan oder die Einrichtung von Beschäftigungsgesellschaften nach § 175 SGB III noch relativ wenig genutzt wurden, besteht Anlass, auch an dieser Stelle auf die Chancen und den Nutzen im Sinne der Trennungs-Kultur hinzuweisen.

Allerdings ist da auch noch der Betriebsrat! Verblüfft hat mich immer wieder, dass Betriebsräte im Rahmen von Sozialplanverhandlungen oder Einzeltrennungen in aller Regel nur für »die Kohle« plädiert haben. In vielen Fällen, die ich kenne, ist es nicht gelungen, die Betriebsräte davon zu überzeugen, dass die Mischung aus »Geld *und* Leben« das ist, was die, die sie vertreten, *wirklich* brauchen. Wie ich mir habe sagen lassen, stehen die Betriebsräte häufig unter sehr starkem Druck der Mitarbeiter und halten diesem – z.B. im Hinblick auf die anstehende Wiederwahl – manchmal nicht stand. Daher müssen Sie als Manager im Sinne der Trennungs-Kultur auch in Richtung Betriebsrat Überzeugungsarbeit leisten.

### Finanzierung einer New-Placement-Beratung

Ein weiterer Posten, der den direkten Kosten zuzuordnen ist, ist die Finanzierung einer Karriereberatung oder New-Placement-Beratung. Über die Sinnhaftigkeit habe ich bereits gesprochen. Hinweise zur Auswahl eines geeigneten Beraters und Aspekten der Qualitätssicherung finden Sie im Kapitel 11.

- Je nach Modell müssen Sie für die individuelle Begleitung eines Mitarbeiters mit einem Betrag von über 20 Prozent seiner letztjährigen Jahresbezüge rechnen. Hinzu kommt in der Regel eine Verwaltungskostenpauschale zwischen 2.000 und 3.000 EURO. In der Summe reden wir also über Beträge zwischen 20.000 und 50.000 EURO.
- Für Kurzzeit- und Intensiv-Programme müssen Sie mit 3.000 bis 10.000 EURO rechnen.
- Für die Teilnahme an einer zwei- bis dreitägigen Gruppenberatung sollten Sie zwischen 500 und 1.000 EURO pro Teilnehmer bereitstellen. Dies entspricht in der Summe etwa 16.000 EURO für einen dreitägigen Workshop.

Es ist leicht nachvollziehbar, dass die verschiedenen Angebote sehr Unterschiedliches zu leisten vermögen. Natürlich kann in drei Tagen nicht *das* vermittelt werden, was im Rahmen einer monatelangen persönlichen und individuellen Begleitung möglich ist. Aber auch durchdachte Hilfe im Rahmen eines dreitägigen Workshops kann für die Gekündigten sehr nützlich sein. Wenn die gekündigten Mitarbeiter nach all dem Groll und Ärger die wirkliche Unterstützung erleben, nehmen sie allmählich eine neue Haltung gegenüber der Trennungsabsicht des Arbeitgebers ein. Wenn sie dann mit Hilfe der durch den Arbeitgeber finanzierten Beratung auch noch zügig eine neue Aufgabe finden, wächst die Dankbarkeit. Und wenn die neue Position darüber hinaus noch besser dotiert ist als die alte und auch die Inhalte besser zu den Stärken und Neigungen passen, dann kommt Freude auf. Ich weiß von Fällen, in denen die betroffenen Mitarbeiter ihrem bisherigen Vorgesetzten oder der Personalleitung ihre Dankbarkeit zum Ausdruck brachten, und ich weiß von Fällen, in denen sich der frühere Vorgesetzte und der betroffene Mitarbeiter sehr wohl »auf der gleichen Straßenseite« begegnen können. Die Frage für Sie als Arbeitgeber ist doch: »Wie rechnet sich der Einsatz einer Beratung und wie bringe ich diesen Betrag im Budget unter?« An dieser Stelle führe ich wieder die Chancen an, durch das Angebot der Beratung (= Perspektive) die Aufhebungsverhandlungen zu verkürzen und damit Kosten einzusparen. Selbst wenn Sie im Sinne der Trennungs-Kultur ein Angebot unterbreiten, in dem der Mitarbeiter die Restgehälter komplett mitnehmen darf, falls er früher eine neue Aufgabe findet, so bleibt für Sie als Unternehmen das Modell kostenneutral, wenn Sie bedenken, dass Sie durch ein faires Angebot arbeitsrechtliche Auseinandersetzungen und die Verlängerung der Verhandlungen vermieden haben. Wenn Sie durch eine systematische Vorbereitung und professionelle Durchführung erreichen, dass der Mitarbeiter das Aufhebungsangebot zügig akzeptiert, sparen Sie viel Zeit (siehe indirekte Kosten), viel Ärger und viel Geld (siehe Beispiel oben). Darüber hinaus haben Sie etwas für Ihre Trennungs-Kultur und Ihr Firmen-Image getan. Und das Wichtigste: Sie haben etwas für Ihren Mitarbeiter getan.

## Kostenkalkulation für die Newplacementberatung

| Parameter | Beratungs-kosten | Ersparte Zeit | Ersparte Restgehälter | Bilanz |
|---|---|---|---|---|
| Angebot ohne Beratung[1] | | | | |
| Angebot mit Beratung[1] | | | | |
| Beispiel | 18.000 EURO | 2 Monate 6.000 EURO | 6.000 EURO | Kosten real 5.500 EURO |
| Zusatznutzen | Persönlich-keits-entwicklung | Eigene Zeit | | Sicherung der Zukunft |

1) Werte eintragen

### 5.4.5 »Zeit ist Geld!« – Restlaufzeit

Nochmals zur Erinnerung. Was der Mitarbeiter braucht, ist Geld. Und um Geld zu verdienen, braucht er Arbeit. Und um Arbeit zu finden, braucht er Zeit.

Zeit können Sie gewähren, indem Sie die »Restlaufzeit« seines Vertrages einhalten oder verlängern. Zeit können Sie auch geben, indem Sie den Mitarbeiter freistellen. Wenn Sie ein Weiteres für die Trennungs-Kultur Ihres Unternehmens tun wollen, so gewähren Sie Ihrem Mitarbeiter eine möglichst lange Restlaufzeit, damit er bei der Jobsuche nicht nach dem »erstbesten Strohhalm« greifen oder »Sonderangebote« machen muss. Wenn Sie diese Restlaufzeit mit einer Freistellung und einer professionellen New-Placement-Beratung kombinieren, haben Sie wahrscheinlich das Beste getan, was Sie tun können. Daher erweitere ich die Formel im Sinne der Trennungs-Kultur und empfehle Ihnen: Geben Sie Ihrem Mitarbeiter

> Geld (Abfindung) + Zeit (Restlaufzeit) + Leben (Beratung)

Wenn ich gefragt werde, was dem Mitarbeiter mehr hilft – »eine höhere Abfindung oder mehr Zeit« – so plädiere ich regelmäßig für die Verlängerung der Restlaufzeit. Diese Empfehlung resultiert aus der Erfahrung, dass die Betroffenen mit näher rückendem Endzeitpunkt ihres Anstellungsvertrages immer nervöser werden und dazu neigen, Positionen anzunehmen, die weder zu ihrer Persönlichkeit noch zu ihrer Zielsetzung passen. So ist es aus meiner Sicht erstrebenswert, das Trennungsszenario so zu gestalten, dass der Mitarbeiter einerseits ein klares Ziel und auch »Druck« hat (Endzeitpunkt seines Vertrages), andererseits genügend Zeit bleibt, um sich zu qualifizieren und eine neue, eine *adäquate* Position zu finden.

Angaben über Beratungsdauer und Suchzeit von Outplacement-Kandidaten werden von den Beratungsgesellschaften selbst veröffentlicht und sind wegen denkbarer Marketingeinflüsse mit besonderer Aufmerksamkeit zu lesen. Glücklicherweise liegt aber inzwischen eine Dissertation vor, die Angaben zur Beratungsdauer enthält. Die Auswertung der Daten von 699 Outplacement-Kandidaten ergab im Mittel eine Suchzeit von 7,1 Monaten. Dieser Wert liegt damit deutlich über dem von den Beratungsunternehmen häufig zitierten Wert von »weniger als 6 Monaten«.

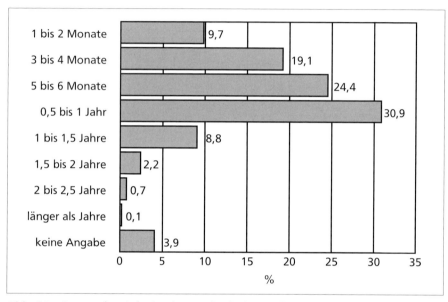

**Abb. 22:** Dauer der Arbeitsplatzsuche bei Outplacement-Kandidaten
*Quelle:* Fischer 2001

**Auszahlung der Bezüge nach Auffinden eines neuen Jobs vor Beendigung der Restlaufzeit**

Diskussionen ergeben sich immer wieder hinsichtlich der Handhabung der Restgehälter eines Mitarbeiters, wenn dieser – möglicherweise sogar durch die Unterstützung des New-Placement-Beraters oder eine Qualifizierungsmaßnahme – noch *vor* Beendigung der vertraglich vereinbarten Restlaufzeit eine neue Position findet. Vereinfacht dargestellt gibt es folgende Möglichkeiten:

- Auszahlung zu 100 Prozent an den Mitarbeiter.
- Aufteilung 50 Prozent an den Mitarbeiter, 50 Prozent ans Unternehmen.
- Restgehälter fallen zu 100 Prozent dem Unternehmen zu.

Hin und wieder haben die betroffenen Mitarbeiter den Eindruck, dass das Unternehmen sie an dieser Stelle noch ein letztes Mal »abzocken« möchte. Das führt zu großer Missstimmung und der Frage »Um welche Größenordnungen geht es eigentlich?« Sehen wir einmal von dem Ausnahmefall ab, in dem man den Eindruck hat, dass der Mitarbeiter bereits mit Vereinbarung des Aufhebungsvertrages einen neuen Job hat, so geht es in dieser existenziellen Frage um zwei bis fünf Gehälter. Und das nicht einmal bei jedem Mitarbeiter. Worum geht es also dem Unternehmen, das diese Beträge, die zur Auszahlung in jedem Fall budgetiert sein müssen, nun plötzlich vom Mitarbeiter zurückfordert? Meiner Einschätzung nach kann es nicht um die drei Gehälter gehen. Geht es um die Demonstration von Macht? Stimmt der Eindruck, den die Mitarbeiter vom Unternehmen haben: »... die sitzen am längeren Hebel ...?« Diesen Hebel in dieser Situation zu bedienen, ist *kein* Beitrag zur Trennungs-Kultur. Daher meine Empfehlung im Sinne der Trennungs-Kultur: Lassen Sie dem Mitarbeiter seine Restgehälter.

Und jetzt kommt etwas, was sich auf den ersten Blick wie ein Widerspruch anhört: Wenn Sie als Konzept wirklich die Kombination von Geld + Zeit + Beratung gewählt haben, so erscheint es sinnvoll, die anfallenden Restgehälter zu teilen. Denn Sie helfen dem Mitarbeiter durch die Finanzierung einer New-Placement-Beratung oder Qualifizierung ja auch, schnell eine neue Arbeit zu finden. Wenn Sie großzügig sein wollen oder können, lassen Sie ihm die drei halben Gehälter dennoch und deklarieren sie im Stillen als Investition in Ihr Unternehmensimage.

### 5.4.6 »Zeit ist Geld!« – Freistellung

Hinsichtlich der Sinnhaftigkeit einer Freistellung gibt es verschiedene Blickwinkel und sehr kontroverse Empfehlungen.

**Sicht des Unternehmens und wirtschaftliche Aspekte**

Formal gesehen ist der Mitarbeiter bis zu seinem letzten Arbeitstag Arbeitnehmer. Daher argumentieren manche Arbeitgeber, dass die Mitarbeiter auch nach einer Kündigung und der abzusehenden Trennung ihrer Pflicht als Arbeitnehmer nachzukommen und ihre Arbeit zu erledigen haben. Die Art und Weise, mit der dies von Vorgesetzten vorgetragen und durchgesetzt wird, erinnert allerdings hin und wieder an das Verhalten eines kleinen, bockigen Jungen nach dem Motto: »Das Bonbon habe ich bezahlt (Abfindung), dafür will ich aber auch etwas haben (Bleiben).« Ob diese Haltung für alle Beteiligten (das Unternehmen als solches, den Vorgesetzten, das Team, die Kunden, den Betroffenen) sinnvoll und nützlich ist, wage ich zu bezweifeln. Sie führt dazu, dass die Betroffenen im Unternehmen und außerhalb kommunizieren, was sie empfinden: »Die sind kleinkariert und knickerig.«

Ganz anders kann die Situation bei Einrichtung einer Auffanggesellschaft oder Beschäftigungsgesellschaft nach § 175 SGB III aussehen. Hier geht es um die Beschäftigung und Qualifizierung des Mitarbeiters als gezielte Transfermaßnahme. In diesem Falle sollte der Gekündigte den Prozess möglichst vollständig durchlaufen. Damit entfällt ggf. die Überlegung hinsichtlich der Auszahlung der Restgehälter.

**Sicht des Mitarbeiters und Zukunftsperspektive**

Dem Mitarbeiter muss in dieser Situation an der Sicherung seiner beruflichen Zukunft gelegen sein. Jeder, der im Rahmen seiner beruflichen Neuorientierung einmal den Umfang und die Intensität eines professionell betriebenen New-Placements erlebt hat, wird bestätigen, dass es sich um einen »Full-Time-Job« handelt. Entscheidend für berufliche Zukunft ist, dass der Mitarbeiter sich möglichst schnell von seiner Vergangenheit löst, dass er gut organisiert an seiner Zukunft arbeitet und einfach »extrem fleißig« ist. Sich lediglich am Abend nach einem stressigen und frustrierenden Arbeitstag an einem gekündigten Arbeitsplatz der beruflichen Neuorientierung zu widmen, reicht nicht aus, um nahtlos eine neue Arbeit zu finden!

Sie als Unternehmer müssen bei der Planung von Trennungsprojekten ebenfalls loslassen. In diesem Moment die Mitarbeiter mit Arbeit zuzuschütten, halte ich für unfair. Ein merkwürdiges Phänomen, dass gerade dann noch alles erledigt werden muss, wenn der Mitarbeiter gehen und die Abteilung geschlossen werden soll. Seien Sie fair und human. Planen Sie die Freistellung des Mitarbeiters ein. Lassen Sie ihn gehen. Eine Beratung zu finanzieren, dem Betroffenen dann aber nicht einmal Zeit zu geben, seine »Hausaufgaben« zu erledigen, halte ich für blanken Unsinn. Organisieren Sie im Sinne der Trennungs-Kultur einen Ersatz, organisieren Sie die Arbeit neu oder arbeiten Sie mit einem externen Dienstleister. Ihr Mitarbeiter hat nur noch eines zu tun, so schnell wie möglich eine Projekt-Liste zu erstellen:

- Vorgänge selbst zu erledigen,
- Vorgänge zur geordneten Übergabe,
- Vorgänge zur Rückgabe.

Daraus ergibt sich bei einer fairen Trennung eine in der Regel kurze Zeitspanne, die er noch im Unternehmen zu verbringen hat. Nur der erste Stapel geht ihn noch etwas an.

Stehen bei Ihnen umfangreichere Abbaumaßnahmen an, so sind sie sicher daran interessiert, den Gesamtkostenrahmen und möglicherweise auch die Folgen der Maßnahmen einschätzen zu können. Bei Personalmaßnahmen sind diese Fragen nicht weniger bedeutend. Immerhin geht es um das Humankapital eines Unternehmens, das umgeschichtet, aufgestockt oder abgebaut werden soll. Wenn am Ende des Abbaus nur noch leere Schreibtische, kalte Kaffeeautomaten und stumme Bildschirme zu bewerten sind, sieht das neue Unternehmen hinsichtlich der Kreditwürdigkeit schnell alt aus!

Viel zu lange wurden die Folgen eines Personalabbaus hinsichtlich Motivation, Wissenstransfer bzw. -verlust unberücksichtigt gelassen. Dies hatte zum Teil fatale Folgen, die sich zunächst in den emotionalen Bereichen, später aber auch handfest in wirtschaftlicher Hinsicht negativ auswirkten. In dem Bemühen um eine genaue Abschätzung des Wertes des Humankapitals (übrigens 2005 zum Unwort des Jahres erklärt) und folgerichtig auch zur Abschätzung der Verluste bei Personalabbau sind inzwischen verschiedene Anstrengungen unternommen worden, eine Formel zu entwickeln, die leicht zu handhaben ist und eine verlässliche Angabe ergibt. Als Entscheidungsgrundlage haben Finanzanalysten mancher Unternehmen ihre eigenen Indizes aufgestellt, die dann nicht mehr vergleichbar sind. Zur Zeit sind Methoden modern, die nach der Gewinnverteilungslogik, d. h. nach dem gängigen Discounted-Cash-Flow-Ansatz arbeiten. Wieder andere nehmen den Börsenwert des Unternehmens. Das Beratungsunternehmen PriceWaterhouseCopers PwC verfolgt die Ertragswertmethode. Sie bemühen sich unter Einbindung der durch die Belegschaft zukünftig erwirtschafteten Erträge und Berücksichtigung der Personalrisiken einen aktuellen Barwert des Humankapitals zu ermitteln. Auch die renommierte Deutsche Gesellschaft für Personalführung DGFP e.V. hat eine eigene Formel entwickelt. Jemand, der sich m.E. gewissenhaft um die Berücksichtigung der weichen Faktoren wie Fachwissen (Know-how), Zugehörigkeit, Motivation sowie Führungsqualität und Qualifizierung kümmert, ist Professor Christian Scholz am Lehrstuhl für Organisation, Personal- und Informationsmanagement an der Universität des Saarlandes in Saarbrücken. Von ihm stammt die so genannte Saarbrücker Formel. Auch, wenn es viel Kritik an dieser Formel und ihrem Erfinder gibt, eines hat er m.E. erreicht: Er rückt den Menschen in den Mittelpunkt, was die Emotionen weckt und zu heftigen Debatten führt. Und das begrüße ich im Sinne der Trennungs-Kultur sehr.

---

**Saarbrücker Formel**

$$\sum_{i}^{g}\left[\left(FTE \times li \times \frac{Wi}{bi} \times PEi\right) \times Mi\right]$$

*Legende:*

FTE: »Full-Time Equivalents«; Zahl der Mitarbeiter, wobei Teilzeitstellen auf Ganztagsstellen umgerechnet werden.

li: Durchschnittsvergütung der Branche. Multipliziert mit FTE ergeben sich die Personalkosten.

Wi: Der Zeitraum, über den das Wissen einer Mitarbeitergruppe relevant bleibt.

bi: Die Verweildauer der Mitarbeiter im Unternehmen. Ist sie länger als Wi, wirkt sich das rechnerisch negativ auf den Humankapitalwert aus.

Pei: Wert der Personalentwicklungsmaßnahmen. Sie werden dem im Bruch Wi durch bi ermittelten Wissensverlust gegengerechnet.

Andere Autoren und Berater (u.a. Schmeisser/Clermont 2006) bemühen sich, Formeln an die Hand zu geben, mit denen Sie die Kosten für Freisetzungen kalkulieren können.

---

**OPC Gesamtkostenformel nach Schmeisser/Clermont**

GkoOut = AbfAV+Out + PkAV+Out + BhOut + SpOut

*Übersetzt heißt das:*
Gesamtkosten bei Kündigung mit Outplacement (Gko$_{Out}$)
ist gleich den Abfindungskosten (Abf$_{AV+Out}$) plus den Personalkosten (Pk$_{AV+Out}$) plus dem Beraterhonorar für Outplacement (Bh$_{Out}$) plus die Servicepauschale (Sp$_{Out}$)

---

Mit diesen Formeln kann man denn auch die Kosten für verschiedene Konzepte (Kündigung plus OPC versus Sozialplan) vergleichen. Vielleicht auch eine Entscheidungshilfe.

Eine kritische Betrachtung zu den Risiken eines Personalabbaus finden Sie am Schluss des Buches in Kapitel 12 in einem Beitrag, den Karin Steiner auf dem 1. Frankfurter Klartext-Dialog als Poster vorgestellt hat. Auch an anderer Stelle werden die Folgen des Personalabbaus endlich konkreter und vollständiger erfasst: Beispiel Telekom AG »*Obwohl die Belegschaft bei der Deutschen Telekom AG nur um ein Fünftel kleiner geworden ist, sinkt der Humankapitalwert im ursprünglichen Konzern um fast die Hälfte, sofern nicht weitere Maßnahmen (z. B. Qualifizierung) ergriffen werden*«....*und an anderer Stelle weiter*: »*Gerade die Mitarbeiterbindung (Retention) wird paradoxerweise ein zentrales Problem für die T-Service darstellen, wenn nach dem Ausgliederungsschock gut ausgebildete, jüngere Mitarbeiter eine Wechselbereitschaft aufweisen....* « (Scholz 2007, S. 42–44).

### 5.4.7   »Wer soll das bezahlen?« – Budgetplanung

Nachfolgend können Sie sich eine komplette Übersicht über die Kosten der Trennung verschaffen und Ihr Budget gezielt planen.

**Checkliste Budget für Trennungsfall (................ Name)**

| Kostenarten | EURO |
|---|---|
| Abfindung | |
| Restgehälter (Fortzahlung der Bezüge) | |
| Auszahlung Restgehälter bei Finden eines neuen Jobs | |
| Bonus, Tantieme, Sonderzahlungen | |
| Bleibeprämien | |
| Auto oder Ausgleich | |
| Sachkosten | |

| Kostenarten | EURO |
|---|---|
| Anwaltskosten (Unternehmen) | |
| Gerichtskosten | |
| Out- / Newplacement | |
| Career-Center | |
| Verzicht auf Rückzahlung von Umzugs- und Schulungskosten | |
| | |
| GESAMTSUMME | |

Schlussfolgerungen

Möchten Sie nach all den Zahlen Ihre persönlichen Schlussfolgerungen festhalten? Tun Sie es. Und notieren Sie gleich zu jedem Punkt Ihre ersten Schritte, die Sie tun, um Ihr Ziel zu erreichen.

| Reflexion: | | |
|---|---|---|
| Kostenarten | Erkenntnisse | Erste Schritte |
| Indirekte Kosten | | |
| Verdeckte Kosten | | |
| Folgekosten | | |
| Direkte Kosten | | |

# Kapitel 6

# Die vier Basis-Fragen zum Trennungsgespräch

An dieser Stelle möchte ich Sie mit den vier Basis-Fragen zur Organisation und Durchführung des Trennungsgespräches konfrontieren. Auf den ersten Blick erscheinen diese Fragen banal – so banal, dass sie oft übersehen werden. Deshalb nenne ich sie die »Basis-Fragen«.

**Wer führt wann, wo, wie lange das Trennungsgespräch?**

Die Antworten sind klar, oder? Sie schmunzeln. Dann sind bitte erst wieder Sie dran.

| | Reflexion: |
|---|---|
| Wer? | |
| Wann? | |
| Wo? | |
| Wie lange? | |

Wenn ich mit Führungskräften diese Fragen diskutiere, ist zunächst auch immer »alles klar«. Und manch einer schmunzelt. Allerdings nicht lange. Jeder in der Gruppe hat einen Vorschlag, jeder hat eine fest gefügte Meinung und natürlich praktische Erfahrungen mit der idealen Vorgehensweise. Trägt man diese Meinungen zusammen, so ergeben sich durchaus sehr widersprüchliche Vorschläge und eine weite Spanne von alternativen Möglichkeiten.

## 6.1 »Wer führt das Gespräch?«

Hier die Nennungen der befragten Führungskräfte als Sammlung der genannten Möglichkeiten. Sie können gleich mitmachen, indem Sie ankreuzen, was Sie persönlich für sinnvoll halten.

| Möglichkeiten/Reflexion | Ihre Meinung X |
|---|---|
| Der Personalvorstand | |
| Der Geschäftsführer | |
| Der Bevollmächtigte/Prokurist | |
| Der Konkursverwalter | |

| Möglichkeiten/Reflexion | Ihre Meinung X |
|---|---|
| Der unmittelbare Vorgesetzte | |
| Der nächsthöhere Vorgesetzte | |
| Der Gruppenverantwortliche | |
| Der, der Distanz hat | |
| Der, der für die Entscheidung verantwortlich ist | |
| Der, der dem Mitarbeiter am nächsten steht | |
| | |
| | |
| | |

Nachfolgend lesen Sie die Reflexion des »Für und Wider« sowie die Quintessenz der Überlegungen aus zahlreichen Beratungsgesprächen.

**Der Vorgesetzte oder die Personalabteilung?**

Grundsätzlich kann der »Geschäftsherr«, d.h. der Firmeninhaber oder sein gesetzlicher Vertreter (Vorstände, Geschäftsführer) kündigen oder aber ein dazu Bevollmächtigter unter Vorlage der Vollmachtsurkunde laut § 174 S. 2 BGB – also eine Führungskraft. Dieser Vollmacht bedarf es in der Regel nicht bei einem Personalleiter. Stellt man Führungskräften die Frage, wer das Trennungsgespräch führen soll, so hört man regelmäßig die Antwort: »die Personalabteilung«. Mit dem Brustton der Überzeugung wird vorgetragen, dass »die Personalabteilung« (in diesem Fall erneut ent-personifiziert!) doch professionell ausgebildet sei. Die überwiegende Mehrzahl der Führungskräfte lässt keinerlei Zweifel oder Ansätze einer kritischen Reflexion dieser Vorgehensweise erkennen. Befragt man Personalverantwortliche nach diesem Zusammenhang, so klagen diese sehr häufig, dass ihnen der zu kündigende Mitarbeiter quasi wie ein Aussätziger mit der Floskel »Stellen wir Ihnen zur Entsorgung zur Verfügung« herübergereicht wird.

Doch wo bleibt die Eigenverantwortlichkeit der Führungskraft in dieser Situation? Wo bleibt die Verantwortung des Chefs gegenüber seinem Mitarbeiter? Sicher, jeder verteilt lieber Lorbeerkränze als schlechte Nachrichten. Können Sie sich vorstellen, wie sich der betroffene Mitarbeiter fühlen muss, wenn sein langjähriger Vorgesetzter, mit dem er durch dick und dünn gegangen ist, in diesem entscheidenden Moment das »schmutzige« Geschäft den »Profis der Personalabteilung« überlässt? Der betroffene Mitarbeiter kann es nur als Feigheit empfinden. Und die verbleibenden Kolleginnen und Kollegen? Welches Gefühl entwickeln sie, wenn sie mitbekommen, dass ihr gemeinsamer Chef sich vor dieser Situation drückt?

Eindeutiges Votum:

**Das Trennungsgespräch gehört in die Hände des direkten Vorgesetzten!**

Allerdings gilt es sicherzustellen, dass dieser formaljuristisch die Berechtigung dazu hat, eine rechtskräftige Kündigung auszusprechen. Sonst kann es peinlich werden. Es wäre dem Prozess nicht förderlich, wenn der Gekündigte nachweisen würde, dass derjenige, der die Kündigung ausgesprochen hat, gar nicht dazu berechtigt war. Sehr gerne wird an dieser Stelle vorgeschlagen, der nächst höhere Vorgesetzte möge das Trennungsgespräch führen, da er die Begründung besser argumentieren könne und mehr Kompetenz besitze. Ein geradezu suizidaler Vorschlag im Hinblick auf Führungskompetenz des direkten Chefs. Eine Delegation nach oben ist auch in dieser Aufgabe nicht möglich. Lassen Sie sich als Chef auch in diesem Moment nicht das Heft aus der Hand nehmen. Sie untergraben sich sonst ihre Autorität nachhaltig. Nach der soeben durchlaufenen Erörterung erübrigen sich im Grunde sämtliche Alternativ-Vorschläge, die in der Tabelle aufgelistet sind.

**Der bisherige Vorgesetzte oder der Neue?**

Nach Umstrukturierungen und Fusionen kommt es nicht selten vor, dass ein langjähriger Vorgesetzter kurzfristig abberufen, umgesetzt oder selber »in die Wüste geschickt wird«. In diesem Moment ergibt sich die Frage, wer das Trennungsgespräch nun führen soll? Ist der neue Vorgesetzte, der unter Umständen weder die Situation und schon gar nicht die einzelnen Mitarbeiter kennt, in der Lage, sich individuell auf die einzelnen Menschen einzustellen und die passenden Argumente vorzubereiten? Woher bekommt der soeben angetretene, neue Vorgesetzte die notwendigen Informationen? Und wie glaubwürdig wirkt er, wenn er die angelesenen Argumente vorträgt?

Nach Einschätzung vieler Führungskräfte, die sich im Rahmen der Trennungs-Workshops eingehend mit der Thematik befasst haben, und meiner eigenen Erfahrung erscheint es günstiger, wenn der bisherige Vorgesetzte die Trennungsgespräche führt. Er kennt die gemeinsame Historie, weiß mehr über die sozialen Hintergründe des Einzelnen, hat viele Jahres-, Ziel- und vielleicht Kritikgespräche mit dem Mitarbeiter geführt und kann sich in der Regel besser auf den Einzelnen einstellen. Notfalls muss man ihn nochmals für die Dauer der Gespräche »einfliegen«.

**Vier, sechs oder acht Augen?**

Heftige Diskussionen ergeben sich regelmäßig, wenn es um die Teilnehmer an einem Trennungsgespräch geht. Im Sinne der Trennungs-Kultur habe ich lange Zeit empfohlen, das Trennungsgespräch zwischen Vorgesetztem und Mitarbeiter »unter vier Augen« zu führen. Ich wollte damit einer Überforderung und einem Schock des Mitarbeiters, der sich einem Tribunal gegenüber sieht, vorbeugen. Im Prinzip befürworte ich dieses Vieraugengespräch nach wie vor. Allerdings hat sich in rechtlicher Hinsicht einiges gravierend verändert: das AGG, das allgemeine Gleichbehandlungsgesetz, ist in Kraft getreten. Ich persönlich sage nach wie vor lieber Antidiskriminierungsgesetz, weil es deutlicher macht, worum es eigentlich geht. Es geht um den Schutz des Mitarbeiters vor Ungleichbehandlung und Diskriminierung. Weil nun also die Gefahr besteht, dass ein cleverer Anwalt eines Mitarbeiters ein Verfahren anstrengt, weil er mitbekommen hat, dass das Gespräch unter vier Augen stattgefunden hat und dies die Vermutung aufkommen lässt, das dabei nicht alles mit rechten Dingen zugegangen ist. Daher empfehle ich heute mit Nachdruck, das Trennungsgespräch immer im Beisein einer zweiten Person zu führen. Die Gesprächsführung bleibt aber unbedingt beim Vorgesetzten! Oder, wie an anderer Stelle dargelegt, es bedarf vor dem Gespräch einer Rollenklärung und Absprache zwischen Personalabteilung und Linienmanagement, wer zu welchen Themen etwas sagt. Und es gibt einen zweiten Grund, warum es sinnvoll ist, eine zweite Person mit in das Gespräch zu nehmen: Es ist die Erfahrung, dass sehr häufig die Botschaft nicht ankommt. Wenn dies die zweite Person mitbekommt, kann sie unterstützend eingreifen und den Aussagen mehr Nachdruck verleihen.

Wer diese beiden Personen sind, hängt von der vorbereitenden internen Diskussion und Abstimmung ab. Entweder, es ist einer der Vorgesetzten gemeinsam mit einem Vertreter der Personalabteilung, oder es ist der unmittelbare Vorgesetzte gemeinsam mit dem nächsthöheren Vorgesetzten. In der Theorie sieht die Beantwortung dieser so banal erscheinenden Frage leicht aus. Wie ich aus den vielen Jahren der Praxis und unzähligen Workshops weiß, macht sie allerdings in der realen Umsetzung erhebliches Kopfzerbrechen. Zahlreiche Fragen tauchen auf: *»Können wir das den unmittelbaren Vorgesetzten (Meister, Gruppenleiter, Laborleiter) zutrauen und zumuten? Brauchen wir nicht den nächsthöheren Vorgesetzten, um dem Ganzen mehr Gewicht und Nachdruck zu verleihen? Dieser spricht aber nur Englisch! Und die Mitarbeiter kennt er auch nicht, da er neu ist. Oder soll es doch der bisherige Vorgesetzte tun? Aber der hat das Unternehmen schon verlassen oder seine neue Funktion angetreten, wo wir ihn nicht weg holen wollen. Und dann die Vielzahl der Gespräche! Wie soll die Personalabteilung das eigentlich logistisch schaffen? An verschiedenen Standorten, mit verschiedenen Führungskräften zur gleichen Zeit?«*

Die Komplexität der Fragestellung ist im Rahmen dieses Buches an verschiedenen Stellen und aus unterschiedlichen Blickwinkeln dargestellt. Ich kann allen Beteiligten nur dringend ans Herz legen, anhand der aufgezeigten Basisfragen für das eigene Unternehmen die passenden Antworten zu entwickeln und die Vorgehensweise festzulegen.

**Strategische Planung der Gespräche (Setting)**

Gehen wir davon aus, dass es bereits eine unternehmensweite Ankündigung der Personalmaßnahmen, also ein generelles »Announcement« gab. In dieser Ankündigung sind der Personalabbau konzeptionell dargestellt, die Konsequenzen für einzelne Bereiche benannt und der Zeitraum, in dem die Einzelgespräche stattfinden, benannt. Soweit so gut. Aber nun folgt der entscheidende Schritt. Jetzt stehen wir also kurz vor dem ersten individuellen Gespräch mit einem Mitarbeiter.

Diskutieren Sie im Gremium der Steuerungsgruppe oder zwischen Linienmanagement und Personalwesen, welche Themen im ersten Gespräch zwingend angesprochen werden müssen, welche Themen einem späteren Gespräch vorbehalten werden, um den Mitarbeiter nicht zu überfordern. Seine Aufnahmekapazitäten sind im Trennungsschock sehr begrenzt (Nebel im Kopf).

*Empfehlung*

- Die Gesprächsführung hat der direkte Vorgesetzte.
- Das Trennungsgespräch ist ein »Sechs-Augen-Gespräch«.
- Planen Sie ein »Tandem-Gespräch« – Erst- und Zweitgespräch.

## 6.2 »Wann findet das Gespräch statt?«

Die Liste enthält wieder eine Sammlung der unterbreiteten Vorschläge der befragten Führungskräfte. Bitte kreuzen Sie wieder an, was Ihnen plausibel erscheint.

| Möglichkeiten | Zutreffendes bitte ankreuzen |
|---|---|
| Nur nach guter Vorbereitung | |
| Bald nach der Entscheidung | |
| Erst kurz vor dem Trennungstermin | |
| In Abhängigkeit von den Informationen an die Verbleibenden | |
| Zügig hintereinander (bei Gesprächen mit mehreren Mitarbeitern) | |
| Eng terminiert | |
| Anfang der Woche | |
| Ende der Woche | |
| Freitagnachmittag | |
| Freitags nie | |

| Möglichkeiten | Zutreffendes bitte ankreuzen |
|---|---|
| Montags nie | |
| Vormittags | |
| Nachmittags | |
| Nach Feierabend, wenn die anderen weg sind | |
| Nach Vorankündigung | |
| Ohne Vorankündigung | |
| Vor dem Urlaub | |
| Nach dem Urlaub | |
| Nach Festtagen und dem Jubiläum | |
| Nur, wenn Folgegespräche möglich sind | |
| Zu der Tageszeit, zu der sich der Vorgesetzte wohl fühlt | |
| Nur, wenn Folgetermine mit der Personalabteilung / Betriebsrat möglich sind | |
| Nur, wenn die Sicherheit gewährleistet ist | |
| 1. Sicherheit des Mitarbeiters »an der Maschine« oder auf dem Nachhauseweg<br>2. Sicherheit der Projekte<br>3. Sicherheit der Datenbestände | |
| Nur, wenn die Sicherheit des Mitarbeiters (Rückfahrt, Heimfahrt) gewährleistet ist | |
| Nur, wenn sensible Daten vorher gesichert sind | |
| Nur, wenn ein Auffanggespräch mit einem Berater terminiert ist | |
| Wenn parallel jemand die Kollegen und Mitarbeiter informieren kann | |
| ............ | |
| ............ | |
| ............ | |

Wie Sie sehen, ist auch die Frage »Wann soll das Trennungsgespräch geführt werden?« sehr vielschichtig. So kann diese Frage die Tageszeit meinen, ebenso aber auch den Wochentag oder tiefergehende, differenziertere Überlegungen beinhalten. Allen differenzierten Überlegungen stelle ich jedoch eines voran, einen ehernen Grundsatz und eine Empfehlung aus tiefer eigener Überzeugung:

**Führen Sie Trennungsgespräche bitte »nur nach guter Vorbereitung«!**

Und wieder höre ich die vielen Rufe »natürlich« und »ist doch klar« oder auch die kritische Anmerkung mit zynischem Unterton: »welch weise Empfehlung«. Eine Empfehlung als Provokation? Eine Banalität? Keineswegs! Sie wissen ebenso wie ich: »Der Geist ist willig, das Fleisch ist schwach.« Nach diesem Motto konstatierten mir durchweg die überwiegende Mehrzahl der Teilnehmer an den Trennungs-Workshops und sämtliche in individuellen Gesprächen vorbereiteten Führungskräfte, dass sie nach dem eingehenden Befassen mit der Thematik zu der Erkenntnis gekommen sind, dass sie sich *erheblich besser* vorbereiten müssen als sie es bisher taten. Außerdem bestätigten die Manager, dass sie erst *nach systematischer Auseinandersetzung mit der Thematik in der Lage gewesen sind, zu überblicken, was zu einer »professionellen« Vorbereitung gehört.* Dazu gehört selbstverständlich auch, dass Sie Ihr Vorhaben juristisch geprüft haben.

**Früh oder spät?**

Gemeint ist hier die grobe zeitliche Dimension. Ist es eher angebracht, die Trennungsbotschaft unmittelbar nach dem Fällen der Entscheidung mitzuteilen oder erst kurz vor dem eigentlichen Trennungstermin? In der Abwägung zwischen diesen beiden Polen kommen Führungskräfte immer wieder in die Zwickmühle. Einerseits gebietet es die Fairness, dem Mitarbeiter die Mitteilung *»so früh wie eben möglich«* zu überstellen. Andererseits stehen Überlegungen hinsichtlich der Auswirkung der Trennungsbotschaft auf Loyalität, Arbeitseinsatz, Gefährdung von Daten und eigener Sicherheit und hinsichtlich der Belastung durch eine lange Vorlaufzeit dem entgegen.

Die Frage, wann der richtige Zeitpunkt für die individuelle Mitteilung gekommen ist, hängt entscheidend von der Situation Ihres Unternehmens, von der gesamten bisherigen Unternehmenskultur und dem Führungsstil Ihres Hauses ab. Im Sinne der Mitarbeiter plädiere ich eindeutig für den *»frühest möglichen«* Zeitpunkt. Natürlich müssen Sie als Unternehmer damit rechnen, dass sich Mitarbeiter »auf den Weg machen«, um hoffentlich bald eine neue Arbeit finden. Dann bleibt Ihnen nichts anderes, als die anstehenden Aufgaben neu zu organisieren und zu verteilen.

Insbesondere, wenn Sie als Unternehmer oder einzelne Führungskraft überlegt haben, dem gekündigten Mitarbeiter eine New-Placement-Beratung mit auf den Weg zu geben, ist es erforderlich, dass Sie den Betroffenen »so früh wie möglich« informieren. Alles andere wäre widersinnig.

Andererseits mag es Unternehmenssituationen geben, in denen z.B. der Wettbewerb möglichst spät erfahren soll, dass Umstrukturierungen oder Abbau im Gange sind. Oder die Motivation im Unternehmen ist bereits so weit abgesunken, dass auch die kleinste Unruhe zu einer »Paralyse«, d.h. »völligen Lähmung«, führen könnte, die den regulären Geschäftsbetrieb gefährdet. Dann kann es sinnvoll und zulässig sein, das Trennungsgespräch erst relativ kurz vor dem eigentlichen Kündigungstermin zu führen.

**Der Wochentag?**

Auch den Wochentag möchte ich zur Diskussion stellen, da es immer noch gängige Praxis ist, Trennungsgespräche am Freitagnachmittag zu führen. Ich halte diese Praxis für obsolet, von Ausnahmen abgesehen. Die Argumentation mancher Vorgesetzter, dass man dem Gekündigten »*Zeit geben wolle*«, die Information »*übers Wochenende sacken zu lassen*«, hört sich grundsätzlich gut an. Was ist aber mit den Fällen, in denen der Mitarbeiter seiner Familie die Botschaft nicht zumuten will oder kann? Und was ist mit den Fällen, in denen weder Familienangehörige noch Freunde *da* sind, mit denen der Betroffene die Situation besprechen kann? Auch ein Anwalt oder Steuerberater ist übers Wochenende nicht zu erreichen. Also sind die Betroffenen mit ihrer Situation auf sich alleine gestellt. Ich wünsche keinem Vorgesetzten die Ängste, von denen mir eine Führungskraft berichtete, nachdem der betroffene Mitarbeiter am darauf folgenden Montag weder zur Arbeit erschien, noch sich in irgendeiner Form meldete. Es gab nicht einmal eine aktuelle Adresse oder eine Telefonnummer der Familienangehörigen, unter der sich der Chef hätte erkundigen können. Und so löste sich seine Spannung erst, als der Mitarbeiter glücklicherweise am darauf folgenden Mittwoch wieder zur Arbeit erschien.

**Meine Empfehlung: nicht am Freitag!**

Sie können kein kurzfristiges Folgegespräch anbieten. Sie können dem Mitarbeiter kein *spontanes* Gespräch mit Ihnen ermöglichen.

Hinsichtlich der Überlegungen, ob Sie Trennungsgespräche besser am Anfang der Woche führen, gebe ich Folgendes zu bedenken: Wägen Sie ab, welchen Einfluss Sie auf die regulären Betriebsabläufe, auf die Sicherheit »für Mensch und Maschine« erwarten. Natürlich müssen Sie auf alles vorbereitet sein. Darauf, dass der gekündigte Mitarbeiter die Kolleginnen und Kollegen aufstachelt und rebellisch macht. Auch, dass die Stimmung in der Abteilung in dieser Woche am Boden zerstört ist. Dem gegenüber steht aber die positive Möglichkeit, dass Sie Ihrem Mitarbeiter Folgetermine anbieten können. So bleiben Sie im engen Kontakt mit ihm.

**Auch die Tageszeit ist von Bedeutung!**

Führen Sie ein Trennungsgespräch am Nachmittag, so haben Sie kaum die Möglichkeit, dem Mitarbeiter eine Begleitung anbieten zu können. Führen Sie das Gespräch jedoch vormittags, so können Sie ihm jemanden zur Seite stellen, der sich um ihn kümmert. Dies kann aus Sicherheitsgründen sehr bedeutsam sein!

Und Sicherheit meint zwei Aspekte: einerseits eine »Überwachung«, dass der Mitarbeiter aus dem Affekt heraus z.B. kein Datenmaterial zerstört, andererseits die Sicherheit seiner eigenen Person, dass er sich aus Unachtsamkeit an der Maschine verletzt. Führen Sie das Gespräch morgens, so können Sie bereits für den Nachmittag einen Folgetermin vereinbaren, wenn Sie es für notwendig halten. Aus diesem Gespräch entlassen Sie Ihren Mitarbeiter in relativ »geordnete« Verhältnisse.

### Der Biorhythmus des Vorgesetzten

Ein weiterer wichtiger Aspekt in der Überlegung, *wann* Sie das Gespräch führen sollen, ist Ihr ganz persönlicher Tagesrhythmus. Hierbei meine ich weniger, dass Sie die Termine für Trennungsgespräche in Ihrem Kalender zwischen andere Termine einpassen müssen, als Ihren eigenen Biorhythmus. Für den Erfolg dieser schwierigen Gespräche ist es durchaus von Bedeutung, wie Sie sich persönlich fühlen. Wenn möglich, sollten Sie eine Tageszeit wählen, von der Sie wissen, dass Sie sehr klar, sicher und »präsent« sind.

### Festtage und Feiertage

Immer wieder beklagen gekündigte Mitarbeiter vehement, dass ein Trennungsgespräch am Geburtstag, wenige Tage vor ihrem 25-jährigen Firmenjubiläum, am Tag vor der Erstkommunion des Kindes oder *wenige Tage vor Weihnachten stattfand. Durch diesen Umstand fühlten sie sich in hohem Maße missachtet und gedemütigt.* Einige Male kam es vor, dass Vorgesetzte sogar erst im Trennungsgespräch den persönlichen Ehrentag des Mitarbeiters realisiert haben. Seien Sie versichert: Die unverhoffte Konfrontation mit einem solchen Umstand trägt nicht zur Sicherheit und Souveränität des Vorgesetzten bei. Auch wird es ihm an diesem Tag kaum gelingen, eine als »human« und »fair« empfundene Gesprächsatmosphäre herzustellen. Möglicherweise werden Sie jetzt einwenden, dass zu jeder Zeit irgendein Feiertag, eine Tagung, der Urlaub oder sonst ein besonderer Anlass bevorsteht. Damit haben Sie Recht. Natürlich ist es im Rahmen von umfangreichen Abbauprozessen nicht möglich, auf Festtage wie Weihnachten, Ostern und Pfingsten Rücksicht zu nehmen. Wenn Sie dies täten, kämen Sie nie mit Ihren Gesprächen durch. Aber ich möchte Sie ermutigen, dass Sie wenigstens die *persönlichen* Festtage eines Mitarbeiters wie Geburtstag, Firmenjubiläum und allseits bekannte wichtige Familienfeste berücksichtigen. Hierdurch können Sie einen wesentlichen Beitrag zur Trennungs-Kultur leisten.

### Das Gespräch in einem ruhigen Moment

Immer wieder berichten Führungskräfte darüber, dass sie Trennungsgespräche gerne »*am späten Nachmittag, wenn alle anderen weg sind*« führen. Dann sei »*Ruhe im Haus und man wird nicht gestört*«. An dieser Überlegung ist sicher etwas dran. Sie mag im Einzelfall sinnvoll sein. Jedoch möchte ich diese Praxis grundsätzlich in Frage stellen und Sie auffordern, im Einzelfall zu prüfen, ob es wirklich die beste Lösung ist. Mit einem Termin nach Feierabend kommen Sie nämlich wieder in die Problematik, dass Sie den Mitarbeiter *nach* dem Kündigungsgespräch in die Unsicherheit entlassen müssen. Wo geht er hin? Ist er in der Lage, sicher Auto zu fahren? Was sagt er seiner Familie? Ich halte einen Termin am späten Nachmittag für eher ungeeignet, da Sie keine Möglichkeit haben, eine Nachsorge zu organisieren. Die für ein Trennungsgespräch notwendige Ungestörtheit können Sie auch während des Tages organisieren.

### Mit oder ohne Ankündigung?

Bei der Festlegung des Gesprächstermins ergibt sich immer wieder die Frage, ob man das Gespräch ankündigen soll oder nicht. Und wenn ja, in welcher Form und mit welchen Inhalten? In diesem Punkt hängt Ihre Vorgehensweise wesentlich von der bisher gelebten Art des Umgangs miteinander und von Ihrer bisher praktizierten Führungs- und Kommunikationskultur ab. Wenn Sie einen eher »informellen« Umgang mit Ihren Mitarbeitern gepflegt haben und diese auch früher schon einmal »spontan-förmlich« in Ihr Büro gebeten haben, wird es möglich sein, einen Mitarbeiter zu einem Trennungsgespräch »spontan« einzuladen, indem Sie ihn anrufen und bitten, »in zehn Minuten mal vorbeizukommen«. Wenn Gespräche in Ihrem Arbeitszimmer eher selten waren, werden die Mitarbeiter durch eine förmliche Einladung »den Braten bereits riechen«. Auch sollten Sie auf die Frage vorbereitet sein »*Worum geht es?*« oder »*Was soll ich vorbereiten oder mitbringen?*«. In einem solchen Fall können Sie nur eine allgemeine Formulierung wie »*ich möchte mit Ihnen über Sie persönlich sprechen*« gebrauchen. Besonders knifflig wird es, wenn Sie mit Außendienstmitarbeitern, die in der Regel weit entfernt wohnen und arbeiten, einen Termin für ein Trennungsgespräch vereinbaren wollen. In diesem Fall können Sie es kaum wagen, unangekündigt und spontan den Mitarbeiter aufzusuchen. Sie müssen sich also ankündigen oder den Mitarbeiter zu sich ins Büro in »die Zentrale« einladen. Beides provoziert die eben zitierte Frage, da insbesondere Vertriebsleute ein äußerst feines Gespür dafür haben, ob es ums Geschäft geht oder nicht.

### Der Zeitpunkt bei größeren Abbaumaßnahmen

Wenn fest steht, dass Sie mehrere oder gar viele Gespräche führen müssen, ergibt sich die Frage, wie Sie die Termine für die Trennungsgespräche optimal koordinieren können. Sollen die Gespräche alle an einem Tag stattfinden? In einer Woche? Besser gleichzeitig mit *mehreren* Gesprächspartnern parallel? Wie wirkt es, wenn sich die Gespräche hinziehen? Wie wirken sich die ersten Gespräche auf die Nachfolgenden aus? Wie wirken sich die Zeitpunkte der Trennungsgespräche auf die Verbleibenden aus? Meine Empfehlung geht dahin, dass Sie für die Durchführung der Gespräche einen Projekt-Ablaufplan erstellen, wie Sie es für die Durchführung anderer Projekte auch tun. Erst dann sehen Sie die Engpässe und die kritischen Pfade.

**Als generelle Empfehlung gilt:** Organisieren Sie die Trennungsgespräche möglichst in einem zeitlich engen Rahmen. Führen Sie die Gespräche zügig hintereinander. Nur so leisten Sie einen Beitrag dazu, dass die Kündigungswelle zwar heftig über den Betroffenen zusammenschlägt, aber auch wieder schnell zur Ruhe kommt. So stellen Sie sicher, dass alle Betroffenen informiert sind. Sie stellen aber auch sicher, dass die Verbleibenden wissen, dass sie nicht betroffen sind. Damit können diese wieder leichter durchatmen und mit entsprechender Betreuung konzentrierter an ihre Arbeit gehen. Eine gute Planung und saubere Durchführung wird von den verbleibenden Mitarbeitern wahrgenommen und als Beitrag zur Humanität im Trennungsprozess empfunden.

Der Zeitpunkt, zu dem Sie Ihre Gespräche führen können, hängt auch von der internen Abstimmung und gegenseitigen Information der beteiligten Parteien ab. Ebenso ist zu berücksichtigen, *wann* die verbleibenden Mitarbeiter informiert werden können. Oder bei einer Trennung aus personenbedingten Gründen: Wann und ob zeitgleich zum Trennungsgespräch durch eine andere Person die untergebenen Mitarbeiter des Betroffenen oder die Kolleginnen und Kollegen informiert werden müssen. Immer wieder ist mir begegnet, dass Führungskräfte zwar »formell« den Betriebsrat eingebunden, den Sozialplan verhandelt und verabschiedet haben, dann aber versäumten, den Betriebsrat über die Durchführung der einzelnen Gespräche zu informieren. Damit vergeben Sie eine wesentliche Chance, den Trennungsprozess für alle Beteiligten sichtbar und spürbar »fair« zu gestalten. Sie kennen doch den Gang der Dinge: Das Erste, was der gekündigte Mitarbeiter tut, wenn er Ihr Zimmer verlässt, ist der Gang zum Betriebsrat. Wenn Sie diesen vorher über den Gesprächstermin, die Argumentation und weitere Vorgehensweise informiert haben, ist er nicht überrascht, wenn der Mitarbeiter plötzlich bei ihm in der Tür steht. Bewusst oder unbewusst werden die Betriebsratsmitglieder, die Sie in den Prozess eingebunden haben, Sie aktiv unterstützen. Denken Sie daran, wenn Sie den Termin festlegen.

### Nachsorge

Ein wesentlicher Beitrag zum Aufbau und zur Pflege einer Trennungs-Kultur ist, dass Sie nach dem Erstgespräch einen oder mehrere Folgetermine vereinbaren – wie schon gesagt: ein Tandem-Gespräch. Hierbei können Sie selbst oder auch andere Personen die Gesprächspartner sein. Wichtig ist allein die Tatsache, dass Sie sich Gedanken gemacht haben über die Nachsorge und das weitere Vorgehen. Dies bedingt, dass Sie *vor* der Festlegung des Gesprächstermins in Ihrem eigenen Kalender einen oder mehrere Folgetermine reservieren, damit Sie diese dem Mitarbeiter im Trennungsgespräch anbieten können. Auch wenn Sie planen, Folgegespräche mit der Personalabteilung, dem Betriebsrat, dem Betriebspsychologen anzubieten, müssen Sie diese Termine mit den genannten Personen natürlich *vor* der Festlegung des Termins für das eigentliche Trennungsgespräch abgestimmt haben. An dieser Stelle erkennen Sie, dass es kaum möglich sein wird, Trennungsgespräche »spontan« zu führen. Wenn Sie für den Mitarbeiter eine Nachsorge im Sinne einer persönlichen Beratung (Newplacement, Coaching) vorgesehen haben, so kann es sehr hilfreich sein, dass Sie ihn nach dem eigentlichen Trennungsgespräch bei Ihnen umgehend dem persönlichen Coach zuführen. In einem solchen Falle ist es notwendig, dass Sie den Termin für das Trennungsgespräch mit dem Berater abstimmen, damit dieser zeitgleich vor Ort anwesend ist.

**Sicherheitsaspekte bei der Frage »wann«?**

Es ist notwendig, dass Sie sich bei der Festlegung des Gesprächstermins Gedanken über Sicherheitsaspekte machen. Hierbei ist die Sicherheit im doppelten Sinne gemeint. Zum einen geht es um die Sicherheit des betroffenen Mitarbeiters. Zum anderen geht es um die Sicherheit des Arbeitsplatzes. Überlegen Sie also bitte genau – gegebenenfalls im Gespräch mit der Kollegin oder dem Kollegen von der Personalabteilung oder dem Betriebspsychologen –, wie Sie die Verfassung des Mitarbeiters einschätzen und was Sie ihm nach dem Trennungsgespräch zumuten können. Können Sie zulassen, dass er an seinen Arbeitsplatz, vielleicht eine hochkomplizierte Maschine, zurückkehrt und dort in seiner Verwirrung nicht nur Fehler produziert, sondern auch Verletzungen möglich sind? Können Sie zulassen, dass er umgehend das Werksgelände verlässt und sich in einem aufgebrachten Zustand mit seinem Auto auf die Autobahn begibt? Wie ist es bei Mitarbeitern, die mit »sensiblen Daten« umgehen? In der Buchhaltung, im Vertrieb, in der Forschung und Entwicklung? Besteht die Gefahr, dass der Mitarbeiter in seiner Wut und Enttäuschung über das Unternehmen vertrauliche Daten vernichtet oder »entsorgt«? Besteht die Gefahr, dass ein Mitarbeiter im spontanen Affekt Handlungen begeht, die er und Sie im Nachhinein bitter bereuen?

*Empfehlungen*

- Nur nach guter Vorbereitung,
- Eher »spontan« ohne große Vorankündigung,
- Freitags nie!
- Tagsüber,
- Nicht am Festtag des Mitarbeiters,
- Wenn Sie »Tandem-Termine« anbieten können,
- So früh wie möglich nach dem Entscheid,
- Wenn die Sicherheitsaspekte bedacht sind,
- Wenn die Informationspolitik abgestimmt ist,
- Zügig hintereinander.

## 6.3 »Wo findet das Trennungsgespräch statt?«

Nachfolgend wieder eine Auflistung der Vorschläge Ihrer »Kollegen«. Und bitte wieder Ihre Meinung!

| Möglichkeiten | Ihre Meinung X |
|---|---|
| Im Zimmer des Vorgesetzten | |
| Im Zimmer des Betroffenen | |
| An der Werkbank | |
| Im Großraumbüro | |
| Zum Mitarbeiter hinfahren (Außendienst) | |
| An einem neutralen Ort (Besprechungszimmer) | |
| Außerhalb der Firma (Hotel) | |
| In der Personalabteilung | |
| Im Betriebsratszimmer | |
| ............ | |
| ............ | |
| ............ | |

Nach meiner Erfahrung hat die Wahl des Ortes maßgeblichen Einfluss auf die Dynamik der Gespräche. Dies hängt zum einen mit den äußeren Rahmenbedingungen (z.B. Hotel-Atmosphäre), zum anderen aber mit Ihren persönlichen inneren Befindlichkeiten zusammen. Im Home-Office des Mitarbeiters ist *er* zu Hause. In einem Hotel sind Sie *beide fremd* in einer vielleicht unpersönlichen Atmosphäre. In Ihrem Büro sind *Sie* »zu Hause«. Je nach Situation hat jedes etwas für sich. Wenn Sie das Gespräch bei Ihrem Mitarbeiter zu Hause führen, bekommt es zunächst in der Firma niemand mit. Andererseits müssen Sie davon ausgehen, dass er in dem Moment, wo Sie sein Haus verlassen, zum Hörer greift und die anderen Außendienstkollegen anruft. Gegebenenfalls *müssen* Sie das Gespräch bei ihm zu Hause führen, da Sie dort die Kundendateien und seinen Laptop an sich nehmen müssen, um die Daten zu sichern. Wenn Sie das Gespräch in »der Zentrale« in Ihrem Büro führen, kann es für den Mitarbeiter nach dem Kündigungsgespräch zu einem Spießrutenlaufen werden, insbesondere dann, wenn es »nur alle Jubeljahre« mal vorkommt, dass einzelne Außendienstmitarbeiter Gespräche »in der Firma« führen, und sie somit ganz sicher gefragt werden, was sie denn zu dem Besuch geführt hat.

### In welchem Raum?

Sie lächeln über diese Frage? Sie lächeln nicht mehr, wenn ich Ihnen berichte, dass Trennungsgespräche in Großraumbüros geführt werden, wenn ich Führungskräfte zitiere, die Kündigungsgespräche an der Werkbank führten, und wenn ich von Betroffenen berichte, die ihre Kündigung in einem so genannten »Exekutionsraum« erhalten haben. Dies war ein sonst unbenutzter Raum, in den alle Mitarbeiter zum Kündigungsgespräch eingeladen wurden, entlegen, klein, lieblos eingerichtet. Der Weg dorthin führte an vielen offenen Bürotüren vorbei durch Abteilungen, die sonst von Fremden selten betreten wurden. Nach wenigen Gesprächen war klar, was mit den Mitarbeitern geschehen war, die mit hochrotem Kopf oder kreidebleich aus dieser »Kammer« mit hängenden Schultern und schleppendem Gang zurückkehrten. Auch Räume, die von außen durch Eckfenster oder Glaswände einsehbar sind oder in die Geräusche aus dem Nebenbüro durch eine nicht schallisolierte Tür eindringen, sind denkbar ungeeignet für das Führen von Trennungsgesprächen. Und dies hat weniger mit den äußeren Störungen zu tun, als mit der Frage der Würdigung des Mitarbeiters durch eine diskrete und vertrauliche Behandlung der Situation.

**Heimspiel des Chefs**

Somit ergibt sich, dass in aller Regel ein Trennungsgespräch im Büro des direkten Vorgesetzten stattfinden sollte. In Ihrem Büro! Hier kennen Sie sich aus und hier können Sie alles so arrangieren, wie es der Situation angemessen ist. Führen Sie das Gespräch am »runden Tisch« und verschanzen Sie sich nicht hinter Ihrem Schreibtisch. Sorgen Sie für Ruhe! Stellen Sie Ihr Telefon um, bevor Sie das Gespräch beginnen. Auch Ihr Handy sollte ausgeschaltet sein! Sprechen Sie mit Ihrer Sekretärin, dass auch Unterschriftsmappen bis nach dem Gespräch warten müssen. Jegliche Störungen während eines Gesprächs mit so sensiblem Inhalt werden von den Betroffenen als Missachtung empfunden. Somit können Sie durch eine durchdachte Planung und gute Organisation am »Ort des Geschehens« einen weiteren Beitrag zur Trennungs-Kultur leisten und dem Mitarbeiter wenigstens das Gefühl vermitteln, achtsam behandelt worden zu sein.

Sie zu erinnern, dass Sie die notwendigen Unterlagen bereithalten, wage ich erst nach den zahlreichen Erlebnissen, in denen das nicht der Fall war. *Natürlich* müssen Sie Arbeitsvertrag, Tarifvertrag, Betriebsvereinbarung, Sozialplan, Personalakte etc. griffbereit haben.

Zu einer professionellen Vorbereitung des Ortes gehört ebenso, dass Sie ein Getränk bereitstellen und Papiertaschentücher bereithalten. Es hilft Ihnen selbst, wenn Sie merken, dass der Mitarbeiter einen Moment Zeit braucht, aufstehen zu können, um ihm ein Glas Wasser einzuschenken. Auch wenn Sie ihm mit einem Taschentuch zum Trocknen seiner Tränen aushelfen können, drücken Sie damit Ihre Anteilnahme aus.

*Extremfälle*

Da immer wieder Fragen zum Umgang mit extremen Fällen auftauchen, hier kurz einige Gedanken dazu. In bestimmten Situationen haben Führungskräfte Sorge, körperlich tätlich angegriffen zu werden. In anderen Situationen berichteten Vorgesetzte von der Gefahr, dass Mitarbeiter *sich selbst* Schaden zufügen könnten. Hierbei handelt es sich nach meiner über zehnjährigen Erfahrung um Ausnahmesituationen. Sich die Möglichkeit eines solchen Zwischenfalls bewusst zu machen, kann allerdings auf Überraschungen vorbereiten. Ziel ist, dass Sie sich eingehend mit der Situation und auch der Psyche Ihres Mitarbeiters auseinander setzen, bevor Sie in das Gespräch hineingehen. Ziehen Sie im Zweifelsfall den Personalprofi oder den Betriebspsychologen hinzu. Spielen Sie die möglichen Reaktionen durch und bauen Sie gegebenenfalls Sicherheiten ein, indem Sie zu einem »riskanten« Gespräch einen Beisitzer hinzunehmen. Oder verabreden Sie mit Ihrer Sekretärin ein Signal für den Fall, dass Sie Unterstützung brauchen. Allerdings glaube ich nicht, dass Sie sich zu einem Trennungsgespräch eine Sicherheitsweste anlegen müssen. Mit systematischer Vorbereitung und professioneller Durchführung sind Sie in der Lage, einer Eskalation des Gesprächs vorzubeugen, Aggressionen auszuhalten und eine Deeskalation einzuleiten.

*Empfehlungen zum »Wo«*

- Im Büro des Vorgesetzten.
- Am »runden Tisch«.
- Nicht im Glashaus!
- Mit »Service« – Wasser und Papiertücher.

## 6.4 »Wie lange dauert das Trennungsgespräch?«

Wiederum handelt es sich um zahlreiche Alternativen, die von den befragten Führungskräften genannt wurden. Was meinen Sie, sei sinnvoll?

| Möglichkeiten | Ihre Meinung X |
|---|---|
| Je nach Verlauf | |
| Je nach Reaktion | |
| Nicht zu lange | |
| Bis die Botschaft angekommen ist | |
| Open end | |
| Maximal eine Stunde | |
| 3 Minuten | |

Wie Sie sehen, habe ich auch zu dieser Frage im Rahmen von Trennungs-Workshops interessante »Gebote« erhalten. Diese Gebote gingen von »3 Minuten« bis zu »open end«. Allein diese Tatsache der Variationsbreite deutet darauf hin, dass auch die Frage, wie lange ein Trennungsgespräch dauern soll, der Reflexion würdig ist. Möglicherweise werden Sie sagen »kommt darauf an«. Und damit haben Sie wieder Recht! Die Frage beinhaltet mehrere Dimensionen. Zum einen geht es um den zeitlichen Faktor, ausgedrückt in Minuten oder Stunden. Zum anderen geht es darum, Aspekte der Kommunikation und Psychologie zu berücksichtigen. Sie wollen doch, dass Ihre Botschaft ankommt? Möglicherweise wollen Sie selbst eine Rückmeldung? Und Sie wollen doch, dass der Mitarbeiter in einem »geordneten Zustand« Ihr Büro verlässt? Wie ich im Kapitel »Reaktionen« erläutere, gibt es mehrere Gefahren, deren Kenntnis Einfluss auf die Beantwortung der Frage nach der Dauer eines Trennungsgesprächs hat.

**Verlieren Sie sich nicht**

Eine große Gefahr in Trennungsgesprächen besteht darin, dass sich der Vorgesetzte verzettelt, sich selbst verliert. Er beginnt zu argumentieren, zu diskutieren und zu »schwafeln«. Ausgehend davon, dass die gekündigten Mitarbeiter in aller Regel nach der Aussprache der Trennungsabsicht nicht mehr in der Lage sind, klar und offen zu folgen, und ausgehend von der Tatsache, dass Sie Folgegespräche vorgesehen haben und anbieten, erscheint es *nicht* sinnvoll, Trennungsgespräche über eineinhalb Stunden oder gar »open end« zu führen. Entscheidend ist, dass die Trennungsbotschaft ankommt! Eine Selbstverständlichkeit? Keineswegs! Ich habe bereits dargestellt, dass ich im Laufe der Jahre zahlreiche Gekündigte erlebt habe, bei denen die Botschaft in »keinster Weise« angekommen war. Und dies lag in den meisten Fällen eindeutig am *Sender*.

- Gesagt ist noch nicht gehört.
- Gehört ist noch nicht verstanden.
- Verstanden ist noch nicht einverstanden.
- Einverstanden ist noch nicht durchgeführt.
- Durchgeführt ist noch nicht erfolgreich duchgeführt.
- Einmal erfolgreich ist noch nicht auf Dauer erfolgreich.
  (Schwarz 2000)

Eine wesentliche Erkenntnis vieler Jahre mündet in einer klaren Empfehlung:

*Die Trennungsbotschaft sollte in den ersten fünf Sätzen übermittelt werden!*

Haben Sie's gehört? Ich sagte: »In den ersten fünf *Sätzen*«, nicht »in den ersten 5 Minuten«! Nähere Ausführungen dazu finden Sie im Kapitel 7.2 »Gesprächsführung unter erschwerten Bedingungen«.

Im Anschluss an die Trennungsbotschaft erfolgt die sachliche Erläuterung der Trennungskonditionen und die Vereinbarung der weiteren Vorgehensweise. Demzufolge ist ein solches Gespräch, systematisch vorbereitet und professionell geführt, in sieben bis fünfzehn Minuten beendet. Anschließend führen Sie den

Mitarbeiter, wie bereits empfohlen, auf direktem Wege dem persönlichen Coach zu einem Auffanggespräch in einem neutralen Raum zu.

**Reserven**

Nun glauben Sie bitte nicht, dass Sie Trennungsgespräche im »Viertelstundentakt« führen könnten! Dass Sie die Reaktionen des Mitarbeiters aufmerksam beobachten müssen, dass Sie ihm Zeit und Raum lassen müssen für sachliche und emotionale Äußerungen, dass Sie sich Zeit für die Beantwortung spontaner Fragen nehmen und dass Sie das gesamte Gespräch ohne jeglichen zeitlichen Druck gestalten müssen, ergibt sich aus dem, was an verschiedenen Stellen dieses Buches besprochen und empfohlen wird. Im Klartext bedeutet dies: Planen Sie entsprechende Reserven für ein längeres Gespräch und auch für eine Phase der eigenen Erholung *zwischen* den Gesprächen ein. Da es erfahrungsgemäß zu diesen Empfehlungen im ersten Moment immer wieder erstaunte Blicke und durchaus kontroverse Diskussionen gibt, betone ich an dieser Stelle erneut, dass die Empfehlungen dazu dienen, Ihre *eigene* Vorgehensweise zu reflektieren, um sie nachfolgend bewusst auf einem qualitativ hohen Niveau halten zu können. Eine DIN-Norm gibt es nicht! Insofern nehme ich Ihnen an dieser Stelle mit den unterbreiteten Empfehlungen auch nicht Ihre eigene Entscheidung für Ihre Vorgehensweise ab. Und somit kehre ich zurück zu der Empfehlung »es kommt darauf an«.

*Empfehlungen*

- Die Trennungsbotschaft übermitteln Sie in den ersten 5 Sätzen!
- Dauer: 7 bis 15 Minuten.
- Reservezeit zur eigenen Erholung.
- Vereinbarung eines Folgetermins.
- Überleitung zum Auffanggespräch.

# Kapitel 7

# Das Kündigungsgespräch – »Na endlich!«

Das Kündigungsgespräch stellt praktisch das »Nadelöhr« des gesamten Personalabbau- und Kündigungsprozesses dar. Dieses »Nadelöhr« ist eingebettet in den Kontext der gesamten Kommunikationspolitik im Trennungsprozess. Da sich jede Information und die Art und Weise, wie sie vermittelt wurde, unmittelbar auf den Verlauf des Trennungsgespräches auswirkt, erscheint es mir sinnvoll, zunächst einen Blick auf einige grundlegende Aspekte der Kommunikationspolitik im Trennungsprozess zu werfen und danach dann spezifisch auf das Trennungsgespräch einzugehen.

Praktisch alle wissenschaftlichen Studien bestätigen, dass eine offene, verständliche, kongruente und glaubwürdige Informationspolitik der wesentliche Schlüssel zum Erfolg im Trennungsprozess ist. Als häufige Kommunikationsfallen werden angesehen: die Vermittlung bruchstückhafter Informationen, ein länger anhaltendes Informationsvakuum, fehlende mündliche Kommunikation und Möglichkeit der Aussprache, Ansprache lediglich auf der rationalen Ebene und fehlende Ansprache der Beziehungsebene, mangelnde Kongruenz der Informationen aus verschiedenen Quellen und fehlende Information über den Stand der Projekte und Prozesse. Da über die Dauer des gesamten Projektes in der Regel viele verschiedene Gesprächspartner (Geschäftsleitung, Personalwesen, Betriebsrat, Führungskräfte) Informationen streuen, ist es ratsam, einen Masterplan für alle schriftlichen und mündlichen Botschaften festzuschreiben. Hierin ist unter anderem festgelegt, wer wann welche Informationen geben darf. Des Weiteren werden die Gründe für die Veränderungen und die notwendigen Schritte beschrieben sowie die mit dem Veränderungsprojekt angestrebten Ziele und Ergebnisse. Inhaltlich fließen diese beispielsweise sehr konkret in die Trennungsbegründung (Individualbegründung) in jedem einzelnen Kündigungsgespräch ein. Daher ist leicht nachvollziehbar, dass ein generelles Announcement inhaltlich mit der individuellen Botschaft im Kündigungsgespräch im Einklang sein muss. Als effektive Kommunikationswege genereller Art (Generalinformation) werden empfohlen:

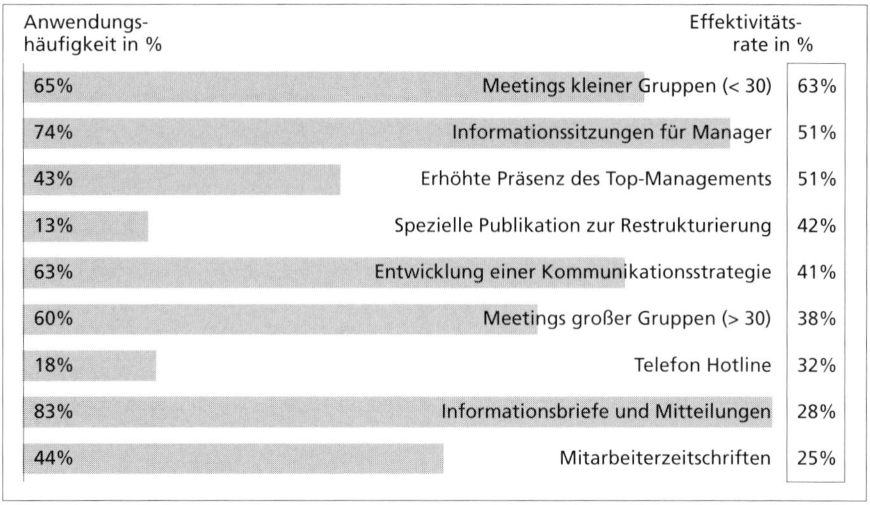

| Anwendungs-häufigkeit in % | | Effektivitäts-rate in % |
|---|---|---|
| 65% | Meetings kleiner Gruppen (< 30) | 63% |
| 74% | Informationssitzungen für Manager | 51% |
| 43% | Erhöhte Präsenz des Top-Managements | 51% |
| 13% | Spezielle Publikation zur Restrukturierung | 42% |
| 63% | Entwicklung einer Kommunikationsstrategie | 41% |
| 60% | Meetings großer Gruppen (> 30) | 38% |
| 18% | Telefon Hotline | 32% |
| 83% | Informationsbriefe und Mitteilungen | 28% |
| 44% | Mitarbeiterzeitschriften | 25% |

**Abb. 23:** Effektivität der Informationswege
*Quelle:* Wyatt 1993. Best Practices in Corporate Restructuring

Bei näherer Betrachtung der Grafik wird deutlich, dass die in der Praxis angewandten Kommunikationswege sehr häufig von den als ideal empfohlenen Wegen abweichen.

Zu einer professionellen Vorbereitung von Trennungsgesprächen gehören die Festlegung der Gesprächsinhalte und der Art der Gesprächsführung. Sinnvollerweise stimmen Manager die Gesprächsinhalte mit der Unternehmensleitung, ihrem nächsthöheren Vorgesetzten, der Personalabteilung und dem Betriebsrat ab. Ebenso wie in jedem anderen wichtigen Gespräch gehören eine klare Zielsetzung und eine Gesprächstaktik, hier gemeint als »Roter Faden«, dazu. Die schriftliche Vorbereitung eines »Spickzettels« hat sich in der Praxis sehr bewährt.

## 7.1 Inhalte eines professionellen Kündigungsgespräches

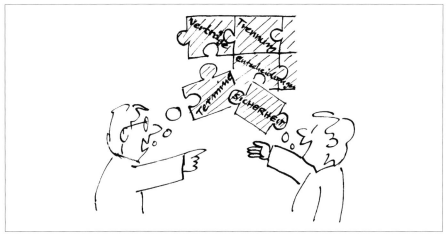

**Abb. 24:** Mosaik – Inhalte eines Trennungsgespräches

### 7.1.1 Die Unternehmensentscheidung

Im Rahmen der Auswahl *der* Mitarbeiter, die das Unternehmen verlassen müssen, haben Sie die Auswahl-Kriterien definiert, Gründe diskutiert und die Argumentation im Einzelnen vorbereitet. In diesem Kontext sollten Sie nun dem Mitarbeiter die Entscheidung zur Trennung mitteilen. Es ist keineswegs selbstverständlich, dass es Vorgesetzten gelingt, die Trennungsbotschaft zu übermitteln. Es »zu versuchen«, es »sich fest vorzunehmen«, reicht *nicht*! Es ist das A und O des Trennungsgespräches, dass Sie die beschlossene Trennung bzw. die Kündigung *klar, eindeutig und verständlich* aussprechen.

**Beispiele für ungeeignete Formulierungen**

»Wir *möchten* uns von Ihnen trennen.«
Frage: Möchten Sie nun oder nicht – oder trauen Sie sich nicht?

»Ich *wollte* Ihnen sagen, dass wir ... «
Frage: Wann wollten Sie – haben Sie's vergessen? Wollen Sie immer noch?

»Wir *beabsichtigen*, Ihnen zu kündigen ...«
Frage: Überlegen Sie noch – und wann setzen Sie die Absicht um? Oder lassen Sie diese Absicht fallen?

»... *möchten* wir Ihnen mitteilen ...«
Frage: Wer möchte wann etwas mitteilen? Dann tun Sie's doch! Oder überlegen Sie es sich anders?

**Beispiele für klare Formulierungen**

»*...kündige* Ihnen hiermit fristgerecht Ihr Arbeitsverhältnis zum ... «
»*...beende* die Zusammenarbeit mit Ihnen zum ...«
»*...trenne* mich hiermit von Ihnen zum ...«
»*...teile* ich Ihnen in diesem Augenblick *die Kündigung mit*.... «

Machen Sie dabei in jeder Form deutlich, dass an der Entscheidung als solcher nicht mehr zu rütteln ist. Unterstreichen Sie die Eindeutigkeit der Entscheidung durch alle Mittel der Kommunikation, d.h. durch das gesprochene Wort, Mimik und Gestik, Körpersprache und Ihre »inneren Schwingungen«. Mehr noch als durch das gesprochene Wort spürt der betroffene Mitarbeiter an den Schwingungen, ob Sie selber unsicher sind und Probleme mit der Entscheidung haben, oder ob Sie die *volle Verantwortung* für die Maßnahme übernehmen.

Im Zusammenhang mit der Übermittlung der Entscheidung zur Trennung steht die *Trennungsbegründung*. Wegen der Komplexität dieses Themas ist ihm ein eigenes Kapitel gewidmet. Zur Übermittlung der Unternehmensentscheidung gehört auch, dass Sie die juristischen Grundlagen sowie den Entscheidungsweg darlegen und deutlich machen, wer an der Entscheidung beteiligt war. Außerdem ist wichtig, dass Sie ausführen, welche Maßnahmen zur Prüfung eines alternativen Einsatzes im Unternehmen ergriffen worden sind. Dies ist insbesondere in Konzernunternehmen von Bedeutung. Die Aussagen, die Sie treffen, müssen natürlich der Wahrheit entsprechen sowie überprüfbar und nachvollziehbar sein. Ich sagte bereits: Nichts wäre schlimmer, als wenn Sie dem Mitarbeiter beteuern, dass es im Konzern keine andere Verwendung für ihn gibt, und er Ihnen binnen einer Woche zwei Positionen aufzeigt, die vakant sind und auf die er passen würde. Die Folgen für alle weiteren Gespräche können Sie sich selbst ausmalen.

Ebenso sollten Sie dem Mitarbeiter deutlich machen, dass auch die nächsthöheren Vorgesetzten, die Unternehmens- und Geschäftsleitung der Entscheidung zustimmen sowie Personalabteilung und ggf. Betriebsrat informiert und involviert sind. Um dies mit voller Überzeugung darstellen zu können, bedarf es in der Vorbereitung einer präzisen Abstimmung. Klingt banal, ist aber in der Praxis einer der brisantesten hausinternen Stolpersteine. Es gilt nämlich auch abzustimmen, wie es »*weitergeht*«, wenn der Betroffene nicht gleich einwilligt und sich »resistent« zeigt. Ist auch die Unternehmensleitung dann bereit, konsequent den Vorgang »durchzuziehen« und den »harten Weg« zu gehen, oder »kneift« sie dann aus Angst vor negativer Presse und fällt Ihnen damit in den Rücken? Da ich dies allzu oft erlebt habe, warne ich Sie!

Wenn Sie die Unternehmensentscheidung fundiert vorbereitet und nach allen Seiten diskutiert haben, wissen Sie im Gespräch auch, ob Sie Alternativen zur Kündigung (Versetzung, Teilzeit, Qualifizierung, Beschäftigungsgesellschaft etc.) zulassen wollen, falls der Mitarbeiter dies anspricht, oder nicht. Sie *müssen* wissen, was Sie antworten, wenn ein Mitarbeiter spontan seine Bereitschaft erklärt, von einer Vollzeit- auf eine Teilzeitstelle zu gehen, nur, um im Unternehmen verbleiben zu können. Und Sie müssen sich klar sein, wie Sie sich verhalten wollen, wenn der Mitarbeiter anbietet, auch für ein geringeres Gehalt arbeiten zu wollen. Nur wenn Sie vorab die Vorgehensweise und Strategie sauber abgestimmt haben, können Sie »spontan« reagieren und Irritationen vermeiden.

### 7.1.2 Vertragliche Einzelheiten

Im praktischen Alltag von Trennungsgesprächen kommt es immer wieder vor, dass dieser, zweifelsfrei entscheidende, inhaltliche Punkt nicht vorbereitet und sauber definiert ist. Zu Konditionen werden nur vage Andeutungen gemacht, Termine bleiben offen, Fragen zu sozialen Aspekten unbeantwortet und Absprachen über das weitere Vorgehen und Verhalten in den nächsten Stunden und Tagen völlig im Nebel. Es bedarf keiner Erläuterung, wozu dies führen kann und in der Regel führt. Je nachdem, mit welchem Typus von Mitarbeiter Sie es zu tun haben, müssen Sie in der Lage sein, spontan Rede und Antwort zu stehen. Meines Erachtens ist es untragbar, dass Führungskräfte »das Feld eröffnen«, die Beantwortung von berechtigten, existenziellen Fragen des Mitarbeiters aber vertagen müssen. Zur Verdeutlichung: Sie brauchen im ersten Gespräch nicht *alles*, was Sie vorbereitet haben, auf den Tisch zu legen. Je nach Reaktion des Mitarbeiters ist er gar nicht in der Lage, alle Informationen aufzunehmen. Ein anderer aber, der mit Ihnen spontan konkret in die Verhandlungen einsteigen möchte, fordert sein Recht ein, präzise Auskünfte zu erhalten. Hilfreich ist es, wenn Sie sich sämtliche Unterlagen, die relevante Informationen enthalten, bereitlegen. Dazu gehören: Personalakte, Betriebsvereinbarung, Sozialplan, Protokolle, Geschäftsbericht etc.

### 7.1.3 Trennungskonditionen

Im Hinblick auf die Trennungskonditionen greifen natürlich zum einen die rechtlichen Rahmenbedingungen wie im Arbeitsvertrag oder im Tarifvertrag bzw. in einer Betriebsvereinbarung oder Sozialplan verankert. Letztendlich ist es eine unternehmenspolitische Frage, ob Sie von vornherein »faire« Konditionen anbieten oder ob Sie mit dem Mitarbeiter wie ein Teppichhändler im Basar verhandeln wollen. Alles ist möglich. Bedenken Sie die Folgen.

Auch in dem Bewusstsein, dass es sich bei der Trennung von Mitarbeitern, insbesondere bei der Vereinbarung von Aufhebungsverträgen, um ein »Geschäft« handelt, und auch unter Berücksichtigung der Tatsache, dass es ein »Erfolg« des Vorgesetzten oder der Personalabteilung ist, wenn sie den Mitarbeiter »billiger« loswerden als budgetiert, ist es eine Frage der Unternehmenskultur, hier im Speziellen der Trennungs-Kultur, wie Sie mit dem Mitarbeiter in dieser Situation umgehen. Sehr schnell spricht sich herum, wenn Mitarbeiter das Gefühl haben, dass der Arbeitgeber, vertreten durch den Vorgesetzten, sie »über den Tisch ziehen« will. Daher empfehle ich Ihnen, bei allem Respekt vor ökonomischen Entscheidungen, im Sinne einer humanen und fairen Trennung ein Angebot zu unterbreiten, das dieser Bezeichnung würdig ist.

Ebenso gehört die Aufklärung des Gekündigten über die arbeitsrechtlichen Konsequenzen zur Trennungs-Kultur. Ja, ich habe Fälle erlebt, in denen der Mitarbeiter *nicht* darüber informiert worden war, dass eine Sperrfrist greift und das Arbeitslosengeld nicht gleich ausgezahlt wird, indem er (unbewusst) der Unterschreitung der regulären Kündigungsfrist zustimmte (mit gleichzeitiger Zusage einer höheren Abfindung). Auch über die steuerlichen Rahmenbedingungen sollten Sie im Trennungsgespräch reden.

Da die Betroffenen in aller Regel die mündlich vorgetragenen Zahlen und Daten zu Hause – wenn der Lebenspartner fragt: »*Was haben sie dir angeboten?*« – nicht mehr reproduzieren kann, empfehle ich, die wesentlichen Daten schriftlich zu fixieren. Das kann handschriftlich sein. Verwenden Sie kein Briefpapier mit Firmenlogo – nehmen Sie einfach ein weißes Blatt für diese »memotaktische Stütze«. Dies erleichtert dem Betroffenen die Sache ungemein, wenn er »das Papier« zu Hause aus der Tasche ziehen kann.

### 7.1.4 Sicherheitsaspekte

Da Sie gut vorbereitet sind, können Sie im Trennungsgespräch auch sehr offen über die Frage der Sicherheit sprechen. In welche Richtung das Gespräch läuft, hängt nun davon ab, ob es um die Sicherheit des Mitarbeiters als Person geht oder ob Sie die Sicherheit der Arbeitsabläufe und Unternehmensdaten meinen. Die Tatsache, dass Sie sich um beide Aspekte Gedanken gemacht haben, dieses im Trennungsgespräch ansprechen und Lösungsvorschläge unterbreiten, wird ein wesentlicher Beitrag sein, dem gekündigten Mitarbeiter und den Verbleibenden das Gefühl zu geben, dass der Gekündigte trotz Trennung eine Wertschätzung erfährt und dass Sie sich um ihn kümmern. Je nach Situation regeln Sie den Verbleib sowie die persönliche Betreuung für den Betroffenen an diesem Tag. Wenn Sie ihm den Zugang zu sensiblen Daten ab diesem Moment versagen wollen, was Ihr gutes Recht und manchmal notwendig ist, so können Sie dies ruhig, sachlich und durchdacht vortragen.

### 7.1.5 Informationspolitik

Ein wesentlicher Punkt, der in Trennungsgesprächen gerne übersehen wird, ist eine Vereinbarung zur *Sprachregelung*. Dabei geht es um Informationen über die Tatsache, dass das Trennungsgespräch geführt wurde und die generelle Information, dass der Mitarbeiter das Unternehmen über kurz oder lang verlassen wird. Wenn Sie mit dem Mitarbeiter im Trennungsgespräch abstimmen, wie Sie als Vorgesetzter und er als Betroffener mit der Botschaft umgehen, können Sie einen maßgeblichen Beitrag zu einer konstruktiven Gestaltung und damit zur Trennungs-Kultur leisten. Wenn Sie nach der soeben ausgesprochenen Kündigung die Möglichkeit einräumen, sich mittels eines Aufhebungsvertrages einvernehmlich zu trennen, ist es in der Regel nach dem ersten (kurzen) Trennungsgespräch noch nicht möglich oder sinnvoll, eine Mitteilung über das Ausscheiden des Mitarbeiters herauszugeben. Meistens ist noch völlig offen, zu welchem Termin Sie sich unter welchen Bedingungen in welcher Form einigen werden. Daher muss vereinbart werden, ob in dem Moment, in dem der Gekündigte Ihr Zimmer verlässt, überhaupt eine Information angebracht ist. Sinnvoll ist, erst eine einvernehmliche und förderliche Sprachregelung zu vereinbaren und zu entwickeln, bevor der eine dies, der andere jenes erzählt. Vielleicht müssen die Gespräche erst vertieft werden und zu einem Abschluss kommen, bevor man überhaupt eine Verlautbarung veröffentlichen kann.

Oder es ist notwendig, im unmittelbaren Anschluss an das Trennungsgespräch die eigenen Mitarbeiter und Kollegen zu informieren. Darüber hinaus kann es notwendig sein, abzustimmen, wer wann welche Kunden und Lieferanten informiert. Oder der betroffene Mitarbeiter ist darüber zu informieren, dass in diesem selbigen Moment, wo Sie mit ihm sprechen, eine andere Person seine Mitarbeiter, Kollegen und Kunden informiert. Je nach Situation.

Ebenso ist abzustimmen, ob und wann ein Aushang erfolgen soll. Nach meiner Erfahrung bedarf es in aller Regel noch einer gewissen Zeit, bis Sie miteinander eine wahrheitsgemäße und für alle Seiten förderliche Formulierung entwickelt haben. Hierbei ist zu bedenken, ob nicht der Mitarbeiter die Trennungsabsicht »auf sich nimmt«, auch wenn der Anstoß vom Arbeitgeber kam. Es geht auch hier um humane *und* Marketing-Aspekte: »*förderlich*« für den Betroffenen, »*stimmig*« für die Verbleibenden, »*wahrhaftig*« im Hinblick auf die Unternehmensphilosophie. Eine Abstimmung der Formulierung der Trennungsbegründung halte ich nicht nur bei Kündigung von Führungskräften für zwingend erforderlich, sondern für einen essentiellen Baustein im Gesamtbild der Trennungs-Kultur.

## Vortrag auf dem 1. Frankfurter Klartext-Dialog

*Dr. Achim Pöhler, ehemaliger Vorstand der etb AG, Frankfurt am Main*

Heute spreche ich über unsere Erfahrungen aus fünf Jahren Abbauprogramm bei der ehemaligen European Transaction Bank, der etb AG, die 1999 aus der Deutschen Bank AG ausgegründet worden war. Wir mussten in fünf Jahren 1.500 Arbeitsplätze abbauen. Wir hatten 112 betriebsbedingte Kündigungen auszusprechen, wir haben 80 Standorte geschlossen, wir haben zwei große Unternehmensteile verkauft, einen Unternehmensteil outgesourct. Wir hatten keine Streiks, wir standen so gut wie nicht in der Presse und wir waren jeden Tag fertig mit der Arbeit.

Wenn ich hier und heute zu Ihnen spreche, dann spreche ich zu Ihnen als Verantwortlicher für die Geschäftsbereiche. Um es ganz einfach zu sagen, die Geschäftsbereichsfunktion muss die Rendite- und Effizienzziele erreichen. Mit welchen Ressourcen – Human Ressources, Finanzressourcen, Sachmitteln etc. – dieses machbar ist, hängt von der Geschäftsentwicklung ab. So ergeben sich im erfreulichen Fall *Aufbaumöglich*keiten, im unerfreulichen Fall *Abbaunotwendig*keiten.

Treiber für den Personalabbau waren auch bei uns verändertes Kundenverhalten und technische Innovationen. Wie wir von Herrn Professor Amini heute Morgen gehört haben, können und sollen wir uns gegen Veränderungen nicht wehren. Wir müssen uns darauf einstellen. Hier gilt es zu reagieren, denn wenn wir nicht reagieren, sind wir morgen »Geschichte«. Ein Unternehmen, das sich nicht anpasst, ist wie ein Dinosaurier – es wird aussterben. Der für die Geschäftsbereiche Verantwortliche hat zuallererst die Aufgabe, die bestmögliche betriebswirtschaftliche Vorgehensweise für seinen Bereich zu ermitteln und zu verfolgen. Es ist eine Daueraufgabe, die Kosten im Griff zu behalten und wenn möglich zu senken, um die Bereiche lebensfähig und überlebensfähig zu halten. Ich wiederhole noch einmal, als Geschäftsbereichsverantwortlicher hatte ich in erster Linie eine rein betriebswirtschaftliche Brille auf.

Wir mussten im ersten Schritt die möglichen Einsparungen ermitteln. Wir mussten in einem zweiten Schritt sagen, welche Kosten damit einhergehen, um dann zu einer Aussage zu kommen im Sinne einer Projektrendite. Diese Projektrendite ist eine harte Zahl. Diese Projektrendite hat nichts mit Willkür zu tun. Sie müssen glasklar darlegen können, wie Sie dazu kommen, es muss ein klares, nachvollziehbares, transparent gemachtes Rational geben und es genügt keineswegs, dem Mitarbeiter oder dem Betriebsrat oder beiden zu erzählen, »Na ja, *das Unternehmen* will das so...« oder zu behaupten, »Der *Vorstand will das so* und jetzt machen wir das mal ....«. Es geht hier schließlich auch um mitbestimmungspflichtige Sachverhalte und die sind in den Gesetzen glasklar geregelt – und die gilt es einzuhalten.

Um überhaupt eine Entscheidung für einen Veränderungsprozess mit Personalabbau herbeiführen zu können, empfehle ich mit Nachdruck: Kommunizieren Sie ein schlüssiges Rational, ein haltbares, nachvollziehbares Rational! Dieses geht dann auch in die gesamte Kommunikationskette ein – und muss im Übrigen im Zweifelsfalle auch durch die juristischen Instanzen halten. Dieses Rational kommunizieren Sie zunächst an den Aufsichtsrat. Im Aufsichtsrat sitzen zum einen die Anteilseignervertreter, die primär eine betriebswirtschaftliche Brille aufhaben und fragen werden, wie rechnet sich die Maßnahme und ist die Betriebssicherheit noch gewährleistet? Zum anderen sitzen im Aufsichtsrat bekanntlich die Arbeitnehmervertreter. Die Arbeitnehmervertreter sind ihren Wählern Rechenschaft schuldig und müssen ihren Wählern, das heißt ihren Kollegen und Kolleginnen vor Ort erklären: Warum gibt es keine sinnvolle Alternative zu der jetzt beabsichtigten Restrukturierung. Meine Erkenntnis und Empfehlung: Dieser Kreis muss es verstanden haben – und muss die Argumente auch präsent haben. Es ist aus meiner Sicht eine ganz, ganz wichtige Sache, den Arbeitnehmervertretern hierbei auch zu helfen.

Ein weiterer Kreis derer, die als Erste informiert werden müssen, sind die Führungskräfte. Es kann und darf nicht sein, dass der Betriebsrat besser informiert ist als die Führungskräfte! Die Führungskräfte müssen informiert sein, denn die Führungskräfte sind letztendlich ja auch diejenigen, die die Maßnahmen umsetzen müssen. Und sie sind diejenigen, die die Konsequenzen aus den umgesetzten Maßnahmen zu tragen haben, d. h., in Zukunft mit dem verbliebenen Bestand an Mitarbeitern die Arbeit zu erledigen.

Ein dritter Kreis derer, die informiert werden müssen, sind die Betriebsräte als Sozialpartner. Als Betriebsräte, zum Teil auch als Anteilseignervertreter im Aufsichtsrat müssen sie ihren Wählern, ihren Kollegen und zum Teil auch Freunden im Ort genau erklären können, warum es zu dieser Maßnahme keine echte Alternative gibt.

Als vierter Kreis derer, die umgehend informiert werden müssen, sind der Arbeitsdirektor und die Kollegen aus der Personalabteilung zu nennen; wobei der Arbeitsdirektor häufig dadurch im Bilde ist, dass er zugleich Vorstandsmitglied ist und von daher diese Information nicht nur kennt, sondern in Vorstandssitzungen mitbeschlossen hat und demnach dann anschließend nicht nur verkünden muss, sondern er hat die besonders schwierige Aufgabe – und das haben wir heute von Frau Keßeböhmer schon gehört – mit den Personalern zusammen die Entlassungen auch vorzunehmen.

Diese Informationen gegenüber Aufsichtsrat, gegenüber Führungskräften, gegenüber Betriebsrat und gegenüber Mitarbeitern müssen einheitlich sein, denn es sickert so oder so durch, wenn da mit »unterschiedlicher Zunge« gesprochen wird. Ehrlichkeit ist vielleicht unbequem, aber nur beim ersten Mal. Im Übrigen, man trifft sich leider auch im Rahmen von Restrukturierungsmaßnahmen immer mehrfach im Leben. Denn es bleibt selten bei einer Restrukturierung. Nur auf Basis einer in sich stimmigen, vollständigen und aktuellen Informationslage können alle Involvierten ihre Aufgaben erfüllen. Wir haben das mal intern das »Notenheft« genannt. Alle müssen dasselbe »Lied singen«. Es besteht bezüglich der Informationen, die hier gegeben werden, eine ganz klare Bringschuld des Geschäftsbereichsverantwortlichen. Er ist zuständig für die Erarbeitung und Umsetzung der Strategien in seinem Bereich. Er muss das »Warum« und den Kontext liefern und muss das auch vertreten können gegenüber den genannten Parteien, die zu informieren sind.

> »Vorstand, warum schwitzt du so«, so hat Herr Andrzejewski dieses Kapitel für uns überschrieben. Nun, wir wissen alle, dass man entweder bei großer Hitze schwitzt oder in einer Situation, in der man sich unwohl fühlt. Trennung ist ganz sicher eine solche Situation. Wenn wir als Geschäftsbereichsverantwortliche das, was wir tun müssen, reflektiert und professionell tun, dann muss es uns nicht unerträglich heiß werden.

### 7.1.6 Termine und nächste Schritte

Ein fester Bestandteil eines Trennungsgesprächs sollten Vorschläge zum weiteren Vorgehen und eine Vereinbarung darüber sein. Zahlreiche Fragen sind anzusprechen und zu klären.

| Checkliste zur Reflexion:<br>Termine und nächste Schritte nach dem Trennungsgespräch | Vorbereitet X |
|---|---|
| • Was tut der Mitarbeiter unmittelbar nach dem Gespräch? Geht er zurück an seinen Arbeitsplatz oder verlässt er das Haus? | |
| • Was tut er in den nächsten 24 Stunden? Arbeitet er weiter, so als ob nichts geschehen sei? | |
| • Wann finden nächste Gespräche statt? | |
| • Wann soll eine Freistellung erfolgen? | |
| • Wie lange dauert die Restlaufzeit? | |
| • Zu welchem Termin ist die Beendigung des Arbeitsverhältnisses geplant? | |
| • Welche Fristen und Termine sind einzuhalten? | |
| • Welche Projekte stehen an? | |
| • ............ | |

## 7.2 Gesprächsführung unter erschwerten Bedingungen

Die Umsetzung der Kommunikationsregeln hat gerade im Trennungsgespräch eine besondere Bedeutung: Das Gespräch muss

- klar und deutlich,
- offen und wahrhaftig,
- verständlich und stimmig

sein.

Bei der Focussierung auf die spezifische Kommunikationsproblematik im Trennungsgespräch und in dem Bemühen, Wege zur Trennungs-Kultur aufzuzeigen, komme ich auf das Thema »Wertschätzung« zu sprechen. Eine respektvolle, wertschätzende, achtungsvolle *innere* Haltung gegenüber dem Betroffenen halte ich für die Grundvoraussetzung für das erfolgreiche Führen eines Trennungsgespräches. Denn eines lässt sich glücklicherweise nicht vereinbaren: *gleichzeitig* wertschätzend *und* schonungslos zu sein. Hilfreich ist die innere Differenzierung zwischen dem »Arbeitnehmer Müller« und dem »Menschen Franz-Josef«. Wenn auch der Arbeitnehmer Müller nun seinen Arbeitsplatz verliert, so bleibt doch die Achtung und der Wert des Menschen Franz-Josef unangetastet. Dies ist im Sinne der Trennungs-Kultur ein entscheidender Punkt!

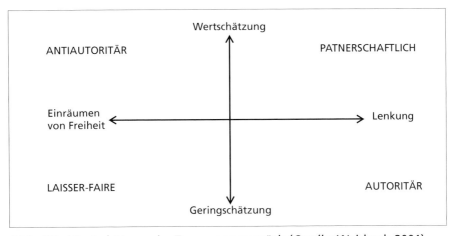

**Abb. 25:** Wertschätzung im Trennungsgespräch (*Quelle:* Weisbach 2001).

Machen Sie sich bitte auch eines bewusst: Der Betroffene ist ein mündiger, erwachsener Mensch. Und als solchem sollen Sie ihm begegnen. Einem mündigen und erwachsenen Menschen dürfen Sie etwas zutrauen. Wenn Sie ihm etwas zutrauen dürfen, so auch, dass er mit negativen Botschaften umgehen kann. Und dem, dem Sie etwas zutrauen, dürfen Sie auch etwas zumuten. Die eigene Trennungsbotschaft. Nur kommt es eben auf die Form an – und die Differenzierung zwischen »Mensch« und »Arbeitnehmer«. Dies sollten Sie auch so kommunizieren. Bedenken Sie bitte: Man begegnet sich immer zweimal im Leben. Bleibt der Betroffene zum Beispiel in der Branche, so werden Sie ihm vielleicht regelmäßig auf Messen und Kongressen oder sogar bei einer Wettbewerbspräsentation begegnen. Zudem wird die Art und Weise, wie Ihr Unternehmen mit seinen Mitarbeitern umgeht, innerhalb der Branche kommuniziert. Besser es heißt »hart aber fair« als »unprofessionell und menschenverachtend«. Zu einem professionellen Trennungsgespräch gehören im Wesentlichen folgende Themen:

| Reflexion | |
|---|---|
| Checkliste Gesprächsführung | Vorbereitet X |
| • Gesprächseröffnung | |
| • Die Ich-Form | |
| • Klare Sprache | |
| • Trennungsbegründung | |
| • Argumentation und Einwandbehandlung | |
| • Umgang mit den Reaktionen | |
| • Beendigung des Gespräches | |

Aus gutem Grund gebe ich Ihnen an dieser Stelle nochmals den Tipp: Erstellen Sie schriftlich einen »Sprechzettel«, der Ihnen den roten Faden vorgibt und auf dem Sie die wichtigsten Formulierungen *wörtlich* vorbereitet haben.

### 7.2.1 Gesprächseröffnung

Der Gesprächseröffnung kommt im Rahmen eines Trennungsgespräches eine besondere Bedeutung zu. Wie bei einem guten Vortrag müssen Sie genau wissen, mit welchen Worten, in welcher Form und Länge Sie das Gespräch eröffnen. Zwar ist es auch im Rahmen der Eröffnung eines Trennungsgespräches von Bedeutung, dass Sie dem Gesprächspartner Gelegenheit geben, »bei Ihnen anzukommen«, jedoch ist hier nicht Zeit und Raum für den sonst üblichen »Smalltalk«. Vermeiden Sie in diesem Gespräch den Einstieg über eine seichte Unterhaltung wie den Urlaub, die Familie, das neue Auto oder die kranke Katze. Die Betroffenen empfinden dies nach ihrem eigenen Bekunden als Ablenkung, Irreführung und, um es im Originalton drastisch zu sagen, »als Verarschung«. Auch der Austausch von Nettigkeiten und Komplimenten (»Sie haben aber heute eine schicke Bluse an«) ist in *diesem* Moment fehl am Platze. Das Reden über Bagatellen und ein unvermuteter Schwenk nach dem Motto »übrigens, was ich *eigentlich* noch sagen wollte« wird am Ende eines solchen Gesprächs, nachdem der Betroffene realisiert hat, worum es die ganze Zeit gehen sollte, als überaus entwürdigend empfunden.

### 7.2.2 Die ersten fünf Sätze

Kommen wir zum zentralen und kritischsten Moment. Der Moment, in dem »die Bombe hochgeht«. Der Moment, die wenigen Sekunden, um die es geht. Ich weiß, dass ich mich wiederhole. Aber die leidvolle Erfahrung macht es notwendig, eine »Unterstreichung« vorzunehmen: Seien Sie fair und leisten Sie Ihren Beitrag zur Trennungs-Kultur: *Kommen Sie im Trennungsgespräch unvermittelt zur Sache! Übermitteln Sie die Trennungsbotschaft in den ersten fünf Sätzen!*

Zu der professionellen Vorbereitung eines Trennungsgespräches gehört, dass Sie sich nicht nur Gedanken über Ihre ersten Worte machen, sondern auch, dass Sie sich die Formulierung notieren und die Aussprache üben. Führungskräfte haben mir immer wieder bestätigt, dass es hilfreich ist, die ersten Sätze mit Hilfe des eigenen Diktiergerätes zu üben. Sie berichten darüber, dass sie beim Anhören der eigenen Stimme und Sprache deutlich spüren, wo Verbesserungen notwendig sind.

**Beispiel (Auszug – personenbedingte Kündigung)**
1. Satz: »Herr Dr. Bayer, seit über zwei Jahren reden wir über Ihre schwachen Leistungen und Ihr unangemessenes Verhalten.«
2. Satz: »Wie Sie hier auf dem Tisch sehen, habe ich mit den Notizen, Maßnahmenplänen, Zielvereinbarungen, Protokollen und einer Abmahnung bereits zwei Aktenordner gefüllt.«
3. Satz: »In diesem Moment kündige ich fristgerecht Ihr Arbeitsverhältnis zum 31. 12. diesen Jahres.«
4. Satz: »Hiermit überreiche ich Ihnen das von Herrn Geschäftsführer und mir unterzeichnete Kündigungsschreiben.«

**Beispiel (Auszug – betriebsbedingte Kündigung)**
1. Satz: »Frau Kulla, ich habe Sie zu mir gebeten, um Ihnen in diesem Moment die Aufhebung Ihres Arbeitsvertrages zum Jahresende zu verkünden.«
2. Satz: »Die Trennung ist durch die Verlagerung der Buchhaltung nach Irland begründet.«
3. Satz: »Gerne möchten wir mit Ihnen eine einvernehmliche Trennung vereinbaren.«
4. Satz: »Sollte dies allerdings nicht gelingen, kündige ich Ihnen fristgerecht zum ...«.
5. Satz: »Ich würde Ihnen jetzt gerne zeigen ...«

**Beispiel (Auszug – Trennung nach Fusion)**
1. Satz: »Seit vier Monaten arbeiten wir nun unter neuem Firmennamen und in neuer Organisation zusammen.«
2. Satz: »Heute habe ich eine unangenehme Nachricht für Sie.«
3. Satz: »Ich habe mich entschieden, Sie zum ... zu kündigen und mit Wirkung ab .... freizustellen.«
4. Satz: »Dieser Schritt belastet mich selber sehr und tut mir unendlich leid.«
5. Satz: »Alle Bemühungen, für Sie eine Alternative im Konzern zu finden, waren erfolglos.«

**Beispiel (Auszug – nach abgelehntem Angebot einer Versetzung)**
1. Satz: »Nach reiflicher Überlegung haben Sie entschieden, nicht mit nach Essen zu gehen.«
2. Satz: »Die Folge ist, dass ich Ihnen hiermit die Kündigung überreichen muss.«

3. Satz: »Ihren Entschluss kann ich persönlich nachvollziehen, wiewohl ich in der Sache keine andere Wahl habe, als mich nun von Ihnen zu trennen.«
4. Satz: »Persönlich bedaure ich das sehr.«
5. Satz: »Hier ist Ihr Kündigungsschreiben.«

**Beispiel (Auszug – Trennung wegen »chemischer« Probleme)**
1. Satz: »Herr Sand, Sie haben mich seit 7 Monaten als neuen Leiter des Bereiches in verschiedenen Management-Gremien und in Gesprächen unter vier Augen kennen gelernt.«
2. Satz: »Nach reiflicher Überlegung und mehreren Gesprächen mit .... bin ich zu dem Entschluss gekommen, dass ich nicht länger mit Ihnen zusammenarbeiten möchte.«
3. Satz: »Ich kündige hiermit fristgerecht zum ... , biete Ihnen aber gleichzeitig an, über eine Aufhebungsvereinbarung eine faire und Folgen minimierende Regelung zu verhandeln.«
4. Satz: »Formal überreiche ich Ihnen hiermit die Kündigung.«

### 7.2.3 Die Ich-Form

Aus der eigenen Angst und der weit verbreiteten, meist unreflektierten Unterstellung, der Betroffene könne die Wahrheit nicht verkraften, leiten manche Vorgesetzte ab, dass sie lieber »*drum herum*« reden, als klar die Botschaft zu übermitteln. Formulierungen wie »... *das Unternehmen hat beschlossen* ...« oder »... *man hat entschieden*...« sind eben nicht angebracht, die Kündigung zu kommunizieren, und lassen den Betroffenen hören und spüren, dass Sie sich von der Entscheidung distanzieren. Wer ist »*das Unternehmen*«? Wer ist »*man*«? Auch wenn Sie die Entscheidung und Auswahl in einem Gremium getroffen haben, gehört in das Trennungsgespräch an den entscheidenden Stellen eindeutig die »*Ich-Form*«. Immer wieder höre ich etwas von »*schonend beibringen*«. Doch ich frage mich, *wer* will *wen* schonen mit »Wischi-Waschi-Formulierungen«? In aller Regel der Kündigende zunächst sich selbst. Nachfolgend unterbreite ich Ihnen einige Vorschläge für geeignete Formulierungen zum Einstieg, um Ihnen ein Gefühl zu geben. Sie selbst formulieren dann natürlich so, wie es Ihnen persönlich entspricht.

> »*Ich teile Ihnen mit, dass ich Ihr Arbeitsverhältnis in der bisherigen Form zum ... beende.*«
>
> »*Ich kündige Ihnen hiermit fristgerecht zum ...* «
>
> »*Ich beende die Zusammenarbeit mit Ihnen zum ...*«
>
> »*... habe ich nach Abstimmung mit ... beschlossen, das bestehende Arbeitsverhältnis mit Ihnen gemäß Anstellungsvertrag vom ... fristgerecht zum ... zu beenden.*«

Die *Ich-Form* ist nicht Ausdruck eines überzogenen Ich-Verhältnisses, sondern Ausdruck dessen, dass Sie sich mit der Entscheidung und der Maßnahme *identifizieren* und im Gespräch die *volle Verantwortung* übernehmen. Und noch etwas: Durch den Gebrauch des *ICH* kommen Sie auf *Augenhöhe des DU*, dem Sie in diesem Moment gegenübersitzen. »Ich« und »Du«, *wir* haben hier etwas zu regeln. Nicht »*der Konzern*«, der Große, der Übermächtige mit Dir »Würstchen«, Du »Winzling«, Du »Personal«, Du »Ressource«. ICH und DU, wir zwei – von Mensch zu Mensch – wir haben hier etwas zu lösen – etwas Unangenehmes. Aber da wir uns menschlich respektieren und wertschätzen, erzielen wir eine faire Einigung und Regelung. Sprechen Sie Ihren Mitarbeiter mit seinem Namen an!

### 7.2.4 Klar und deutlich – bitte!

Eine weitere Frage ergibt sich hinsichtlich der Ausdrucksweise.

Sollen Sie von Trennung, Kündigung, Beendigung, Aufhebung sprechen?

Praktisch alle Führungskräfte zucken zunächst zusammen und scheuen sich davor, eine klare Terminologie zu verwenden. Natürlich hängt die Wortwahl im Einzelfall von der Art und Weise der Trennung ab. Wichtig ist, dass Sie sich klar und deutlich ausdrücken. »*Sag, wie es ist*« gilt auch hier. Und das »*Keep it simple*« kennen Sie doch auch, oder? Reduzieren Sie die Komplexität auf eine einfache Sprache. Also, dann tun Sie's bitte – jetzt! Doch bitte verwechseln Sie nicht Klarheit mit Härte – und umgekehrt.

### 7.2.5 Die Trennungsbegründung

Im Zusammenhang mit der bereits erwähnten Trennungsbotschaft ist die *Trennungsbegründung* ein wesentlicher Kern des Gespräches. Wegen der Komplexität des Themas verweise ich auf das entsprechende Kapitel (Kap. 7.3). Gerne unterstreiche ich an dieser Stelle durch Wiederholung die Bedeutung von »*Wahrhaftigkeit*«. Befassen Sie sich bitte mit der Differenzierung zwischen Ehrlichkeit, Wahrheit und Wahrhaftigkeit. Denn es geht um eine selbstwerterhaltende Vermittlung der Botschaft!

## Vortrag auf dem 1. Frankfurter Klartext-Dialog (Auszug)

*Prof. Dr. Frank Maschmann, Institut für Unternehmensrecht an der Universität Mannheim (seit 2004), zuvor bei Corporate Personnel der Siemens AG zuständig für Betriebsverfassungsrecht und Restrukturierung.*

### Diskriminiere – aber richtig! Anwendung des AGG in Trennungsfällen

Der Titel meines Referats, das ich im Rahmen des 1. Frankfurter Klartext-Dialoges halte, könnte missverstanden werden. Er ist natürlich nicht als Einladung zur Ungleichbehandlung von Mitarbeitern gedacht, sondern kennzeichnet das schwierige »Nein, aber...« des im August 2006 in Kraft getretenen

Antidiskriminierungsrechts. Womit wir schon mitten im Thema wären. Bekanntlich verbietet das Allgemeine Gleichbehandlungsgesetz (AGG) – das Kernstück des deutschen Antidiskriminierungsrechts – Mitarbeiter wegen eines der acht ausdrücklich im Gesetz aufgeführten Merkmale zu benachteiligen: Rasse, ethnische Herkunft, Geschlecht, Religion, Weltanschauung, Behinderung, Alter, sexuelle Identität. Nur diese acht Merkmale sind nach dem AGG verpönt, nicht aber Kriterien wie Gewerkschaftszugehörigkeit, politische Überzeugungen, Raucher usw. Die Pointe des Gesetzes liegt nun darin, die Zurücksetzung wegen eines verpönten Merkmals dann zu erlauben, wenn es dafür zwingende, in der Natur der Sache liegende Gründe gibt. Beispielsweise kann von einer Montagefirma, die in schwindelerregender Höhe Starkstromleitungen wartet, nicht die Beschäftigung eines Rollstuhlfahrers verlangt werden. Zwingende Arbeitssicherheitsvorschriften können das Abnehmen eines Turbans erfordern. Ältere Mitarbeiter können bei Erreichen des Renteneintrittsalters auch gegen ihren Willen nach Hause geschickt werden. Eine Benachteiligung wird also nur dann zur Diskriminierung, wenn sich hierfür kein sachlicher Grund findet. Von daher steht das Gesetz in der Tat unter dem Motto: »Diskriminiere, aber richtig«. Wo die Grenze für zulässige Ungleichbehandlungen genau verläuft, ist einstweilen allerdings offen.

Offen ist erstaunlicherweise auch, ob und inwieweit das AGG in Trennungsprozessen, und hier speziell bei Kündigungen zur Anwendung gelangt. Der Gesetzgeber hat zwar in § 2 Abs. 4 AGG bestimmt: »Für Kündigungen gelten ausschließlich die Bestimmungen zum allgemeinen und besonderen Kündigungsschutz.« So ganz ernst gemeint haben kann er das aber nicht, wie zwei andere Vorschriften im AGG belegen: Nach § 2 Abs. 1 Nr. 1 AGG soll der Diskriminierungsschutz auch für Maßnahmen bei Beendigung des Beschäftigungsverhältnisses gelten, d.h. für Kündigungen. Und in § 6 Abs. 1 Satz 2 heißt es: »Als Beschäftigte gelten auch Personen, deren Beschäftigungsverhältnis bereits beendet ist. Dazu gehören natürlich auch Gekündigte. Eine generelle Freistellung der Kündigung vom Anwendungsbereich des AGG wäre auch europarechtlich nicht zulässig. § 2 Abs. 4 AGG darf deshalb getrost außer Acht gelassen werden. Konsequenz: Kündigungen müssen sich künftig vor dem Forum des AGG legitimieren. Sie dürfen also weder direkt noch indirekt wegen eines der acht verpönten Merkmale erfolgen. Diese Feststellung ist weder neu noch originell, sondern entspricht bewährter Tradition. Die Kündigung eines Homosexuellen in der Probezeit war schon immer sittenwidrig und damit unwirksam; einer Muslima darf nicht gekündigt werden, weil sie sich aus Glaubensgründen weigert, ihr Kopftuch abzusetzen, das angeblich die Kundschaft stört, usw.

Schwierig sind Grenzfälle, in denen an sich zwar ein Kündigungsgrund besteht, der Arbeitgeber aber zugleich an einem verpönten Merkmal ansetzt: Der Arbeitgeber entlässt einen Mitarbeiter wegen einer (nachgewiesenen) strafbaren Handlung und erklärt freudig, den Ausländer, die Frau, den Schwulen usw. endlich losgeworden zu sein. Meines Erachtens kann eine an sich rechtmäßige Kündigung nicht dadurch unwirksam werden, dass im Verlaufe der Kündigung gegen das AGG verstoßen wird. Denkbar ist allenfalls, dem Diskriminierten einen Entschädigungsanspruch zuzusprechen.

Fälle, in denen offen diskriminiert wird, werden ohnehin die Ausnahme bleiben. Die Diskriminierung erfolgt im Regelfall subtiler. Sie nachzuweisen, obliegt dem benachteiligten Arbeitnehmer. Da ihm das in der Praxis schwer fallen wird, hilft das AGG mit einer Beweiserleichterung. Nach § 22 AGG hat der Diskriminierte nämlich nur Indizien zu beweisen, die eine Benachteiligung vermuten lassen. Gelingt ihm das, trifft den Arbeitgeber die Beweislast dafür, dass kein Verstoß gegen das AGG vorliegt: sei es, dass es an einer Benachteiligung wegen eines verpönten Merkmals fehlt, sei es, dass sich der Arbeitgeber auf einen Rechtfertigungsgrund berufen kann (»...diskriminiere, aber richtig...«). Welche Indizien vorzutragen sind, sagt das Gesetz allerdings nicht. Die Behauptung, der Arbeitgeber habe einen Mitarbeiter diskriminiert, genügt für sich allein sicher ebenso wenig wie der schlichte Hinweis darauf, zu einer der vom AGG geschützten Personengruppe zu gehören. Andere Umstände können dem Arbeitgeber schon eher gefährlich werden: sein bisheriges Verhalten gegenüber den geschützten Minderheiten, die Nichtdurchführung der vom AGG geforderten Antidiskriminierungsmaßnahmen oder der ignorante Umgang mit berechtigten Mitarbeiterbeschwerden.

Ist die Diskriminierung im Trennungsprozess nachweisbar, macht sich der Arbeitgeber schadensersatzpflichtig und schuldet sogar ein Schmerzensgeld. Dessen Höhe ist nicht gesetzlich geregelt und – anders als bei Diskriminierungen im Einstellungsverfahren – auch nicht auf das Dreifache des versprochenen Monatsgehalts beschränkt. Der Betrag hängt ab vom Grad des Verschuldens, von der Schwere und der Art der Diskriminierung, vom Anlass, aber auch von der Stellung der Beteiligten im Betrieb. Erstaunlich genug unterliegt das Schmerzensgeld nicht der Einkommensteuer. Die gilt nämlich nur für Beträge, die der Arbeitgeber als Ausgleich für eine verloren gegangene Beschäftigung zahlt (§ 19 Abs. 1 EStG, § 2 LStDV), wie beispielsweise die Abfindung nach Verlust des Arbeitsplatzes, die mittlerweile voll der Einkommensteuer unterliegt. Ob statt der Abfindung künftig steuerfreie Schmerzensgelder entrichtet werden, bleibt abzuwarten (... »diskriminiere, aber richtig doll«...). Missbräuchlichen Gestaltungsformen hat die AO schon jetzt einen Riegel vorgeschoben. Und welcher Arbeitgeber will sich nachsagen lassen, bei ihm werde flächendeckend diskriminiert, um Steuern zu sparen ...

Sicher ist, dass das AGG auch in anderer Hinsicht in Trennungsprozessen relevant werden kann. Problematisch sind dabei vor allem Diskriminierungen wegen des Alters und wegen einer Behinderung. Einige Beispiele mögen das verdeutlichen. Künftig dürfen Auswahlrichtlinien zur Bestimmung der Mitarbeiter, von denen sich das Unternehmen trennen will, nicht mehr rein am Lebensalter anknüpfen; zulässig bleibt aber, auf die Dauer der Betriebszugehörigkeit abzustellen. Entsprechendes gilt für die Gestaltung von Abfindungen in Sozialplänen. Sie dürfen nicht allein das Lebensalter zugrundelegen, sondern müssen sich daran orientieren, wie schnell der Wechsel zu einem anderen Arbeitgeber gelingt; rentennahe Jahrgänge können sogar ganz vom Bezug ausgenommen werden, wenn sie durch Sozialversicherungsleistungen abgesichert sind. Fraglich ist allerdings das Schicksal von Altersgrenzen, wie sie häufig in Tarifverträgen, Betriebsvereinbarungen und individualrechtlichen Abmachungen vorkommen. Altersgrenzen, die das Arbeitsverhältnis auf eine bestimmte Höchstdauer befristen, werden momentan noch für zulässig erachtet, wenn sie auf das normale Renteneintrittsalter abstellen: also auf Alter 65 bzw. künftig 67. Pensionsgrenzen, die davor liegen, werden von der Rechtsprechung kritisch beäugt. Für sie muss es sachliche Gründe geben, z.B. die Gefahr gesundheitlicher Einschränkungen bei Piloten, die länger als mit 60 Jahren fliegen. Ob sich diese Spielregeln halten lassen, wird demnächst vom EuGH entschieden, den ein spanisches Gericht im Jahre 2006 angerufen hat. Der EuGH wird sicher auch über die anderen Diskriminierungsmerkmale befinden, da das deutsche AGG bekanntlich auf den vier Antidiskriminierungsrichtlinien der EG beruht. Bis dahin werden wir in Deutschland noch mit einiger Rechtsunsicherheit zu kämpfen haben. Dass es den anderen EG-Mitgliedstaaten dabei nicht besser als uns selbst geht, ist ein schwacher Trost. Zu einem bürokratischen Monstrum ist das AGG trotz gegenteiliger Propaganda der Interessenverbände bislang nicht geworden. Dass der Standort Deutschland damit ernsthaft in Gefahr gerät, ist ebenfalls eine Mär. Die Summe aller Beschränkungen ist es, die Unternehmern jede Freude raubt: Gulliver wurde von den Zwergen mit Zwirnsfäden gebunden und nicht mit Seilen.

### 7.2.6 Argumentation und Einwandbehandlung

Nach umfangreichen und sehr leidvollen Erfahrungen zahlreicher Führungskräfte gelingt der Versuch, »*spontan*« zu argumentieren und Einwände zu entkräften, im Trennungsgespräch nur unzulänglich. Wegen der allseitigen Belastung in einem solchen Gespräch erscheint es sinnvoll und hilfreich, als Kündigender die Argumente und denkbaren Einwände vorher durchzuspielen und zu notieren. Diese Maßnahme erscheint insbesondere dann notwendig, wenn im Rahmen umfangreicher Abbaumaßnahmen dezentral viele Führungskräfte gleichzeitig Trennungsgespräche führen müssen. Nichts ist schädlicher für die Atmosphäre und den Erfolg des Projektes, als wenn Manager an unterschiedlichen Orten abweichende Argumentationen benutzen. Auf Grund dieser Erkenntnis bin ich dazu übergegangen, Argumentationsleitfäden zu entwickeln und Kataloge zur Einwandbehandlung bereitstellen zu lassen. Diese müssen natürlich für jedes Unternehmen und in jeder Situation individuell adaptiert werden. Grundzüge für einen Argumentationsleitfaden zur Einwandbehandlung finden Sie am Ende dieses Handbuches.

### 7.2.7 Umgang mit den Reaktionen

Die möglichen Reaktionen der Betroffenen und Ihr professioneller, menschlicher Umgang damit werden wegen der Bedeutung und Komplexität des Themas in einem separaten Kapitel (Kap. 9) behandelt.

### 7.2.8 Beendigung des Gesprächs

In Ihrem Gesprächsleitfaden sollten Sie auch die Beendigung des Gespräches genau planen und vorsehen. Der Zeitpunkt zur Beendigung des Gespräches ist gekommen, wenn Sie alle Informationen, die Sie vorbereitet hatten und für notwendig hielten, übermittelt haben und wenn Sie sich vergewissert haben, dass Ihre Botschaften angekommen und aufgenommen sind. Die genaue Planung des Gesprächsendes bewahrt Sie davor, dass Sie sich in endlosen Diskussionen und Argumentationen verlieren und die Gesprächsführung aus der Hand geben. Natürlich ist es notwendig, dass Sie flexibel sind. Flexibilität aus einer guten Vorbereitung heraus ist souverän. »Flexibilität« aufgrund von Unsicherheit nennt man allerdings »Eiern«.

### 7.2.9 Checkliste zur Gesprächsvorbereitung

| Reflexion | |
|---|---|
| Checkliste: Inhalte des Trennungsgespräches | Vorbereitet X |
| • Die Entscheidung | |
| • Vertragliche Einzelheiten | |
| • Trennungskonditionen | |
| • Sicherheitsaspekte | |
| • Informationspolitik | |
| • Termine und nächste Schritte | |
| • ………… | |
| • ………… | |

## 7.3 Die Trennungsbegründung – Mikroskopische Betrachtung

Die Trennungsbegründung stellt qualitativ das Herzstück des Trennungsgespräches dar. An ihr entscheidet sich sehr häufig der Erfolg oder Misserfolg eines

Trennungsgespräches. Einen entsprechenden Wert sollten Sie auf die Vorbereitung legen.

- Art der Begründung bei individueller oder betriebsbedingter Kündigung?
- Generalbegründung oder individuelle Begründung?
- Ich-Form oder Wir-Form?
- Argumentation gegenüber einem Leistungsträger?
- Umgang mit einem »Low-Performer«?
- Frage: Warum gerade ich?
- »Wahrhaftig« oder »ehrlich«?
- Welche Argumente »ziehen«?
- Gefahren und Fallen bedacht?
- Hören Sie mir überhaupt noch zu?

### 7.3.1 Die Art der Begründung in Abhängigkeit vom Kündigungsgrund

In Abhängigkeit vom individuellen Trennungsgrund fällt die Trennungsbegründung natürlich unterschiedlich aus. In der Trennungsbegründung bei verhaltensbedingter Kündigung wird vermutlich die Vorgeschichte enthalten sein. Daher ist die Vorbereitung für diesen Fall vergleichsweise »einfach«. Anders verhält es sich mit der Trennungsbegründung bei betriebsbedingter Kündigung.

**Verhaltensbedingte Kündigung**

Bei Kündigung aus individuellem Grund hängt die Formulierung des Trennungsgrundes maßgeblich von der Vorgeschichte des Falles ab. In aller Regel wird es in der Vergangenheit Aktennotizen, Kritikgespräche, vielleicht sogar Abmahnungen gegeben haben. Somit stellt das Trennungsgespräch und die darin enthaltene Trennungsbegründung einen Abschluss und »Höhepunkt« einer Geschichte dar. Vorausgesetzt, Sie haben die Kritikgespräche professionell durchgeführt, sollte Ihnen eine sachliche Begründung der Trennung leicht fallen. Entweder es geht um Verhalten, das nicht zur Unternehmenskultur oder zur Position passt. Oder es geht um leistungsbedingte Gründe, die ebenfalls sachlich zu argumentieren sind. Wenn Sie Ihre Argumente in einer Weise vortragen, die es dem Mitarbeiter ermöglichen, sein Gesicht und Selbstwertgefühl zu wahren, so dürften Sie weniger Probleme haben, als wenn Sie verletzend sind.

**Betriebsbedingte Kündigung**

Schwieriger wird es, wenn Sie eine Trennung aussprechen müssen, obwohl es Ihrem Unternehmen gut geht, obwohl im soeben erschienenen Geschäftsbericht die Steigerungsraten der Umsätze aufgezeigt und die Gewinne rosig sind. In aller Regel wird es im Rahmen von Trennungsprozessen größeren Umfangs bereits

Pressemitteilungen, einen Aushang und ganz sicher jede Menge »Rumors« gegeben haben. Von daher ist die Botschaft im Grunde »bereits durch«. Allerdings habe ich auch Fälle erlebt, in denen mit Beginn der Kündigungswelle Mitteilungen veröffentlicht wurden, in denen der Vorstand über die Sicherung der Arbeitsplätze und den Fortbestand der Vollbeschäftigung sprach. In diesen Fällen waren die Führungskräfte natürlich in besonderem Maße gefordert, eine stimmige und schlüssige Trennungsbegründung vorzubereiten und anzubieten.

### 7.3.2 »Warum gerade ich?« – Generalbegründung oder individuell?

Im Hinblick auf eine schlüssige, wahrheitsgemäße, nicht verletzende Trennungsbegründung steht die Frage im Raum, ob Sie mit einer »Generalbegründung« durchkommen. Jeder Betroffene will genauer wissen, warum es gerade ihn trifft. Wenn betriebsbedingte Gründe, Schließung eines Teilbereiches, Verlagerung von Unternehmensteilen oder Abtrennung von Sparten die Ursache für den Abbau und die Trennung von Mitarbeitern sind, können diese übergeordneten Gründe vielleicht im ersten Satz der Trennungsbegründung als Generalbegründung genannt werden. Auch bei einer inhaltlichen oder strategischen Neuausrichtung des Unternehmens in neue Geschäftsfelder, die neue Leistungsinhalte und Anforderungsprofile nach sich ziehen, ist es denkbar, im ersten Teil der Trennungsbegründung darauf als Generalbegründung Bezug zu nehmen. Formulierungen wie »Wie Sie sicher schon gelesen haben, hat die Zentrale in Lausanne beschlossen, die Produktion hier am Standort zu schließen« sind durchaus denkbar. Oder: »Wie Sie in der Betriebsversammlung gehört haben, legen wir aufgrund der Fusion mit XY die beiden Vertriebsbereiche A und B zusammen.« So weit so gut. Eine solche Generalbegründung wird den einzelnen Betroffenen in aller Regel jedoch nicht befriedigen. Insbesondere bei Teilstilllegungen oder einem kopfzahlenmäßigen Abbau einzelner Sparten oder Abteilungen will er wissen, warum *gerade er* betroffen ist. Das ist nachvollziehbar. Jetzt ist die individuelle Begründung fällig.

Immer steht die Frage im Raum: »Warum gerade ich?«

Argumente im Hinblick auf Sozialauswahl, soziale Gerechtigkeit etc. ziehen in diesem Moment wenig. Der Mitarbeiter will genau wissen, warum die Wahl gerade auf ihn fiel. Und in diesem Moment wird es schwierig, bei Leistungsträgern ebenso wie bei »Low-Performern«.

### 7.3.3 Argumentation gegenüber einem Leistungsträger

Was sagen Sie dem Mitarbeiter, dessen Frau ihre beamtete Stelle in einem anderen Bundesland aufgegeben hat und von dem Sie wissen, dass er infolge seiner Beförderung vor einem halben Jahr soeben eine halbe Million für ein Haus festgelegt hat, und der nun das Unternehmen verlassen muss, weil seine Funktion aufgrund einer Konzernentscheidung entfällt? Und wie argumentieren Sie die beabsichtigte Trennung dem Mitarbeiter gegenüber, dem Sie noch vor weniger als drei Monaten eine stattliche Prämie genehmigt und ausgezahlt haben, da er im vergangenen Jahr exzellente Leistungen erbracht hat? Und dann der Mitarbeiter, der über viele Jahre, vielleicht gar Jahrzehnte, loyal und engagiert auch unter schwierigsten Bedingungen dem Unternehmen treu gedient und seine Leistung erbracht hat? Wie argumentieren Sie dessen Kündigung, ohne sein Selbstwertgefühl gänzlich zu zerstören?

Ohne die individuelle Situation Ihres Unternehmens im Detail zu kennen, kann ich keine konkrete Empfehlung aussprechen. Generell aber gilt: Beziehen Sie die Begründung auf den Standort. Versuchen Sie, mit dem Volumen der gesamten Maßnahme zu argumentieren. Argumentieren Sie, wenn es denn stimmt, mit der Sozialauswahl oder sonstigen Parametern sachlicher Art. Vermeiden Sie aber Hinweise wie »Sie sind nicht allein«, denn das hilft dem Mitarbeiter im Einzelfall nicht weiter. Vermeiden Sie ebenso jeglichen Bezug zur Zukunft, da Sie den Mitarbeiter u.U. dazu verführen, über seine Lernfähigkeit, seine Flexibilität und Entwicklungsfähigkeit zu diskutieren.

### 7.3.4 Argumentation gegenüber einem »Low-Performer«

Im Rahmen von umfassenden Abbaumaßnahmen, die nach außen als betriebsbedingte Maßnahme dargestellt werden, werden gerne auch Mitarbeiter erfasst und auf die Trennungslisten geschrieben, die schon länger nicht mehr zu den Leistungsträgern des Unternehmens gehören. Nun kann man sich endlich, ohne dass es besonders auffällt, »elegant« von ihnen trennen. Aber auch sie oder gerade sie erwarten eine Trennungsbegründung. Und an dieser Stelle und in diesem Moment holt viele Führungskräfte die Vergangenheit ein. Nämlich immer dann, wenn sie in den vergangenen Ziel- und Jahresgesprächen nicht ehrlich und klar waren. Und immer dann, wenn Sie im Rahmen von Leistungsbeurteilungen nicht wahrhaftig gehandelt haben. Wie wollen Sie denn einem leistungsschwachen Mitarbeiter, dem Sie noch vor einem halben Jahr eine gute Beurteilung geschrieben haben, nun seine Leistungsschwäche vorhalten? Wollen Sie in diesem Moment »auspacken« und all das sagen, was Sie bisher nicht zu sagen gewagt haben, aber immer schon sagen wollten?

Undenkbar! Jedenfalls im Hinblick auf den Erhalt des Selbstwertgefühls und im Sinne der Trennungs-Kultur Ihres Unternehmens. Gerade in diesem Moment seine Fehler und Versäumnisse der vergangenen Jahre auf den Tisch zu bringen und ihn damit zu konfrontieren, erscheint mir unseriös. Sie würden Ihren Mitarbeiter dadurch zusätzlich zu der ohnehin schwierigen Situation belasten. Wenn Sie es bisher versäumt haben, Ihren Mitarbeitern ehrliches Feedback zu geben und Hilfestellung und Korrektiv anzubieten, dann unterlassen Sie es auch bitte in diesem Moment. Doch seien Sie gewarnt: gerade *die* Mitarbeiter, die Sie zu den Schwächeren zählen, sind erfahrungsgemäß diejenigen, die hartnäckig nach der Begründung für die Auswahl fragen. Was tun?

Führen Sie ab sofort Ihre Feedbackgespräche wahrhaftig und klar!

Führen Sie Ihre Jahres- und Zielgespräche klar und wahrhaftig!

Sprechen Sie über veränderte Leistungsinhalte und neue Anforderungsprofile!

Sprechen Sie über Wandel und Anspruch!

Seien Sie sich dabei bewusst, dass auch dieser Mitarbeiter versuchen wird, sich nach der Decke zu strecken. Möglicherweise wird er Sie fragen, ob und warum Sie ihm nicht zutrauen, diesen veränderten Anforderungen gerecht zu werden. Oder er wird mit Ihnen detaillierter über das neue Anforderungsprofil im Vergleich zu seinem Persönlichkeitsprofil diskutieren wollen. Hierauf können Sie sich einfach nicht einlassen. Ein vergleichendes und analysierendes Gespräch ist an dieser Stelle nicht angebracht. Wenn Sie sich darauf einließen, müssten Sie ja zwangsläufig seine Defizite und Schwächen aufzeigen. Dazu ist es jetzt zu spät. Im Rahmen eines Trennungsgesprächs geht es nur darum, alles dafür zu tun, dass der Mitarbeiter sein Gesicht und Selbstwertgefühl halbwegs heil über die Runden bringt.

### 7.3.5 »Wahrhaftig« oder »ehrlich«?

Ehrlichkeit, Wahrheit, Wahrhaftigkeit sind große Begriffe und umfassende Werte. Doch wie sind sie inhaltlich belegt, wie sind sie definiert? Wie beantworten wir im Zusammenhang von Trennungsprozessen und Kündigung die Frage des Pilatus: »Was ist Wahrheit«? Zum besseren Verständnis der Empfehlungen erscheint es mir sinnvoll und notwendig, eine Reflexion der Begriffe Wahrheit, Ehrlichkeit und Wahrhaftigkeit vorzunehmen.

Aufgrund meiner langjährigen Erfahrung mit kündigenden Führungskräften bin ich zu der Überzeugung gekommen, dass das, was man landläufig unter Ehrlichkeit versteht, in einem Trennungsgespräch unangebracht ist. Ehrlichkeit im Sinne von »jetzt packe ich aus« wird als sehr verletzend, destruktiv und Selbstwert zerstörend empfunden. Warum auch soll der Betroffene sich gerade in diesem Moment all das anhören? Er sitzt nicht in einer Feedbackrunde seiner Potenzialanalyse und auch nicht in einem Assessment Center. Auch die so genannte »schonungslose Offenheit« über die tieferen Hintergründe und wirklichen Auswahlparameter hat nach meiner Erfahrung auf das Befinden des Mitarbeiters so negative Auswirkungen, dass er lange Zeit braucht, um sich innerlich wieder zu stabilisieren und aufzurichten. Nein, um Schonung geht es nicht. Aber um Selbstwert-Erhaltung. Warum sollte Artikel 1 des Grundgesetzes im Trennungsgespräch nicht gelten? Die Würde des Menschen ist unantastbar – auch im Kündigungsgespräch! An anderer Stelle habe ich bereits etwas über Wertschätzung gesagt, habe dafür plädiert, den Betroffenen als mündigen, erwachsenen Menschen zu sehen. Und ich habe gesagt, dass Sie ihm etwas zutrauen und zumuten dürfen. Sie brauchen nicht seine Probleme, sein Schicksal zu tragen. Das kann er alleine.

Die Vorwegnahme seiner Gefühle, seiner Ängste und Befürchtungen kann durchaus sinnvoll sein. Dann sagen Sie ihm: »Ich stoße Sie jetzt vor den Kopf ...« oder: »Ich ahne, dass es für Sie eine harte Entscheidung ist, wenn ich ...«.

Möglicherweise gelingt die Trennungsbegründung durch »Wahrhaftigkeit« eher im Sinne der Selbstwert-Erhaltung. Wahrhaftigkeit verstehe ich in diesem Zusammenhang so, dass Sie dem Mitarbeiter *sinngemäß*, im *Gesamtkontext* in den *wesentlichen Grundzügen* die Gründe für die Auswahl seiner Person darlegen, ohne zu verschleiern. Ich plädiere unbedingt dafür, dass die individuelle Trennungsbegründung stimmig und *»möglichst nahe an der Wahrheit«* ist. Aber es muss in diesem Moment nicht *»die letzte Wahrheit«* sein! So nah an den Tatsachen wie eben möglich, aber so rücksichtsvoll wie nötig. Bedenken Sie bitte immer, dass die betroffenen Mitarbeiter auch die genannte Trennungsbegründung kommunizieren. Und spätestens die Verbleibenden, das heißt die Kollegen der Gekündigten, haben eine sensible Wahrnehmung dafür, ob die Trennungsbegründung stimmig ist oder an den Haaren herbeigezogen wurde. Ist Letzteres der Fall, müssen Führungskräfte damit rechnen, dass ihre Glaubwürdigkeit leidet.

### 7.3.6  Welche Argumente »ziehen« am besten?

Die größte Gefahr mit der Trennungsbegründung besteht für Führungskräfte darin, »um den heißen Brei« zu reden. Die zweitgrößte Gefahr ist, sich auf Diskussionen einzulassen. Im ersten Fall besteht das Problem darin, dass die Kernbotschaft nicht ankommt und nachfolgend erhebliche Verwirrung verursacht. Im zweiten Fall besteht das Problem darin, dass Sie sich als Führungskraft in einen Strudel von Argumenten und Gegenargumenten verlieren. Das Beste, was Sie tun können: Kommen Sie schnell zum Punkt! Wenn Sie gut vorbereitet sind, wird Ihnen dies gelingen. In jedem Fall ist Disziplin gefragt. Bleiben Sie bei Ihrem Gesprächsleitfaden und Ihrer Argumentationskette. Im Anhang finden Sie eine Liste mit den am häufigsten gestellten Fragen und Einwänden. Die vorgeschlagenen Antworten stellen lediglich Vorschläge dar, die Ihnen die Richtung zeigen soll. Sie selbst formulieren bitte so, »wie Ihnen der Schnabel gewachsen ist«.

## Vortrag auf dem 1. Frankfurter Klartext-Dialog

*Manfred Schäfer, Senior Manager Human Resources der Sanofi-Aventis Deutschland GmbH, Berlin*

## Trennungs-Kultur aus der Sicht der Personalkollegen

»*Wollt Ihr Euch wohl vertragen!*« hat Herr Andrzejewski meinen Beitrag aus Sicht eines Personalmanagers überschrieben. Trennung und Vertragen ist ja schon ein Widerspruch in sich selbst, nach meiner Auffassung zumindest. Ist es im Rahmen eines Trennungsprozesses nicht automatisch gegeben, dass es zum Streit, zu Auseinandersetzungen kommt? Trennung ist häufig ein schmerzlicher Prozess, der mit vielen Emotionen beladen ist und der den Blick für Realitäten und mögliche Chancen verbaut.

Ich möchte Ihnen von ganz persönlichen Erfahrungen berichten aus den letzten drei Jahrzehnten, in denen ich im Personalgeschäft tätig bin und auch mit Trennungen aller Art zu tun hatte. Erfahrungen, die sowohl schmerzliche, aber auch gute und befriedigende Erinnerungen bei mir zurückgelassen haben. Erfahrungen, wie Herr Dr. Andrzejewski sagte, eines Personalers und nicht eines Fachvorgesetzten. Zunächst möchte ich auf die unterschiedlichen Interessen eingehen, die in so einem Trennungsprozess häufig aufeinander prallen. Da ist zum einen das Unternehmen, der Vorgesetzte, der sich von einem Mitarbeiter trennen will, möglichst schnell, möglichst preiswert. Auf der anderen Seite ist der Mitarbeiter, der naturgemäß um seinen Arbeitsplatz kämpft oder ihn zumindest so teuer als möglich verkaufen will. Häufig sind die Gründe, weshalb man sich von einem Mitarbeiter trennen will, eher vage und unkonkret. Oft liegen die Ursachen weniger im fachlichen Bereich, als vielmehr, wenn man genauer hinschaut, im zwischenmenschlichen Bereich.

Wenn ein Vorgesetzter auf die Personalabteilung zugeht und sagt, »von diesem Mitarbeiter müssen wir uns trennen«, kann er sich an dieser Stelle nicht herausreden aus seiner Verantwortung und muss nach Vorbereitung mit der Personalabteilung das Erstgespräch führen. Der Vorgesetzte ist hier voll in der Verantwortung. Die Trennungsbotschaft, ich hatte es eben schon gesagt, muss vom Vorgesetzten kommen. Mein Rat ist an dieser Stelle, mit dem Vorgesetzten einzelne Sequenzen dieses Gespräches durchzuspielen, sich die Frage zu stellen, wie könnte der Mitarbeiter reagieren, wie könnte die Einwandbehandlung aussehen und so dem Vorgesetzten Hilfestellung geben, als eine Art Leitfaden, wie er sich über diese für ihn doch sehr schwierigen und auch persönlich belastenden Hürden hinweghelfen kann.

Die Trennungsbotschaft selbst muss eindeutig und klar sein, dann müssen alle Beteiligten dazu stehen und die Botschaft an den Mitarbeiter muss unumkehrbar sein. Aber an dieser Stelle möchte ich auch den Vorgesetzten einen Rat mit auf den Weg geben: Sie sollten sich nicht auf stundenlange Diskussionen über einzelne Vorfälle einlassen. Sie müssen davon ausgehen, dass der Mitarbeiter Ihre Entscheidung, sich von ihm zu trennen, weder akzeptiert, noch Ihnen zustimmen wird und schon gar für gut befinden wird. Als Aufgabe von HR sehe ich in diesem Erstgespräch, wenn wir teilnehmen als Personaler, das Ziel im Auge zu behalten und gegebenenfalls steuernd einzugreifen.

Ich habe überwiegend gute Erfahrungen gemacht, wenn der Mitarbeiter von einer Person seines Vertrauens begleitet wird. Das können Betriebsräte sein, dass können Anwälte sein, Steuerberater. Ich hatte sogar schon Fälle gehabt, wo ich angeboten habe, dass der Ehepartner mitkommen kann. Das muss man einfach situativ entscheiden und wenn Sie den Eindruck haben, dass eben der Ehepartner derjenige ist, der zu Hause die Entscheidungen weitestgehend beeinflusst oder sogar verantwortet, dann nehmen Sie diesen mit hinzu. Ich habe bislang nicht den Eindruck gewonnen, dass das irgendwo geschadet hätte, wenn man hier mit offenen Karten spielt und den Mitarbeiter nicht alleine den Fachleuten aus Fach- und Personalabteilung gegenüber sitzen lässt.

Unabhängig davon, ob der Mitarbeiter alleine oder in Begleitung kommt, Sie sollten ihm auch Zeit geben, sein Befinden zu artikulieren und ihn nicht sofort überfallen mit irgendwelchen Abfindungszahlungen oder mit sonstigen Details. Hören Sie ihm einfach ein paar Minuten zu. Es ist aus meiner Sicht dringend zu empfehlen und notwendig, eine Vertrauensbasis mit dem Mitarbeiter aufzubauen. Es geht hier nicht um eine Verwischung der Rollen und auch um kein kumpelhaftes Taktieren mit dem Mitarbeiter. Ich meine damit vielmehr: Klare Aussagen und Gradlinigkeit auf der einen Seite, aber auch Respekt und Wertschätzung auf der anderen Seite. Ich fasse das für mich in einem Satz zusammen: Klar und konsequent in der Sache, aber fair und respektvoll im Umgang.

Vermeiden Sie es, den Mitarbeiter unnötig unter Zeitdruck zu setzen. Sie sollten nicht den Ehrgeiz haben, dass der Mitarbeiter im ersten Gespräch den Auflösungsvertrag unterschreibt. Geben Sie dem Mitarbeiter Gelegenheit, sich mit dem Angebot vertraut zu machen, sich mit der Trennung vertraut zu machen, sich zu beraten, denn in all den Trennungsgesprächen, die ich geführt habe, habe ich immer wieder gespürt, dass Trennung auch ein Prozess ist. Diesem Zeit zu geben bedeutet nicht, dass jetzt alles auf eine lange Bank geschoben wird und der Mitarbeiter über dieses Zeitgeben meint, er könnte die Entscheidungen aussitzen und er müsse nur lange genug warten, dann würde der Kelch schon an ihm vorüber gehen. Wenn der Mitarbeiter aber den Eindruck hat, dass Sie ihn über den Tisch ziehen wollen, dann brauchen Sie am Ende noch viel mehr Zeit, noch viel mehr Energie, um zu dem gewünschten Ergebnis zu kommen.

Ich würde jetzt gerne noch auf den Sachverhalt eingehen, wenn wir uns von größeren Gruppen trennen müssen also z. B. bei Schließungen von Werksteilen oder ganzen Abteilungen. Im Regelfall werden diese Maßnahmen durch einen Interessenausgleich und Sozialplan, der mit dem Betriebsrat verabredet wurde, begleitet. Es gibt somit klare Regeln für die Berechnung von Abfindungssummen und für das gesamte Verfahren. Die Problematik in diesen Gesprächen und Verhandlungen liegt oftmals darin, dass Sie im Regelfall als Personaler über keine Spielräume verfügen. Im Sozialplan sind alle Dinge detailliert geregelt und eigentlich nur noch umzusetzen. Die Mitarbeiter hingegen sehen den Sozialplan oft nur als Grundausstattung und möchten gerne auf ihre persönlichen Bedürfnisse zugeschnittene Sonderpakete verhandeln. Hier sehe ich eine enorm große Gefahr, wenn Sie einmal die Regeln des Sozialplans aufweichen. Dann werden Sie den Dammbruch nicht mehr aufhalten können, die Grundsätze werden durchlöchert wie ein Schweizer Käse. Sie müssen davon ausgehen, dass die betroffenen Mitarbeiter sich untereinander intensiv austauschen. Die kennen sich seit Jahren, da können Sie sich vorstellen, wenn die Tür bei der Personalabteilung zugeht, steht der erste Kollege schon mit dem anderen Kollegen zusammen und tauscht sich intensiv aus, was hat denn jetzt der Schäfer mit dir in der Personalabteilung geredet? Und somit würden diese Sonderregelungen sofort im Unternehmen die Runde machen. Wenn Sie glauben, Sie könnten Ausnahmen auf besondere Sachverhalte beschränken oder auf die Verschwiegenheit von Mitarbeitern vertrauen, so halte ich das persönlich für einen völligen Trugschluss. Sie werden am Ende schmerzhaft, sehr schmerzhaft feststellen, dass jeder Mitarbeiter einen solchen besonderen Umstand benennen kann für eine Sonderregelung. Und die Ausnahmen werden zur Regel und damit der oftmals mühsam mit dem Betriebsrat ausgehandelte Sozialplan zur Makulatur. Aber das ist nur die eine Seite der Medaille. Die andere Frage ist, die sich bei einem solchen Vorgehen stellt: »*Welchen Eindruck erzeugen Sie bei dem Mitarbeiter?*« Es gibt zwar einen Sozialplan, der für alle Mitarbeiter Gültigkeit hat, aber jetzt merkt der Mitarbeiter im Gespräch, dass da doch noch Verhandlungsspielraum zu sein scheint. So muss er nur lange genug »Nein« sagen – und der Geldhahn sprudelt weiter. Der Mitarbeiter wird immer den Eindruck haben, zu früh »Ja« gesagt zu haben, zu früh unterschrieben zu haben. Und es bleibt ein schaler Beigeschmack für alle Zeit.

Jetzt könnten Sie sagen, schaler Beigeschmack hin oder her die Hauptsache ist, ich habe die Unterschrift von diesem Mitarbeiter unter dem Auflösungsvertrag und damit habe ich wieder einen Fall gelöst und kann wieder einen Haken machen. Aber das ist aus meiner Sicht nur ein kurzfristiger und nur vorübergehender Erfolg. Die Mitarbeiter fühlen sich im Grunde über den Tisch gezogen und das Unternehmen – und hier die Personalabteilung – verliert an Vertrauen. Gerade, wenn es um das Thema Trennung geht, ist es aus meiner Sicht unabdingbar, dass die Betroffenen ein gewisses Grundvertrauen zu ihren Gesprächspartnern haben und Vertrauen erwächst aus Offenheit und Ehrlichkeit, nicht aus Taktieren und falschen Versprechungen.

Vergessen Sie bitte nicht die Mitarbeiter, die im Unternehmen verbleiben und dort weiter einen guten Job machen sollen, motiviert und engagiert. Personalabbau bringt immer eine große Unruhe in die gesamte Belegschaft, nicht nur für die Mitarbeiter, die abzubauen sind, sondern auch für die Mitarbeiter, die da bleiben und die nicht betroffen sind. Die werden sehr genau beobachten, wie mit den Kolleginnen und Kollegen umgegangen wird, die das Unternehmen verlassen müssen. Personalabbau ist hart, da lässt sich nichts beschönigen, aber wenn dieser Prozess ordentlich und professionell von Fachvorgesetzten und Personalabteilung durchgeführt wird, hat es sowohl interne wie externe Auswirkungen. Interne Auswirkungen auf die schon beschriebene Motivation der verbleibenden Mitarbeiter und externe Auswirkungen auf das Image des Unternehmens als Arbeitgeber und Suchender für Neueinstellungen. Denn aus meiner Sicht sind alle Mitarbeiter des Unternehmens, auch wenn sie das Unternehmen verlassen haben, Multiplikatoren und Meinungsbildner im Umfeld. Aber auch z.B. Headhuntern bleibt der Umgang mit Mitarbeitern nicht verborgen, auch sie prägen das Bild eines Unternehmens und beeinflussen Ihre zukünftigen Chancen, Know-how-Träger für das Unternehmen zu gewinnen.

### 7.3.7 »Hören Sie mir überhaupt noch zu?«

Ein wesentliches Augenmerk sollten Sie als Vorgesetzter im Trennungsgespräch darauf lenken, ob Ihr Gegenüber Ihre Botschaften überhaupt noch aufnimmt. Manchmal ist »der Nebel im Kopf« so groß, dass nichts mehr durchkommt. Oder der innere Dialog ist so laut, dass der Mitarbeiter Sie gar nicht mehr hört. Oder Sie merken, dass der Mitarbeiter völlig »weggetreten« ist. Letztlich bleibt Ihnen nur ein Mittel: Wiederholen Sie stereotyp und notfalls mehrere Male, was Sie an Begründungen bereits vorgetragen haben. Erinnern Sie sich an die Zeit, als es noch die gute alte Schallplatte gab, und die Nadel an einer Stelle hängen blieb und immer wieder den gleichen Text oder den gleichen Akkord spielte. Machen Sie es ebenso. Klingt altmodisch, ist aber ein wirksames rhetorisches Mittel. Benutzen Sie identische Formulierungen. Mehrmals. Dann schweigen Sie!

Auch das Mittel der Pause ist sehr wirksam. Schweigen Sie einfach einige Momente lang. Halten Sie die Pausen aus, bis der Mitarbeiter Sie erstaunt anschaut. In diesem Moment nimmt er wieder Kontakt mit Ihnen auf und Sie können weiter reden. Fragen Sie wörtlich nach: »Haben Sie mich verstanden?«. Und wenn eine Bemerkung kommt wie »was heißt, Sie werden mir kündigen«, dann verdeutlichen Sie: »Ich *habe* Ihnen bereits gekündigt... vor drei Minuten ...«

### 7.3.8 Checkliste zur Trennungsbegründung

| Trennungsbegründung | Erledigt x |
|---|---|
| Formulieren Sie die Trennungsbegründung zunächst für sich schriftlich | |
| Üben Sie, indem Sie die Trennungsbegründung laut vortragen | |
| Bitten Sie einen Mitarbeiter der Personalabteilung, Ihnen zuzuhören und Rückmeldung zu geben | |
| Feilen Sie gemeinsam an den Formulierungen, damit der Kern der Botschaft »'rüberkommt« | |
| Benutzen Sie Ihr Diktiergerät zum Üben | |
| Seien Sie Ihr eigenes Korrektiv durch Hören | |
| Hören und spüren Sie genau, ob Sie das, was Sie *eigentlich* sagen wollen, auch ausgesprochen haben. Rede und Redeinhalt müssen übereinstimmen. | |
| Art der Begründung festgelegt | |
| Generalbegründung abgestimmt | |
| Individuelle Begründung formuliert | |
| Ich-Form vorbereitet | |
| Behandlung der Leistungsträger | |
| Behandlung von »Low-Performern« | |
| Antwort vorbereitet: »Warum gerade ich?« | |
| Wahrhaftigkeit beachtet | |
| Argumentation klar formuliert | |
| Gefahren und Fallen bedacht | |
| . . . . . . . . . . . . | |
| . . . . . . . . . . . . | |

## 7.4 Das »Trennungs-Paket« ist (k)eine Wundertüte! – Mikroskopische Betrachtung

Von zunehmendem Interesse im Zusammenhang mit Trennung und Kündigung ist das Thema »Employability«. Ich plädiere für die Entwicklung von Modellen und Mechanismen, die den Mitarbeitern für den Fall von Change und Trennung bessere Ausgangspositionen verschaffen. Dies betrifft sowohl die unternehmensinterne Verwendung, als auch die Chancen auf dem Arbeitsmarkt im Falle einer Kündigung. Auch, wenn es bisher in Ihrem Unternehmen dazu keine Angebote gibt, so können Sie im Moment der Trennung noch etwas für die Employability

Ihres Mitarbeiters tun. Stellen Sie bei der Definition des Trennungspaketes nicht die Wahl »Geld *oder* Leben«, sondern bieten Sie ihm die Chance einer Qualifizierung, zumal Sie für diese beschäftigungswirksame Maßnahme Zuschüsse nach dem Sozialgesetzbuch III (SGB III) durch Ihr zuständiges Landesarbeitsamt erhalten. Gestalten Sie das Trennungspaket so, dass der Gekündigte verpflichtet ist, die Zeit für sich zu nutzen: zur persönlichen Reflexion, zum fachlichen Wachstum, zur Qualifizierung oder Umschulung. Damit versetzen Sie ihn in die Lage, besser für sich selbst sorgen zu können. Und das ist wieder ein Beitrag zur Trennungs-Kultur.

### 7.4.1 Checkliste: Inhalte des Aufhebungs-»Angebots«

| Das »Angebot« des Unternehmens | Vorbereitet x |
|---|---|
| Denkbare Alternativen im Unternehmen? | |
| Angebot aus dem Abfindungs-Sozialplan oder | |
| Angebot entsprechend einem Transfer-Sozialplan laut §§ 254 ff. SGB III | |
| Klärung der Förderungswürdigkeit durch das Arbeitsamt nach §§ 175 ff. SGB III (Kurzarbeitergeld) | |
| Beantragung der Zuschüsse zu Sozialplanmaßnahmen gemäß §§ 254 ff. SGB III beim Landesarbeitsamt | |
| Kündigungstermin | |
| Einhaltung der Kündigungsfrist, um Sperrzeiten für Zahlung des Arbeitslosengeldes zu vermeiden | |
| Hinderungsgründe für eine Kündigung | |
| Familiäre, soziale Situation berücksichtigen | |
| ............ | |
| ............ | |

### 7.4.2 Checkliste: Wirtschaftliche Aspekte

| Das »Angebot« des Unternehmens | Vorbereitet x |
|---|---|
| Abfindung (Höhe und Auszahlungsmodus) als Ausgleich für den Verlust des Arbeitsplatzes sowie Milderung wirtschaftlicher Nachteile nach § 102 BetrVG | |
| Steuerliche Aspekte der Abfindung und Freibeträge nach Steuerentlastungsgesetz (StEntlG) sowie Möglichkeiten der Optimierung | |

| Das »Angebot« des Unternehmens | Vorbereitet x |
|---|---|
| Sonderzahlungen (Bonus, Tantieme) mit Höhe und Auszahlungsmodus | |
| Weitere Zuwendungen (Kantine, Darlehen) | |
| Sozialleistungen | |
| Pensionsansprüche (Unverfallbarkeit etc. vorher klären) | |
| ............ | |
| ............ | |

### 7.4.3 Checkliste: Organisatorische Regelungen

| Das »Angebot« des Unternehmens | Vorbereitet x |
|---|---|
| Unverfallbare sonstige Ansprüche | |
| Kfz-Regelung bez. Bereitstellung bis Vertragsende und Übernahme der Kosten bzw. Übernahme des Fahrzeuges | |
| Formulierung bez. Wegfall des Arbeitsplatzes im Hinblick auf Arbeitslosengeld, Ruhenstatbestand, Sperrfristen | |
| Nachvertragliches Wettbewerbsverbot | |
| ............ | |
| ............ | |

### 7.4.4 Checkliste: Termine und Fristen

| Das »Angebot« des Unternehmens | Vorbereitet x |
|---|---|
| Restlaufzeit (Kündigungsfrist) | |
| Fristen, Bedenkzeiten | |
| Anstehende Termine (innen, außen) | |
| Freistellungstermin | |
| Resturlaub | |
| Fortzahlung der Bezüge bis Vertragsende | |
| Auszahlung der Restgehälter bei Erwerb eines neuen Arbeitsplatzes vor Vertragsende | |
| Aufnahme der Newplacementberatung während des laufenden Arbeitsverhältnisses und entsprechende zeitliche Flexibilität | |
| ............ | |

**7.4.5 Checkliste: Unterlagen**

| Das »Angebot« des Unternehmens | Vorbereitet x |
|---|---|
| Interne Trennungsbegründung, Aushang | |
| Sprachregelung (Familie, Freunde, Kollegen, Markt) wahrheitsgemäß und marketingmäßig »förderlich« formuliert | |
| Zwischenzeugnis, Zeugnis | |
| Referenzgeber im Unternehmen | |
| ............ | |

**7.4.6 Checkliste: Newplacement und Coaching**

| Das »Angebot« des Unternehmens | Vorbereitet x |
|---|---|
| Angebot eines professionellen Coachings und integrierten Newplacements | |
| Chancen mit und ohne Coaching (Statistik) | |
| Inhalte und Vorgehensweise | |
| Termin mit dem persönlichen Berater | |
| Unterstützung durch Netzwerk des Unternehmens | |
| Finanzierung einer Annonce | |
| Fortbildungsmöglichkeiten | |
| Qualifizierungsmaßnahmen (EDV, BWL, Sprachen) förderungswürdig nach §§ 77 ff. SGB III | |
| Umschulungsangebote | |
| Übernahme in eine Beschäftigungsgesellschaft | |
| ............ | |

Wenn Sie als Vorgesetzter oder Personalverantwortlicher mit den entscheidenden Gesprächspartnern im Unternehmen oder im Trennungskomitee diese Themen besprochen und geklärt haben, so besteht eine hohe Wahrscheinlichkeit, dass Ihr Trennungsprozedere glatt durchgeht und als human, fair und professionell wahrgenommen wird. Die Behandlung der relevanten Themen im Trennungsgespräch selber ist ein maßgeblicher Beitrag zur Trennungs-Kultur.

# Kapitel 8

# Betroffene Kerngruppe I: Der Vorgesetzte, der die Kündigung ausspricht

Entsprechend meiner Überzeugung und Philosophie ist in aller Regel der direkte Vorgesetzte derjenige, der »die schlechte Botschaft« überbringen und die Kündigung aussprechen sollte. Damit ist er in diesem Moment auch der Auslöser des »Posttraumatischen Syndroms«. Im Altertum wurden die Überbringer einer schlechten Nachricht geköpft – sozusagen als Opfer dargebracht. Ganz so schlimm ist es in der betrieblichen Praxis heute nicht mehr. Dennoch fühlen sich viele Führungskräfte in der Konfrontation mit den Reaktionen der Gekündigten, als würden sie »geköpft«. Viele fühlen sich nach eigenem Bekunden übel und sehr schlecht. Wie kommt das? Was läuft da ab?

Wissenschaftliche Daten über die »Psychologie des Kündigenden« – Führungskraft, Personalverantwortlicher – fehlen völlig. Zwar wird an der ein oder anderen Stelle auf die schwierige Rolle der Vorgesetzten als Betroffene, »Survivor«, »Täter« oder »Opfer«, hingewiesen, konkrete Handlungsanweisungen für Manager über den Umgang mit sich selbst im Trennungsprozess fehlen jedoch völlig. Daher erscheint es mir sinnvoll, eigene Modelle zum Verständnis der Reaktionen zu entwickeln. Des Weiteren biete ich Ihnen einige Vorschläge zum fairen, professionellen und »liebevollen« Umgang *mit sich selbst* an, die Sie bitte nach Belieben modifizieren und weiterentwickeln dürfen. Bei näherer Betrachtung kommen zahlreiche Fragen auf:

- Wie grenzen sich die Rollen zwischen Führungskraft und Personalprofi voneinander ab?
- Warum überlassen Vorgesetzte Kündigungsgespräche allzu gerne den Personalverantwortlichen?
- Warum lassen sich Personalprofis immer wieder diese Gespräche aufdrängen?
- Wie geht es der Führungskraft mit dem Kündigungsgespräch persönlich?
- Inwieweit ist sie selbst als Kündigender im Trennungsprozess und im Kündigungsgespräch emotional betroffen?

Von Mitarbeitern wird immer wieder beschrieben, dass sie ihren Vorgesetzten im Kündigungsgespräch als schnoddrig, zynisch, cool, arrogant, abwertend, despektierlich, nicht empathisch, distanziert, kalt, unvorbereitet, nervös, unsicher, verlegen, ängstlich erlebt haben.

Das wirft die Frage auf, ob überwiegend Menschen in einer Führungsrolle sind, die eben zynisch und nicht empathisch sind. Oder sind manche Vorgesetzte durch ihre Funktion erst so geworden? Oder handelt es sich um eine *Haltung*, um mit den eigenen Ängsten, mit den eigenen Gefühlen und Unsicherheiten besser zurechtzukommen? Zynismus sozusagen als Selbstschutz? Nach eigenem Bekunden der befragten Führungskräfte handelt es sich bei diesen Verhaltensweisen meist um den Ausdruck von Selbstschutz oder Hilflosigkeit. Das entschuldigt jedoch nichts. Die meisten Führungskräfte haben sich noch nie bewusst mit der Thematik auseinander gesetzt.

*»Das müssen die doch können, die Vorgesetzten. Sonst haben die eigentlich ihren Job verfehlt und wir müssen sie feuern«*, lautet die Aussage eines Vorstandes, die mir immer wieder kalte Schauer den Rücken 'runter laufen lassen. Welch eine Einstellung! Und, woher sollen sie es können? Gerade auch in den letzten Jahren bis zur Vorbereitung dieser dritten Auflage habe ich von denjenigen, die sich mit der Thematik in meinem Workshop auseinander gesetzt hatten, immer wieder bestätigt bekommen, dass man sich damit zuvor nicht befasst hatte – und völlig hilflos fühlte.

## Vortrag auf dem 1. Frankfurter Klartext-Dialog

*Helmut Egenbauer, Sprecher der Geschäftsführung der T-Systems Media&Broadcast GmbH, Bonn*

Das Thema Trennungs-Kultur liegt mir persönlich sehr am Herzen. Wir haben eine bestimmte Kultur in unserem Bereich. Ich nenne sie die Media- und Broadcast-Kultur, die die Basis ist, wie wir miteinander umgehen. Und da war es mir ein großes Anliegen, dass wir auch in der Trennung anständig miteinander umgehen. Im Geschäftskundenbereich bei der T-Systems sind wir eine selbstständige Einheit, ursprünglich 2000 Mitarbeiter, dann 1600 Mitarbeiter, bis wir uns entschlossen haben, weitere 300 Mitarbeiter abzubauen, d.h. auf 1300 Mitarbeiter. Dahinter verbirgt sich: Wir wussten bereits in 2004, dass wir durch den Umstieg analog auf digital ab 2007 Umsätze und Ergebnisse erstmal verlieren werden. Also haben wir weitsichtig geplant und Maßnahmen eingeleitet. Meine wichtigste Erkenntnis: Ich bin froh, dass wir das rechtzeitig gemacht haben. Denn: Zeit ist beim Thema Personalreduzierung ein sehr kritisches Thema. Sie fließt nur so dahin.

Unsere Führungskräfte haben bisher keine Ahnung gehabt, wie man ein Personal-*Abbau*-Gespräch führt. Da war ich sehr froh, dass wir schon vorher entschieden hatten, wir trainieren unsere Top 60, gemeinsam mit dem HR-Management. Unsere Manager waren begeistert vom Training, und wir haben gemeinsam festgelegt, wer diejenigen auf welcher Management-Ebene sein werden, die die Personalabbaugespräche führen müssen.

Anfangs war ich in der Kommunikation zu offen. Ich habe gleich einen drei Seiten langen Brief 'rausgeschrieben, über die neue Organisation, wie die aussieht usw. Würde ich heute nicht mehr machen. Nach drei Tagen war er bei der Presse und ich bekam die ersten Anfragen. Also offene Kommunikation schon, mündlich in Betriebsversammlungen usw., aber mit dem Schriftlichen, wie gesagt, wäre ich heute vorsichtiger. Habe natürlich auch Internetmailkontakt usw. angeboten und, aber das gilt übrigens für jede Betriebsversammlung, jeder kann mich 7 Tage 24 Stunden anrufen.

Um deutlich zu machen, wie wichtig uns das Thema ist und zur erfolgreichen, nachhaltigen Umsetzung, haben wir das Thema bei den Führungskräften in der Zielvereinbarung verankert. Die durchgeführten Trennungsgespräche wurden dokumentiert und in einem Monitoring transparent gemacht. Der Verlauf der Trennungsgespräche ist bekanntlich sehr unterschiedlich. Das geht von der knappen Bekanntgabe des Arbeitsplatzwegfalls bis hin zur intensiven Unterstützung. Soll heißen, Führungskräfte sind auch nur Menschen. Manche machen es sehr professionell, andere würden sich am liebsten verstecken. Die muss man richtig anschieben und monitoren. Aber so ist es nun mal. Um so wichtiger ist hier das Monitoring, dass man wirklich dahinter her ist, dass was passiert. Wir haben unser Abbauziel von 267 Mitarbeiterinnen und Mitarbeitern erreicht. 80% Vermittlung auf andere Arbeitsplätze. Es gab keinen Fall mit unfairer Behandlung. Ende 2005 haben wir gezielt für unseren Bereich eine Mitarbeiter-Zufriedenheits-Studie durchgeführt. Mit 7,3 erreichte der Index einen sehr guten Wert. Auch in der 2006-er Befragung sind wir wieder um 3 Prozentpunkte gestiegen auf 7,6 Mitarbeiter-Zufriedenheits-Index. Da war ich selber überrascht. Ich hatte ehrlich gesagt erwartet, dass sich die Mitarbeiterzufriedenheit drastisch verschlechtert. Aber es war anders. Im Nachhinein betrachtet haben uns die Mitarbeiter doch offensichtlich abgenommen und attestiert, dass wir die Trennungen anständig, sagen wir, »handwerklich gut« gemacht haben.

**Noch ein paar Erkenntnisse:**

Personalabbau ist eindeutig ein Topmanagement-Thema! Ich habe selbst die Gespräche mit meinen Directreports geführt. Auch an der Außenkante (Ausscheiden aus dem Konzern) habe ich mit leitenden Angestellten die Gespräche persönlich geführt. Das sind Mitarbeiter, die mich zehn Jahre treu begleitet hatten. Meine Erfahrung: Wenn das fair abläuft, ist das nicht so schlimm – und man begegnet sich mit Respekt. Vor einigen Tagen habe ich einen Anruf gekriegt, »Ich habe gehört, du bist morgen in Hamburg, kann ich dich abholen?« Der Anruf kam von einem ehemaligen Mitarbeiter, von dem ich mich soeben getrennt hatte. Oder, man kriegt Weihnachten ganz überraschend eine Flasche Wein von einem Ehemaligen, dann weiß man, so verkehrt können die Gespräche und der Prozess nicht gelaufen sein. Das ist ein später Trost und auch ein wenig Genugtuung.

> Was ganz wesentlich ist: Wir haben den Zeitfaktor, den Zeitbedarf unterschätzt! Wir haben viel diskutiert und geplant – und hatten am Ende locker 18 Monate verbraten. Bei uns war es kein Problem, weil wir rechtzeitig begonnen hatten. Nur, ich kann jedem im Raum nur empfehlen, den Zeitfaktor zu berücksichtigen! Wenn Sie darüber nachdenken, in 2008 Personalkosten einzusparen, dann sind Sie heute (November 2006) eigentlich schon zu spät dran!
>
> Jetzt kommen wir noch zu einem sehr heiklen Thema: Wir hatten, wie andere Unternehmen auch, die Unternehmensberater im Hause. Die hatten uns gesagt, sie wären gut in der Organisationsberatung und in der Prozessberatung und sie hatten auch jedem erzählt, sie könnten natürlich auch beim Thema Personalabbau beraten. Weit gefehlt. Die haben kaum was verstanden von unserem ganzen Personalwesen und schon gar nicht von professionellem Trennungsmanagement.
>
> Trennungsmanagement und erst recht Trennungs-Kultur mit Stil ist eine sehr komplexe Angelegenheit und deshalb nur von wirklich erfahrenen, menschlich reifen Profis zu leisten. Der Berater muss professionell sein und er muss wirklich nachweisen, dass er vom Thema Trennungsgespräche etwas versteht und selber Trennungsgespräche schon gemacht hat. Die Kosten für die Trainingsmaßnahmen sind absolut gerechtfertigt, darüber brauche ich nicht zu diskutieren. Wir haben es mit Menschen zu tun – und mit denen sollte man stilvoll umgehen! Das meine ich aus tiefster Überzeugung!

## 8.1 »Lüfte Deine Maske – bist Du Täter, Opfer oder Helfer?«

Für ein besseres Rollenverständnis und zum professionelleren Umgang mit sich selbst ist es hilfreich, wenn Sie sich bewusst machen, *wer* in *welcher Situation* und zu *welchem Zeitpunkt* des Trennungsprozesses in *welcher* Rolle ist.

**Das Opfer**

Es liegt auf der Hand, dass sich der Gekündigte als Opfer erlebt und/oder in seinem Umfeld als Opfer gesehen wird. Diese Rolle »steht ihm in gewisser Weise zu«, was meint: Dieses »Feeling« ist nachvollziehbar und allzu menschlich. Dennoch sollten Sie sich als Vorgesetzter bewusst machen, dass Sie einiges dazu beitragen können, dass der Gekündigte nicht so tief in die »Opferrolle« hineinsinkt oder wieder schnell aus ihr herauskommt. Ein weiterer Aspekt ist, dass Sie sich bewusst machen, dass der Mitarbeiter auch als Gekündigter ein hohes Maß an *Eigenverantwortung* hat, wieder aus der Rolle herauszukommen. Auch der Vorgesetzte, der die Kündigung überbringt, kann sich als Opfer fühlen, wenn er nicht hinter der Maßnahme steht – oder selber von der eigenen Kündigung betroffen ist.

# Der Vorgesetzte – der die Kündigung ausspricht

**Abb. 26:** Rollen: Opfer – Verfolger – Retter

### Der Verfolger

Als Verfolger werden in erster Linie die Personen erlebt, die den Personalabbau beschlossen haben (Vorstand, Geschäftsleitung). »Die da oben«, die »in der Zentrale«, die sind die »Bösen«. Darüber hinaus wird der unmittelbare Vorgesetzte als »Verfolger« erlebt, denn er hat ja letztendlich die Wahl mitgetroffen und ihr zugestimmt. Und nicht zuletzt der, der die Trennungsbotschaft übermittelt, wird als »Verfolger« erlebt.

### Der Retter

Im Rahmen von Trennungsprozessen werden die Mitarbeiter der Personalabteilung oft als »Retter« erlebt. Selbst wenn der Mitarbeiter oder Leiter der Personalabteilung die Trennungsbotschaft übermittelt, weil man weiß, dass er ja nur Erfüllungsgehilfe der Geschäftsleitung oder des Vorgesetzten ist. Der Mitarbeiter weiß, dass die Personalabteilung nur »ausführendes Organ« ist.

## Kapitel 8

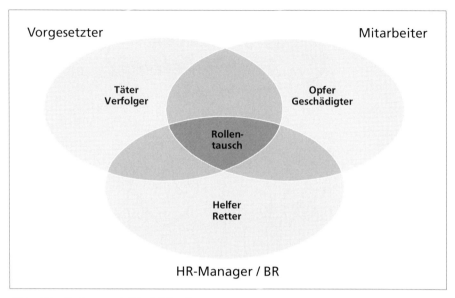

**Abb. 27:** Rollenmodell bei Kündigung

### Rollentausch

Im Laufe eines Trennungsprozesses können die beschriebenen Rollen wechseln und die Teilnehmer somit in verschiedene Rollen schlüpfen. So wird beispielsweise der betroffene Mitarbeiter, der sich zunächst in der Rolle des Opfers sah, nach den Gesprächen mit seinem Anwalt und der Erkenntnis, dass er im Arbeitsgerichtsprozess »gute Karten hat« plötzlich innerlich stark. Er tritt entsprechend auf und wird nun mit der inneren Haltung »dem zeig' ich's« plötzlich zum »Verfolger« des Vorgesetzten. Auch ein Mitarbeiter, der aggressiv reagiert und die innerliche Haltung einnimmt »das lasse ich mir nicht bieten« und entsprechend auftritt, wird zum »Verfolger«. Der Vorgesetzte wird folglich in diesem Moment zum »Opfer«. Derjenige, der zunächst die Rolle des »Retters« innehatte, kann ebenso einen Rollenwechsel erfahren. Dies geschieht zum Beispiel, wenn der Mitarbeiter der Personalabteilung – oder der Betriebsrat – nach Auffassung des Betroffenen ihn nicht genügend unterstützt oder nicht die geforderten Konditionen durchsetzt. Das Erleben der eigenen Rolle oder die Wahrnehmung der Rollen von außen ist ein »natürlicher« Prozess, mit dem Sie sich abfinden müssen. Daher bleibt lediglich die Frage, was Sie vorsorglich tun können, um die Rollen bewusster und den Ausprägungsgrad geringer zu gestalten oder den Rollentausch zu vermeiden. Denn für Sie als Vorgesetzter fühlt es sich sicherlich nicht »komfortabel« an, wenn Sie plötzlich in die Rolle des Opfers gedrängt werden oder wenn Sie sich aufgrund der Entwicklung eines Kündigungsprozesses selber als Opfer fühlen.

**Maßnahmen zur Prophylaxe von unbeabsichtigter
Rollenprägung und Rollentausch**

- Eine entscheidende Grundlage ist, im Unternehmen die Rollen von Personalverantwortlichen und Führungskräften generell, auch ohne einen anstehenden Trennungsprozess, klar zu definieren. Ist dies *nicht* geschehen, bleibt nur, möglichst frühzeitig zu Beginn eines Trennungsverfahrens zu klären, wer welche Rolle übernimmt und wer wofür zuständig ist. Über die Verteilung der Rollen sollte Konsens erzielt werden.

- Ein weiterer Beitrag ist, die Art und Weise, wie Kündigungsgespräche geführt werden, gemeinsam mit anderen Führungskräften und den Personalprofis zu reflektieren. Überdenken Sie Ihre eigene Grundhaltung als Kündigender. Wenn Sie dem Mitarbeiter, der von einer Kündigung betroffen ist, mit einer inneren Grundhaltung der Wertschätzung und Achtung gegenübertreten, so ist die Wahrscheinlichkeit, dass er sich nicht persönlich angegriffen und als Opfer fühlt, relativ hoch. Durch Ihre Haltung unterstützen Sie ihn, zwischen der Betroffenheit als Mitarbeiter und der Erhaltung seiner Würde als Mensch differenzieren zu können.

- Wenn Sie im Sinne der Trennungs-Kultur das Trennungsangebot so gestalten, dass der Betroffene beim ersten Gespräch mit seinem Rechtsanwalt feststellt, dass das Angebot fair ist, so gibt es eine gewisse Wahrscheinlichkeit, dass er sich zumindest hinsichtlich der Konditionen nicht als Opfer fühlt.

- Seien Sie sensibel, was Ihre *eigene* Rolle betrifft, und aufmerksam für mögliche Anzeichen eines Rollentausches. Lassen Sie sich durch Ihre Personalprofis im Unternehmen beraten oder einen externen Trennungsprofi coachen.

## 8.2 Sandwichposition der Führungskraft

Als Führungskraft der mittleren Ebenen befinden Sie sich in Kündigungs- und Trennungssituationen in einer »Sandwichposition«. Sie sind »Grenzgänger zwischen den Welten«.

- Die Geschäftsleitung erwartet, dass Sie die vom Topmanagement beschlossene Reorganisation und den Personalabbau durchsetzen.
- Die Personalabteilung rät Ihnen, die Kündigung fair und human zu gestalten.
- Der Betriebsrat pocht darauf, dass die Trennung sozial und gerecht erfolgt – oder erst gar nicht stattfinden sollte.
- Ihre Kunden verlangen die schnelle Lösung des Zuständigkeitsproblems.
- Die Survivors erwarten von Ihnen die Unterstützung personeller Engpässe.

- Und Ihre Familie möchte, dass Sie auch mal wieder vor 22 Uhr nach Hause kommen – und vor allen Dingen ein freundliches Gesicht machen.

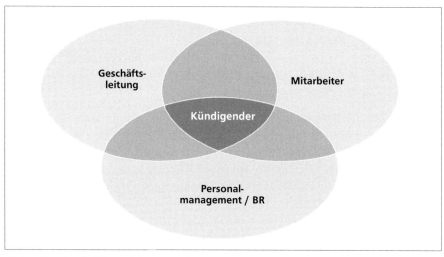

**Abb. 28:** Sandwichposition des Vorgesetzten

Der einzige Ausweg aus dem Rollendilemma ist, zunächst die eigene Rolle zu verstehen und für sich selbst zu klären. Machen Sie sich bewusst, dass Sie, wenn die Rollen nicht klar definiert sind, »zwischen den Mühlsteinen« sitzen bleiben – und zermahlen werden. Sie sind eingezwängt zwischen Arbeitgeber- und Arbeitnehmerinteressen. Auf der einen Seite sind Sie verpflichtet, die Beschlüsse der Unternehmensleitung umzusetzen; damit sollen Sie die übergeordneten Interessen des Unternehmens loyal vertreten. Andererseits spüren Sie die soziale Verantwortung gegenüber Ihren Mitarbeitern. Dadurch baut sich ein Spannungsfeld auf, das zu heftigen inneren Konflikten, einer großen emotionalen Belastung und nachweisbaren medizinischen Symptomen führen kann.

Zwischen der Führungskraft als Botschafter, den Betroffenen, den Verbleibenden und dem Topmanagement gibt es ein systemimmanentes Spannungsfeld. Führungskräfte und Personalverantwortliche, die Trennungsgespräche zu führen haben, stellen sich früher oder später die Frage, ob sie lediglich ausführendes Organ der Unternehmensentscheidungen sind und ob sie ihren Handlungsspielraum der Einflussnahme auf Entscheidungen und Lösungen ausreichend genutzt haben.

Diese Überlegungen sollten in der Phase der *Vorbereitung* von Trennungsprozessen angestellt werden. Diese Fragen im Trennungsgespräch selber zu stellen ist zu spät. Im Trennungsgespräch selber ist es Ihre Aufgabe, die Position und Interessen des Unternehmens zu vertreten. Durch die Sandwichposition und die doppelte Mitgliedschaft in verschiedenen Kreisen des Unternehmens (Führungsebene einerseits, selber Mitarbeiter andererseits, Vorgesetzter drittens und selber Untergebener viertens) kommt es bei nicht ausreichender Klärung der Rollen nicht selten vor, dass der Vorgesetzte zu einem »Doppel-Verräter« wird. »Verräter« der Unternehmensentscheidungen und »Verräter« der Mitarbeiterinteressen. Oder sogar zu einem »Dreifach-Verräter«, wenn der Manager sich auch noch selber »verrät«, indem er gegen die eigene Überzeugung handelt. Ganz kompliziert wird es, wenn die Führungskraft selber auch noch Betroffener durch eigene Kündigung ist.

Der entscheidende Schritt für Sie als Führungskraft ist, eigene Gefühle zuzulassen und zu reflektieren. Da die meisten Führungskräfte »Macher« sind oder sich zu diesen entwickelt haben, fällt es vielen Managern schwer, sich überhaupt auf die Gefühlsebene einzulassen. Das erschwert den Zugang zu den eigenen Gefühlen und denen der betroffenen Mitarbeiter. Zudem glauben viele Manager, »alles im Griff haben« zu müssen und immer genau wissen zu müssen, »wo es lang geht«. Vor und während des Trennungsprozesses erleben sie möglicherweise zum ersten Mal, dass sich manche Dinge anders entwickeln, als sie es gedacht haben. Sie spüren die Ohnmacht und Hilflosigkeit. Dies ist ein fremdes Gefühl für sie. Und einige glauben, besonders in dieser Situation noch »tougher« sein zu müssen. Des Weiteren ist es notwendig, sich im Unternehmen möglichst frühzeitig über die Rollen der Beteiligten Klarheit zu verschaffen. Hierbei sollten Sie auch Ihre »Sandwichposition« ansprechen und Klärung herbeiführen.

## Vortrag auf dem 1. Frankfurter Klartext-Dialog
*Dieter Homberg, Vorstandsvorsitzender der TaunusSparkasse, Bad Homburg v.d.H.*

## Trennung als kontinuierlicher Managementprozess

Die Taunus Sparkasse, mit einer Bilanzsumme von rund 4 Mrd. €, hat 50 Filialen in der Region Rhein/Main und Taunus und hatte, als wir uns 2001 und 2002 mit dem Thema Trennungs-Kultur bei Abbau von Mitarbeitern beschäftigt haben, knapp 1.000 Mitarbeiter.

Ich möchte Ihnen zum Thema »Trennung als kontinuierlicher Managementprozess« gerne drei Aspekte beleuchten.
1. Welche Ziele wollten wir mit einer fairen Trennungs-Kultur erreichen?
2. Welche Problemfelder sollte man bei Trennungen im Blick haben?
3. Wie haben wir es in unserem Hause tatsächlich so erfolgreich gemacht?

1. Aspekt: Was waren unsere Ziele für diese Trennungs-Kultur?

Zunächst wollten und mussten wir den Personalabbau realisieren, um die Personalkosten zu reduzieren. Das zweite Ziel war, dass wir bei diesem Personalabbau die Mitarbeiter fair behandeln wollten. Dies entspricht einem unserer Unternehmensleitsätze. Das dritte für uns wichtige Ziel war ein Aspekt, den ich damals schon ahnte, heute aber als einen der wesentlichsten Punkte ansehe, dem Beachtung zu schenken ist: Wie wirkt der Personalabbau auf die Mitarbeiter, die im Hause verbleiben? 90% unserer Mitarbeiter sollten und wollten ja bleiben – und wir mit ihnen erfolgreich sein. Die zentrale Frage lautet: Wie wirkt der Prozess und die Art und Weise auf die Leistungsträger und wie können wir erreichen, dass dieser Personalabbau auch für unsere Mitarbeiter, die zukünftig weiter in unserem Hause mitarbeiten, nicht demotivierend wirkt? Ein wichtiger Beitrag, dies zu erreichen, ist, die Notwendigkeit dieses Personalabbaus zu vermitteln. Zunächst einmal auf der Ebene der Führungskräfte, aber dann auch den Mitarbeitern generell. Das vierte Ziel sehe ich darin, dass wir unser Image als ein interessanter und fairer Arbeitgeber in der Rhein-Main-Region, hier in diesem Arbeitsmarkt, erhalten wollen. Nach wie vor brauchen wir dies, wenn wir hier im Rhein-Main-Gebiet gute Leute vom Markt anwerben wollen.

### 2. Aspekt: Problemfelder

Wer zu spät erkennt, dass er Personalabbau vornehmen muss, den bestraft das Leben. Insofern ist es eine wichtige Managementaufgabe, das rechtzeitig zu erkennen und anzugehen. Nicht reaktiv, sondern aktiv und weitsichtig. Ist es dann soweit, droht die Umsetzung oft im entscheidenden Moment, d.h. im Gespräch selbst, zu scheitern. Als ein großes Problemfeld bezeichne ich die mangelnde Vorbereitung auf Trennungsgespräche. Ein Trennungsgespräch ist eines der kompliziertesten, eines der schwierigsten Gespräche, das man sich vorstellen kann. Ich kann das aus eigener Erfahrung beurteilen! Wer also als Vorstand meint, »*meine Leute sind so gut, die können die Gespräche führen, ohne dass die darauf geschult werden*«, der wird ein böses Wunder erleben. Also, meine dringende Empfehlung: Lassen Sie Ihre Leute, die Trennungsgespräche führen müssen, auf diese Aufgabe professionell vorbereiten!

### 3. Aspekt: Was hat unser Vorgehen so erfolgreich gemacht?

Wichtig war es, dass wir als Vorstand uns diesem Thema gestellt haben! Das Thema Trennung kann nicht nur auf die erste Führungsebene delegiert werden. Ich selber muss dazu sagen, mir sind manche Gespräche mit Führungskräften nicht leicht gefallen, die lange Jahre im Hause waren, die aber nicht mehr mit dieser aktuellen Entwicklung mithalten konnten. Man merkt dann selber eine persönliche Betroffenheit, wenn man solche Gespräche führen muss. Deswegen war es wichtig, dass wir uns im Vorstand und unsere erste Führungsebene auf diese Gespräche professionell vorbereitet haben. Wer solche Gespräche geführt hat, der weiß im Nachhinein wirklich, dass es das schwierigste Gespräch ist, das man führen muss. Von daher kann ich aus der Praxis die Empfehlung an Sie weitergeben, sich auf einen solchen Prozess wirklich mit einem externen Berater vorzubereiten.

## 8.3 Reaktionstypologie bei Vorgesetzten – Selbstdiagnose und Verhaltenstipps

Um es einfach und praktikabel zu gestalten, teile ich Kündigende in folgende Reaktionstypen ein:

- Der Verdränger
- Der Konfrontierer
- Der Konsens-Sucher

In der Tat, ich stecke die Reaktionstypen bewusst in Schubladen. Sie wissen doch: Die Darstellung soll Ihnen nur eine Idee der möglichen Charaktere und Persönlichkeiten geben, um Ihnen die Erkennung der Symptome zu erleichtern und konkrete Handlungshilfen geben zu können.

**Abb. 29:** Reaktionstypologie bei Vorgesetzten

### 8.3.1 Der Verdränger

Die Verdrängung gehört zu einem der »beliebtesten« Flucht- und Abwehrmechanismen. Bei genauerer Betrachtung nimmt die Verdrängung unterschiedliche Ausdrucksformen an. Bekannte Verdrängungsstrategien sind (Freimuth 1995):

- Innere Abspaltung: »Ich muss das nicht vertreten, da ich nur ausführendes Organ bin.«
- Funktionärhaftes Arbeiten: »Das ist ein Job wie jeder andere.«
- Ausstiegsphantasien: »In drei Jahren mache ich sowieso alternativen Landbau.«
- Rationalisieren: »Irgendeiner muss den Job ja machen.«
- Hoffnung auf bessere Tage: »So kann es ja nicht immer weitergehen.«
- Ausstieg: »Ich wechsle den Job.«

**Verhaltenstipps für Verdränger**

- Machen Sie sich die Komplexität und Emotionalität der Trennungssituation intensiv bewusst.
- Sprechen Sie über Ihre Situation und Ihre Gefühle mit erfahrenen Kollegen, Personalprofis oder einem Coach.
- Bleiben Sie innerlich »am Ball« und erlauben Sie sich keine Ausflüchte wie die Erledigung anderer, »ganz wichtiger« Arbeiten, Dienstreisen oder dringende Kundenbesuche.
- Stehen Sie zu Ihren Fluchttendenzen, aber geben Sie ihnen nicht nach.
- Meistens hilft neben dem Bewusstmachen auch eine disziplinierte Vorbereitung, die Situation zu meistern.

### 8.3.2 Der Konfrontierer

Der zweite Typus ist der »Konfrontierer«. Im Zusammenhang mit der Bewältigung von Trennungsprozessen hat der Typus des Konfrontierers das positive Image des Problemlösers, andererseits aber auch das des »Vernichters« und »Zerstörers«. Eine häufige Beobachtung: Je unsicherer sich dieser Typus in der Rolle des Kündigenden fühlt, um so aggressiver und härter glaubt er vorgehen zu müssen. Er versucht, das Problem »technisch« durch die Einschaltung der Fachleute – Auftrag an einen Anwalt – und durch Sachlichkeit – Übertragung an die Personalabteilung – zu lösen. Er löst sein eigenes emotionales Problem durch die Einschaltung der Instanzen, die erstens »*von Amts wegen dafür zuständig*« sind und zweitens »*sowieso besser mit Menschen umgehen können*« als harte Managertypen wie er. Oder er delegiert nach oben an »höhere Entscheider«, z.B. an den Vorstand. Mit diesem Sprung auf die Sachebene ist für ihn das Problem gelöst – eigene Gefühle sind außen vor. Dass diese Vorgehensweise in aller Regel zu einer Eskalation beiträgt, die Standpunkte verhärtet, die Verhandlungen in die Länge zieht und das Verfahren verteuert, wird als »*systemimmanent*« billigend in Kauf genommen.

**Verhaltenstipps für Konfrontierer**

- Machen Sie sich bewusst, dass es auch anders geht.
- Überdenken Sie Ihre Grundeinstellungen zur Trennung.
- Versuchen Sie, Ihre Gefühle bewusst wahrzunehmen.
- Überdenken Sie Ihr Menschenbild und Mitarbeiterbild.
- Verschaffen Sie sich »Sicherheit« – innere Sicherheit. Wenn Sie sich selber sicher fühlen, besteht keine Notwendigkeit mehr, »den anderen klein zu machen«, indem sie ihn abwerten.
- Ermutigen Sie sich selber, Ihre Gefühle zuzulassen und wahrzunehmen.

## 8.3.3 Der Konsens-Sucher

Als Konsens-Sucher bezeichne ich die Führungskraft, die im Sinne einer fairen und professionellen Vorgehensweise handelt. Er zeigt sich als der empathische, einfühlsame Chef, der auch in dieser Situation den menschlichen Aspekt in den Vordergrund stellt und eine schadensbegrenzende, einvernehmliche Lösung sucht. Allerdings besteht für ihn die Gefahr darin, dass er in den Augen anderer als »*zu nett*«, »*zu soft*« erlebt wird. Ein Chef, der dem Mitarbeiter ermöglicht, das »Gesicht zu wahren« und der selber die Achtung und Wertschätzung des Menschen lebt und bewahrt, läuft Gefahr, auf Unverständnis zu stoßen und als »*Weichei*« zu gelten. Er ist der »Kümmerer«, er sucht Kompromisse, die beide Seiten zufrieden stellen. Aber er läuft Gefahr, Zugeständnisse zu machen, die er nicht machen sollte und wollte. Er hat tendenziell Probleme, sich selbst abzugrenzen, neigt dazu, sich zu sehr in den Gekündigten und dessen Gefühlswelt hineinzuversetzen und selber die Fassung zu verlieren. Er hat zwar ein Händchen dafür, auch in kniffligen Situationen konstruktiv zu bleiben, läuft aber gleichzeitig Gefahr, faule, nicht haltbare Kompromisse zu schließen.

**Verhaltenstipps für Konsens-Sucher**

- Prüfen Sie sich hinsichtlich Ihrer Grenzen.
- Bleiben Sie innerhalb der für Sie tolerablen Grenzen – emotional und sachlich.
- Achten Sie auf die Gefahr, zu viele Zugeständnisse zu machen.
- Sagen Sie sich immer wieder: »Ich muss es nicht allen recht machen.«
- Sagen Sie sich: »Die Gefühle des anderen gehören nur zu ihm – nicht zu mir.«
- Sagen Sie sich: »Ich habe einen Auftrag und den werde ich gewissenhaft und professionell ausführen.«
- Sagen Sie sich: »Ich behalte die Souveränität.«
- Lassen Sie sich nicht irritieren durch Angriffe und Aufforderungen »zu mehr Härte«.
- Bleiben Sie menschlich und fair.

## 8.3.4 Experten-Tipps für alle drei Reaktionstypen

In einer extremen Situation, wie sie das Trennungsmanagement darstellt, erscheint es sinnvoll, sich die eigenen Schlüsselqualifikationen bewusst zu machen, die Sie gezielt einsetzen können, um diese Aufgabe professionell zu bewältigen. Hier eine Auswahl der vom *Center of Creative Leadership* als »*rettend* und *helfend*« identifizierten *Schlüsselqualifikationen*.

- Einfühlungsvermögen
- Zwischenmenschliches Geschick
- Verständnis für andere
- Erreichbarkeit

- Umgang mit Mehrdeutigkeiten
- Umgang mit Paradoxen
- Fassung und Gelassenheit

Ob Sie über diese verfügen und in welcher Ausprägung, das wissen nur Sie. Bitten Sie interne und externe Experten um Unterstützung der Reflexion und suchen Sie eine Möglichkeit, sich hinsichtlich der rettenden und helfenden Schlüsselqualifikationen weiterzuentwickeln. Wie Sie unschwer erkennen können, haben die meisten etwas mit der viel beschworenen sozialen Kompetenz zu tun. Nachfolgend finden Sie eine Checkliste zur Selbst-Diagnose.

Checkliste: »Selbst-Diagnose«:

| | Reflexion | |
|---|---|---|
| Typus | Mein Problem/Warum? | Maßnahme zur Abhilfe |
| Verdränger | | |
| Konfrontierer | | |
| Konsens-Sucher | | |

## 8.4 Reaktionen von Personalprofis als »Betroffene«

Gerne werden die Mitarbeiter der Personalabteilung als Experten bezeichnet. Man nennt sie Personalverantwortliche oder Personalprofis. Zur Vervollständigung der Betrachtungen gehört ein Blick auf die Rolle der Personalverantwortlichen im Trennungsprozess und deren Reaktionen als Betroffene.

- Strategische Partner der Geschäftsleitung
- »Experten« in Sachen Human-Resources-Management
- Coach für die Führungskraft
- Ansprechpartner für den betroffenen Mitarbeiter
- Vordenker und kreativer Part bei der Lösungssuche
- Neutrale Instanz
- Hilfsinstanz bei der Gesprächsführung und Vorbereitung
- Sprachrohr zum Betriebsrat
- Sprachrohr zum Anwalt.

Personalverantwortliche klagen immer wieder über die Tatsache, dass Vorgesetzte das Führen von Trennungsgesprächen an sie delegieren wollen. Einige von Ihnen, die sich nichts anderes vorstellen können, als diesen »Job« zu übernehmen, werden mir jetzt »an die Gurgel gehen«. Da das Klagen allerdings lauter in meinen Ohren klingelt als die anderen Stimmen – und ich persönlich der Überzeugung bin, dass Kündigungsgespräche in die Hand des Vorgesetzten gehören –, stelle ich einige Fragen der alltäglichen Praxis zur kritischen Diskussion. Es ist eine Tatsache, dass die Mitarbeiter der Personalabteilung täglich mit Personalakten und Arbeitsrechts-Paragraphen umgehen. Aber dies ist kein Grund, sie im Rahmen von Kündigungsgesprächen als »Erfüllungsgehilfen« zu »missbrauchen«. Allerdings: Zu einer Delegation gehören immer zwei. Und so frage ich mich: Warum lassen Personalleiter und Personalreferenten denn immer wieder und immer noch zu, dass man an sie diese Aufgabe delegiert? Könnte es sein, dass der Mut fehlt, »nein« zu sagen und sich abzugrenzen? Oder ist denkbar, dass sich der ein oder andere in dieser Situation als »Kümmerer« mehr für den Mitarbeiter verantwortlich fühlt als der direkte Vorgesetzte? Oder gefällt die Rolle als »Helfer« zu gut?

- Mit ihrer Erfahrung leisten die »Personalprofis« den Vorgesetzten bei der Vorbereitung und Durchführung von Trennungsgesprächen wichtige Hilfestellung.
- Da sie selber nicht direkt in den Prozess involviert sind, behalten sie einen inneren Abstand und sind so in der Lage, die beiden streitenden Parteien zu beraten.
- Als neutrale Instanz unterstützen Sie die Führungskräfte und leisten einen wesentlichen Beitrag, die strategischen Pläne der Unternehmensleitung umzusetzen.

Prüfen Sie sich in Ihrer Rolle als Personalverantwortlicher.

| Reflexion | | |
|---|---|---|
| **Meine Probleme** | **Wie bemerkbar?** | **Abhilfe** |
| | | |
| | | |
| | | |
| | | |

## Vortrag auf dem 1. Frankfurter Klartext-Dialog

*Manfred Glahe, Leiter Personal-Führung, Organisation und Entwicklung der SKF GmbH, Schweinfurt*

## Trennungs-Kultur aus verschiedenen Perspektiven

In meinem Beitrag möchte ich das Thema Trennungs-Kultur aus verschiedenen Perspektiven ansprechen und dabei ein paar Dinge, die mir im Laufe des heutigen Tages aufgefallen sind, einbeziehen.

Erste Perspektive: Als Betroffener. Auch mich hat es erwischt. 1993 war das.

Zweite Perspektive: Als Funktionsträger, als Personal- und Organisationsentwickler.

*Perspektive als Betroffener:*

1993, damals Mitarbeiter eines deutschen Konzerns, wurde ich eines schönen Tages zum Bereichsleiter Personal gerufen, der das Gespräch damit anfing: »*Herr Glahe, schön, dass Sie Zeit haben, ich wollte mit Ihnen mal ein paar grundsätzliche Dinge besprechen.*« Ich dachte, Mensch, das passt ja gut, auch ich habe ein paar Themen dabei. Wir waren nämlich zu dem Zeitpunkt gerade dabei, die variable Vergütung für Führungskräfte zu überarbeiten und dazu hatte ich einige Fragen. Darüber wollte er aber gar nicht mir reden, sondern er fuhr fort: »*Tja, wie soll ich es Ihnen denn jetzt sagen, Sie wissen ja, eigentlich ha-ben wir uns immer ganz gut verstanden – aber das Vertrauen ist nicht mehr da. Lange Rede, kurzer Sinn.*« An diese Worte kann ich mich auch nach 13 Jahren immer noch sehr genau erinnern. Ich gebe auch gerne zu, manchmal träume ich auch noch davon. Und es gibt durchaus Situationen im heutigen Berufsleben, wo ich mich fragen muss, sagst du ihm jetzt mal ehrlich, wie du die Dinge siehst, die da soeben in den Vorstandsstuben entschieden werden, oder hältst du dich besser ein bisschen zurück? Weil, es könnte ja Konsequenzen haben. Ich habe mich nicht zurückgehalten. Ich hatte eine eigene Meinung – und habe diese auch gesagt. Und ich war authentisch. Dann haben wir uns getrennt. Ich hatte nur 36 km zu fahren, aber die kamen mir vor wie 360 km. Und wie ich nach Hause gekommen bin, weiß ich immer noch nicht. Also, das räume ich heute gerne ein: Die Gedanken und Gefühle begleiten mich seit diesem Tag im Jahre 1993.

Im Rückblick betrachtet war es das Beste, was mir hatte passieren können. Für mich war wichtig, zu mir selbst zu stehen und mich nicht durch diese »Spielchen« aus der Bahn werfen zu lassen.

Als ich 2002 das Programm zum Outplacement-Gipfel in Köln sah, dachte ich, »Was ist eigentlich Trennungs-Kultur?« Seitdem habe ich viel darüber nachgedacht. Heute sage ich Ihnen auf die Frage, »Brauchen wir eine Trennungs-Kultur in den Unternehmen?«, ganz deutlich: »Nein«. Wenn Sie mich aber fragen »Brauchen wir eine *andere* Trennungs-Kultur?«, sage ich Ihnen genauso deutlich, »Ja!« Daher sage ich: »Gott sei Dank kümmert sich seit 2001 jemand um Trennungs-Kultur!« und ich bin sehr froh, dass es den Kongress gibt, sodass das Thema zumindest mal in einer Nische platziert wird – auf dass es endlich jemand wahrnimmt?

*Perspektive als Personal- und Organisationsentwickler:*
Aus der Sicht konnte ich Erfahrungen sammeln in meinem jetzigen Unternehmen, bei der SKF am Standort Lüchow-Dannenberg, ein Werk mit knapp 1.000 Menschen in einer strukturschwachen Region. Dort mussten wir 176 Menschen abbauen. Die Entscheidung war in dem Fall in Göteborg getroffen worden. Wir haben lediglich die Mitteilung bekommen.

Als PE/OE ergibt sich in diesem Moment die spannende Frage, »Was ist jetzt unser Selbstverständnis? Sind wir die Umsetzer, sind wir jetzt die, die auf den Betriebsrat zugehen und den Sozialplan und Interessensausgleich aushandeln oder gehen wir ein Stückweit auch noch anders ran?«

Eine weitere Frage ist eine nennen wir es mal »handwerkliche Frage«: Wie machen wir das jetzt eigentlich, wie läuft denn dieser Prozess von der Verkündigung bis zur »Übergabe« in einen neuen Lebenszustand? Und was machen wir eigentlich mit den anderen 800 Menschen, die daneben stehen und das Ganze beobachten? Und wie geht es denn dann eigentlich weiter, wenn wir restrukturiert haben? Und wie sieht es denn dann aus mit der Motivation? Und hier sage ich Ihnen heute ganz offen: Hier sehe ich ein wunderbares Betätigungsfeld für die Personal- und Organisationsentwicklung.

Wir haben zunächst einmal das Management für diese ganzen Fragen interessieren müssen. Interessieren müssen, heißt Überzeugungsarbeit leisten. Interessant war, dass die gar nicht drauf gekommen sind, über Prozesse und Abläufe nachzudenken. Weil sie in ihrem Managementauftrag, fixiert auf die Lösung, das gar nicht für sich reflektiert haben. Wir haben sie trainiert, ich sage das ganz bewusst so, denn sie müssen bei den Menschen erst mal im Kopf ein paar Blockaden lösen, mit ihren Ängsten arbeiten, Trennung ist eine völlig ungewohnte Situation. Ich erwähnte das strukturschwache Gebiet. Es ist vorhin schon mal von der gemeinsamen Hühnerzucht gesprochen worden, das ist einfach ein Faktum, dort ist es der Schützenverein. Die treffen sich alle im Schützenverein und auf dem Fußballplatz. Man kennt sich, man wohnt nebeneinander, man ist verschwiegert, verschwägert, verheiratet. All diese strukturellen Themen haben wir versucht, überhaupt zum Thema zu machen, damit sie bearbeitbar wurden. Wir haben darüber diskutiert und dann etwas ganz, ganz Wichtiges gemacht, wir haben uns auch mit Kommunikation beschäftigt.

Ich bin froh, dass wir die Führungskräfte in den Workshops abgeholt haben. Auch deren eigene Befindlichkeit haben wir zum Thema gemacht, nach dem Motto, wie ist es Euch denn eigentlich dabei ergangen, wenn Ihr im Rollenspiel auf die persönliche Reaktion gestoßen seid? Ich denke, die Reflexion ist ganz wichtig, extrem wichtig. Auch das Thema Führen und Motivieren von Mischgruppen, zumal diese 176 Mitarbeiter nicht an einem Stichtag aus dem Betrieb gegangen sind, sondern erst nach und nach. Das heißt, die Führungskräfte hatten zum Teil vier oder fünf Kollegen dabei, die noch zwei bis drei Monate im Team waren – und dann erst gingen. Keine einfache Situation. Eine ganz wichtige Frage in der damaligen Situation war der Blick auf die anderen, ich habe sie damals »die Hinterbliebenen« genannt. Da ist schon eine Menge Trauerarbeit nötig, weil diese Mitarbeiter betrifft es ja auch. Auch die treffen sich, und wenn man morgens zusammen beim Bäcker steht, und ich bin jetzt der Glückliche, der noch da ist und er, mit dem ich regelmäßig um halb 12 Uhr in die Kantine gegangen bin, der ist jetzt nicht mehr da; da haben die auch ein Thema miteinander. Also auch solche Aspekte haben wir angesprochen, zum Thema gemacht. Es gab auch regelmäßige Informationsveranstaltungen für die Mitarbeiter, wo wir diese Themen auch angesprochen haben.

Wir hatten mal so eine Phase, wo es den Strohhalmeffekt gab. Da hat man gedacht, vielleicht geht der Kelch ja doch an uns vorbei und vielleicht ist das noch nicht so ernst gemeint vom Unternehmen. Das war eine kritische Situation. Was ist passiert? Durch einen unerwarteten Produktionsauftrag waren wir in dem Dilemma, von den 176 Entlassenen 25 Leute zurückholen zu müssen. Und das nach nicht ganz einem Jahr. Da war uns wirklich nicht wohl dabei. Wie kommunizieren Sie jetzt so was und wer soll es sein? Erstaunlicherweise ist das Thema sehr einfach über die Bühne gegangen. Interessanterweise war das für die, die zurückgekommen sind, überhaupt kein Thema. Wissen Sie, wie das kam? Sie haben uns gesagt: »*Na ja, das hättet Ihr uns und Euch ersparen können. Aber Ihr wart damals wenigstens fair*«. Das ist auch so ein Satz, den ich nie vergessen werde. »*Ihr wart wenigstens fair!*« Dass man so eine Trennung ganz menschlich, human und sauber hinkriegt, das ist ein Traum, glaube ich. Aber wenn man erreicht, dass »fair« gesagt wird, ist das, denke ich, schon ziemlich gut.

Als wesentliche Erkenntnis ist ein Satz geblieben – und den möchte ich Ihnen auch heute ans Herz legen –, der so lapidar klingt, aber so bedeutsam ist: »*Am Ende ist es der Mensch, der zu interessieren hat!*« Das ist eine anspruchsvolle Aufgabe, für mich das Schwierigste, was ich zu bedenken habe, sowohl in der Führungsaufgabe, als in der Personalarbeit.

## 8.5 Reaktionen von Betriebsratsmitgliedern als »Betroffene«

Auch die Betriebsratsmitglieder befinden sich in einer extrem schwierigen Lage, wenn es um Personalabbau, Entlassungen und Kündigungen geht. Als Vertreter der Arbeitnehmer fordern sie zu Recht eine »proaktive« Personalpolitik, zu der auch die Verbesserung der Employability gehört. Nach Prüfung der Möglichkeiten des Replacements oder Inplacements im eigenen Konzern oder Unternehmensverbund sind aber auch sie mit ihrem Latein am Ende, wenn der Personalabbau realisiert werden soll. Ebenso kann es im Einzelfall nicht Interesse des Betriebsrates sein, dass eine ganze Abteilung leidet, da ein Einzelner schlechte Leistungen bringt. Streng genommen befinden sich auch die Betriebsräte in einer »Sandwich-Position«. Sie sollen den unterschiedlichen Interessen (Mitarbeiter, Gemeinwohl, Unternehmensleitung) gerecht werden, ohne sich der einen oder anderen Seite zu sehr zugeneigt zu zeigen – außer natürlich denen, die sie vertreten. Auch Betriebsräte sind in Trennungssituationen extrem unter Druck. Was sie unter Trennungs-Kultur verstehen und welche ethischen Normen und Werte sie an den Trennungsprozess stellen, sollte im Sinne des Kulturwandels in einem Unternehmen sehr aufmerksam aufgenommen werden. Idealerweise sollte es eine Kongruenz des Verständnisses im Hinblick auf die unternehmenseigene Trennungs-Kultur geben. Eine frühe Information und das »Involviert-Werden« durch das Management erleben Betriebsratsmitglieder in jedem Fall als Beitrag zur Trennungs-Kultur. Die Verfügbarkeit von Indikatoren zur Früherkennung von Entwicklungen, die zu Entlassungen führen, sind insbesondere den betroffenen Betriebsratsmitgliedern ein Anliegen. Wenn wir gemeinsam suchen, werden wir diese »Frühwarn-Indikatoren« bald als weiteren Mosaikstein ergänzen können – zur Definition von Trennungs-Kultur.

Die Vertreter »beider Seiten« sind sich einig. Beispiel: Sowohl Manfred Schäfer, Senior Manager der Sanofi-Aventis Deutschland GmbH, als auch Ralf Brümmer, Leiter Ressort Beschäftigungsmodelle Deutsche Bank AG, wie auch Friedrich Zimmer, ehemaliger Vorsitzender des Konzernbetriebsrats der ALTANA Pharma AG, betonen in persönlichen Gesprächen mit mir oder im Rahmen von gemeinsam moderierten Workshops die Sinnhaftigkeit einer engen und vertrauensvollen Zusammenarbeit zwischen Betriebsrat und Geschäftsleitung/Personalwesen.

Allen Betriebsräten rufe ich im Sinne des Buches »Der Mann, der Bäume pflanzte« von Jean Giono und Quint Buchholz zu: *Lassen Sie sich nicht beirren. Pflanzen Sie wie der Schäfer Bouffier Eicheln auch in einem scheinbar verödeten Boden. Seien Sie zuversichtlich, sie werden aufgehen und es werden neue Wälder der Verständigung und des Miteinanders zum Wohle der Mitarbeiter wachsen.«  Lesen Sie mal das Buch.

Wie jede Geschäftsleitung, jede Personalabteilung und auch die Betroffenen in den Unternehmen wissen, hat das Verhalten der Betriebsräte im Falle eines Personalabbaus maßgeblichen Einfluss auf die Dauer der Verhandlungen, den

Umfang des ausgehandelten Paketes, sowie das Angebot von Transfermaßnahmen im weiteren Sinne. In einer Studie hat das IEBP – Institut zur Entwicklung beruflicher Perspektiven GmbH (Nicolai 2007) – interessante Aspekte herausgefunden und dokumentiert. Da mir diese in meiner langjährigen Beratungspraxis in ähnlicher Weise immer wieder begegnet sind, ich aber nicht über eine Studie verfüge, zitiere ich zum Teil sinngemäß, zum Teil wörtlich aus der genannten Publikation, ergänzt durch meine persönlichen Erfahrungen.

1. Der Kenntnisstand von Betriebsräten zu den arbeitsrechtlichen Hintergründen, zu Change-Prozessen, zum professionellen Trennungsmanagement und zu den Instrumenten im Transfer-Prozess ist relativ begrenzt. 22 Prozent der in der Studie befragten Betriebsräte sahen sich nicht in der Lage, über inhaltliche Fragen Aussagen zu treffen. Erschreckend allerdings ist, dass 46 Prozent der Betriebsräte, die sich nicht hinreichend informiert fühlen, auch kein Interesse an weiterführenden Informationen bekundeten. Wen wundert es also, wenn sich Betriebsratsmitglieder von Geschäftsleitungen überfahren, der gesamten Situation völlig überfordert und daher unsicher fühlen und erst mal das gesamte Verfahren verschleppen. Nach meiner Einschätzung und dem Bekunden der betroffenen Mitarbeiter ganz häufig zu deren Nachteil.

2. Die Ursachen sind vielschichtig: bei Betriebsratsmitgliedern besteht eine weit verbreitete Aversion gegen das Thema Personalabbau und gegen alles, was damit zusammenhängt. Nur zur Erinnerung: Betriebsratsmitglieder sind selber Betroffene in mehrfacher Hinsicht: zum einen als Mitarbeiter, zum anderen als Mandatsträger, des Weiteren rechenschaftspflichtig gegenüber der Belegschaft und dem eigenen Gewissen, und dann natürlich ganz persönlich als Mensch. Solange das Thema Personalabbau nicht unmittelbar auf der Tagesordnung steht, wird es auch in Betriebsratsgremien weitgehend verdrängt. Auf Basis meiner Erfahrungen aus der Zusammenarbeit mit Betriebsräten in vielen Fällen, sich neben der inhaltlichen Auseinandersetzung mit der Thematik zunächst einmal mit sich selbst auseinander zu setzen, um den Anforderungen in den verschiedenen Rollen und den Anforderungen in dem oft viele Monate dauernden, sehr belastenden Prozess gewachsen zu sein. Es ist dringend erforderlich, dass Betriebsräte ihr Informationsdefizit beheben und ihre Handlungskompetenz erhöhen.

3. In der Studie sehen sich Betriebsräte generell als Initiatoren von Transfermaßnahmen (über 80 Prozent der Befragten 120 Betriebsräte). Die Hauptmotivation, überhaupt eine Geldtransferagentur mit nachfolgender Transfergesellschaft vorzuschlagen, liegt darin, dass mit diesen Maßnahmen des Sicherheitsbedürfnis befriedigt und eine längere Zeitspanne überbrückt werden kann. Leicht nachvollziehen kann man den Wunsch der Betriebsräte, dass die Finanzierung von Transfermaßnahmen nicht aus eingesparten Abfindungen, sondern als zusätzliche Leistung erfolgt.

4. In der Abwägung zwischen dem Angebot einer Transferagentur und Transfergesellschaft versus dem Angebot einer professionellen Beratung im Sinne von New-Placement-Beratung oder Karriere-Coaching geben die befragten Betriebsräte der »professionellen Unterstützung zur beruflichen Neuorientierung« eine leichte Priorität (69,3 Prozent bei möglichen Mehrfachnennungen). Hier wiegt offensichtlich die Erfahrung einer höheren Erfolgsquote der Individual-Beratung und der Kleingruppen-Beratungen gegenüber der oft anonymen und in manchen Fällen lediglich reaktiven Transfergesellschaft sowie dem Ziel der Beseitigung von Qualifikationsdefiziten schwerer. Allerdings kann ich mich des Eindrucks nicht erwehren, dass die Betriebsräte in vielen Fällen nicht mit den Zielgruppen, das heißt den eigentlich gedachten, also den von Kündigung betroffenen Mitarbeitern, Rücksprache halten und im eigentlichen Sinne oft nicht wissen, was diese sich wünschen und am meisten bräuchten.

**Fazit und Empfehlung:**

Betriebsratsmitglieder müssen sich wie alle anderen beteiligten Aktiven in diesen Prozessen nicht nur mit den Inhalten der Verhandlungen auseinander setzen, sondern sich in fachlicher und sachlicher Hinsicht erheblich besser auf die Verhandlungen vorbereiten. Und zwar frühzeitig. Ebenso ist es dringend ratsam, dass sie sich als Mensch und Mandatsträger mit ihrer eigenen Person, ihren eigenen Emotionen und wechselnden Rollen auseinander setzen. Am besten, mit externer, professioneller Unterstützung eines Supervisors.

Das Management ist gut beraten, den Betriebsrat frühzeitig einzubinden und sowohl menschlich als auch fachlich als gleichwertigen Partner zu behandeln. Dies stärkt das gegenseitige Vertrauen und beschleunigt die Prozesse. Zum Nutzen aller Beteiligter.

# Kapitel 9

# Betroffene Kerngruppe II: Der Gekündigte – Multiple Reaktionen der »Hauptperson«

Grundsätzlich sind bei einer unfreiwilligen, also durch den Arbeitgeber ausgelösten, beruflichen Trennung ähnliche emotionale Mechanismen zu beobachten wie bei dem Verlust eines geliebten Menschen durch Tod oder Trennung.

> **Vortrag auf dem 1. Frankfurter Klartext-Dialog**
> 
> *Hartmut Kuhlmann, 15 Jahre als Redakteur und Lektor, Redaktionsleiter, Cheflektor und Geschäftsführer in Fachverlagen tätig, heute als Berufsschullehrer für Deutsch und Französisch an der Carl-Benz-Schule in Koblenz*
> 
> **Persönliche Mitteilung**
> 
> Als ausgebildeter Germanist und Romanist berichte ich Ihnen heute, dass ich in meiner Erwerbsbiographie zwei Mal von beruflichen Trennungsprozessen betroffen war. Ich möchte Ihnen meine ganz persönliche Sichtweise anbieten und mit persönlichen Anmerkungen zu einer weitergehenden und vertiefenden Diskussion anregen.
> 
> **Erste These:** Trennungs- und Kündigungsprozesse sind tiefe Einschnitte in der Biographie der Betroffenen mit erheblichen Konsequenzen und weitreichenden Auswirkungen auf das psychische, soziale und mentale Befinden des Gekündigten.
> 
> Wir alle sind bemüht, unser Leben und unsere Biographie in Stabilität und Kohärenz zu leben. Kündigung und Trennung sind da Einschnitte, die als etwas vollkommen Fremdes in unser Leben eingreifen. Plötzlich werden wir von Unbekanntem berührt – wir können es zunächst nicht sehen, nicht greifen, nicht begreifen. Aber es hat uns vollständig im Griff. Wir merken die Auswirkungen – körperlich, geistig und ganz langsam und allmählich auch in der Veränderung unserer Einstellungen. Auf diese weitreichenden Auswirkungen von Kündigung und Trennung hat uns niemand vorbereitet.

**Zweite These:** Es ist heutzutage in vielen Bereichen üblich, Altbekanntes durch Neologismen und euphemistische Redewendungen zu umschreiben und schönzureden.

Wir alle haben uns mittlerweile daran gewöhnt, wenn allabendlich mit gleichbleibender stoischer Miene und ohne jegliche menschliche Teilnahme von »sozialverträglichem Stellenabbau« die Rede ist. Bleiben wir beim Thema und sagen die Wahrheit: Hier werden Menschen in eine unsichere Zukunft entlassen. Und da geht es um die Art und Weise, wie man mit den Menschen umgeht. Anständigkeit, Ehrlichkeit und Aufrichtigkeit zahlen sich auch in der schwierigen Phase der beruflichen Umorientierung aus – ich finde, für beide Seiten.

**Dritte These:** Viele Betroffene möchten die Erfahrung nicht mehr missen.

Ich persönlich war in meiner bisherigen Erwerbsbiographie von zwei Trennungen und Kündigungen betroffen. Beide Erfahrungen möchte ich heute – im Abstand der Jahre – nicht missen, denn sie waren zwar zutiefst schmerzlich, aber sie waren lehrreich und ich habe Konsequenzen für mein berufliches Handeln daraus gezogen.

Der erste Trennungsprozess vollzog sich Anfang der achtziger Jahre in einem Schulbuchverlag. Die Abwicklung mit unwirksamer Abmahnung, dem Versuch der Degradierung und letztendlicher Aufhebungsvereinbarung war ausgesprochen holprig und unschön. Dennoch: Mein berufliches Ziel habe ich nicht verloren. Mit Hilfe meines Coaches fand ich relativ zügig eine Stelle als Cheflektor, die meinen Neigungen und Fähigkeiten sehr wohl entsprach.

Der zweite Trennungsprozess vollzog sich 2002. Ich war Geschäftsführer innerhalb eines mittelständischen Druckunternehmens und hatte die Aufgabe, einen eigenen Verlagsbereich aufzubauen – wie man es damals nannte – ein junges Start-up-Unternehmen. Ich konzentrierte meine ganze Kraft also auf den Aufbau und die Entwicklung eines Verlages und darauf, Autoren zu gewinnen, Bücher zu produzieren, Werbung dafür zu machen und auch öffentlichkeitswirksame Autorenlesungen zu veranstalten.

Bei allem Engagement und Herzblut für diese Sache hatte ich ganz übersehen, dass der Eigentümer und Gesellschafter der Druckerei nur »wirtschaftliche Ergebnisse« sehen wollte. Das Ende kam schnell und ernüchternd: Wenige Tage vor Weihnachten erhielt ich im Besucherzimmer – dort wo sonst Kunden und Gäste empfangen wurden – meine Kündigung überreicht. Wenn ich es heute recht erinnere, dann hat dieses »Gespräch« keine drei Minuten gedauert. Die Anerkennung für die geleistete Aufbauarbeit erhielt ich erst nach ausdrücklicher schriftlicher Aufforderung.

Was hatte ich dieses Mal gelernt? Trennung und Kündigung gehen im Zweifelsfalle stil- und formlos vonstatten. Das, worauf ich mich in meiner Arbeit mit aller Hingabe und allem Engagement gestürzt hatte, war plötzlich vollkommen uninteressant. Ich hatte mein Herzblut für die Arbeit an falscher Stelle investiert.

**Vierte These:** Zwischen dem Antritt eines ersten Jobs als junger Mensch, der Übernahme einer verantwortungsvollen Position als leitender Angestellter und dem Erkennen einer Berufung, die man endlich mit Herzblut ausfüllen kann, vergeht häufig ein längerer Entwicklungsprozess.

Meine berufliche Entwicklung hat mich heute – nach über 15 Jahren Erfahrungen im Verlagswesen – dahin entwickelt, dass ich meine Erfahrungen, meine Einstellungen und meine Begeisterung nunmehr im Schuldienst an junge Leute weitergeben darf. Da ich an einer berufsbildenden Schule unterrichte, darf ich sie auch auf die Wagnisse und Risiken einer sich rasch ändernden globalen Wirtschaft vorbereiten. Es ist für mich heute zwingend erforderlich – und ich empfehle jedem Arbeitnehmer dies zu prüfen – mir ab und an darüber Rechenschaft abzulegen, ob mein Herz noch brennt – für das, was ich gerade tue, für meine zusätzlichen, ehrenamtlichen Aufgaben – und ob mein Beruf noch meine Berufung ist.

Mein Herz brennt weiter, und ich habe mir ganz fest vorgenommen, mein Herzblut nur noch an diejenigen weiterzureichen, die meine Meinung vollständig teilen.

Eine andere Erfahrung drastischer, eher unprofessionell anmutender Vorgehensweise erreicht mich per E-Mail und trägt die Betreffzeile: »Security Guarde hält mir die Tür auf«.

### Einfach vor die Tür gesetzt

(Quelle: persönliche Mitteilung aus Wien – per Mail im Mai 2006)

Donnerstag bin ich morgens von meiner Freundin direkt zur Arbeit gefahren. Wir hätten Freitag unsere große Präsentation für unser neues Produkt gehabt. Ein wichtiger Moment.

Am Eingang treffe ich Jimmy, Tränen in den Augen. »Was ist los, warum arbeitest du nicht?«, frage ich. »Sie haben unser Büro geschlossen. Geh nach oben!« Bereits leicht verstört gehe ich die Treppe hoch. Ein Security Guard hält mir die Tür auf. Lauter verstörte Gesichter. Unsere Human Ressource Chefin und unser Produktmanager drücken mir zwei Zettel in die Hand. »Employee Closure Notice« steht drauf. Viel bla bla.

Ich werde in den Besprechungsraum gebeten, begleitet von einem Security Guard.

Im Besprechungsraum: Unser Managing Director und zwei Anwälte des Konzerns. »Unser Büro wurde geschlossen. Wir sind froh, dass wir euch das noch persönlich mitteilen dürfen. Wir zahlen das Gehalt noch zweieinhalb Monate.« Baff.

Wir mussten das Gebäude durch den Hinterausgang verlassen. Unten ungläubige Gesichter. Mein Chef begegnet mir. Er glaubt uns kein Wort. Ich gehe in unsere Business-Kneipe um die Ecke. Alle versammelt. Keiner weiß warum. Auf dem Weg nach Hause bei der Bank vorbei. Mein Konto ist gesperrt. Wie ich erfahre, haben sie all' unsere Konten gesperrt. Scheinbar hat die Bank von der Aktion Wind bekommen und Angst, dass alle Ausländer ihr Geld abheben und gleich das Land verlassen.

Ich bin an dem Abend erst mal mit allen Kollegen einen trinken gegangen. Mir geht es ja noch relativ gut. Aber da gibt es Kollegen mit Kindern, gerade nach Wien gezogen, gerade eine Eigentumswohnung gekauft, Zukunftspläne ... Und mehrere Pärchen, die nun beide auf der Straße stehen.

100 Menschen – einfach vor die Tür gesetzt.

## 9.1 Trennungstrauma

Die genannten Situationen stellen ein traumatisches Erlebnis, einen tiefen Einschnitt im Leben eines Menschen dar – haben sie doch mit Verlust, Loslassen, Verarbeitung der Trauer, Neuausrichtung und Neuorientierung zu tun. Während der Tod eines nahen Verwandten oder die Trennung von einem Partner im sozialen Sinne »gesellschaftsfähig« sind, ist dies bei beruflicher Trennung durch Kündigung noch bei weitem nicht der Fall. Oft ist zu beobachten, dass die Gekündigten vom Zeitpunkt der Kündigung an von der Gesellschaft – Geschäftspartnern, Netzwerkpartnern, Kollegen, Nachbarn etc. – anders behandelt werden als zuvor. Die Mehrzahl der Menschen definieren sich über ihre Arbeit, über ihre berufliche Position. Die Integration in ein Unternehmen, ein Team, gibt ihnen Rahmen und Halt. Anschaffungen und Statussymbole dokumentieren den Erfolg nach außen. Entfällt nun der Lebensinhalt »Arbeit«, gerät nicht nur die Lebens- und Zukunftsplanung durcheinander, sondern auch das Selbstwertgefühl und die Selbstsicherheit werden stark angegriffen. Neben existenziellen und Zukunftsängsten herrschen Verwirrung und depressive Gefühlszustände vor. Insbesondere für Männer »bricht eine Welt zusammen«, wenn sie sich nicht mehr über ihre Position, ihren Status, ihre Macht am Arbeitsplatz definieren können. Ein Überblick der Untersuchungen über die Reaktionen der Gekündigten auf den Verlust des Arbeitsplatzes findet sich u.a. bei Fischer 2001. Nachfolgende Checklisten geben Ihnen die Möglichkeit zu prüfen, in welcher Form Ihnen die Trennungsreaktionen in Ihrem Umfeld (Familie, Freunde, Kollegen) oder »am eigenen Leib« schon einmal begegnet sind.

### 9.1.1 Subjektives Erleben

| Gekündigte erleben die Trennung als ... | Habe ich schon erlebt (x) |
|---|---|
| Abbruch der beruflichen Kontinuität | |
| Karriereknick | |
| Gestörten Lebenslauf | |
| Eigenen Misserfolg | |
| Existenzbedrohung | |
| Persönliches Versagen | |
| Statusverlust | |
| Persönliche Bedrohung | |
| Verlust des Selbstwertgefühls | |
| Soziale Isolation | |
| Verlust der betrieblichen Freundschaften | |
| Verlust von Marktinformationen | |

### 9.1.2 Psychische Reaktionen

Folgende psychische Reaktionen des betroffenen Mitarbeiters nach beruflicher Kündigung sind bekannt

| Mögliche psychische Reaktionen und psychosomatische Auffälligkeiten | Habe ich schon erlebt (x) |
|---|---|
| Psychische Spannungen | |
| Vegetative Dauererregung | |
| Angst | |
| Zittern | |
| Erbrechen und Durchfall | |
| Schlafstörungen | |
| Depressive Verstimmungen | |
| Depressionen | |
| Affekt-Labilität | |

### 9.1.3 Medizinische Symptome

In der medizinischen und psychologischen Fachliteratur werden mehrere Symptomkreise infolge beruflicher Trennung und Kündigung beschrieben. Interessanterweise ähneln die Symptome denen nach einem medizinischen Schock, bedingt durch einen Unfall oder eine Operation. In dem hier behandelten Kontext spreche ich daher von einem »Trennungstrauma« – ähnlich wie man dort von einem »Unfalltrauma« spricht. Manche medizinischen Symptome sind für Sie als Führungskraft oder die Familie nicht greifbar oder nicht direkt mit einer Kündigung in Verbindung zu bringen. Dennoch können sie nachweislich in einem Zusammenhang mit dem Verlust des Arbeitsplatzes stehen. Es heißt dann nur »*... er hat sich bei der Gartenarbeit verhoben*« (Bandscheibenvorfall) oder »*... sie hat durch die Klimaanlage einen Infekt bekommen*« (Bronchitis). Möglicherweise handelt es sich aber um psychosomatische Symptome der Kündigung.

| Mögliche medizinische Symptome und physiologische Normabweichungen | Habe ich schon erlebt (x) |
|---|---|
| Erhöhte Adrenalin- und Noradrenalinwerte | |
| Erhöhte Harnsäurewerte | |
| Erhöhte Blutdruckwerte | |
| Hyperthyreose (Schilddrüsen-Überfunktion) | |
| Herz-Kreislauf-Dysregulation | |
| Ulcus (Magengeschwür) | |
| Diarrhoe (Durchfall) | |
| Dysmenorrhoe (Ausbleiben der Regelblutung) | |
| Migräne | |
| Wirbelsäulenbeschwerden (Bandscheibenvorfall) | |

### 9.1.4 Soziale Dysregulation

Neben den medizinischen kommen verschiedene Auffälligkeiten und Symptome im sozialen Bereich vor.

| Mögliche soziale Dysregulationen | Habe ich schon erlebt (x) |
|---|---|
| Kontaktverlust | |
| Kontaktscheue | |
| Desozialisierung (völliger Rückzug aus dem sozialen Umfeld) | |
| Passivität | |

## 9.1.5 Ego-Probleme

Des Weiteren werden Persönlichkeitsveränderungen beschrieben

| Ego-Probleme | Habe ich schon erlebt (x) |
|---|---|
| Selbstwertgefühl sinkt | |
| Selbstsicherheit sinkt | |
| Resignation | |
| Kontrollverlust | |
| Gefühl des Kompetenzverlustes | |

## 9.1.6 Bedrohliche Auswirkungen

Ab und zu kommen Reaktionen bedrohlicher Art vor.

| Bedrohliche Auswirkungen | Habe ich schon erlebt (x) |
|---|---|
| Mortalitätsrate erhöht | |
| Suizidrate erhöht | |

## 9.2 Die Auswirkungen von Gerüchten – »Rumors«

Inwieweit der »Überraschungsfaktor« der Trennungsbotschaft eine Rolle spielt, wurde mehrfach untersucht (Schmitz 1998). Von den auswertbaren 233 Fällen einer Kündigung waren:

20,6% völlig überrascht,
30,5% hatten es geahnt,
48,9% waren »vorbereitet«.

Die unerwartete Kündigung wirkte sich bei den 20,6 Prozent Betroffenen signifikant auf folgende Faktoren aus:

- Innere Handlungsblockade erhöht
  (»jetzt bin ich am Ende – kann nichts mehr machen«).
- Fatalismus verstärkt
  (»habe halt immer Pech«, »Schicksal«, »bin eben ein Looser«).
- Vermehrte Selbstzweifel
  (»mit meinem Status / Alter / Geschlecht kriege ich doch sowieso keinen Job mehr ...«).
- Kritischere Selbsteinschätzung
  (»Ich war eben immer etwas zu langsam – und gutgläubig ...«).
- Höheres Problemverhalten
  (Familie, Alkohol).

## 9.3 Die »Achterbahn« – Phasischer Verlauf der Emotionen

In der Literatur werden von zahlreichen Autoren Modelle angeboten, die den Verlauf der emotionalen Reaktionen der Betroffenen transparent und verständlich machen. Eine Übersicht findet sich bei Mayrhofer (1989). Eine kritische Würdigung der Modelle findet sich bei Fischer (2001).

**Phasenmodelle: Reaktionen der Gekündigten**

| Autor | Phase 1 | Phase 2 | Phase 3 | Phase 4 |
|---|---|---|---|---|
| Mayrhofer (1988) | Schock und Nicht-Wahr-haben-Wollen | Versuch der Wiedergewinnung | Innere Neuordnung | Akzeptanz und Reorganisation |
| Bowlby (1980) | Schock / Gefühle | Sehen und Suchen, Disorganisation und Verzweiflung | Reorganisation ||
| Glaser / Strauss (1974) | Schock | Depression und Ablehnung | Annahme ... | ... Ablehnung |
| Gorer (1967) | Schock | Trauer und Desorganisation | Reorganisation ||
| Hollingsworth/ Pasnau (1977) | Schock, Unglaube und Verleugnung | Suche nach dem Verstorbenen | Lösung ||
| Kast (1992) | Nicht-Wahrhaben-Wollen | Emotionen suchen und sich trennen | Neuer Welt- und Selbstbezug ||
| Königswieser (1985) | Schock | Hoffnung auf Rückgängigmachen, Depression, Aggression | Trauerarbeit ||
| Kübler-Ross (1972) | Nicht-Wahrhaben-Wollen | Zorn, Depression/reaktiv, vorbereitend, | Zustimmung ||
| Parkes (1970) | Betäubung | Suchen und Protest, Disorganisation | Reorganisation ||
| Ramsay / Noor-Bergen (1981) | Schock/ Auflösung | Suchverhalten, Emotionen, Lösungen und Zustimmung, Loslassen | Reintegration ||
| Spiegel (1981) | Schock | Regression | Adaption ||

aus: Fischer (2001) nach Mayrhofer (1989)

## Kapitel 9

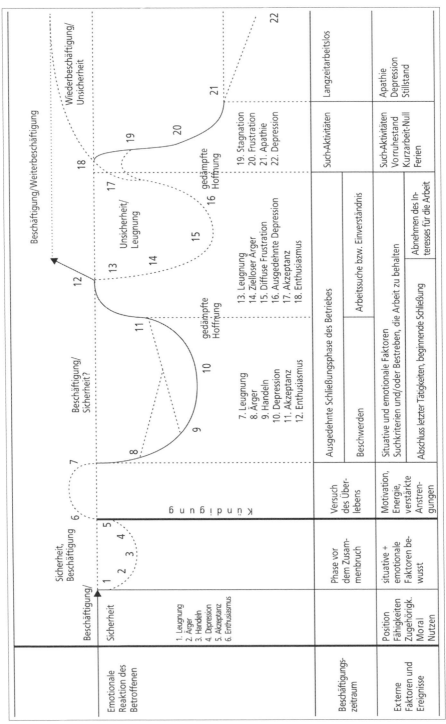

**Abb. 30:** Achterbahn der Emotionen – »Roller Coaster Modell« nach Hurst/Shepard (*Quelle:* Fischer 2001)

Als Grundlage des Modells wird der »*Roller Coaster Ride*«, wie ihn Admundson und Borgen (1982) beschrieben haben, bezeichnet. Dieses Modell hat später Ergänzungen erfahren. Lopez (1983) leitete Handlungsanweisungen für Outplacementberater ab, Hurst und Shepard (1986) haben den Verlauf dieser emotionalen Achterbahn in mehrere Phasen eingeteilt, nach »vorne« in den Zeitraum vor der Kündigung verlängert und grafisch dargestellt.

Die Abbildung verdeutlicht die »ups and downs«, die die meisten Menschen haben, die ihre Arbeit verlieren. Fischer (2001) schreibt dazu: »*Das Modell von Lopez (1983) ist die gestrichelte Linie Tal 1–6 und 13–18. Lopez nimmt die Phase vor der Kündigung mit in seine Überlegungen auf. Am Punkt 6 wird die Schließung der Firma mitgeteilt. Die entstehende Blase (Bubble) zeigt einen vermehrten Einsatz und somit die Steigerung der Produktivität, um »denen da oben« zu zeigen, dass es um die Firma doch nicht so schlecht steht. Die Phase zwischen 7 und 8 nennt Lopez »verlängerte Leugnung« und »emotional postponement of loss and grief«. Fünf Prozent aller Betroffenen fallen in die Depression (Punkt 10), vor allem, wenn sie eine vorhergehende Langzeit-Arbeitslosigkeit erfahren haben; niedriges Selbstkonzept und Verlust des Selbstvertrauens sind das Resultat. Dazu kommt noch das Immobilitäts-Problem. Die Betroffenen machen sich Sorgen wegen des Umzugs. Punkt 11 (Akzeptanz) zeichnet sich aus durch erneute Energie, die in eine forcierte Arbeitssuche umgesetzt wird. Viele haben aber an diesem Punkt bereits eine Zeit der Neuorientierung hinter sich und erste negative Erfahrungen (dampened hopes) gemacht. Es kann auch zu gesteigertem Enthusiasmus (12) kommen. Hier kann die Kurve jedoch auch kippen und entspricht Punkt 1 respektive Punkt 13. Der Prozess der Leugnung / Trauer / Ärger etc. beginnt von neuem. Für einige Betroffene beginnt die so genannte »highroad« an Punkt 12 oder Punkt 18. Sie sind die »Glücklichen« mit einer neuen Anstellung, können aber auch einfach Alternativen gefunden haben, die sie beruhigen, wie das »early retirement«, eine anderweitige finanzielle Sicherheit oder andere Problemlösungen. Andere durchlaufen die Punkte 14 bis 17. An Punkt 17 gibt es zwei Wege: Entweder finden die Betroffenen einen neuen Weg, oder sie rutschen in die Langzeitarbeitslosigkeit ab (Punkte 21/22).*«

## 9.4 Reaktionstypologie bei Gekündigten – Symptome, Gefahren, professioneller Umgang

In der Praxis ist es für Sie hilfreich, die bekanntesten und am häufigsten vorkommenden Reaktionstypen zu kennen. Ich unterscheide vier Reaktionstypen bei Gekündigten:

- Der Selbstbeherrschte
- Der Aufbrausende
- Der Geschockte
- Der Verhandler

Kapitel 9

**Abb. 31:** Reaktionstypologie bei Gekündigten

Selbstverständlich kommen diese Reaktionstypen nie in Reinkultur vor. Die Einteilung kann aber hilfreich sein, bereits im Vorfeld der Trennungsgespräche zu überlegen, welche Reaktionen Sie bei dem einzelnen Mitarbeiter erwarten können. Allerdings warne ich Sie davor, zu stark zu vereinfachen. Die Einteilung gibt Ihnen lediglich Anhaltspunkte. Eine Weiterentwicklung und Differenzierung der Typologie ist jederzeit möglich.

### 9.4.1 Der Selbstbeherrschte

Der Selbstbeherrschte ist jemand, der die Kündigung und Trennungsbotschaft entgegennimmt ohne Anzeichen von Betroffenheit. Ich charakterisiere diesen Typus als »typisch Mann«, durchaus etwas klischeehaft gemeint – »*Jungen weinen nicht*« und »*ein Indianer kennt keinen Schmerz*«. Dies gilt immer noch im beruflichen Umfeld. Der gekündigte Mitarbeiter sitzt vor Ihnen, schaut Sie vielleicht sogar freundlich an und macht den Eindruck, als ob ihn die Nachricht überhaupt nicht tangieren würde. Emotionale Reaktionen sind sehr schwach ausgeprägt oder bleiben völlig aus. Es gibt kein lautes Wort, keine Tränen, keine kontroverse Diskussion. Führungskräfte, die auf diese Situation nicht vorbereitet sind, laufen Gefahr, die Signale falsch zu deuten. Sie wissen nicht, ob ihre Botschaft überhaupt im Bewusstsein des Angesprochenen angekommen ist und was in dem Betroffenen emotional genau vor sich geht. Sie könnten glauben, es sei für den Gekündigten »halb so wild«. Mit bewusster Vorbereitung aber können Sie die Körperreaktionen genau beobachten.

#### Gefahren für Sie als Kündigenden

- Fehldeutungen.
- Sie fühlen sich erleichtert.

- Sie lehnen sich innerlich zurück: »Das ist ja nochmal gut gegangen.«
- »Das war leichter, als ich dachte.«
- Sie wiegen sich in Sicherheit und wissen nicht, dass die Trennungsbotschaft gar nicht angekommen ist.
- Später wundern Sie sich über die Folgeerscheinungen.

**Professioneller Umgang und Praxistipps**
- Schauen Sie den Betreffenden ruhig und gelassen an.
- Warten Sie ab und signalisieren Sie durch Mimik und Gestik, dass Sie offen für eine Reaktion oder ein mündliches Statement seinerseits sind.
- Wenn dies nicht erfolgt, ermutigen Sie ihn dazu.
- Wiederholen Sie Ihre Nachricht, wenn Sie das Gefühl haben, dass Ihre Botschaft noch nicht angekommen ist.
- Benutzen Sie die gleichen Formulierungen wie beim ersten Mal. Benutzen Sie gegebenenfalls bei einem weiteren, dritten Mal, neue Formulierungen.
- Versuchen Sie durch Fragen herauszubekommen, was beim betroffenen Mitarbeiter angekommen ist.
- Bitten Sie ihn, das zu wiederholen, was er verstanden hat.
- Versuchen Sie nicht, Emotionen gewaltsam in Gang zu setzen.
- Geben Sie dem Gespräch eine klare Struktur.
- Entlassen Sie den Betroffenen erst, wenn Sie sichergestellt haben, dass die Trennungsbotschaft angekommen ist, und Sie die nächsten Schritte konkret vereinbart haben.

### 9.4.2 Der Aufbrausende

Im Hinblick auf die Körpersprache sind die Signale bei diesem Typus leichter zu erkennen. Der Aufbrausende bringt seine Überraschung, seine Wut und Verärgerung spontan zum Ausdruck. Er argumentiert, lamentiert und verschafft so seiner inneren Erregung Luft. An dem stoßartigen Einatmen und zeitweiligen Anhalten des Atems erkennen Sie die Schockreaktion. Es kann sein, dass Verbalattacken und Vorwürfe gegen Sie persönlich kommen.

**Gefahren für Sie als Kündigender**
- Sie fühlen sich *persönlich* angegriffen.
- Sie erinnern sich möglicherweise eigener Führungsfehler und an die »gemeinsamen Leichen im Keller«, von denen der Betroffene weiß.
- Sie fühlen sich verletzt durch seine Verbalattacken.
- Sie fühlen sich vielleicht auch persönlich unverstanden.
- Sie wollen sich verteidigen.
- Sie fühlen, dass Sie für einen Moment die Kontrolle verloren haben.
- Sie wissen: Wenn Sie durchgreifen, fördern Sie die Eskalation.

**Professioneller Umgang und Praxistipps**
- Bleiben Sie ruhig! Lassen Sie sich nicht provozieren!
- Bleiben Sie klar im Kopf und sachlich in der Sprache. Ihre eigenen Emotionen haben an dieser Stelle nichts zu suchen.
- Bitte »kämpfen« Sie nicht. Neutralisieren Sie aufsteigende innere Wut durch tiefes Atmen.
- Versuchen Sie trotzdem, *positiv* über Ihren Mitarbeiter zu denken.
- Lassen Sie dem Betroffenen Zeit, seinem Ärger und seiner Wut Ausdruck zu verleihen.
- Geben Sie ihm *noch mehr* Zeit.
- Machen Sie durch Ihre *innere* Haltung deutlich, dass Sie seine Reaktion verstehen und akzeptieren. Drücken Sie Ihre Wertschätzung aus, indem Sie *einfach zuhören*. Argumentieren Sie nicht!
- Kritisieren Sie nicht sein Verhalten!
- Wenn eine gewisse Beruhigung eingetreten ist, dürfen Sie die emotionale Situation durchaus offen aufgreifen.
- Danach wiederholen Sie sachlich und ruhig Ihre Informationen, denn vorher ist er für sachliche Argumente nicht zugänglich.
- Verhalten Sie sich so, dass der Betroffene auch nach seinem emotionalen Gefühlsausbruch, trotz seiner aggressiven Reaktion, noch sein Gesicht wahren kann und seine Selbstachtung behält.
- Entlassen Sie den Betroffenen aus dem Gespräch nur mit einer klaren Absprache über das weitere Vorgehen.

### 9.4.3 Der Geschockte

Unangenehme Informationen führen bei diesem Menschen zu heftigen Reaktionen des Körpers. Der Betroffene wird bleich, ihm treten vielleicht die Tränen in die Augen. Als Gesprächsführer haben Sie vielleicht das Gefühl, als ob Ihr Gegenüber »jeden Moment vom Stuhl rutschen« oder bewusstlos werden könnte. Aber auch völliges Schweigen, ein stummes Dasitzen kann Ausdruck des Schocks sein und innere Ruhe vortäuschen. Es kann jedoch sein, dass der Betroffene in einen »inneren Dialog« (»... *ich habe es geahnt ... was sage ich jetzt meiner Frau ....und überhaupt: wie sollen wir jetzt das Haus abbezahlen ... ob ich wohl den Urlaub absage ...*«) eingetreten ist. Dann *kann* er gar nicht mehr zuhören und ist für weitere Informationen nicht mehr aufnahmefähig. Achten Sie auf die Wortwahl. Auch sie drückt den Schock und das Trauma aus. Formulierungen wie »*ich bin tief erschüttert*«, »*ich bin total verblüfft*« oder »*Sie haben mich sehr schockiert*« geben einen deutlichen Hinweis auf das psychische Erleben der Situation durch den Betroffenen.

### Gefahren für Sie als Kündigender

- Es könnte sein, dass Sie den Betroffenen bedauern und bemitleiden.
- Ihr Wissen, dass die Existenz des Betroffenen bedroht ist, bedrückt Sie persönlich.
- Die Erinnerung daran, dass gerade dieser Mitarbeiter immer sehr loyal zu Ihnen war, verursacht in Ihnen ein Schuldgefühl.
- Beschönigen und Verniedlichen.
- Sie laufen Gefahr, Konzessionen zu machen, die Sie eigentlich nicht machen wollen.
- Verwirrung für den Betroffenen ist die Folge.

### Professioneller Umgang und Praxistipps

- Geben Sie dem Betroffenen die Möglichkeit, seine Emotionen zu zeigen.
- Geben Sie ihm Zeit, das, was eine heftige Reaktion in ihm ausgelöst hat, zu begreifen. Geben Sie ihm Zeit, die Informationen sinken zu lassen.
- Scheuen Sie sich nicht, auch Schweigen und eine längere Pause aktiv einzusetzen und auszuhalten.
- Scheuen Sie sich nicht, Ihr eigenes Mitgefühl zuzulassen.
- Widerstehen Sie der Gefahr, dem »Schutzmechanismus Herzverhärtung« nachzugeben.
- Bestätigen Sie dem betroffenen Mitarbeiter, dass der Schock eine angemessene Reaktion ist.
- Gegebenenfalls müssen Sie ihre Botschaft nochmals wiederholen. Helfen Sie ihm, indem Sie Ihre Botschaft klar strukturieren und die Informationen »häppchenweise« servieren. Reduzieren Sie die Komplexität.
- Geben Sie die nächsten Schritte systematisch und klar vor.
- Entlassen Sie den Betroffenen erst, wenn Sie das Gefühl haben, dass er sich stabilisiert hat. Bitten Sie gegebenenfalls eine Kollegin oder einen Kollegen, sich um den Betroffenen zu kümmern.

## 9.4.4 Der Verhandler

Als Verhandler bezeichne ich jemanden, bei dem die Schockreaktionen entweder auf Grund seiner Persönlichkeit oder aufgrund seiner mentalen Vorbereitung offensichtlich nicht so heftig ausfallen. Es kann sein, dass Ihnen dieser Reaktionstyp sehr aufmerksam zuhört und unmittelbar danach anfängt, in konkrete Verhandlungen einzutreten. Sein Verhalten macht vielleicht den Eindruck, als ob er bereits »einen Job in der Tasche« hat und lediglich mit Ihnen »pokern« will. Er hinterfragt Details Ihres Angebots und will die Verhandlungen vorantreiben. In seinen Augen erkennen Sie praktisch die »Fragezeichen« zu Konditionen und Rahmenbedingungen.

### Gefahren für Sie als Kündigender

- Wenn Sie nicht exzellent vorbereitet sind, fühlen Sie sich ertappt.
- Aus Unsicherheit oder auf Basis unvollständiger Informationen machen Sie Zusagen, die Sie später bereuen. Das kann teuer werden.
- Sie fühlen sich plötzlich der Situation nicht mehr gewachsen, da Sie bemerken, dass Ihnen »das Heft aus der Hand genommen wird«.

### Professioneller Umgang und Praxistipps

- Hören Sie sehr aufmerksam und genau zu! Stellen Sie durch Nachfragen sicher, dass Sie genau erfasst haben, worüber der Betroffene spricht oder wonach er fragt.
- Überlegen Sie genau, was Sie sagen.
- Beantworten Sie die Fragen des betroffenen Mitarbeiters direkt und klar. Jede unklare Andeutung kann als Zusage verstanden werden.
- Machen Sie keine Versprechungen.
- Halten Sie so viele Informationen bereit wie möglich.
- Grenzen Sie klar ab, wozu Sie im Moment nichts sagen können oder wollen, aber halten Sie diesen Punkt schriftlich fest, um später darauf zurückzukommen.
- Stillen Sie sein Informationsbedürfnis und protokollieren Sie, was Sie gesagt haben.
- Präzisieren Sie die nächsten Schritte.

## 9.5 Selbstreflexion für Kündigende

Nach der Darstellung der Typologie und den praktischen Empfehlungen zum Umgang mit den Reaktionen ergibt sich die Frage, welcher Typus für Sie als Vorgesetzter und Personalverantwortlicher der wohl schwierigste ist. Die nachfolgende Tabelle können Sie zur persönlichen Reflexion oder zur individuellen Vorbereitung von Trennungsgesprächen nutzen.

### Schwierige Reaktionstypen für mich als Kündigenden

| Reaktionstypus | Schwierigkeiten | Warum? |
|---|---|---|
| Beherrschte | | |
| Aggressive | | |
| Schockierte | | |
| Konstruktive | | |

## 9.6 Botschaften – im Trennungsgespräch erkennen

Im Kündigungs- und Trennungsgespräch selber gilt es, die *unmittelbaren Reaktionen* der Betroffenen zu erkennen, richtig einzuschätzen und angemessen damit umzugehen. Grundsätzlich erhalten Sie Botschaften über das Befinden des Betroffenen

- durch die Körpersprache und Körperreaktionen (nonverbal) und
- durch seine Äußerungen, Fragen, Redensart (verbal).

### 9.6.1 Der Körper spricht – Schauen Sie hin!

Insbesondere die Körpersprache des Betroffenen gibt Ihnen als Kündigender in der Situation eines Kündigungs- und Trennungsgespräches wichtige Informationen über dessen Befinden. Die Fähigkeit zur schnellen Flucht war in der Entwicklungsgeschichte des Menschen für das Überleben eines Angriffs von lebenswichtiger Bedeutung. Bis heute schaltet das vegetative Nervensystem (unwillkürliches Nervensystem) bei einem Angriff sofort alle Körperfunktionen auf Flucht um. Diese Fluchtreflexe sind bei uns Menschen bis heute erhalten und wirksam. Im Kündigungsgespräch zeigen sie ihre Wirkung. Beispielsweise die Stresshormone: Sie mobilisieren bei einem Angriff (hier Kündigung) zur »Flucht« und gleichzeitig zu einer regelrechten Denkblockade. Die Aufnahme weiterer Informationen ist in diesem Moment unmöglich. Dies in einem Trennungsgespräch zu beachten, kann von entscheidender Bedeutung sein.

### 9.6.2 »Die Sprache verrät alles!« – Hören Sie zu!

Wenn Sie im Trennungsgespräch sehr aufmerksam zuhören, erhalten Sie vielfältige Informationen über die Befindlichkeit des Gekündigten.

Hören Sie als Kündigender genau hin!

| Zitate Gekündigter | Schon mal gehört? (x) |
|---|---|
| • bin wie vom Schlag getroffen | |
| • bin negativ berührt | |
| • bin bestürzt | |
| • bin wie vom Blitz getroffen | |
| • bin völlig perplex | |
| • bin ganz von der Rolle | |
| • bin sprachlos | |
| • bin starr vor Schreck | |

| Zitate Gekündigter | Schon mal gehört? (x) |
|---|---|
| • bin total geschockt | |
| • ich traue meinen Ohren nicht | |
| • ich stehe unter Schock | |
| • das hat mir das Genick gebrochen | |
| • bin total platt | |
| • ich stehe hier fassungslos | |

### 9.6.3 Kommunikationsregeln nach Trennungstrauma

Aufgrund der allgemeinen Erkenntnisse und Regeln der Kommunikationspsychologie ist bekannt, dass bestimmte Verhaltensweisen heftige Reaktionen auslösen können. Hierzu gehören:

- Gute Ratschläge erteilen,
- Anweisungen und Aufforderungen,
- Empfehlungen und Tipps geben,
- Tadel und Kritik,
- Lob und Pseudo-Lob.

Das, was im Allgemeinen auch im zwischenmenschlichen Kontakt gilt, gilt in verstärktem Maße im Trennungsgespräch. »Gute Ratschläge« und »allgemeine Empfehlungen« kommen in dieser Situation nicht gut an – wirken geradezu provozierend. In aller Regel führen sie zu heftigen Reaktionen. Auch Anweisungen und Aufforderungen provozieren Widerstände und Blockaden. Die Weitergabe von »gut gemeinten Tipps« wird als zynisch empfunden. Und die Aussprache von Anerkennung und Lob wirkt in *diesem* Moment ebenfalls wie eine Provokation. Werden in einem Kündigungsgespräch Tadel und Kritik geäußert, was aus Gründen des Selbstschutzes Vorgesetzten häufig passiert, so wird dies in dieser Situation als abwertend und deplaziert empfunden.

### 9.6.4 Reizworte und ungeeignete Formulierungen

Vermeiden Sie alle richtungsweisenden Reizworte mit Empfehlungscharakter:

- Sie müssen ...
- Sollten Sie ...
- Dürfen sie nicht ....

Auch andere Formulierungen werden als inadäquat empfunden. Hierzu gehören Formulierungen wie

- Sollten Sie sich bemühen ...

- Müssen Sie sich überwinden ....
- Bemühen Sie sich, die Situation ...
- Sollten Sie sich dazu durchringen ....

Sie haben alle die Tendenz, den Mitarbeiter unter Druck zu setzen. Bei ihm kommt an, dass er gerade in dieser Situation eine bestimmte Handlungsanweisung befolgen müsste. Benutzen Sie bewusst eine klare Sprache. Entscheidend ist an dieser Stelle Ihre persönliche *Bewusstheit* und Ihre *innere Haltung*. Ist ihre innere Haltung starr, verkrampft und auf ein bestimmtes Ergebnis hin fixiert, so provozieren Sie eher Gegendruck und Eskalation. Ist Ihre innere Haltung offen für die Ausgestaltung, so geben Sie Raum für die gemeinsame Entwicklung einer guten »Win-Win-Lösung«.

### Geeignete Formulierungen

- Können Sie sich vorstellen, dass wir in einem zweiten Gespräch am ....
- Wollen Sie mit einem Anwalt prüfen, ob ...
- Möchten Sie vielleicht mit Ihrer Frau darüber nachdenken, ob ...

Mit diesen Fragen geben Sie die Wahlfreiheit und »Luft zum Atmen«.

Sie können auch laut Ihre Gedanken formulieren:

- Ich überlege mir eben, ob wir Ihre Freistellung ...
- Wenn ich Sie recht verstehe, besteht Ihr Wunsch darin ...
- Gerade denke ich darüber nach ...
- ... frage ich mich, wie ....

Diese *selbst reflektierenden* Formulierungen bieten in der Regel keine Angriffsfläche für eine heftige Gegenreaktion. Da es in Trennungsverfahren auch oft um den zeitlichen Aspekt geht, stehen viele Vorgesetzte unter großem inneren und äußeren Druck. Nehmen Sie im Sinne einer professionellen Gesprächsführung im Trennungsgespräch den Druck heraus. Entspannen Sie die zeitliche Dimension, indem Sie eine Perspektive aufzeigen. Gebrauchen Sie Formulierungen wie:

- Das ist das Angebot, dass ich Ihnen im Moment unterbreiten kann ...
- Können wir heute so verbleiben ...
- Verstehe ich richtig, dass Sie im Moment dazu nichts sagen möchten ...
- Dabei geht es zunächst darum, ...

Im Übrigen gelten gerade für die Betroffenen in besonderem Maße die Mechanismen und Abläufe nach »Trennungsschock« und »Trennungstrauma«, wie sie an anderer Stelle des Buches (Kap. 2 und Kap. 9) beschrieben sind.

## 9.7 Kündigung von »Top Dogs« – Sind gekündigte Manager die »Weicheier« der Wirtschaft?

An dieser Stelle möchte ich noch einen Blick auf eine privilegierte Gruppe von Entlassenen werfen. Es ist die Gruppe der gekündigten Fach- und Führungskräfte, die von ihrem bisherigen Arbeitgeber eine persönliche Newplacementberatung (früher Outplacement genannt) mit auf den Weg bekamen. Auf der obersten und oberen Leitungsebene der deutschen Wirtschaft sind derzeit circa 323.000 Führungskräfte tätig. Ein Schweizer Dramatiker, Urs Widmer, der 2007 den Hölderlin-Preis der Stadt Bad Homburg v. d. H. erhielt, nennt sie in seinem gleichnamigen Bühnenstück »Top Dogs«. Jährlich werden bundesweit etwa 42.000 dieser Positionen neu besetzt (Brexel 2001). Diejenigen, die aus diesen Reihen unfreiwillig ihren Job verlieren, gehören am ehesten zu denen, die neben dem »golden handshake« auch eine professionelle Newplacementberatung mit auf den Weg bekommen. Sie stellen also per se ein selektiertes Klientel dar, da sie erstens zu der Gruppe von Managern mit einem mittleren Jahreseinkommen von 75.000 EURO und Spitzengehältern über 150.000 EURO gehören und zweitens eben das Privileg haben, ein individuelles Coaching zu erhalten.

In früheren Jahren (1973–1977) waren sich die Autoren der ersten Publikationen über die Persönlichkeit der Auserwählten (Entlassenen) relativ einig: Entlasse Mitarbeiter wurden als »schlechter«, »schwächer«, »unfähiger« beschrieben. Heute werden diese Thesen schlichtweg als falsch empfunden. Eher werden Schwächen im Ego-Marketing, »schwache Ellbogen« und ein Mangel an Flexibilität sowie der berühmte »Head Count«, der bestimmte Zahlen nicht überschreiten darf, als Einflussfaktoren genannt (Nadler 1992, Schuppert 1989, Cranfield School of Management 1986). Eine grundlegende Arbeit mit einem imposant großen Klientel ist die Dissertation von Carolin Fischer, einer erfahrenen Beraterin aus Berlin. Sie untersuchte Persönlichkeitsprofile von 557 Outplacement-Kandidaten (1985–1995) und verglich die Ergebnisse mit einer Studie aus Amerika und einer Studie aus England. Das Persönlichkeitsprofil der outgeplaceten Fach- und Führungskräfte – hier dargestellt mit dem 16 PF-Test (Cattell 1980) – zeigt nahezu die gleichen Ausprägungsgrade wie bei »Working-Managern« dokumentiert. Das typische Outplacement-Kandidatenprofil oder den typischen »latent von Rausschmiss bedrohten Managertypus« gibt es also offensichtlich nicht. Allerdings gibt die Autorin Hinweise auf kritische Faktoren, die bei Führungskräften per se die Gefahr in sich bergen, dass sie anecken. Diese kritischen Faktoren geben möglicherweise gewisse Hinweise auf einen Zusammenhang zur Kündigung.

Hierzu gehören u.a.

- Tendenz zu Grobheit
- Unverblümtheit
- Unbefangenheit

- hohe emotionale Widerstandsfähigkeit
- aggressives Auftreten
- autoritäres Verhalten
- Handeln nach eigenen Standards

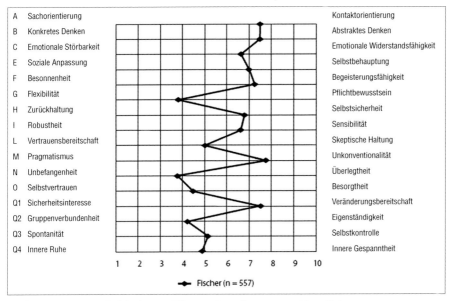

**Abb. 32:** Persönlichkeitsprofil von Outplacement-Kandidaten
(*Quelle*: Fischer 2001)

Hierin liegt m.E. ein Widerspruch: Einerseits fordert die Wirtschaft »starke Charaktere«, »kantige Persönlichkeiten« und »Manager mit Profil«, andererseits führen in Krisenzeiten vielleicht genau diese »Ecken und Kanten« dazu, dass der eine oder andere »daran hängen bleibt«. Als Hinweis auf mögliche Zusammenhänge zur Kündigung eben dieser Gruppe von Managern sind allerdings folgende Befunde anzusehen: »Outgeplacete« Führungskräfte weisen

- eine deutlich stärker ausgeprägte Unbefangenheit,
- eine Tendenz zur Naivität,
- unterdurchschnittlich ausgeprägtes politisches Geschick und
- ein geringeres Gespür für gefährliche Situationen

auf.

Die Darstellung der Profile getrennt nach Funktionen zeigt ebenfalls keine Auffälligkeiten bei einer Gruppe von outgeplaceten Managern. Die 699 Outplacement-Kandidaten stammten aus den unten angegebenen Funktionen.

Kapitel 9

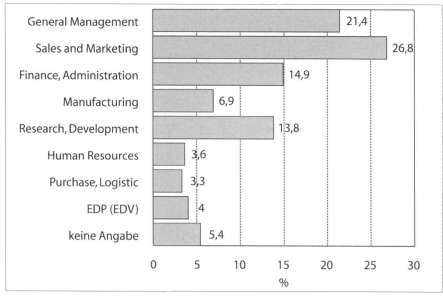

**Abb. 33:** Funktionen der Outplacement-Kandidaten (*Quelle:* Fischer 2001)

Statistische Angaben zum Alter, Trennungsgrund, Zugehörigkeit, Position und Jahreseinkommen geben lediglich »reaktiv« die Mittelwerte und Streuung der Daten dieser selektierten Gruppe von Entlassenen, die einer individuellen Behandlung (Coaching) unterzogen wurden, wider, lassen aber keine prospektiven Schlüsse auf gefährdete Gruppen zu. Ebenfalls lassen sich keine Ableitungen im Hinblick auf den Umgang mit dieser Gruppe im Trennungsmanagement vornehmen. Die Zahl der Manager, die in den Genuss einer Beratung kommen, nimmt sich mit 1.250 Kandidaten in der Individualberatung und 11.500 Kandidaten in Gruppenberatungen (Bröll 2000) in Relation zur Gesamtzahl aller Gekündigten ohnehin sehr klein aus.

## Protokoll einer Diskussion beim 1. Frankfurter Klartext-Dialog (Auszug)

*Auszüge aus der Diskussion mit Herrn Dieter Homberg, Vorstand der Taunus Sparkasse, Herrn Dr. Achim Pöhler, ehem. Vorstand der etb Bank AG und Herrn Helmut Egenbauer, Sprecher der Geschäftsführung der T-Systems Media&Broadcast GmbH, Bonn*

## Erfolgskritische Aspekte aus der Sicht des Vorstandes

*Teilnehmer*: Alle drei Berichte, die wir von Ihnen, den Vorständen, gehört haben, sind Projekte gut durchstrukturierter Unternehmen mit wirklich sauber reflektierter, professioneller strategischer Planung. Sie haben uns Best-Practice-

Beispiele für Personalabbau dargestellt. Die Alltagserfahrungen sind aber doch häufig die, dass in vielen Unternehmen, oft in mittelständischen Unternehmen, Restrukturierung und Personalabbau eher als hysterische Panikreaktion durchgezogen werden. Ein halbes Jahr später merkt man, dass vieles falsch war, was man gemacht hat. Da werden z.B. die Leute wieder zurückgekauft, die man soeben 'rausgekauft hatte und es gibt dann so 'ne Achterbahnfahrt mit schlimmen Folgen. Was hat bei Ihnen zu der Einsicht geführt, Personalabbau professionell planen und umsetzen zu müssen? Was war die Grundidee, es anders zu machen als viele andere? Da ist ja nicht so eine intrinsische Selbstverständlichkeit!

*Homberg:* Aus meiner Sicht, und ich darf das nur nochmals unterstreichen, ist dieses Thema eine klare Managementaufgabe jeder Unternehmensleitung. Von deren Einstellung hängt es ab, wie es geht, hau ruck oder strukturiert, fair und anständig oder eher brutal, mit Respekt oder ohne Rücksicht auf Verluste. Ich habe im Rahmen unserer Unternehmensleitsätze – ich zitierte die Wertschätzung – zur Diskussion gestellt und gefragt, »Wie lebe wir das nun vor? Wie müssen wir handeln, vom Vorstand angefangen bis zur ersten Führungsebene?« Und es wurde uns klar, dass wir auch mit diesem Trennungsthema so umgehen müssen, dass das mit unserer Unternehmenskultur zusammenpasst. Das sind wir den Menschen schuldig. Denen, die gehen müssen, und denen, die bleiben dürfen.

*Egenbauer:* Ich mache es 100%ig aus innerer Überzeugung, weil ich einfach sage, es sind Menschen. Sie können bei uns den Pförtner fragen, der kennt mich genauso wie jeder andere und das ist eigentlich meine Art mit Mitarbeitern fair umzugehen und die Frau Schepmann kann es bestätigen. Ich bin froh, wenn in der Betriebsversammlung ein Klima herrscht, das es ermöglicht, dass einer von 600 Leuten aufsteht und sagt, »*Herr Egenbauer, das finde ich beschissen, wie das hier läuft...*«. Ich finde es mutig und ich finde es die richtige Kultur, dass er sich das traut. Also ist ein Stück Überzeugung auch dabei. Es war auch ein Glück, wie oft im Leben, dass ich Herrn Dr. Andrzejewski kennen gelernt habe. Der kam im rechten Moment und mit der passenden Wertehaltung.

*Pöhler:* Was war die Grundidee, es anders zu machen? Schwer zu sagen, ob wir etwas »anders« gemacht haben. Ich habe gelernt, erst mal eine klare, »ungeschminkte« Situationsanalyse vorzunehmen. Diese bespreche ich mit meinen Führungskräften eingehend und extrem offen. Wir überlegen, welche Alternativen es gibt und dann wird entschieden. Bei diesen Prozessen – tut mir leid, wenn ich jetzt einigen auf die Füße trete – haben wir nie die klassischen Unternehmensberater eingesetzt. Wir haben sehr wohl Herrn Andrzejewski dazugeholt, als klar war, wohin die Reise geht.

Was noch anders ist? Als Bereichsverantwortlicher darf ich mich nicht rausstehlen! Ich darf nicht sagen, das machen meine »Operativen« schon. Das geht doch nicht! Ich habe persönlich den Restrukturierungsprozess laufend überwacht. Ich habe jede Woche in unserem Jour fixe gesessen und zugehört: Wo stehen wir im Prozess? Wo hakt es, warum hakt es? Was können wir tun, damit es rund läuft? Wo läuft es gut und was können wir lernen aus dem, was gut läuft? Da darf sich der Verantwortliche nicht rausstehlen!

*Teilnehmerin:* Mein Name ist Susanne Eisert. Ich bin die Personalleiterin der Taunus Sparkasse. Ich durfte meinen Chef, Herrn Homberg, begleiten bei unserem Personalabbau. Ich möchte noch einmal auf das Thema Öffentlichkeitsarbeit zu sprechen kommen. Ich habe da eine ganz interessante Erfahrung gemacht. Wir haben die Maßnahmen sowohl intern, aber auch in der Region veröffentlicht. Das Interessante war, dass wir von Zeitungen angesprochen wurden, ob wir nicht mal unseren Prozess beschreiben könnten. Die kamen auf uns zu – zum Teil auf Anfrage von Herrn Andrzejewski. Wir waren im Stern, wir waren im Handelsblatt, wir waren sogar in der FAZ vertreten. Warum nur? Ich glaube, weil wir dieses Thema, wie Herr Homberg schon sagte, sehr sang- und klanglos über die Bühne gebracht haben. Das ist ein Thema, das Sie vermarkten können und sogar müssen, denn das ist auch ein Imagegewinn, wenn Sie als Unternehmen sagen können: »*Wir haben das eben fair und auch sozial hingebracht. Wir haben es handwerklich sauber und menschlich anständig gemacht.*«

*Teilnehmerin:* Viele Journalisten sind durchaus auf der Suche nach Best-Practice-Beispielen. Insofern kann ich nur bestätigen, was Sie gesagt haben. Es ist ganz klug, wenn man die Presse entsprechend informieren kann.

*Egenbauer:* Ich muss noch einmal einen Satz sagen zum Thema Überzeugung. Das härteste im Leben ist, das haben wir gehört, das Trennungsgespräch. Dann mit Abstand kommt irgendwo das Thema Beurteilungsgespräch. Frage an Sie, mit ehrlicher Antwort: Wer von Ihnen hat von seinem Vorgesetzten innerhalb der letzten zwölf Monate wirklich ein faires und offenes Feedback bekommen zu seinen Leistungen? (Handzeichen im Publikum)

(Mit Blick ins Publikum) Sie sehen, es ist sehr durchwachsen. Ich wollte es Ihnen nochmals in aller Deutlichkeit sagen: Das Beurteilungsgespräch alleine ist für Manager schon keine einfache Sache, jemanden reinzuholen und ihm wirklich den Spiegel vorzuhalten. Das Trennungsgespräch ist noch wesentlich härter!

*Teilnehmerin:* Was haben diese großen Maßnahmen in ihrem Unternehmen für Rückwirkungen auf die Kommunikationskultur intern gehabt? Ist man da noch mal rangegangen, um zu schauen, wie kommunizieren wir bei Beurteilungsgesprächen, wie bei Kritikgesprächen? Haben Sie da auch einen bestimmten Prozess, eine Feedback-Kultur oder ist das bislang mal so nebenbei gelaufen?

*Vorstände:* Alle drei Vorstände erläutern die Vorgehensweise und Prozesse bei Beurteilungsgesprächen und Feedbackgesprächen. Diese sind gut strukturiert. Allerdings: Deutlich wird, dass hinsichtlich der Wahrhaftigkeit und Ehrlichkeit im Sinne einer Feedback-Kultur noch ein weiter Weg zu beschreiten ist.

*Teilnehmerin:* All das, was Sie schildern, zeigt auf, dass man es als Management versäumt, Kompetenzprozesse zu optimieren und zu verankern. Ich glaube, wenn jeder Bereichsleiter und jede Führungskraft sich überlegen würde – und zwar zukunftsgerichtet überlegen würde –, was kommt in den nächsten drei bis fünf Jahren auf mich zu, dass es dann einen kontinuierlichen Prozessoptimierungsprozess gäbe, und dass man dann wahrscheinlich diese harten Schnitte nicht mehr bräuchte. Deshalb ist es mein ganz großes Anliegen, auch in unserem Unternehmen, der Taunus Sparkasse, dass wir wirklich in die Zukunft blicken, dass jeder Bereichsleiter die Verantwortung hat, seinen Bereich so effizient und kostengünstig mit maximaler Leitung zu gestalten. Und dazu gehört ehrliches Feedback und nachhaltiges Handeln und auch mal eine verhaltensbedingte oder leistungsbedingte Trennung. Trennung in dieser knallharten Form, wo es notwendig ist, sich »plötzlich« von 1.000 Mitarbeitern zu trennen, viele darunter, die man schon viele Jahre mitgeschleppt hat, wird dann in Zukunft nicht mehr nötig sein. Davon bin ich überzeugt. Ich glaube, da wurde dem Management hinsichtlich Wahrhaftigkeit und Konsequenz in der Vergangenheit zu wenig abgefordert.

*Pöhler:* Ich kann nicht widersprechen. Früher war es ja ein Bestreben einer Führungskraft, möglichst viele »Indianer« zu haben. Da hat man ja mittlerweile die Zielkoordinaten ein bisschen mehr Richtung betriebswirtschaftlicher Sicht verschoben. Jetzt heißt es, konsequent, transparent und fair zu handeln.

# Kapitel 10

# Betroffene Kerngruppe III: Die »Verbleibenden« – Eine oft übersehene Gruppe!

Im Rahmen von Trennungsprozessen wird eine Gruppe häufig übersehen: die »Verbleibenden«. Erst in letzter Zeit rücken sie mehr in den Blick der Unternehmer und Personalverantwortlichen. Hat sich doch inzwischen herausgestellt, dass das Befinden der Verbleibenden einen maßgeblichen Einfluss auf den Erfolg eines Unternehmens nach einem Personalabbau hat. Somit ist es allein aus wirtschaftlichem Interesse eine zwingende Notwendigkeit, den Einflussfaktoren und Bestimmungsgrößen für die Motivationslage der Verbleibenden mehr Beachtung zu schenken und Modelle für ihre gezielte Begleitung durch den Prozess zu entwickeln. Will man doch gerade mit diesen Mitarbeitern die Zukunft gestalten.

## 10.1 »Survivor« – Terminologie, die verletzt

An anderer Stelle des Buches trete ich vehement dafür ein, die Terminologie »Outplacement« zu überdenken, da sie von den Gekündigten als verletzend, despektierlich und entmutigend empfunden wird. Nun ist dieser Begriff im Zuge der Favorisierung von Anglizismen unreflektiert eingeführt worden und bereits viele Jahre auch im deutschen Sprachraum etabliert. Anders verhält es sich bei der Gruppe, über die wir jetzt sprechen. Da sie erst jetzt – nun aber mit Vehemenz – ins Blickfeld rückt, besteht in diesem Moment die Chance, von *vornherein* eine Terminologie zu verwenden, die angemessen ist. Allerdings ist das gar nicht so einfach. In der angelsächsischen Literatur werden die Verbleibenden auch »Survivors«, »Survivors of Layoffs« oder »Stayers« genannt. Diese Begriffe finden sich natürlich auch in der Literatur wieder. Allerdings halte ich im Sinne der Trennungs-Kultur die Bezeichnung »Überlebende« (Survivors) im hiesigen Sprachraum für denkbar ungeeignet, da sie implizit die Gekündigten als »Tote« definiert, was wiederum deren Wahrnehmung »wir sind out = tot« unterstützt. Ich warne davor, die Ausrede gelten zu lassen, indem Sie sagen »das sagen wir nur, wenn wir im Management *unter uns* sind, das sagen wir *nie öffentlich*«. Wie wollen Sie das kontrollieren?

Also muss ein anderer Begriff her! »Verbleibende« halte ich auch nicht für glücklich, da der Begriff etwas von »sitzen geblieben« oder »übrig geblieben« hat und mir zu wenig die hohe Verantwortung der Gruppe, das Zukunftsweisende, die Perspektive, die Dynamik, die Chancen transportiert. Wie nennen wir die »Verbleibenden«? Einige Vorschläge:

- »Stayers« (schlecht, weil Anglizismus)
- Die Zukünftigen
- Die Hoffnungsträger
- Die Auserwählten
- Die Perspektivischen
- Die Gestalter
- Die Reanimierten
- Die Revitalisierten

Da sich noch kein neuer Begriff etabliert hat, verwende ich in diesem Buch die Begriffe »Verbleibende« oder zum Ausdruck des Respekts und der Wertschätzung den Begriff »Survivors« *mit Anführungszeichen*.

## 10.2 Reaktionen und Symptome der »Verbleibenden«

Wissenschaftliche Untersuchungen über die Reaktionsmechanismen bei »Survivors« aus dem deutschsprachigen Raum fehlen nahezu völlig. Bisher liegen im deutschsprachigen Raum lediglich zwei Dissertationen zum Thema vor (Baeckmann 1998 und Berner 1999). Im englischsprachigen Raum hat Brockner 1985 als erster das »Survivor-Syndrom« beschrieben. Dort liegen auch neuere Untersuchungen vor (Gowing et al. 1998). Einen aktuellen Überblick über den Stand der Erkenntnisse »zum Leben und Überleben in schlanken und fusionierten Organisationen« gibt die Abhandlung von Weiss et al. (2001). Darf ich Sie wieder zu einer kurzen Selbstreflexion einladen? Was glauben Sie?

> **Reflexion:**
>
> Mit welchen Problemen haben die Verbleibenden zu kämpfen?
>
> Welche Gefühle haben die Verbleibenden?

Nach eigenen Aussagen von Verbleibenden und publizierten Untersuchungen haben sie im Wesentlichen mit folgenden Themen zu kämpfen:

- Verlust »liebgewonnener« Kollegen
- Schuldgefühle
- Eigene Betroffenheit
- Unsicherheit
- Zukunftsängste
- Erleichterung (wenn belastender Kollege weg ist)
- Defizit, da Anlass zur Klage und Kritik entfällt
- Steigende Arbeitsbelastung
- Angst, etwas falsch zu machen
- Kein Vertrauen mehr ins Management
- Hadern mit der Entscheidung der Unternehmensleitung

- Rangeleien um wenige Plätze
- Angst, sich berechtigt krank zu melden
- Identitätsverlust
- Innere Kündigung

Sie haben auch ganz praktische Fragen:
- Wie stellen wir uns neu auf?
- Wann bin ich dran?
- Wie soll ich mich nach all dem noch motivieren?
- Wer übernimmt die Aufgabe von ...?

**Abb. 34:** Ängste der Verbleibenden

Sie beklagen, dass die Chefs keine Zeit haben für notwendige Gespräche, dass sie keine Informationen oder diese erst zu spät bekommen – und dass sie sich allein gelassen fühlen. Unprofessionell durchgeführte Trennungsprozesse wirken sich destruktiv aus und manifestieren sich in negativen Reaktionen. Personalverantwortliche berichten besorgt über die Folgeerscheinungen und deren Entwicklungen.

Die Häufigkeit der Symptome bei Verbleibenden und ihre Entwicklung (Schwierz 2001).

| Parameter | 1994 | 2000 |
| --- | --- | --- |
| Moral sinkt | 86% | 63% |
| Vertrauen fehlt | 77% | 50% |
| Stressgefühl | 55% | 32% |
| Produktivität sinkt | 42% | 22% |
| Teamwork schlecht | 35% | 21% |

Ebenso dokumentiert eine Untersuchung der Universität der Bundeswehr in München die Folgewirkungen der Angst (Marr, R./Schloderer F.).

| | |
|---|---|
| Krisendenken steigt | 53,0% |
| Arbeitsmoral sinkt | 44,1% |
| Identifikation sinkt | 37,1% |
| Entscheidungen zentral | 36,8% |
| Konflikte steigen | 34,4% |

(Quelle: Studie, Institut für Personal und Organisationsforschung der Universität der Bundeswehr München 1998–2000, n = 235).

Folglich ergeben sich aus dem Gesagten bereits die Ansätze, wie und wo die Verbleibenden Unterstützung brauchen.

## 10.3 Die Verbleibenden zeigen die rote Karte – »fair oder unfair?«

Im Hinblick auf die Wahrnehmung von Kündigungen und Personalabbau spielt das *Gerechtigkeitsempfinden* der Mitarbeiter eine besondere Rolle (Kieselbach 2001). Folgende Arten von Empfindungen werden registriert:

- **Inhalts-Gerechtigkeit:** Werden die Aussagen über die Gründe der Kündigung oder des Personalabbaus als wahrheitsgemäß empfunden oder gibt es Widersprüche? Stimmen die angeführten Argumente mit der Realität überein?
- **Verfahrens-Gerechtigkeit:** Wird das Procedere als professionell und ausgewogen empfunden? Wird die Auswahl als fair oder willkürlich wahrgenommen? Gibt es eine Kongruenz der Vorgehensweise oder gibt es Privilegiertere unter den Privilegierten?
- **Verteilungs-Gerechtigkeit:** Wie werden die Verteilung der anstehenden und »ererbten« Aufgaben und die Verteilung der »Workload« empfunden? Werden die verfügbaren Planstellen nach Proporz oder nach sachlichen Überlegungen besetzt? Was denken die Verbleibenden über die Entschädigung für den Verlust des Arbeitsplatzes der Gekündigten?
- **Führungs-Gerechtigkeit:** Wie verhält sich der direkte Vorgesetzte? Ist sein Umgang mit den Gekündigten und Verbleibenden geprägt von Achtung und Respekt? Behandelt die Unternehmensleitung alle Mitarbeiter als Menschen *gleichwertig*? Geht das Management bezüglich Umgangsformen und Manieren mit *gutem Beispiel* voran?

Wie Sie sehen, haben Sie als Führungskraft und Personalverantwortlicher an vielen Stellen die Chance, die Trennungs-Kultur Ihres Unternehmens lebendig werden zu lassen.

## 10.4 Der »Psychologische Kontrakt« – Bruch und Erneuerung

Als zentrale Ursache für die negativen Auswirkungen eines Downsizings in größerem Umfang auf die Verbleibenden kann man den »Bruch des psychologischen Kontraktes« ansehen (Grote 1999; Millward 2000). Dieser »psychologische Kontrakt« meint die emotionalen, impliziten, unausgesprochenen Übereinkünfte und Leistungen zwischen Arbeitgeber und Arbeitnehmer und umfasst mehr als nur den Arbeitsvertrag. Bedient der Arbeitgeber nicht mehr die tragenden Parameter des »psychologischen Kontraktes«, so löst der Arbeitnehmer – hier speziell der Verbliebene – zunächst unbewusst, später bewusst, das Arbeitsverhältnis emotional auf. Je länger ein Mitarbeiter bei einem Unternehmen war, je mehr er sich identifiziert hat und je intensiver er seine Loyalität auch unter schwierigen Bedingungen unter Beweis gestellt hat, um so heftiger und tiefer ist der Bruch des »psychologischen Kontraktes«. Man könnte meinen, dass dies auch die tieferliegende Ursache dafür ist, dass »die Besten« zuerst gehen – nach einem Personalabbau.

Im Hinblick auf das Gelingen einer Neuorientierung und die Schaffung einer stabilen Basis für den zukünftigen Erfolg ist es notwendig, den »Psychologischen Kontrakt« mit den Verbliebenen in einer neuen Qualität und anderen Form zu erneuern. Nur so gelingt es, das Commitment der »Survivors« zu bekommen und die Basis für eine neue Qualität der Motivation zu schaffen. Gelingt es dem Vorgesetzten mit Unterstützung der Personalprofis schnell, den »Psychologischen Kontrakt« neu auszuhandeln, so steigt auch die Produktivität wieder umgehend an.

Die große Frage ist doch, welche Motive haben die Verbleibenden, zu bleiben und sich weiterhin zu engagieren?

Als Motive der verbleibenden Mitarbeiter können angesehen werden:

- Autonomie – Ergebnisverantwortung – Handlungsspielräume bewahren
- Absicherung des Risikos eines späteren Jobverlustes
- Anerkennung der Leistungsbereitschaft
- Chancen auf motivationsgerechte Aufgaben und persönliches Wachstum
- Einkommenssicherung und -steigerung
- Chancen auf Work Life Balance

*»Der Mensch braucht Sinn, noch bevor er Brot braucht. Dass es so ist, fällt ihm aber erst auf, wenn er satt ist, ohne glücklich zu sein. Glück ist das Nebenprodukt eines sinnerfüllten Lebens. Daher ist Sinn ein unverzichtbares »Grundnahrungsmittel« für den Geist des Menschen* (Amini 2005, S. 129).

## 10.5 Die Krise des »Systems« – Systemische Aspekte einer Kündigung

Die Verbleibenden, die ja in aller Regel nicht von Anbeginn wissen, dass *sie* es sind, die eine Zukunft im Unternehmen haben, leiden zunächst genau wie die später Gekündigten oder Versetzten unter der Unsicherheit ihres Arbeitsplatzes. Wenn sich Trennungsgespräche über Wochen und Monate hinziehen, zehrt das an den Nerven. Erfahrungsgemäß ist ein schneller, klarer Schnitt für alle Beteiligten besser zu verkraften als die oft eingesetzte »Salamitaktik«. Handeln Sie schnell, sobald die Ankündigung des Trennungsprojektes im Unternehmen »durch ist«. An anderer Stelle habe ich bereits den Vergleich der Trennungssituation mit Tod und Scheidung vorgenommen. Die Gekündigten und Versetzten sind gegangen – genau wie der Tote auch. Jetzt sind sie allein – die Verbleibenden. Viele Wirrungen und Ängste haben sie durchlebt. Mitgelitten mit den Betroffenen, mitgezittert hinsichtlich der Zukunft, eigene Ängste ausgehalten und den Schmerz erlebt.

- Jetzt ist sie weg, die treue Kollegin, mit der er seit vielen Jahren jeden Morgen »sein Butterbrot ausgepackt hat«.
- Der Platz in der Kantine neben ihm ist leer.
- Und wem soll er von der Sorge um seine kranke Mutter und der Freude über den schönsten Tag in seinem Urlaub erzählen?
- Aber auch: der, den sie seit Jahren als »Sündenbock« benutzt haben – er fehlt.

**Abb. 35:** System nach dem Ausscheiden eines Mitgliedes

Verbleibende erleben durch den Verlust eines oder mehrerer Kollegen eine schwere innere Krise. Sie spüren, dass es nicht möglich sein wird, den Kontakt in der bisherigen Form zu halten. Sie spüren, dass sie loslassen müssen, Abschied nehmen. Wenn der Ablösungsprozess fair und human abgelaufen ist, so lassen sich die Folgeschäden möglicherweise in Grenzen halten. Aber wehe, wenn ein wichtiger Teil fehlt: die *Würdigung* der Gegangenen und der *Dank*. Das passiert dann, wenn man froh ist, »*dass er endlich weg ist*«, der, der sich auf Kosten der Anderen ausgeruht hat, der, der die ganze Zeit gestänkert hat. Aber es passiert auch bei denen, die man gemocht hat, wenn alles zu schnell geht oder keine Austrittsrituale etabliert sind. Es kann sein, dass es dem alten oder neuen Chef auf absehbare Zeit *nicht* gelingt, die Verbleibenden wirkungsvoll neu zu ordnen und erfolgreich zu motivieren. Dann wundert er sich. Und niemand sagt ihm, dass er versäumt hat, die »Toten« – die Gekündigten – *zu würdigen*.

Aus systemischer Sicht wirken insbesondere die »Ausgeschlossenen«, die »Nicht-Gewürdigten« negativ in das Unternehmen als System hinein, wenn sie als »Sündenbock« rausgeworfen wurden und ihre Verdienste nicht gewürdigt werden. Phänomenologisch gesehen sind und bleiben sie dann noch ein Teil des Systems, was zweierlei Auswirkungen hat: Einerseits sind die Gekündigten wegen der systemischen Verstrickung *selber* nicht frei für neue Aufgaben (und man wundert sich, warum sie keinen neuen Job finden). Andererseits wirkt die Verstrickung der Verbleibenden mit dem Gekündigten lähmend und zieht Schuldgefühle und Motivationsprobleme nach sich (und man wundert sich, warum die Verbleibenden nicht »in die Gänge kommen« und ihre Produktivität zu wünschen übrig lässt).

In so genannten Organisationsaufstellungen oder Strukturaufstellungen, die aus der Arbeit des »Familienstellens« nach Bert Hellinger entwickelt wurden (Weber 2000, Sparrer 2000), kann man die hemmende Dynamik und die negativen Kräfte von »Verstrickungen« in Unternehmen sichtbar und spürbar machen. Durch Repräsentanten werden Struktur, Befindlichkeiten und Dynamiken dargestellt und durch geschulte Leiter schrittweise zu einem Lösungsbild, das der inneren Bewegung im System entspricht, begleitet. Dabei fällt es gerade den »Machern« unter den Führungskräften oft nicht leicht, die lösenden rituellen Handlungen, z.B. als Zeichen der Dankbarkeit und Achtung eine Verbeugung vor dem (nur gedanklich anwesenden) Gekündigten zu machen oder einen versöhnenden Satz wie »*Ich sehe dich jetzt mit deinem Schicksal und weiß, wie schwer die Situation für dich ist*« zu sprechen. Denn gerade hier müssen sie ihr Herz öffnen, wovor viele Führungskräfte Angst haben. Oder sind sie darin nur ein wenig ungeübt?

Mit zunehmender Verbreitung der systemischen Organisationsaufstellungen in den unterschiedlichsten beruflichen Situationen gibt es immer mehr positive Beispiele über die erlösende Wirkung auf die Verbleibenden und nachfolgend messbaren und spürbaren positiven Auswirkungen (Erb 2001). Nur durch die Würdigung und Wertschätzung der »Toten« (Gekündigten) gelingt es, Ruhe ins System zu bringen, die Ablösung zu ermöglichen und Valenzen für den Neuanfang frei zu machen. Dies könnte zum Beispiel im Rahmen eines »*Trennungsri-*

*tuals*« oder »*Trauerrituals*« geschehen. Alle drei Gruppen müssen dem Loslassen zustimmen – innerlich: der Gekündigte, die Verbleibenden und der Vorgesetzte. Führen Sie ein entsprechendes Ritual ein, das diesen Erkenntnissen Rechnung trägt. Oder schauen Sie sich die Situation Ihrer Abteilung in einer individuellen Organisationsaufstellung, in die Sie Ihr Anliegen einbringen, einmal persönlich an. Die positiven Wirkungen sind überzeugend.

**Praxistipps für Sie als Führungskraft**

- Nehmen Sie sich etwas Zeit, einen ruhigen Moment im Sinne einer Meditation oder bei einem Waldspaziergang, und verbinden Sie sich gedanklich und gefühlsmäßig mit Ihrem gekündigten Mitarbeiter (allen Gekündigten). Sie sprechen in Gedanken Ihren Dank und Ihr Mitgefühl aus und verneigen sich in einer inneren Haltung des tiefen Respekts vor dem Gekündigten und seinem Schicksal.
- Sprechen Sie während der letzten Abteilungsbesprechung, an der der Gekündigte teilnimmt, Ihren Dank und Ihre Würdigung aus. Entscheidend ist Ihre innere Haltung der Demut, der Achtung und des Respekts.
- Auch wenn es Ihnen im Einzelfall einer personenbedingten Kündigung besonders schwer fällt – tun Sie's auch bei diesem Mitarbeiter. Trennen Sie gedanklich und gefühlsmäßig zwischen seinen Handlungen und Fehlern auf der *einen* und seiner Würde als Mensch *auf der anderen* Seite.
- Laden Sie den Gekündigten und die Verbleibenden zu einem »*Trennungsritual*« ein, in dem gerade die Verbleibenden ihre Betroffenheit, Wut und Trauer zum Ausdruck bringen dürfen. Öffnen Sie Ihr Herz und würdigen Sie in angemessener Form den Scheidenden und die Situation der Verbleibenden. Beschließen Sie den Abend mit einem gemeinsamen Essen.
- Praktizieren Sie den Neubeginn mit den Verbleibenden durch einen »Meilenstein«, durch kräftige und deutliche symbolische Handlungen.

## 10.6 Das »Survivor-Syndrom« – Reaktionsmodelle

Zum besseren Verständnis der Reaktionen der Verbleibenden nach Personalabbau, Reorganisation und Trennung sind in den letzten Jahren verschiedene Modelle entwickelt worden.

**Trauermodell nach Kübler-Ross (1969) und Übertragung auf die »Survivor«-Problematik**

Das Modell ist ursprünglich für die Begleitung Sterbender entwickelt worden. Kübler-Ross unterscheidet fünf Phasen des Trauerprozesses mit Schock, Wut, Verhandlung, Depression und Akzeptanz. Entscheidend für eine Lösung und spätere psychische Gesundheit sei das Durchlaufen der Phasen in angemessenem Rahmen und Zeitraum.

Später wird das Modell auf das Unternehmen als Familie und die »Survivors« übertragen. Die logische Empfehlung aus dem Modell ist die, dass das Management den Verbleibenden *Zeit lässt* für die Verarbeitung des Schocks und das *Durchleben* der Phasen. Dem Vorgesetzten werden Geduld, Respekt, Einfühlungsvermögen und Verständnis abverlangt.

**Das strukturelle Modell nach Brockner (1988)**

Das Modell stellt die Entwicklung von *Emotionen, Einstellungen* und *Verhaltensweisen* nach Personalabbau und Reorganisation dar. Als Einflussfaktoren werden Parameter angegeben, die im Individuum selbst sowie in dessen Umwelt liegen. Der größte Einfluss wird allerdings der *Fairness* und den veränderten Rahmenbedingungen im Unternehmen zugeschrieben. In Abhängigkeit von der Handhabung (Informationspolitik, Verfahrensgerechtigkeit) wird der Trennungsprozess als fair oder unfair empfunden. Entsprechend äußern sich Emotionen wie Wut, Angst oder Erleichterung in unterschiedlich starker Ausprägung. Nachfolgend verändern sich die *Einstellungen* hinsichtlich Identifikation, Vertrauen, Zufriedenheit und Loyalität oder Abwanderungsgedanken. Parallel dazu verändert sich das *Verhalten* des Verbleibenden: Motivation, Risikobereitschaft, Produktivität oder Suche nach einem neuen Job und Kündigung. Oft sind es die Guten, mit denen die Unternehmen die Zukunft gestalten wollten, die als »Survivors Leavers« zuerst gehen.

**Das prozessuale Modell von Bridges (1991)**

In der prozessualen Betrachtung unterscheidet Bridges drei Phasen: Abschied vom Alten, neutrale Zone und Neubeginn. Die »Survivors« durchlaufen die Phasen unterschiedlich schnell. Da die Führungskräfte in der Regel bereits längere Zeit *vor* den Mitarbeitern informiert sind, durchlaufen sie die Phasen in anderen Zyklen und Zeiträumen als ihre Mitarbeiter. Dieses Faktum fordert vom Vorgesetzten höchste Aufmerksamkeit und Sensibilität für seine Mitarbeiter. Während er vielleicht bereits die erste Phase durchlaufen hat, treten seine Mitarbeiter soeben erst in sie ein. Auch hier ist wieder die *Geduld* gefragt. Solange nämlich der Mitarbeiter den Übergang in die letzte Phase nicht vollzogen hat, kann der Neubeginn nicht erfolgreich sein.

**Das Prozessmodell nach Noer (1993)**

Noer beschreibt die Phasen in Anlehnung an Kübler-Ross und überträgt sie auf die »Survivor« mit den Stadien Schock/Verleugnung, Wut, Verhandlung, Depression und schließlich Akzeptanz. Wie lange die einzelne Phase dauert, ist nicht vorauszusehen und variiert von Individuum zu Individuum. Erst, wenn der Verlust der Kollegen akzeptiert wird und die Verbleibenden einen Sinn der Aktion erkennen können, gilt der Prozess als abgeschlossen. Für das Management bedeutet dies, darauf zu achten, dass auch die äußeren Symbole »der alten Zeit« *würdevoll* entfernt werden und der Trauer und dem Abschied Raum gegeben werden. In diesem Zusammenhang wird der Kraft von Ritualen und Zeremonien große Bedeutung beigemessen.

### Das typologische Modell von Spreitzer und Mishra (2000)

In diesem noch relativ »jungen« Modell beschreiben die Autoren vier verschiedene »Survivor-Archetypen« in zwei Verhaltensdimensionen zwischen *konstruktiv* und *destruktiv*, sowie *aktiv* und *passiv*. Grundlage des Modells sind Erkenntnisse über Stressbewältigung sowie die Abhängigkeit der Reaktion und des Verhaltens je nach persönlicher Einschätzung der Situation. Die Gültigkeit des Modells wird derzeit in der Praxis überprüft. Für das Management könnte man die Schlussfolgerung ableiten, dass es notwendig ist, sich insbesondere in der Post-Trennungs-Phase mit jedem Mitarbeiter *individuell* auseinander zu setzen.

### Das Rahmenkonzept Downsizing und »Survivors« nach Weiss und Udris (2001)

Die Autoren weisen darauf hin, dass sich die vorliegenden Modelle eher auf der »methodisch-empirischen« Ebene bewegen, die praktische Ebene sowie der Prozess als solcher bei der Betrachtung aber zu kurz kommen. Sie selbst entwickeln daher ein vorläufiges Rahmenkonzept. Dieses ordnet verschiedene Merkmale (der Person, soziale und organisatorische), Reaktionsmuster und Effekte in so genannte Konstruktklassen ein. Eine Hilfestellung für die praktische Umsetzung durch das Management sowie weitere empirische Untersuchungen stehen zu diesem Modell noch aus.

Die Beachtung der Reaktionen von Verbleibenden steht regelmäßig im Zusammenhang mit Fragen der *Fairness, Gerechtigkeit, Humanität, Ethik*. Es scheint so, als ob die Art und Weise, wie der Trennungsprozess durchgeführt wurde, durch die Verbleibenden geradezu wie in einem Spiegel aufleuchtet. Man könnte meinen, dass man am Grad der Demotivation, der Höhe des Krankenstandes, der Fluktuationsrate der Verbleibenden ablesen könnte, ob es gelungen ist, eine Trennungs-Kultur zu leben oder nicht. Daher empfehle ich: *Schauen Sie Ihren Verbleibenden täglich tief in die Herzen.*

## 10.7 Coaching der »Verbleibenden« – Essentieller Bestandteil des professionellen Trennungsmanagements

*Ganz gleich, welchem Trauer- und Trennungsmodell man den Vorzug gibt, in der Praxis zählt zu wissen und zu beachten, welche Unterstützung* die »Survivors« von Ihnen als Führungskraft und Personalverantwortlichem brauchen. Nachfolgend gebe ich Ihnen einige Ideen, die Sie bitte persönlich adaptieren und weiterentwickeln mögen. Zu beachten ist, dass die Verbleibenden während der verschiedenen Phasen des Change- und Trennungsprozesses *wechselnde* Bedürfnisse haben.

**Ende der »alten« Zeit**

Möglichst unmittelbar, d.h. innerhalb der folgenden drei Tage, nachdem die personellen Veränderungen angekündigt und die Kündigungsgespräche geführt wurden, sollten Sie die Verbleibenden zu einer Teambesprechung einladen. Ob an dieser Besprechung auch die soeben Entlassenen teilnehmen sollen, müssen Sie im Einzelfall entscheiden. Im Sinne der Trennungs-Kultur wird die Teilnahme und Einbindung der Gekündigten als fair empfunden und wirkt also in aller Regel positiv. Mit dem Ende der »alten Zeit« brauchen die Verbleibenden die »Erlaubnis«, alte Strukturen, alte Gewohnheiten aufzugeben. Wird ihnen diese »Erlaubnis« nicht gegeben, so kommt es zu immensen Spannungen unter den Verbleibenden, da sie die alten Regeln nicht mehr halten können, neue aber noch nicht da sind. Seien Sie als Vorgesetzter offen und ehrlich im Hinblick auf zur Zeit noch ungelöste Probleme. Geben Sie ausdrücklich die Freiheit, *»Dinge anders zu machen«*.

**Transition – Chaos und Umbruch**

*In der oft chaotischen Phase der Transition müssen Sie als Vorgesetzter offen darüber sprechen, dass das Chaos dazu gehört, dass sich erst aus dem Chaos etwas Neues bilden kann. Oft werden gerade in dieser Phase viele neue Anweisungen geschrieben, weil der Chef glaubt, so die Dinge neu ordnen zu können. Die Mitarbeiter brauchen aber gerade in dieser Zeit keine Memos, sondern jemanden, mit dem sie reden* können. Jemanden, der ihnen *wirklich zuhört*. Ich habe nicht gesagt, »sie brauchen jemand, der ihre Ängste trägt oder ihre Probleme löst«. Sie brauchen nur jemanden, der einfach *da ist und zuhört*. Zuhören bedeutet für Sie als Manager, dass Sie bei aller Belastung durch die Reorganisation für Ihre Mitarbeiter Zeit haben müssen. Da bekannt ist, dass die Verbleibenden zunächst wieder zum eigenen Team Vertrauen fassen müssen, kommt Ihrer Rolle als Team-Leader und Vorbild eine große Bedeutung zu. Als äußerst hilfreich erscheint die Durchführung einer Workshop-Sequenz für Verbleibende. Ein Beispiel für die Konzeption finden Sie im Anhang.

**Neue Zeit**

Ist der Neubeginn spürbar, so brauchen Ihre Mitarbeiter im Wesentlichen *wieder* nur eines: Zeit. Zeit diesmal im Sinne von *»Zeit lassen«*. Drängen Sie nicht. Wenn Sie von den Verbliebenen zu viel in zu kurzer Zeit verlangen, laufen Sie Gefahr, dass sich Ihre Mitarbeiter überfordert fühlen und eine generelle »Veränderungsblockade« einsetzt. Noch wichtiger als der Faktor »Zeit« ist der Faktor »Klarheit« über Sinn und Zweck der Veränderungen. 83 Prozent der befragten 350 Manager geben an, dass den Mitarbeitern nicht klar sei, worum es bei Veränderungsprojekten eigentlich gehe (Akademie-Studie 1999). Geben Sie die relevanten Informationen zeitgerecht, klar und vollständig. Bieten Sie Support und Hilfestellung an, aber *drängen Sie nicht*. Die Mitarbeiter wollen *von sich aus* weiterkommen, sie wollen *von sich aus* ihre Arbeit schaffen. Da brauchen Sie nicht zu treiben. Und sie wollen, dass es ihnen persönlich gut geht. Zu lange dauerte die Zeit der Unsicherheit und des Drucks. Das heißt, dass sie ökonomisch und effizient arbeiten wollen. Erläutern Sie immer wieder die rationalen Gründe für die Veränderungen sowie die Ziele und Absichten. Aber lassen Sie sie arbeiten! Erarbeiten Sie gemeinsam die spezifischen Arbeitspläne für Ihren Bereich oder die Abteilung.

Bitten Sie Ihre Leistungsträger – das sind jetzt einmal *alle* Verbliebenen – um ihre Loyalität und Unterstützung. Sagen Sie ihnen klar und deutlich, *dass Sie auf sie zählen*. Leider wird dies allzu oft vergessen. Nutzen Sie die Potenziale Ihrer Mitarbeiter und damit die Chance der »*Erneuerung von Innen*«. Und beachten Sie dabei den »*Faktor Mensch*«. Projekte, in denen lediglich auf technische und organisatorische Veränderungen geachtet wird und die zwischenmenschlichen Aspekte vernachlässigt werden, haben (in 76 Prozent der Fälle) mit erheblichen Widerständen und Problemen zu kämpfen. Machen Sie deutlich und erarbeiten Sie gemeinsam die Schritte zum persönlichen Empowerment. Da gerade in Phasen des Neubeginns der Arbeitsdruck extrem hoch ist, müssen Sie vermutlich hart kämpfen, um Freiraum zu schaffen für das Beziehungsmanagement.

## 10.8 »Das Management« ist gefordert – bitte sofort!

»Das Management« steht in Anführungszeichen. Will sagen: Gefordert ist, dass jemand diesen Prozess doch bitte »managt« – und zwar sofort! Will aber auch sagen: Das Management als Institution ist gefordert – eben jetzt!

### Vortrag auf dem 1. Frankfurter Klartext-Dialog
*Susanne Eisert, Leiterin Personal der Taunus Sparkasse, Bad Homburg v.d.H.*

#### Über die Kunst der Revitalisierung – Bindung – Motivation

Ein ganz schwieriger Spagat für einen Personalleiter oder eine Personalleiterin ist, sich auf der einen Seite von Menschen zu trennen und auf der anderen Seite den Rest der Mannschaft auf ein neues Thema einzuschwören.

In meiner beruflichen Geschichte gab es zunächst immer nur Aufbau, Aufbau und Verträge schließen. Ich habe das Thema Trennung am Anfang für ein unbewältigbares Problem gehalten und ich will Ihnen nicht verheimlichen, dass es mir selbst persönlich sehr nahe gegangen ist. Ich habe selbst mit vielen Mitarbeiterinnen und Mitarbeitern Gespräche geführt und ich schäme mich auch nicht, zu sagen, dass ich auch mit manchen geweint habe. Ich glaube auch, das ist eine menschliche Reaktion.

Mit Hilfe von Herrn Andrzejewski ist mir sehr schnell klar geworden, wir müssen als Allererstes im Trennungsprozess mit den Menschen sprechen, die wir dringend halten wollen. Also habe ich alle Führungskräfte dazu nicht nur angehalten, sondern verpflichtet, bitte sprecht mit den Menschen in dieser Phase der Trennung darüber, dass sie diejenigen sind, auf die wir bauen, die wir auch unbedingt halten wollen, um die Gerüchteküche, um die Thematik, wer auch betroffen ist, zu vermeiden. Das heißt, als Allererstes im Trennungsprozess haben wir parallel zu den Trennungsgesprächen mit Menschen gesprochen, die wir als Leistungsträger im Unternehmen halten möchten. Sonst schaffen Sie eine Verunsicherung, die Sie kaum aus dem Unternehmen 'rausbringen.

Was haben wir getan? Zwei, drei Maßnahmen, die wir ergriffen haben, möchte ich Ihnen einfach schildern.

Wir haben im Rahmen der Trennung – und zwar parallel dazu, auch wenn es nicht ganz einfach zu realisieren ist – mit unseren Führungskräften ein so genanntes Management Audit gemacht. Nicht im Sinne von Trennung, das gibt es ja auch, sondern im Sinne der Zukunftssicherung: »Wir wollen mit Euch gemeinsam eine Strategie entwickeln für unser Haus und uns ist wichtig, dass wir die Stärken und Schwächen jedes Einzelnen kennen, um Euch adäquat einzusetzen.« Das war eine ganz, ganz wichtige Maßnahme, die auch bei unseren Führungskräften sehr gut ankam.

Gleichzeitig haben wir überlegt, was können wir denn eigentlich für unsere Mitarbeiterinnen und Mitarbeiter tun im Sinne von Motivation und Bindung, denn wir haben einen sehr hohen Frauenanteil.

Wir haben ein Projekt aufgesetzt, für das wir dann sogar ausgezeichnet worden sind.

So haben wir einen Wäsche-Service für alle Mitarbeiterinnen und Mitarbeiter angeboten; für einen Spottpreis konnten Sie hier ihre Wäsche abgeben. Wir haben weiterhin Telearbeit, Heimarbeitsplätze eingerichtet, sodass wir Menschen helfen, die jetzt in besonderen familiären Situationen leben, sei es, dass sie Familienangehörige betreuen müssen, sei es, dass sie Kinder haben, die sie betreuen müssen.

Parallel dazu haben wir ein so genanntes Ampelmodell eingeführt. Das bedeutet, dass Vertriebseinheiten, die in bestimmten Dimensionen nicht so gut performen, einen Profi an die Hand bekommen, um sich zu verbessern. Das gibt allen ein gutes Gefühl und unterstützt die Teamentwicklung nach der Reorganisation.

Wir haben auch das Thema Gesundheit angefasst. Weil wir uns mit der Reorganisation in Wahrheit auch von Leistungsträgern getrennt haben. Das erhöht den Druck auf die Verbleibenden. Deshalb müssen wir was tun für unsere Mitarbeiter, was zumindest dazu führt, dass wir keine erhöhte Krankenstatistik haben oder auf einmal nur noch Menschen, die sich gestresst fühlen. Ganz wichtig ist zu sagen, dass wir das immer topdown gemacht haben, gemeinsam mit dem Vorstand. Wir haben ein Präventionsprogramm für unsere Führungskräfte und wir bieten für unsere Mitarbeiter flächendeckend Kurse an zur Stressbewältigung, Kurse in unterschiedlicher Form, sei es Chi-Gong, sei es autogenes Training, sei es Massagen. Es ist so, dass weniger Menschen mehr tun müssen, da darf man sich nichts vormachen. Wir wollen sie bei ihrer neuen Aufgabe und bei ihrem neuen Job bestmöglich unterstützen. Ob es uns immer gelungen ist, ist die Frage, aber das ist schon eine Vorwärtsstrategie für die Verbleibenden.

Wir haben ein Strategieteam gegründet, bestehend aus dem Vorstand und ausgewählten Führungskräften. Wir haben uns neue Unternehmensleitsätze gegeben. Wir haben diese per Glockenschlag in das Haus verkündet. Wir haben einfach eine Aufbruchstimmung erzeugt, weil uns das ganz wichtig war, sonst fallen sie ja in ein Koma.

Was wir noch gemacht haben, wir haben einen Spruch, der heißt: Erfolg zählt. Wir haben das auch ganz ernst genommen, wir haben unsere variable Vergütung überarbeitet, wir haben die so genannten »Bestenbelohnung« eingeführt, das heißt, jedes Quartal erhält das beste Team im Vertrieb – vom gesamten Vorstand – einen Preis, es gibt ein schickes Essen und am Jahresende kriegt – wer in der Jahresampel der Beste ist – auch noch zusätzlich zu unserer bereits bestehenden variablen Vergütung noch mal ein Ad on. Bei uns im Unternehmen ist das supergut angekommen, das ist dann wirklich vor dem gesamten Betrieb, dass wir diese Teams auszeichnen und nicht nur mit 100 Euro und einem Dankeschön bedenken, nein, wir lassen es dann auch wirklich *krachen*. Den Menschen, die Sie nämlich haben wollen, denen müssen Sie auch was Gutes tun.

Wir müssen noch mehr tun, gar keine Frage, aber das ist zumindest mal mit diesen Projekten ein Anfang und es erzeugt auch in der Mannschaft das Gefühl: Auf uns wird jetzt gezählt, wir sind die Menschen, die gemeinsam mit dem Vorstand, mit der Geschäftsleitung vorankommen wollen.

Ich überlege ständig, was wir noch tun können, wie wir noch besser werden können. Dabei geben uns diese skizzierten Maßnahmen eine gute Chance und zeigen uns einen guten Weg auf.

### 10.8.1 Retentionsmaßnahmen

Eine wichtige Rolle kommt den so genannten Retentionsgesprächen zu. Diese wollen ebenso wie die Trennungsgespräche weitsichtig vorbereitet und deren Inhalte, Aussagen und Zusagen abgestimmt sein! Als kleiner Hinweis für Ihre

Reflexion und Entwicklung eigener Maßnahmen nachfolgend einige erprobte Module.

**Maßnahmen zur Bindung wichtiger Mitarbeiter (Beispiele)**

| Maßnahmen | Aktivität/Umsetzung |
| --- | --- |
| Businesslunch mit dem Vorstand | Mitarbeiter (max. 6) diskutieren einmal im Monat beim Mittagessen aktuelle Themen mit dem Vorstand. |
| Teilnehmer bei einem Kamingespräch mit der Geschäftsleitung | Mitarbeiter (max. 6) diskutieren einmal im Monat aktuelle Themen mit einem Mitglied der Geschäftsleitung. |
| Hospitation | Mitarbeiter begleitet Mitglied einer höheren Ebene oder ein Vorstandsmitglied. |
| Führungskräfte sensibilisieren | Wichtigen Mitarbeitern klare Signale senden durch Projektaufträge, Sonderaufgaben und enge Einbindung in strategische Überlegungen. |
| Neudefinition und Erweiterung der Personalentwicklung | Thema in Mitarbeitergespräche einbringen. Systematische Erfassung möglicher Mitarbeiter für Entwicklung, unter Berücksichtigung ihrer Interessen. |
| Teilnahme am Mitarbeiterforum | Diskussion im größeren Kreis zwischen Vorstand und Mitarbeitern zu aktuellen Themen und Fragestellungen. |
| Transparente Gehaltspolitik | Wert der betrieblichen Altersvorsorge und Sozialleistungen gegenüber Mitarbeitern verdeutlichen. |

**Grundsätze eines Retentionsgespräches**

Pflegen Sie stets einen schnellen und unmittelbaren Kontakt!

- Bindung braucht ein Gesicht! Ihr Gesicht!
- Motivation des Mitarbeiters klären! Bindung lässt sich nach den ganz persönlichen Motivatoren der Mitarbeiter steuern.
- Bindung geht vom Mitarbeiter aus und ist in der Regel nicht zu erkaufen.
- Handlungsspielräume in der aktuellen Unternehmenssituation ausloten!
- Sprechen Sie Ihre Motivlage als Führungskraft an!

- Chancen für Mitarbeiter herausarbeiten!
- Individuelle Vereinbarungen treffen!
- Meinungsbildner, die eine hohe Reputation besitzen, identifizieren und einbinden!

Als Führungskraft machen Sie sich bitte bewusst, welche Möglichkeiten der Motivation Sie generell haben. Die Möglichkeiten sind begrenzt.

### Quellen der Identifikation für Verbleibende?

- Identifikation über einzigartige Produkte
- Identifikation über persönliche Kundennähe und deren Rückmeldung
- Identifikation über die Unternehmenskultur
- Identifikation über Leitbilder im Unternehmen

### Angebote für Verbleibende

Auf die Frage: »Welche Angebote gibt es für verbleibende Mitarbeiter?«, antworteten in einer Studie (Kausch 2004) Unternehmen wie folgt:

| | |
|---|---|
| Weiterbildungs- und Qualifizierungsangebote | 78,3% |
| Mitarbeitergespräche | 69,6% |
| Einführung von Zielvereinbarungen | 56,5% |
| Maßnahmen zur Teamentwicklung | 47,8% |
| Am unteren Ende stehen | 30,4% |
| Workshops zur Bindung mit Erhöhung der Vergütung | 13,0% |
| Ausweitung der freiwilligen Sozialleistungen | 8,7% |
| Beschäftigungsgarantien | 4,3% |

Es wird also an dieser Stelle kaum in die externe Expertise oder eine Beratung/Supervision investiert.

### Gründe für den Erfolg und das Scheitern

Bei der Mehrheit der deutschen Großunternehmen ist der Erfolg von Veränderungsprozessen die Ausnahme. Mehr als jeder dritte Veränderungsprozess in deutschen Unternehmen gilt als gescheitert oder wenig erfolgreich. Als Gründe für das Scheitern werden in einer Studie der TU München und der C4 Consulting Düsseldorf (Houben/Frigge 2007) angegeben:

1. Unzureichendes Engagement der oberen Führungsebenen 58%
2. Unklare Zielbilder und Visionen 57%
3. Fehlende Erfahrung im Umgang mit verunsicherten Mitarbeitern 55%

Der Erfolg von Veränderungsprozessen hängt statistisch signifikant von Motivation, Orientierung und Kongruenz der Botschaften ab. Fast die Hälfte der Mitarbeiter deutscher Unternehmen habe sich innerlich bereits zurückgezogen und werde tendenziell zu »Bremsern«. Nur 19 Prozent der Mitarbeiter treiben Veränderungsprozesse aktiv voran. Die Motivation der Mitarbeiter ist der einflussreichste Parameter für den Veränderungserfolg.

### 10.8.2 Umgang mit Widerstand

Nicht selten kommt es in der verbleibenden Belegschaft in der Umsetzungsphase zu erheblichen Widerständen gegen die Maßnahmen. Machen Sie sich mit den nachfolgenden Aspekten zum Widerstand vertraut. Dies wird Ihnen den Umgang erleichtern.

**Vier Grundsätze zum Thema Widerstand:**

1. Es gibt keine Veränderung ohne Widerstand.
2. Widerstand enthält häufig eine verschlüsselte Botschaft.
3. Nichtbeachten von Widerstand führt zu Blockaden.
4. Mit dem Widerstand gehen, nicht gegen ihn.

**Symptome für Widerstand bei Verbleibenden**

|  | verbal (Reden) | non-verbal (Verhalten) |
|---|---|---|
| aktiv (Angriff) | Widerspruch<br>Gegenargumentation<br>Vorwürfe<br>Drohungen<br>Polemik | Aufregung<br>Unruhe<br>Streit<br>Intrigen<br>Gerüchte |
| passiv (Flucht) | Ausweichen<br>Schweigen<br>Bagatellisieren<br>Unwichtiges debattieren<br>Blödeln | Lustlosigkeit<br>Unaufmerksamkeit<br>Müdigkeit<br>Fernbleiben<br>Krankheit |

**Formen von Widerstand**

Widerstand hat im beruflichen Alltag unterschiedliche Gesichter. Als Führungskraft sind Sie aufgerufen, die Zeichen zu erkennen und angemessen zu reagieren.

- *Rationaler Widerstand*
  Dieser beruft sich in der Regel auf sachliche Gründe. Dabei werden entweder die technische Umsetzbarkeit hinterfragt, die ökonomischen Kosten der Veränderung als zu hoch kritisiert oder die fehlende Zeit, sich umzustellen, beklagt.
- *Psychischer Widerstand*
  Diese Form basiert auf Emotionen und Gefühlen. Meist sind es Mitarbeiter mit ausgeprägtem Sicherheitsbedürfnis, die ihre Furcht vor Unbekanntem äußern oder verstecken. Oft ist fehlendes Vertrauen in andere, z. B. in das neue Management, die Ursache.
- *Politischer Widerstand*
  Dieser basiert eher auf Machtinteresse. Da grassiert die Angst vor Verlust früher erworbener Privilegien oder die Angst vor Positionsverlust und persönlicher Abwertung. Diese werden manchmal kaschiert mit Begründungen, die im Team liegen sollen. So kommt es zur Blockade der Veränderung von Gruppenwerten und -zielen.

**Umgang mit Widerstand**

Grundlage Ihres erfolgreichen Umgangs mit Widerständen ist erneut Ihr Menschenbild. Respektieren Sie den Mitarbeiter in seinen Befindlichkeiten oder tun Sie das alles als Schwächelei ab? Nehmen Sie den Widerstand ernst? Benutzen Sie den Widerstand als Informationsquelle! Erkennen Sie ihn als »normal« an, nehmen Sie ihn konstruktiv auf?

Wenn es Ihnen gelingt, die Hintergründe und Hauptursachen zu erfahren, haben Sie gewonnen, dann besteht die Möglichkeit, den Widerstand schnell aufzulösen.

Erforschen Sie, wie sich der Widerstand äußert und was der Mitarbeiter mit seinem Widerstand verteidigen will?

Und erinnern Sie sich: Als Führungskraft sind Sie dann wirksam, wenn Sie sich an den Grundsätzen richtigen und guten Managements orientieren. Dazu zählen:

- Ergebnisorientierung
- Beitrag zum Ganzen
- Konzentration auf das Wesentliches
- Ihre persönlichen Stärken nutzen
- Vertrauen leben
- Positives und konstruktives Denken

### 10.8.3 Führung wirksam gestalten

Im Übrigen neigen Führungskräfte gerade nach Zeiten des Umbruchs dazu, mehr Kontrolle ausüben zu wollen, da sie selber unter einem enormen Erfolgsdruck stehen. Aber das ist eher kontraproduktiv. Misstrauen lähmt die Leistung der Verbleibenden.

Vertrauen ist gut – Kontrolle ist schlecht: »*Wenn Chefs ihren Mitarbeitern auf die Finger schauen, leidet die Motivation*«. Armin Falk und Michael Kosfeld kommen in einer Studie der Universität Bonn zu dem Ergebnis, dass Arbeitnehmer zwar gerne bereit sind, mehr zu leisten, dass es sich aber negativ auswirkt, wenn sie von ihrem Chef zu sehr kontrolliert werden. Die Autoren sprechen sich klar dafür aus, den Mitarbeitern mehr Freiraum zu lassen. Also vertrauen Sie und geben den Verbleibenden mehr Raum.

Allerdings in einem Punkt sollten Sie eng am Mitarbeiter sein. Mit einem ehrlichen und wahrhaftigen Feedback. Nebenbei beugen Sie dadurch einem erneuten Aufbau einer »Blase« ungeliebter Mitarbeiter vor, von denen Sie sich bei nächster Gelegenheit wieder trennen wollen. Allerdings ist das mit dem Feedback nicht so einfach. Jedenfalls nicht mit dem wahrhaftigen Feedback.

Abgesehen davon, dass formales und informelles Feedback nicht besonders häufig gegeben wird, lässt insbesondere die Effizienz von formalen Leistungsbeurteilungen stark zu wünschen übrig. Häufig ist die Leistungsbeurteilung eine Pflichtübung, von der man nicht so recht weiß, was sie eigentlich soll und kann. Das darf gegenüber den Verbleibenden nicht so sein.

**Anerkennung und Feedback als Basis der Motivation der Verbleibenden**

| Anerkennung vom Vorgesetzten erhalten |
|---|
| Regelmäßiges Feedback bekommen |
| Wissen, wie ihre Arbeitsleistung bewertet wird |
| Denken, dass ihre Arbeitsleistung gerecht bewertet wird |
| Beurteilungen werden regelmäßig durchgeführt |
| Finden Leistungsbeurteilung hilfreich im Bezug auf das Erkennen eigener Stärken und Schwächen |
| Als Hinweis zur Leistungssteigerung verstanden |
| Herausarbeitung geeigneter Weiterbildungsmaßnahmen |
| Hilfreich für die eigene Karriereplanung und -entwicklung |

# Die »Verbleibenden« – Eine oft übersehene Gruppe!

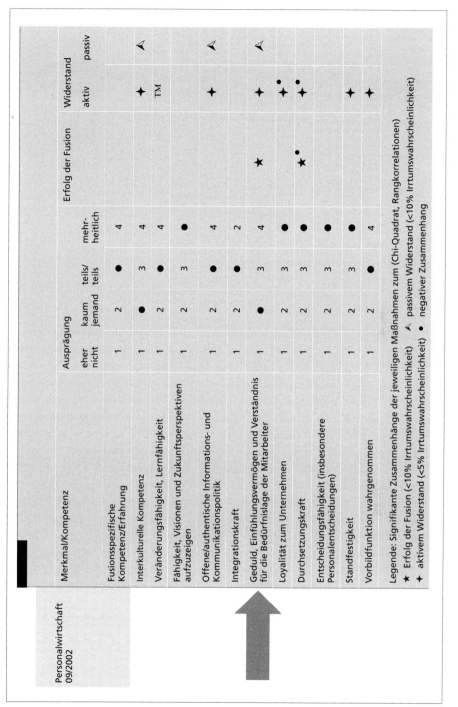

**Abb. 36:** Stärken-/Schwächen-Profil deutscher Manager im Fusionsprozess auf der Basis von Medianen und die Auswirkungen auf Fusionserfolg und Widerstand

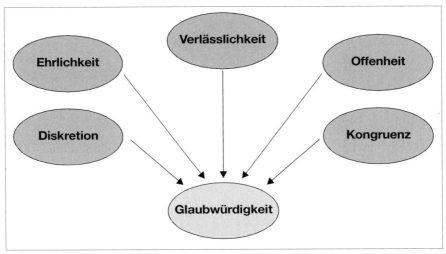

**Abb. 37:** Vertrauensbildende Maßnahmen

### 10.8.4 Beziehungsmanagement

Durch die Trennung und Neuorganisation wird es notwendig, *alle* Beziehungen neu zu definieren. Unterstützen Sie Ihre Mitarbeiter durch persönliche Gespräche, gemeinsame Teamessen, Installation von Paten und Mentoren. Offensichtlich tun sich viele Führungskräfte mit dem Beziehungsmanagement sehr schwer bzw. räumen ihm zu wenig Raum ein. Die Hälfte der befragten 242 Führungskräfte nutzt weniger als drei Stunden pro Woche für die Schaffung eines positiven, motivierenden Unternehmensklimas (Pinnow 2001). In Zeiten des Neubeginns kann dies viel zu wenig sein und den Erfolg der Restrukturierungsmaßnahme gefährden. Immerhin melden auf Seiten der Mitarbeiter 83 Prozent der Befragten Bedarf für unternehmensinternes Beziehungsmanagement an. Letztendlich muss es Ihnen gelingen, den »psychologischen Kontrakt« wieder neu zu entwickeln und zu vereinbaren. Ebenso muss es Ihnen gelingen, dass die Verbliebenen wieder Vertrauen zu Ihnen als Vorgesetztem fassen. Beziehungen funktionieren durch »*Sich-beziehen*« – das heißt »*Hin-gehen*«. Schicken Sie keine Mails oder Memos, gehen Sie hin und ermutigen Sie Ihre Verbliebenen, ebenfalls den Kolleginnen und Kollegen »*entgegenzugehen*«.

| Funktion/Ziel | Innere Haltung als Führungskraft |
| --- | --- |
| Mit dem Mitarbeiter in eine Interaktion gehen, sich anbieten, Zeit haben. | Ich bin für dich da! |
| In seine Welt eintauchen. | Ich weiß, wo du bist wertschätzend, nicht wertend. |
| Ich muss nicht die gleichen Gefühle und Gedanken haben. | Ich kriege mit, wie es dir geht, respektiere deine Befindlichkeit. |
| Dialog ist mein Angebot. | Nicht Recht haben wollen. |

### 10.8.5 Veränderungsmanagement

Veränderungen bringen Unsicherheiten, Konflikte, neues Denken und freien Handlungsraum mit sich. Sie helfen Ihren Verbliebenen am besten, wenn Sie *mit gutem Beispiel* vorangehen und neue Wege erschließen. Setzen Sie auf *kleine Symbole mit großer Wirkung*. Sie machen den Neuanfang erlebbar. Ihre Mitarbeiter brauchen möglichst schnell »Sicherheit« hinsichtlich der neuen Werte, Normen und Regeln. Schalten Sie ruhig die Personalprofis Ihres Hauses ein. Sie unterstützen Sie in den Gesprächen und bei der Umsetzung neuer Ideen. Helfen Sie Ihren Verbliebenen, auf das zu schauen, *was bereits gut funktioniert* – nicht immer auf das, was noch *klemmt*. Zeigen Sie ihnen die *Fortschritte* und wie das »kleine Pflänzchen des Neuanfangs« wächst. Installieren Sie Encouraging-Runden unter Anleitung erfahrener Encouraging-Trainer. Damit Ihre Leute das »Wachstum« und die »Ent-Wicklung« realisieren und »von innen« strahlen lernen. Gestehen Sie sich ein, dass Sie manchmal *nicht* wissen, wie es gehen soll. Gestehen Sie Ihren Mitarbeitern ein, wenn Sie mal nicht wissen, wie es gehen soll. Geben Sie zu, dass Sie nicht zu jeder Zeit »alles im Griff haben«. Das ist realistisch und authentisch und unterstützt Ihre Wahrhaftigkeit.

In einer Studie über das Stärken-Schwächen-Profil deutscher Manager in Fusionsprozessen wurde deutlich, dass es im Hinblick auf einige Softskills erhebliche Verbesserungsmöglichkeiten gibt. Eigentlich ist der Ansatz ganz Einfach: Zeigen Sie Mehr Geduld, Einfühlungsvermögen, Verständnis für die Bedürfnislage der Mitarbeiter und sofort verbessert sich die Situation im Hinblick auf Bindung und Revitalisierung der verbleibenden Mitarbeiter. Und darum geht es. Da Sie ja mit den Verbleibenden sehr schnell erfolgreich sein wollen und müssen, sollten Sie alles daran setzen, Ihre Glaubwürdigkeit so schnell wie möglich wiederherzustellen und zu festigen. Ihre persönliche Offenheit – dazu gehört zumeist auch das Einverständnis, auf bestimmte Fragen noch keine Antwort zu haben – sowie Ihre Ehrlichkeit sind maßgeblich als vertrauensbildende Maßnahmen anzusehen.

### 10.8.6 Sozialmanagement

Trennungen ziehen oft eine Neudefinition von Normen nach sich. Veränderte Strukturen und Normen bedürfen der eigenen, persönlichen Anpassung und des Lernens. Werden Normen nicht oder zu spät verändert, kommt es ebenso zu Problemen wie wenn alte Normen zu rasch über Bord geworfen werden, bevor Neue da sind. Es ist Ihre Aufgabe, die »neuen Außenseiter«, z.B. aus anderen Abteilungen (das können auch lang dienende Mitarbeiter sein), zu integrieren, Kräfte auszubalancieren und »Fremdes« (nach Fusionen) zu integrieren. Wie das am schnellsten geht? Auf der emotionalen Ebene. Hier ist Ihre soziale Kompetenz gefragt. Ich sage lieber konkret: *Ihr Herz* ist gefragt. Ihre *Liebe* zu den Mitarbeitern – und zur Aufgabe.

**Abb. 38:** Mehrere neue Beziehungen

#### 10.8.7 Strukturmanagement

Alte Strukturen sind zerbrochen. Die Mitarbeiter, die man nicht brauchte, sind gegangen. Und ihre Erfahrung und ihre Kernkompetenzen haben sie einfach mitgenommen. Die Arbeit will aber getan sein. Was nun? Immer wieder habe ich beobachtet, dass »reaktiv« die verbleibenden Mitarbeiter zur Erledigung von Arbeiten herangezogen wurden, für die sie weder prädestiniert noch ausgebildet waren. Eine »Gemeinheit« und Verantwortungslosigkeit den Verbleibenden gegenüber. Denn: »Herr Peter-Prinzip« lässt grüßen. Und wenn es nicht klappt, ist der Mitarbeiter schuld.

Oder der Vorgesetzte schnallt jedem Mitarbeiter gleich zwei oder mehrere Rucksäcke auf. Jobs werden übertragen, ohne die »zulässige Workload-Grenze« zu beachten. Wie soll das gut gehen? Und später wundert sich die Geschäftsleitung, dass die Reorganisation nichts gebracht hat – außer Fluktuation und Probleme. Geben Sie klare Struktur- und Organisationshilfen.

#### 10.8.8 Zukunftsmanagement

Fokussieren Sie die Zukunft. Konzentrieren Sie sich mit Ihren Mitarbeitern auf *Entwicklungen und Fortschritte* – auch die Würdigung kleiner Schritte. Ermutigen Sie jeden, Fehler als »Chancen« zu verstehen und zu nutzen. Identifizieren Sie Ihre Mitarbeiter nach Schlüssel-Qualifikationen, Kommunikationsstil und Typologie, die in der Zukunft gebraucht werden. Wer hat die Power-Skills? Wer ist der Visionär, wer der Denker, wer Motor, wer der Feeler. Sie brauchen verschiedene Typen im Team! Nutzen Sie die schnellen, bewährten Methoden und spezifische Tests, die *sofort* Ergebnisse, Klarheit und konkrete Development-Tipps bringen.

Nachfolgend haben Sie die Möglichkeit, einen ersten Check Ihrer Situation vorzubereiten.

### 10.8.9 Checkliste zum professionellen Umgang mit den Verbleibenden

| Reflexion | |
|---|---|
| Zustand / Thema | Meine Maßnahme |
| Innere Krise | |
| Grundbedürfnisse | |
| Beziehungsmanagement | |
| Veränderungsmanagement | |
| Sozialmanagement | |
| Strukturmanagement | |

Anhand nachfolgender Checkliste können Sie schnell und einfach eine Einschätzung vornehmen, »wo die Verbleibenden stehen« und ob Ihre Maßnahmen für die Verbleibenden eine Wirkung gezeigt haben. Diesen Check sollten Sie »alle paar Wochen« einmal vornehmen.

Evaluation des Erfolgs der Bemühungen um die Verbleibenden

| Parameter / Bewertung | 0 | 1 | 2 | 3 | 4 | 5 |
|---|---|---|---|---|---|---|
| Vertrauensbereitschaft | | | | | | |
| Motivationslage | | | | | | |
| Qualität der Zusammenarbeit | | | | | | |
| Produktivität / Output | | | | | | |
| Stressgefühle | | | | | | |

## 10.9 »Hallo Survivor!« ruft da jemand zum Chef, dreht sich um und geht.

Ist Ihnen eigentlich schon bewusst geworden, dass Sie als Führungskraft eine extrem anspruchsvolle »Doppelrolle« auszufüllen haben? Bisher war immer nur die Rede davon, was Sie alles zu beachten haben, damit es *Ihren Mitarbeitern* gut geht. Nun aber sind *Sie persönlich* dran – Sie als »Survivor«. Selbstverständlich durchlaufen Sie selbst auch die Phasen, wie sie beschrieben werden. Sie verspüren die gleichen Emotionen, die gleichen Unsicherheiten, die Trauer und den Einschnitt. Und Sie haben die gleichen Fragen im Hinblick auf den Neubeginn und die Zukunft des Unternehmens, Ihrer Abteilung und Ihrer eigenen Person. In manchen Fällen sind bei Managern gar *langfristige und erhebliche Leistungseinbußen* zu beobachten, wenn sie enge und langjährige Mitarbeiter haben entlassen müssen (Kieselbach 2001). Das soll Ihnen möglichst nicht widerfahren. Was Sie tun können, ist, sich sehr früh und sehr intensiv mit dem Prozess auseinander zu setzen. Stellen Sie sich der Dynamik und versuchen Sie, die Phasen möglichst schnell und vollständig zu durchlaufen. Dann haben Sie eine gute Chance, schneller als Andere »wieder aufzutauchen« und erfolgreich die Überleitung zur »neuen Zeit« zu schaffen.

Bald besinnen Sie sich darauf, liebe Leser, welche Anforderungen *Führen im Wandel* an Sie persönlich stellt und welche Herausforderungen das Führen von Mischgruppen mit sich bringt. Ein Teil Ihrer Mitarbeiter weiß, dass er gehen muss, einige Mitarbeiter wissen noch nicht, wie es weitergeht oder haben sich noch nicht entschieden, wieder andere sitzen schon wieder fest im Sattel. Und Sie?

## 10.10 Führen im Wandel

Führen heißt doch klassischerweise, dass Sie die Richtung bestimmen, dass Sie die Menschen und die Ergebnisse der Arbeit vor Bedrohung schützen, dass Sie Werte bewahren und nicht zuletzt Konflikte moderieren.

Führen im Wandel heißt zusätzlich, Gewohntes in Frage zu stellen, bei den Mitarbeitern Unsicherheit wahrzunehmen, manchmal auch konstruktiv zu irritieren, den Wandel mutig zu begleiten und Wissenstransfer sowie Know-how-Sicherung zu betreiben.

Gerade im Wandel gilt:

- Zeigen Sie Einfühlungsvermögen. Machen Sie sich die Emotionalität der Situation bewusst und räumen Sie sich und Ihren Mitarbeitern Zeit für die gemeinsame Verarbeitung der Situation ein.
- Behandeln Sie Ihre Mitarbeiter so, wie Sie selbst von Ihrem Vorgesetzten behandelt werden möchten; unabhängig davon, ob Sie selbst tatsächlich so behandelt werden.

- Machen Sie sich Flucht- und Abwehrreaktionen bewusst, aber geben Sie ihnen nicht nach. Zeigen Sie Verständnis für andere, ohne deren Probleme zu Ihren eigenen zu machen.
- Seien Sie erreichbar und zugänglich. Reflektieren Sie Ihr Menschenbild.
- Vergegenwärtigen Sie sich Ihre eigenen Gefühle und Empfindungen; und stehen Sie dazu. Auch zu Ihren Grenzen.
- Leben Sie gleichzeitig Souveränität und Professionalität.
- Seien Sie Vorbild.

Und bleiben Sie dran. Die nachfolgend gezeigte Kurve vor Augen wissen Sie, dass es sich lohnt, den Prozess mit Engagement zu managen. Bald geht es auf der Achterbahn des Wandels wieder nach oben.

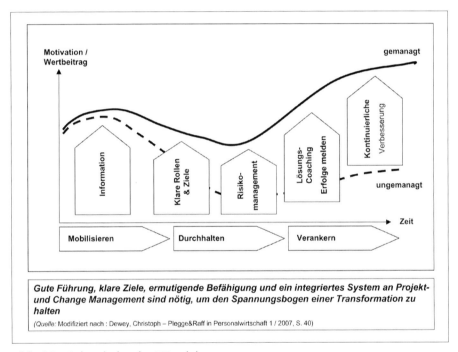

**Abb. 39:** Achterbahn des Wandels

Helfen Sie mit, die anfängliche Angst salonfähig zu machen. Angst darf sein und gehört dazu. Sie schaffen Gelegenheiten, in denen Ängste besprochen werden können. Und dann erarbeiten Sie gemeinsam Ideen, die Orientierung und Sicherheit geben. Dies ist die Zeit, in der Sie als Mensch an- und begreifbar werden müssen. Dies kann in informellen Runden sein oder im Zwiegespräch. Auf der anderen Seite: Denken Sie daran, kleine Erfolge zu feiern und Zweifler für ihre Wachsamkeit zu loben. Oft übersehen, aber dennoch so wichtig. Würdigen Sie Vergangenes angemessen in Form und Inhalt. Und dann gilt es, den Neuanfang zu gestalten und Aufbruchstimmung zu wecken. Rituale und Symbole helfen dabei.

## 10.11 Führen von »Mischgruppen«

Und da Sie in der Regel ja noch einige Monate mit einer Übergangssituation leben müssen, hier einige Fragen, die Sie anregen mögen, über jede einzelne Gruppe und deren angemessene Behandlung nachzudenken:

| Gehende | freiwillig Gehende | Bleibende mit Funktionsänderung | Bleibende mit Standortänderung | Bleibende ohne sichtbare Veränderung |
|---|---|---|---|---|
| Wie sieht die übergeordnete Botschaft aus? Was passiert im Augenblick der Kündigung? Wie sieht ein professioneller Umgang in schwierigen Situationen aus? | Was wird getan, um sie zu halten? Wer gibt vor, wer bleiben soll? Wie kann ich den Prozess effektiv beeinflussen? | Wie erkenne ich Demotivation? Wie führe ich jemanden aus der destruktiven Phase heraus? | Welche Mittel habe ich zur Verfügung, ihn zu motivieren? Was passiert, wenn eine wichtige Person freiwillig das Unternehmen verlässt? | Woran erkennt man, dass tatsächlich ein Neubeginn stattgefunden hat? Wie sieht die Situation/Emotion des Mitarbeiters wirklich aus? |

Gerade nach dem Wandel werden Sie mehr und mehr daran gemessen werden, wie es Ihnen gelingt, das wertvolle Humankapital für die neuen Aufgabenbereiche produktiv einzusetzen, es an das Unternehmen zu binden und ständig weiterzuentwickeln. Ihre Personalabteilung wird Sie dabei tatkräftig unterstützen. Und gerade Ihre Verbleibenden, mit denen Sie ja die Zukunft erfolgreich gestalten wollen, werden irgendwann nach ihrer persönlichen Humankapital-Rendite fragen. Letztendlich ist gerade bei den Verbleibenden der Wunsch nach Zufriedenheit, Entwicklungsmöglichkeiten, Anerkennung und finanziellem Profit verständlicherweise stark ausgeprägt. Sie als Führungskraft sollten das im Blick haben.

Infolge der beschriebenen Maßnahmen kennt man verschiedene Energiezustände bei den Verbleibenden.

- *Resignation*
  – Mundwinkel nach unten und eine innere Haltung: »Das hat ja sowieso alles keinen Sinn mehr.«
- *Aggression*
  Roter Kopf und Aussagen wie: »So eine Schweinerei, die sind ja alle unfähig, das wird böse enden!«
- *Bequemlichkeit*
  Mit Dienst nach Vorschrift und kontrollierten Fehlzeiten.

Seltener zu finden ist (zumindest, wenn der Prozess nicht professionell gelaufen ist)

- *Begeisterung*
  Engagierte Mitarbeiter, zuversichtlich, qualitätsbewusst und Ergebnis orientiert.
- Ihre Aufgabe als Vorgesetzter ist nun, die Mitarbeiter zum Energiezustand der Begeisterung hinzuführen.

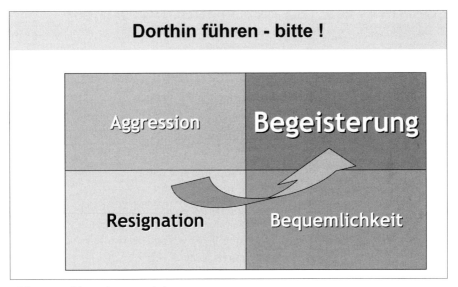

**Abb. 40:** Führen im Wandel

# Kapitel 11

# Die Newplacementphase im Trennungsprozess – Coaching als Teil der Trennungs-Kultur

## 11.1 Eine Neudefinition der Inhalte und Terminologie

Als Newplacementberatung definiere ich jegliche Aktivitäten, die sich um die Qualifizierung, Arbeitsplatzbeschaffung und berufliche Neuorientierung des gekündigten Mitarbeiters drehen. Grundsätzlich kann die Begleitung durch interne oder externe Berater erfolgen. In der Praxis hat sich jedoch herausgestellt, dass intern in aller Regel nicht die personellen Kapazitäten zur Verfügung stehen, es sei denn, es wird ein Career-Center eingerichtet, in dem sich hauptamtliche Berater um die Betroffenen kümmern. Real beschränken sich die Bemühungen der Personalabteilung um den Betroffenen in aller Regel auf die Durchsicht des Lebenslaufs und Vermittlung einiger Kontakte in der Region. Hiermit ist den Gekündigten meist nicht geholfen. Daher sollte man über eine Newplacementberatung im eigentlichen Sinne erst dann sprechen, wenn durch einen externen Berater eine Dienstleistung zum Nutzen des Betroffenen erbracht wird. Das Angebot einer Newplacementberatung ist ein maßgeblicher Bestandteil der Trennungs-Kultur und repräsentiert einen »ethischen Teil« der Kündigung. Wie ich in diesem Kapitel aufzeigen werde, haben das Angebot und die Durchführung einer solchen Beratung für die an einer Aufhebungsverhandlung beteiligten und um eine einvernehmliche Trennung bemühten Parteien erhebliche Vorteile. Allerdings wird seitens der Betriebsräte und externer Institutionen auch Kritik laut. So wird die Frage aufgeworfen, ob es sich manch ein Arbeitgeber durch das Beratungsangebot »nicht zu leicht mache« mit der Kündigung der Mitarbeiter. Ebenso kann man die Frage diskutieren, ob das verfügbare Angebot der Beratung den Arbeitgeber nicht geradezu entbindet, etwas für die Employability der Mitarbeiter zu tun. Meine Forderung an die Unternehmer geht dahin, dass sie sich Gedanken machen, wie sie proaktiv die Arbeitsfähigkeit und Einsatzfähigkeit der Mitarbeiter vor, während und nach einer Trennung unterstützen können. Hierzu kann auch die Bemühung um ein innerbetriebliches Replacement oder Inplacement nach einer eingehenden Potenzialanalyse gehören.

| Reflexion/Checkliste | |
|---|---|
| New-Placement-Phase – Schritte und Aktivitäten | Termine erledigt (X) |
| 1. Auffanggespräch im unmittelbaren Anschluss an das Trennungsgespräch terminiert | |
| 2. Beratungs- und Coachingtermine mit dem Gekündigten – individuell oder Gruppe – je nach Programm über Wochen und Monate | |
| 3. Regelmäßige Berichte an den Auftraggeber | |
| 4. Abschlussgespräch mit Auftraggeber nach erfolgreicher Beendigung der Beratung | |

## 11.2 Beratungsformen und Beratungsangebote

In Abhängigkeit von verschiedenen Parametern wie Hierarchieebene, Betriebszugehörigkeit, Lebensalter, sozialer Status u.a. wird eine externe Newplacementberatung in verschiedenen Formen angeboten. Allerdings variieren bisher die Angebote meist nur zwischen wenigen Formen. Im Sinne der Betroffenen und zur Schonung des Budgets der Auftraggeber wäre es wünschenswert, auf ein differenzierteres Beratungsangebot zurückgreifen zu können. Je nach Situation, Lebensalter, Branche, Zugehörigkeit, Zielsetzung, Arbeitsmarktlage etc. hat der Betroffene andere Bedürfnisse. Denkbar ist, diese in folgender Form zu bedienen:

- Individualberatung zeitlich unlimitiert mit »Full-Service«,
- Zeitlich limitierte Kompaktberatung,
- Mehrtägige Gruppenberatung,
- Besuch des Career-Centers,
- Persönliche Karriereberatung,
- Individuelles Coaching.

Hinsichtlich der Tiefe und der Intensität der Beratung kann eine zwei- oder dreitägige Gruppenberatung selbstverständlich nicht das Gleiche leisten wie eine zeitlich unlimitierte Individualberatung mit Full Service oder ein individuelles Coaching zum Start in die Selbstständigkeit. Immerhin aber darf auch eine dreitägige Gruppenberatung als Maßnahme verstanden werden, die Chancen der Teilnehmer im Wettbewerb des Arbeitsmarktes deutlich zu erhöhen. Walter Hofmann (2001) hat hierzu zahlreiche Informationen zusammengetragen. Von daher ist sie nicht nur Alibi-Übung, sondern eine echte Starthilfe. Auch eine dreimonatige Kompaktberatung mit anschließendem Hotline-Service verbessert erheblich die Chancen des Betroffenen. Ein zeitlich offenes Beratungsangebot, das sogar ein Coaching in der Probezeit beinhaltet, ist demgegenüber sicherlich als Premium-Service zu verstehen. Das Spektrum der Inhalte und Leistungen reicht von der Erstellung der Bewerbungsunterlagen über das Bewerbungstraining, die proaktive Anbahnung eines neuen Arbeitsverhältnisses, Qualifizierungsmaßnahmen bis hin zur Existenzgründungsberatung.

Historisch betrachtet war das Angebot einer Out- bzw. Newplacement-Beratung nur den oberen Hierarchie-Ebenen vorbehalten. Dies hat sich im Laufe der letzten Jahre deutlich geändert. Offensichtlich haben immer mehr Unternehmen den Sinn und Nutzen dieses Dienstleistungsangebotes erkannt.

**Abb. 41:** Angebot einer individuellen Outplacement-Beratung nach Hierarchie-Ebenen (*Quelle:* Siemann 2005, S. 16)

## 11.3 Ablauf und Inhalte einer Newplacementberatung

Die Newplacementberatung kann folgende Inhalte umfassen:

1. **Auffanggespräch im unmittelbaren Anschluss an das Kündigungsgespräch**
   Zu einem professionellen Trennungsmanagement gehört das Auffanggespräch in räumlicher und zeitlicher Nähe zum eigentlichen Kündigungsgespräch. Das Gespräch dient dazu, dem Betroffenen unmittelbar einen »Kümmerer« zur Seite zu stellen. Dieser hilft ihm in dem Moment, wo das Trennungstrauma am tiefsten ist. Der Berater unterstützt den Gekündigten bei der Stabilisierung seiner emotionalen Lage und zeigt ihm erste Perspektiven auf. Dieses Gespräch ist in der Regel noch unverbindlich und dient dem Betroffenen als Grundlage seiner Entscheidung für oder gegen eine Newplacementberatung. Das Auffanggespräch soll unbedingt im unmittelbaren Anschluss an das Kündigungsgespräch stattfinden, noch bevor der Betroffene die Gelegenheit hat, mit den berühmten »guten Freunden« zu telefonieren. Nicht selten wiegeln diese den Betroffenen auf, nennen viel zu hohe Summen einer Abfindung und Ähnliches, sodass es zu einer unnötigen Eskalation kommt. Das Gespräch mit dem Berater federt die Härte der Reaktionen ab, erweitert seinen Horizont (die meisten Menschen haben heute immer noch keinerlei Vorstellung von den Inhalten und dem Nutzen der Newplacementberatung) und hilft ihm, besonnen und mit Weitblick seine Gespräche mit Anwalt und Steuerberater zu führen.

2. **Status-Quo-Analyse**
   Mit Aufnahme der eigentlichen Beratung (nachdem eine Trennungsvereinbarung, Aufhebungsvertrag geschlossen sind) werden in aller Regel als erstes die

*Trennungsgründe* reflektiert und eine *stimmige, marketingmäßige Sprachregelung* nach innen und außen formuliert. Diese dient dazu, das Ziel der »Wahrung des Ansehens« zu unterstützen. Des Weiteren werden die »eigenen Anteile« in der Entstehungsgeschichte reflektiert, um Ansatzpunkte für die Vermeidung einer späteren Wiederholung zu finden. In dieser Phase werden auch die weitere Vorgehensweise sowie die für den Erfolg maßgeblichen Meilensteine und ein Zieltermin für den erfolgreichen Abschluss der Beratung definiert.

3. **Potenzialanalyse**
   Grundlage der Beratung ist in aller Regel eine Potenzialanalyse oder ein Assessment. Die Potenzialanalyse, meistens von psychologischen Tests begleitet, dient der *Selbstreflexion* des Betroffenen sowie der Beschaffung einer *Grundlage* für die spätere Beratung. Die Stärken-Schwächen-Analyse sowie die Erarbeitung der Leistungs- und Erfolgs-Darstellung dient der Sammlung von Fakten einerseits und dem *Aufbau des Selbstwertgefühls* andererseits. Auch bei sehr erfolgreichen Managern ist es sehr häufig der Fall, dass sie zum ersten Mal in ihrem Leben systematisch über sich selbst nachdenken. Wenn der Kandidat verstanden hat, dass es im Wesentlichen um eine »Produktdefinition« mit Beschreibung der spezifischen, herausragenden Leistungsmerkmale geht, ist bereits viel erreicht.

4. **Berufliche Zielsetzung**
   Auf Basis der Selbsteinschätzung, der Fremdeinschätzung, des beruflichen Werdegangs und der fachlichen Expertise wird die berufliche und persönliche Zielsetzung definiert. Hiermit tun sich viele Kandidaten insbesondere nach dem erlebten Trauma schwer, da sie sich nicht vorstellen können, je wieder »in einem solchen Laden« tätig zu werden. Nachdem es zunächst erlaubt ist, Visionen zu entwickeln und »zu spinnen«, geht es sehr bald darum, die im Markt realisierbaren Ziele zu fokussieren.

5. **Bewerbungsunterlagen**
   Meistens parallel zu den genannten Aktivitäten werden bereits der Lebenslauf, Bewerbungsschreiben und sonstige, »anfassbare« Medien der Selbstdarstellung vorbereitet und fertig gestellt. Im eigentlichen Sinne handelt es sich um die »Verkaufsunterlagen« des Kandidaten – der jetzt zum Bewerber geworden ist. Die Darstellung soll auch dem eiligen Leser ermöglichen, das spezifische Leistungsangebot des Bewerbers zu erfassen.

6. **Erfolgreiche Methoden**
   In diesem Teil der Beratung geht es um die Vermittlung und Erarbeitung der *erfolgversprechenden Bewerbungsmethoden*. Ziel ist, die zum Persönlichkeitsprofil und zur Zielsetzung des Kandidaten passenden Wege zu finden, ihn im harten Wettbewerb des Arbeitsmarktes zu positionieren. Hinsichtlich der Methoden, mit denen die Kandidaten ihre neue Position erwerben, gibt es an anderer Stelle in diesem Handbuch einige Angaben.

# Kapitel 11

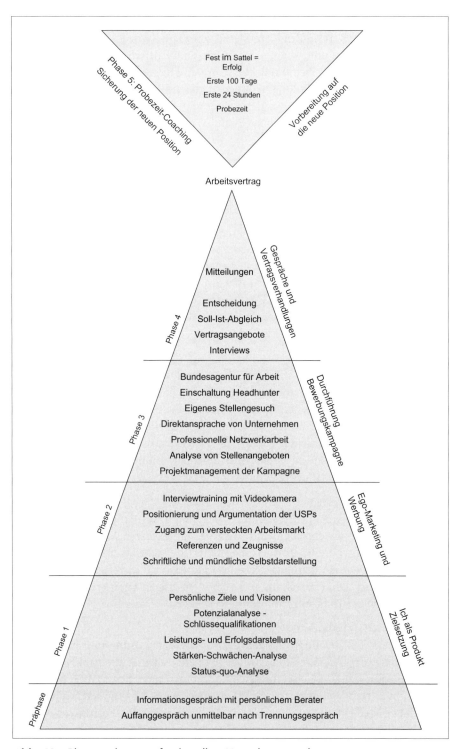

**Abb. 42:** Phasen einer professionellen Newplacementberatung

7. **Interviewtraining**
   Entscheidend für den Erfolg der Bewerbungskampagne ist die Fähigkeit, die eigenen Erfahrungen und Erfolge im Bewerbungsgespräch erfolgreich zu kommunizieren. Wenn Kandidat oder Berater feststellen, dass ein spezifisches Argumentationstraining notwendig ist, wird dies vor der Videokamera geübt.

8. **Projektmanagement**
   Da es sich bei der beruflichen Neuorientierung um einen »Fulltimejob« handelt und in der Regel eine Vielzahl von Bewerbungsprojekten zu initiieren und zu kontrollieren sind, wird die Bewerbungskampagne mit Hilfe des persönlichen Beraters organisiert und auf Fortschritt kontrolliert.

9. **Vertragsverhandlungen**
   Wochen oder vielleicht Monate später – das hängt von der Position, dem Engagement des Kandidaten sowie weiteren, vom Markt bestimmten Parametern ab – geht es um die Entscheidung für eine neue Position.

10. **Vorbereitung auf die neue Position**
    In der vorletzten Phase der Beratung geht es darum, den Kandidaten auf seine neue Aufgabe und sein neues Umfeld professionell vorzubereiten. Konkret werden die ersten Stunden, Tage, Wochen und die Probezeit geplant und organisiert.

11. **Coaching während der Probezeit**
    Zur *Sicherung* der neuen Position dient ein persönliches Coaching. Während der Probezeit hat der Betroffene die Möglichkeit, seinen Berater (fast) jederzeit zu einem Beratungsgespräch aufzusuchen oder auf anderem Wege zu kontaktieren. Mit erfolgreicher Beendigung der Probezeit endet in der Regel diese Form der Newplacementberatung.

---

**Erläuterungen zur Abbildung 42**

In den beiden vorhergehenden Auflagen hatte ich darauf verzichtet, nähere Erläuterungen zur Outplacement-Beratung zu geben. Da ich bis zum heutigen Tage in meinen Workshops allerdings immer wieder erlebe, dass die Kenntnisse über das, was ich Newplacementberatung oder Karriere-Coaching nenne, nur rudimentär ausgebildet sind, und da ich immer wieder um Erklärungen gebeten werde, verdeutliche ich den Zusammenhang an dieser Stelle durch einen Grafik.

Inzwischen ist einiges über die Beratung zur beruflichen Neuorientierung geschrieben worden. So findet man in der Literatur unterschiedliche Einteilungen und junge Menschen, die mich im Rahmen ihrer Diplomarbeit oder einer Dissertation konsultieren, fragen mich immer wieder: »Was ist nun richtig?«. Und ich merke jedes Mal auf's Neue, dass manche Darstellungen sich doch auffällig ähneln, aber nicht immer logisch und schlüssig sind.

> Man kann es darstellen, wie man will: Es muss eine sinnvolle innere Logik haben und halbwegs die Idee einer Newplacementberatung widerspiegeln.
>
> Gemeinsam mit einer Diplomandin habe ich daher nochmals über die innere Logik nachgedacht. Herausgekommen ist eine Einteilung in fünf Phasen, dargestellt in Form von zwei Dreiecken, wobei das eine auf dem Kopf steht. Silke Kohler hat in ihrer Arbeit an der Fachhochschule in Pforzheim 2007 erstmalig diese Form der Darstellung publiziert. Ich habe Sie für dieses Buch nochmals leicht modifiziert.
>
> Die Grafik ist von unten nach oben zu lesen. Die Form der Darstellung deutet an, dass alle Bemühungen auf einen Punkt hin fixiert sind: einen neuen Arbeitsvertrag zu erhalten. Wichtig zu bemerken ist allerdings, dass damit weder für den Menschen, der sich beruflich neu orientiert, noch für den Berater die Arbeit getan ist. Seit Jahren betone ich in der Beratung immer wieder: *Jetzt geht die Arbeit erst richtig los! Jetzt gilt es, sich auf die neue Position vorzubereiten und diese zu sichern.* So ist das Coaching während der Probezeit in einem nach oben erweiterten Dreieck dargestellt. Denn erst, wenn die Probezeit überstanden ist, sitzt der Klient wieder fest im Sattel. Das ist Erfolg! Erfolg des Klienten und Erfolg des Karriereberaters.

Ein Beispiel für den Ablauf und die Inhalte einer Gruppenberatung finden Sie im Anhang.

## Vortrag auf dem 1. Frankfurter Klartext-Dialog

*Alexander A.,*
*Fachreferent Medizintechnik*

Ein denkwürdiges Jahr. Ich, Familienvater mit drei kleinen Kindern, wurde im ersten Quartal von einem japanischen Unternehmen – unverhofft und schockierend für mich und meine Frau – und im vierten Quartal von einem amerikanischen Unternehmen schon wieder gekündigt. Da wiederholte sich das Spiel zum zweiten mal in einem Jahr. Zweimal im Jahr Achterbahn fahren! Mir war ziemlich schlecht!

Glücklicherweise wurde ich von meinem persönlichem Karriere-Coach intensiv beraten und psychisch aufgefangen, sodass ich in der Lage war, wieder aufzustehen und sofort mit einer Bewerbungsaktion weiterzumachen. Nach nur vier Wochen, ja, Sie hören richtig, nach nur vier Wochen hatte ich wieder eine attraktive Stelle gefunden. Am Barbaratag (4.12.) habe ich unterschrieben.

Das Entscheidende war,

1. dass ich mit Hilfe meines Karriere-Coaches unmittelbar nach dem Trennungsgespräch, bereits auf dem Weg nach Hause, meine berufliche Zielsetzung definierte und im Sinne einer Affirmation bildhaft formulierte. Das gab mir Kraft und Zuversicht,

> 2. Auch musste ich an Albert Einstein denken. Der hat mal sinngemäß gesagt: Wenn einer seinen Job verliert, klopfe ich ihm auf die Schulter und beglückwünsche ihn zu der neuen Lebenschance.
> 3. Zudem habe ich systematisch und stringent die konstruktiven »technischen« Empfehlungen zur Bewerbungskampagne befolgt. Das war ein Fulltime Job. Dadurch kam ich gar nicht ins Grübeln und es ging voran.
>
> Als Dankeschön für diese Erfahrung habe ich dann einen Trennungs-Blues komponiert. Im Refrain heißt es: »*Wir brauchen Trennungs-Kultur, denn es geht um die Menschen nur*«. Niemand soll ihn haben, den Trennungs-Blues.

Die Bedeutung einer klaren Zielsetzung wurde jüngst in einer Studie bestätigt:

»Für den Einzelnen ist das Bewusstsein über die Schwerpunkte seiner persönlichen Zielsetzungen die Voraussetzung für die aktive und interessenkongruente individuelle berufliche Laufbahn. Dies gilt insbesondere in der jetzigen, innerhalb der Wirtschaft durch Globalisierungsbestrebungen und stetigen Wandel gekennzeichneten Zeit« (Flemisch 2007).

## 11.4 Möglichkeiten und Grenzen der Karriereberatung

»Was können Sie, was ich nicht selber kann?« ist eine Frage, die Newplacementberater immer wieder zu hören bekommen – von Ratsuchenden ebenso wie von Kritikern dieser Dienstleistung. Gerade weil das Berufsbild und auch das Leistungsspektrum des Berufsstandes nicht klar definiert sind, werden an Newplacementberater einerseits Erwartungen gestellt, die diese nicht erfüllen können, andererseits bleiben Chancen und Ressourcen, die diese Form des Coachings bieten, unerkannt und ungenutzt. Die Ursachen liegen auf beiden Seiten – bei ratsuchenden Klienten ebenso wie bei den Newplacementberatern. Dieser Beitrag soll mehr Transparenz in die Thematik bringen, das Wissen um die Sinnhaftigkeit einer Karriereberatung vertiefen und so die effektive Nutzung fördern. Aus der Komplexität des Themas werden ausgewählte Aspekte zu *Grenzen und Chancen* der Karriereberatung beleuchtet. Hierbei stehen der Klient auf der einen und der Newplacementberater auf der anderen Seite im Focus der Betrachtungen.

### Den Klienten betreffende Grenzen und Chancen

*Limitierungen durch den Klienten*

In der Zusammenarbeit zwischen Klient und Newplacementberater ergeben sich einige *Limitierungen durch den Klienten* selber. Beispielhaft seien hier *angesprochen*:

1. therapiebedürftige Situationen,
2. divergierende Vorstellungen über persönliche Ziele,
3. die Weigerung, Verantwortung zu übernehmen.

Da es sich bei der Karriereberatung der Definition nach um eine Hilfe zur Selbsthilfe handelt, stellen therapiebedürftige Situationen (Alkohol, Drogen, Psychosen) eine systemimmanente Limitierung der Beratung dar. Stellt ein Berater im Rahmen des Karriere-Coachings derartige Situationen fest, so sollte er zielführend und direkt die Thematik ansprechen und den Klienten zu weiterführenden Maßnahmen motivieren.

Eine weitere Limitierung der Karriereberatung ergibt sich durch divergierende Vorstellungen über berufliche und persönliche (Lebens-)Ziele zwischen den Lebenspartnern, von denen einer eine neue Aufgabe anstrebt. Dies können unterschiedliche Vorstellungen hinsichtlich Position, Einkommen, Life Balance, Standort etc. sein. Ist der Klient willens, seinen Lebenspartner mit in die Beratung einzubeziehen, so ergeben sich gute Chancen zur Auflösung eines Dilemmas.

Die Weigerung des Klienten, selber die Verantwortung für seine Situation sowie sein Handeln zu übernehmen, wird im Rahmen der Karriereberatung oft erst im Laufe der Zeit deutlich. Hinweise sind: Vorwürfe über die berufliche Entwicklung an den Arbeitgeber, wiederholte Formulierung von Erwartungen an den Berater sowie Ausführungen, die auf eine Versorgungsmentalität hindeuten. Die Möglichkeiten zur Einflussnahme und Verhaltensänderung sind begrenzt, da es sich unter Umständen um tief sitzende und langjährig gepflegte Grundhaltungen des Klienten handelt. Aufgabe des Newplacementberaters ist es, seine Beobachtungen offen darzustellen.

**Chancen für Klienten**

Als Chancen seitens der Klienten in einer Karriereberatung seien an dieser Stelle vier Punkte hervorgehoben:

1. Wahrhaftiges Feedback
2. Bewältigung von Veränderungen
3. Entdeckung der eigenen Potenziale
4. Des Lebens Lauf gestalten

Der Klient bekommt ein wahrhaftiges Feedback. Dies ist für Berufseinsteiger von Bedeutung, aber auch der erfahrene und erfolgreiche Manager erhält durch den Newplacementberater oft erstmalig in seinem Berufsleben ein unmissverständliches, wahrhaftiges, klares Feedback und eine Spiegelung von außen. Diese hilft ihm, Selbst- und Fremdeinschätzung besser in Einklang zu bringen. Er forciert die Entwicklung seiner Persönlichkeit und trägt damit wesentlich zur Sicherung seines beruflichen Erfolges und seiner persönlichen Zufriedenheit am Arbeitsplatz bei.

**Abb. 43:** Selbstreflexion soll ehrlich sein: Erfolge und Misserfolge

Besonders in unfreiwillig entstandenen Krisensituationen (Kündigung, Jobverlust) hilft eine professionelle Karriereberatung, die oft als Bedrohung empfundenen Veränderungen zu bewältigen.

Wie die nachfolgende Abbildung zeigt, können *Befinden*, *Motivation*, *Verhalten* und *Kreativität* des Klienten durch eine Karriereberatung positiv beeinflusst werden. In der Beratung hilft der Karriere-Coach dem Klienten, seine eigenen Gefühle zu reflektieren (z. B. Angst und Depressionen nach Verlust des Arbeitsplatzes) und einen neuen Blickwinkel einzunehmen. Die i.d.R. schwach ausgeprägte Motivation, etwas Bestehendes zu verändern, wird in der Beratung durch gezielte Ermutigung bestärkt. Insbesondere nach Arbeitsplatzverlust und bei unbefriedigendenden Situationen am Arbeitsplatz sind die Bemühungen zur beruflichen Neuorientierung eher re-aktiv (Zeitung aufschlagen, zum Arbeitsamt gehen). Der Newplacementberater zeigt pro-aktive Wege auf (Netzwerk benutzen, Direktansprache ausgewählter Zielfirmen) und bearbeitet mit dem Klienten konkret die Vorgehensweise. Anfänglich bestehende Blockaden werden aufgelöst, die Veränderungssituation als Chance begriffen.

Im Rahmen der zu jeder Karriereberatung gehörenden Potenzialanalysen entdecken die Klienten unbewusste Potenziale. Die Selbstreflexion, ergänzt durch eine Fremdeinschätzung und Testverfahren, führt zu Selbstbewusstheit und mehr

Selbstbewusstsein. Dadurch gewinnt der Klient mehr Selbst-Vertrauen und lernt, sich im Bewerbungsverfahren mit seinen Stärken und Kernkompetenzen zu positionieren. Dies verschafft ihm erhebliche Wettbewerbsvorteile.

Durch eine systematische Unterstützung des Klienten bei der Erarbeitung seiner beruflichen und persönlichen *Visionen* und *Ziele* kann er Weichen stellen und neue Lebensspuren finden. Damit wird es dem Klienten möglich, seinen persönlichen *Lebenslauf* neu zu gestalten. Zahlreiche Klienten, die in persönlichen Krisensituationen in die Karriereberatung kamen, bestätigen später, dass sie die Situation dank des Newplacementberaters als Chance haben nutzen und ihrem Leben eine entscheidende Wendung haben geben können. Sie bestätigen, dass ihre »innere Karriere«, d.h. ihre persönliche Weiterentwicklung und ihr inneres Wachstum nachhaltig unterstützt wurden.

### Den Newplacementberater betreffende Grenzen und Chancen

Im zweiten Teil des Abschnittes geht es um die Situation der Berater/innen hinsichtlich deren Grenzen und Möglichkeiten in der Karriereberatung.

Um eine exzellente Beratungsleistung erbringen zu können, bedarf es der Fähigkeit des Newplacement-Beraters, sich selbst und sein Handeln zu reflektieren. Zur selbstkritischen Betrachtung gehört, dass sich der Newplacementberater und Karriere-Coach stets seiner Grenzen, aber auch der Chancen seiner Dienstleistung bewusst ist. Eine kritische Selbstreflexion der eigenen Tätigkeit mit ihren Grenzen und Chancen ist Quelle für ein verantwortungsbewusstes Handeln sowie eine ständige persönliche Weiterentwicklung als Karriere-Coach und damit ein wesentlicher Beitrag zur Qualitätssicherung in der Karriereberatung.

### Grenzen im Newplacement

Als *Grenzen* seitens der Newplacementberater seien an dieser Stelle drei Aspekte dargestellt:

1. Fehlende Klarheit des Auftrages
2. Ungeeignetes Persönlichkeitsprofil
3. Unpassendes Rollenverständnis

Die oft fehlende Klarheit des Auftrages und die unklare oder nicht realisierbare Erwartungshaltung (stiller Auftrag) der Klienten setzen der beraterischen Tätigkeit eine systemimmanente Grenze. Was will der Klient? Die Vermittlung eines neuen Jobs oder Hilfe zur Selbsthilfe im Bewerbungsprozess, eine Potenzialanalyse, die eigentlich eine Ehe- und Familienberatung sein soll, oder Lebenshilfe mit Ermutigungs-Training? Oder soll ihn der Newplacementberater in einer Lebenskrise sanft auffangen? Die methodischen Ansätze und Erfolgsaussichten in diesen Beispielen sind sehr unterschiedlich. Daher gehört es zum professionellen Vorgehen, sowohl die Auftragslage als auch die Erwartungshaltung des Klienten vor Beratungsaufnahme zweifelsfrei zu klären.

**Abb. 44:** Erwartungen an den Newplacementberater

Das Persönlichkeitsprofil des Beraters stellt eine intra-individuelle Limitierung dar. Fehlende innere Reife (zu wenig Lebens-, Berufs- oder Beratungserfahrung), die Unfähigkeit zur Selbstreflexion (den blinden Fleck nicht erkennen) sowie mangelndes Engagement, fehlende Intuition oder fehlende Kreativität seien hier als erfolgshemmende Faktoren genannt. Sie erschweren die Beratung oder führen zu einem unbefriedigenden Ergebnis.

Das eigene Rollenverständnis und Selbstbild des Karriere-Coaches hat eine besondere Bedeutung in der Karriereberatung. Deutlich unterscheiden muss man zwischen Fachberater, Prozessberater, Trainer und Karriere-Coach.

Wie in der Abbildung 45 dargestellt, ergeben sich folgende Unterschiede: Ein Fachberater z. B. für die Einführung von SAP-Software-Tools hat einen sachorientierten, direktiven Beratungsstil. Ein Rhetorik-Trainer vermittelt Methoden und Kenntnisse, ein Prozessberater begleitet zum Beispiel Fusions-Projekte und Changeprozesse. Der Newplacementberater hingegen arbeitet »am Menschen« und mit Menschen. Er sollte eher einen personenorientierten, nicht-direktiven Beratungsstil pflegen. Er ist lediglich Coach – die Verantwortung für innere Entwicklungen, die »Gangart« und die Entscheidungen bleiben beim Klienten.

Kapitel 11

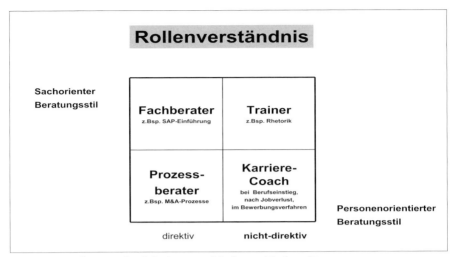

Abb. 45: Rollenverständnis der verschiedenen Trainer/Berater

Abb. 46: Wechselnde Rollen des Newplacementberaters in den verschiedenen Beratungsphasen

Im Verlaufe des Beratungsprozesses wechseln die Rollen eines Newplacementberaters mehrfach. So ist der Newplacementberater in der ersten Phase (Status-Quo-Analyse, Potenzialanalyse, Reflexion des Werdegangs) im Wesentlichen *aktiver Zuhörer* und *Analytiker*. In der zweiten Phase, in der es um die Vermittlung erfolgversprechender Bewerbungstechniken sowie die Erstellung attraktiver und aussagefähiger Bewerbungsunterlagen geht, hat er eher die Rolle eines *Trainers*. In der dritten Phase, in der der Klient selber im Arbeitsmarkt aktiv ist, Bewerbungsinterviews durchführt, Vertragsverhandlungen führt und schließlich eine Entscheidung trifft, ist der Newplacementberater lediglich *Coach*. Ein erfolgreicher Newplacementberater muss also in der Lage sein, wie ein Chamäleon seine Rolle zu wechseln und sich der Beratungsphase und der Situation des Klienten anzupassen.

Chancen im Newplacement

Als Chancen seitens der Newplacementberater zum Nutzen der Klienten seien an dieser Stelle folgende Aspekte besprochen:
1. Beziehungsfähigkeit
2. Kontext sehen
3. Netzwerke nutzen

Der Beratungserfolg wird durch verschiedene Einflussgrößen bestimmt: Diese sind in hohem Maße Faktoren des Klienten (siehe Ausführungen oben), auf der Seite des Beraters professionelle Beratungstechniken, die Klarheit des Auftrages und die Beziehungsfähigkeit des Beraters. Die Fähigkeit des Beraters, möglichst schnell und dauerhaft eine vertrauensvolle, emotional tragfähige und gleichzeitig »professionelle«, d.h. von fachlicher Akzeptanz geprägte Beziehung zum Klienten herzustellen, spielt für den Erfolg der Beratung eine entscheidende Rolle. Immerhin macht mit 30 Prozent des Beratungserfolges die persönliche Beziehung des Klienten zu seinem Berater – und umgekehrt – aus. Eine von Achtung, Respekt, Wertschätzung und Demut geprägte innere Grundhaltung des Newplacementberaters gepaart mit einem hohen Maß an Empathie, Begeisterungsfähigkeit, Authentizität und der Fähigkeit zur indirekten Führung erhöhen die Chancen des Beraters auf Erfolg.

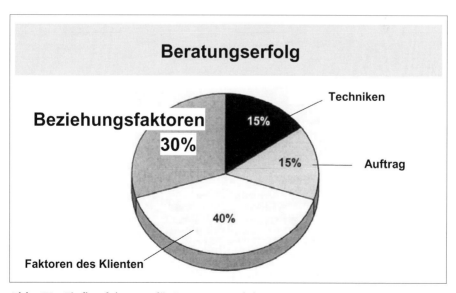

Abb. 47: Einflussfaktoren für Beratungserfolg

Ein weiterer Aspekt ist, dass der Newplacementberater den Kontext, in dem sich der Klient befindet, bzw. den Kontext des Gespräches schnellstmöglich erfasst, um damit ein kreatives Beratungsgespräch führen zu können. Andererseits gilt es aber auch, die eigenen Grenzen zu erkennen (eine Situation, in der es z. B. um ein Familienproblem geht, gesundheitliche Risiken bestehen, eine Qualifizierung erforderlich ist, andere Beratungsansätze notwendig sind). In einer solchen Situation muss der professionelle Newplacementberater über das eigene Netzwerk professionelle Kontakte zu Kolleginnen und Kollegen, Rechtsanwälten, Steuerberatern, Spezialisten in verschiedenen Segmenten, Kontakte zu Institutionen und Behörden sowie der Presse herstellen.

## 11.5 »Warum noch Geld nachwerfen?« – Kosten-Nutzen-Analyse

Damit Sie die Kosten und den Nutzen einer Beratung gegeneinander abwägen können, finden Sie nachfolgend eine Auflistung einiger relevanter Aspekte. Bitte beachten Sie neben den weiter unten stehenden *Kalkulationshilfen* auch die Ausführungen zu den *ökonomischen Aspekten* im Kapitel »Trennungs-Paket« und »Aufhebungs-Angebot« (Kap. 7.4).

- Nutzen für den gekündigten Mitarbeiter
- Nutzen für Sie als Führungskraft und Unternehmen

**Nutzen für den gekündigten Mitarbeiter**

| Nutzen | Für meinen Mitarbeiter relevant? (X) |
|---|---|
| Kompensation des Trennungstraumas | |
| Aufbau seines Selbstwertgefühls | |
| Emotionale Begleitung | |
| Fremdeinschätzung durch einen Externen | |
| Motivationshilfe und Organisation | |
| Systematische Karriereplanung | |
| Training des Ego-Marketings | |
| Sparringspartner und Feedbackgeber | |
| Proaktive Unterstützung | |
| Anschluss an Gleichgesinnte | |
| Wettbewerbsvorteile im Arbeitsmarkt | |
| Sicherheit im Auftreten und der Argumentation | |
| Professionalisierung des Auftritts | |

| Nutzen | Für meinen Mitarbeiter relevant? (X) |
|---|---|
| Verkürzung der Suchzeit | |
| Nahtlos in eine neue Position | |
| Sicherung der neuen Position | |

Allerdings ist auch der Nutzen, den Sie als Unternehmen haben, sehr beachtenswert. Da es sich bei manchen Parametern um nicht direkt messbare Größen handelt, ermuntere ich Sie, sich den effektiven Nutzen kalkulatorisch bewusst zu machen.

**Newplacement-Service – Nutzen für Sie als Führungskraft und für das Unternehmen**

Dass das Angebot einer Out-/bzw. Newplacementberatung zur Deeskalation maßgeblich beiträgt, belegt eine Studie aus dem Jahre 2005 (Karent-Studie: Trennungsmanagement 2005).

| Nutzen | Relevanz? (X) |
|---|---|
| Im Trennungsgespräch »etwas anbieten« können | |
| Sie zeigen eine Perspektive auf | |
| Sie dokumentieren Ihre soziale Verantwortung | |
| Mitarbeiterfluktuation human gestalten | |
| Innovationsstau fair beseitigen | |
| Kosten reduzieren und vermeiden | |
| Verkürzung der Trennungsverhandlungen | |
| Vermeidung von Arbeitsgerichtsprozessen | |
| Wahrung des sozialen Friedens | |
| Imagepflege und -verbesserung | |
| Leben der Trennungs-Kultur als Teil der Unternehmenskultur | |
| Positive Signale im Arbeitsmarkt (Rekrutierung) | |
| Professionelle Personalpolitik auch am Ende eines Arbeitsverhältnisses | |
| Exit-Interviews mit den Gekündigten und extern begleitetes Austrittsritual | |
| Unterstützung bei der Neudefinition der vakanten Position in Kenntnis der Anforderungen an die Zukunft | |

## Kapitel 11

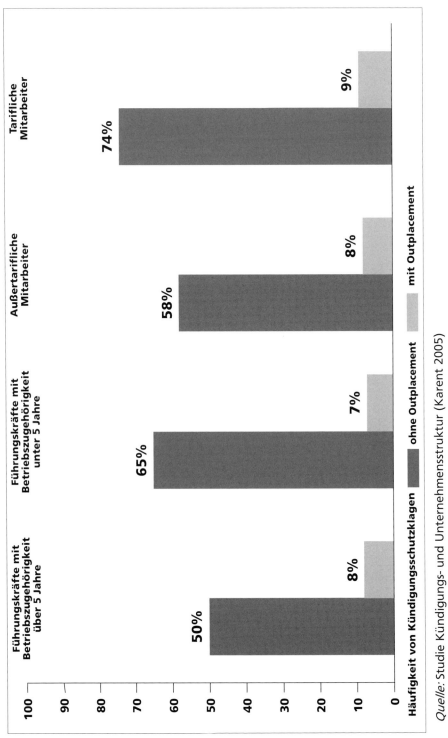

Abb. 48: Outplacement-Beratung reduziert Kündigungsschutzklagen

Die Abbildung 48 zeigt die Häufigkeit von Kündigungsschutzklagen mit und ohne Beratungsangebot bei verschiedenen Zielgruppen. Beispiel: Während bei Führungskräften mit einer Betriebszugehörigkeit unter fünf Jahren es ohne Beratungsangebot in 65 % der Trennungsfälle zu gerichtlichen Auseinandersetzungen (Kündigungsschutzklagen) kam, war dies bei Trennung mit Newplacementberatungsangebot in nur 7 % der Fall.

Ein mustergültiges Beispiel für gezielten Support der Veränderung liefert die Deutsche Bank in einem speziellen Programm, dessen Beginn ich im Rahmen mehrerer Führungskräftequalifizierungen persönlich miterleben durfte. Bereits 1998 entwickelte ein Projektteam das so genannte *Mosaik für Beschäftigung*. Ziel war und ist, möglichst jedem, der von Veränderungen, vielleicht auch einem Arbeitsplatzverlust, betroffen ist, möglichst konkrete persönliche, berufliche Perspektiven zu eröffnen und gleichzeitig den Konzernarbeitsmarkt zu flexibilisieren. Ein weiteres Ziel ist, die Beschäftigungsoptionen, die es in einem Konzern gibt, optimal nutzen zu können. Grundsätzlich soll die Beschäftigungsfähigkeit und Veränderungskompetenz der Mitarbeiter gestärkt und gefördert werden.

**Abb. 49:** MOSAIK für Beschäftigung (*Quelle:* Day 2000)

Das Konzept wurde 2000 publiziert (Day 2000) und ist seitdem bis heute stets weiterentwickelt worden. Im Rahmen des 1. Frankfurter Klartext-Dialoges stellte Ralf Brümmer, Leiter Ressort Beschäftigungsmodelle Deutsche Bank AG, Frankfurt am Main, unter dem Titel »Raus aus der Opferrolle!« – Job-Coaching und Employability-Förderung bei der Deutschen Bank das aktuelle

Konzept und seine Module vor. Wie nachzulesen ist, legt die Deutsche Bank besonders großen Wert auf die Stärkung der Eigenverantwortung und der Beschäftigungsfähigkeit.

Alle von einer Kündigung Betroffenen, die in den Genuss einer Newplacementberatung kommen, haben erhebliche Wettbewerbsvorteile im Arbeitsmarkt. Durch die intensive Beratung gelingt es innerhalb kürzester Zeit, die Professionalität ihres Auftritts in Bewerbungsgesprächen zu erhöhen und die Suchzeit bis zum Eintritt in einen neuen Job spürbar zu verkürzen. Darüber hinaus haben viele gestandene Fach- und Führungskräfte in ihrem gesamten Berufsleben noch nie fundiert über *sich selbst* nachgedacht. Diesen bringt die Reflexion in der Beratung Aufschluss über *Fähigkeiten und Fertigkeiten* und eröffnet so *neue Chancen*. Und wie viele erfolgreiche Menschen habe ich erlebt, die bereits alles mögliche verkauft hatten, aber größte Mühe damit hatten, »*sich selbst zu verkaufen*«. Denen hilft die Beratung im *Ego-Marketing*. Und vielleicht hat der eine oder andere sogar etwas »fürs Leben« gelernt. Insofern gibt es für mich keinen Zweifel, dass das Angebot einer Newplacementberatung zu einem fairen und humanen Trennungsangebot und zur Trennungs-Kultur gehört. Je nach Leistungsumfang und Beratungsdauer staffeln sich die Honorare der Berater. Für eine erste grobe Planung der Kosten hier eine Übersicht (Stand Sommer 2001). Um wie viele Mitarbeiter handelt es sich bei Ihnen?

**Kosten pro Mitarbeiter für eine externe Newplacementberatung**

| Angebot | Executive | Individual | Kompakt | Gruppe p. MA |
|---|---|---|---|---|
| EURO | 50.000 | 20.000 | 10.000 | 1.000 |
| mal Anzahl Mitarbeiter | | | | |
| = Kosten der Maßnahme | | | | |

## 11.6 Make or Buy?

Immer wieder wurde ich in meiner Rolle als Trennungsexperte von Konzernen gefragt, ob sie die Dienstleistung kaufen oder lieber selber entwickeln sollten. In der Tat ist es aus ökonomischen Gründen eine Überlegung wert. Entweder das Unternehmen kauft die Dienstleistung zu oder es richtet aus eigenen Kräften – personell bestückt durch die Personalabteilung oder Trainingsabteilung – ein Karrierezentrum ein. In der Literatur werden Vor- und Nachteile sowie Kosten-Nutzen gegeneinander abgewogen. Letztendlich muss jedes Unternehmen für sich die Abwägung vornehmen. Die Entscheidung stellt also eine personalpolitische Frage dar und ist eng verknüpft mit der Unternehmenskultur, dem verfügbaren Zeitrahmen, den persönlichen Einschätzungen der Vor-und Nachteile und der Art der betriebswirtschaftlichen Berechnung.

Nachfolgend gebe ich ein Beispiel für eine mögliche Berechnung.

## Es lohnt sich!

| NPC extern | NPC intern |
|---|---|
| 20.000 Euro pro Fall Annahme | 3 Berater á 75.000 EURO Gehalt<br>1 Administration 30.000 EURO<br>Büroräume, Strom, Heizung<br>Entwicklung 48.000 EURO<br>Know-how-Transfer 22.000 EURO |
| × 16 Fälle ||
| Kosten: 320.000 EURO | Kosten: 325.000 EURO |

## Vor- und Nachteile

| NPC extern | NPC intern |
|---|---|
| Nachteile:<br>  MA fühlt sich »abgeschoben«<br>  Beratungsqualität?<br>  Berater-Volumen?<br>  Kosten pro Fall<br>  Keinen Erfolg haben müssen | Nachteile<br>  Macht intern Arbeit<br>  Muss Personal bereitstellen<br>  Aufbau Know-how erforderlich<br>  Kosten für Implementierung<br>  Erfolg haben müssen |
| Vorteile:<br>  Gutes Gefühl als Auftraggeber<br>  Keine Arbeit<br>  Fälle gelöst = Akten weghängen | Vorteile:<br>  Serviceangebot = Imagepflege<br>  Kostenersparnis ab Breake-Even-Profitabilität |

An dieser Stelle möchte ich daran erinnern, dass Sie mit einem Newplacementangebot eines der wesentlichen Ziele Ihres Mitarbeiters in dieser Situation abdecken: *Arbeit zu finden*. Für Ihr Unternehmen deklariere ich die Ausgabe für die Beratung etwas großzügig als Marketing-Investitionen in das Image Ihres Unternehmens. Auf der Suche nach einem professionellen Beratungsunternehmen stoßen Sie auf eine Vielzahl von Angeboten. Im Prinzip bieten die verschiedenen Dienstleister im Markt unter dem Titel »Outplacementberatung« – der Begriff bleibt immer noch falsch! – mehr oder weniger die gleiche Vorgehensweise an. *Qualitativ* gibt es allerdings *erhebliche* Unterschiede, wobei keineswegs gesagt ist, dass die großen und namhaften Unternehmensberatungen einen besseren Service anbieten als mittlere oder kleine Gesellschaften. In einer empirischen Untersuchung des Instituts für *Organisation und Personal der Universität Bern (IOP)* (Thom 2000) räumten mehr als 70 Prozent der Befragten ein, dass *mindestens jeder Fünfte* in der Beraterzunft *unseriös sei und unprofessionell arbeite*. Seien Sie also kritisch!

Kapitel 11

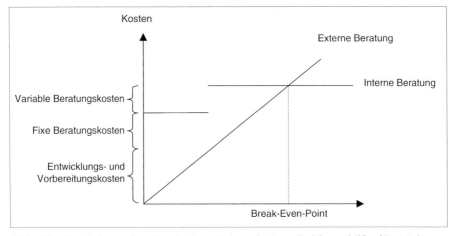

**Abb. 50:** Ermittlung des Break-Even-Point als Entscheidungshilfe für Make or Buy (in Anlehnung an Diedert 2004)

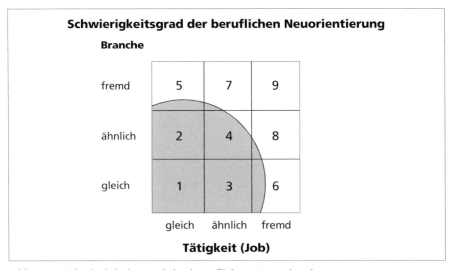

**Abb. 51:** Schwierigkeitsgrad der beruflichen Neuorientierung

Legende:

Je weiter ein Quadrat von Quadrat 1 entfernt ist, erfordert es längere Zeit bei der Jobsuche, mehr Kreativität in der Argumentation und mehr Überzeugung im Interview.

1. Gleicher Job, gleiche Branche
2. Gleicher Job, ähnliche Branche
3. Gleiche Branche, ähnlicher Job
4. Ähnliche Branche, Job ist 50 % verschieden zum alten Job
6. Gleicher Job in fremder Branche
7. Ähnlicher Job in fremder Branche
8. Fremder Job in ähnlicher Branche
9. Fremder Job in fremder Branche

## 11.7  Der Markt der Newplacementberater

Die Fachpresse veröffentlicht immer wieder Übersichten der Anbieter für Outplacement- oder Newplacementberatung. Diese können Ihnen dazu dienen, sich einen Überblick über das Dienstleistungsangebot zu verschaffen. In den Übersichten sind die Leistungsangebote, Klientel, Angaben zu Honoraren und Beratungsdauer einander gegenübergestellt. Bei der kritischen Durchsicht ist allerdings zu beachten, dass es sich meistens um eigene Angaben der Anbieter handelt. Diese dürften also zum Teil nach Marketinggesichtspunkten gemacht worden sein. Zudem handelt es sich durchweg um Angebote zur Beratung der von einer Kündigung Betroffenen, nicht aber im Sinne der in diesem Buch definierten Beratung des Unternehmens in der frühen Phase von Trennungsprozessen.

Nach eigenen Angaben erwarteten 45,8 Prozent der befragten Outplacement-Anbieter im Jahr 2001 eine Umsatzsteigerung von mehr als zehn Prozent und weitere 29,1 Prozent der Anbieter eine Steigerung um immerhin drei bis zehn Prozent. Die Branche boomt. Nach Angaben des Bundesverbandes Deutscher Unternehmensberater (BDU) in Düsseldorf macht die Gruppe der Personalberater, die sich auf diese Dienstleistung spezialisiert haben, eher dann gute Umsätze, wenn es den Unternehmen wirtschaftlich gut geht. In der »Fachgruppe Outplacement« des BDU sind ca. 30 Anbieter als Mitglieder gelistet. Ob die Mitgliedschaft allerdings bereits ein Garant für Qualität ist, sollten Sie im individuellen Fall kritisch überprüfen!

## 11.8  Kritische Auswahl als Beitrag zur Trennungs-Kultur

Als Führungskraft und Unternehmen stehen Sie vor einer schwierigen Aufgabe – falls Sie für die unternehmensinterne Outplacementphase einen Coach suchen oder sich für das Angebot einer Unterstützung Ihres gekündigten Mitarbeiters durch einen Newplacementberater entschieden haben: Sie brauchen für beides einen kompetenten Partner Ihres Vertrauens. Entweder Sie kennen einen oder Sie kennen einen, der einen kennt, oder Sie fangen an zu suchen. Damit Sie wissen, worauf Sie bei der Suche und Auswahl achten müssen, gebe ich Ihnen nachfolgende Parameter an die Hand. Definieren Sie zunächst nochmals *Ihre* Erwartungen, *Ihre* Wünsche im Hinblick auf den Umfang und die Inhalte der Begleitung eines Trennungsprozesses in Ihrem Unternehmen. Prüfen Sie, ob es im Sinne der Trennungs-Kultur nicht sinnvoll ist, bereits sehr früh einen externen Berater, der nicht zum »System Unternehmen« gehört und der als Externer nicht in den Konflikt »Trennung« involviert ist, einzuschalten. Denken Sie darüber nach, einen Berater als »Klärungs-Helfer« oder »außergerichtlichen Schlichter« einzusetzen. Die Mediation könnte manche Eskalation verhindern und viel Geld, Nerven und Zeit sparen. Allerdings brauchen Sie in der per se extrem schwierigen und komplexen Situation einen absoluten Profi mit eigenen Erfahrungen aus der Wirtschaft, Kenntnissen in Konfliktmanagement und Outplacement-Beratung.

## 11.9 »Das sind Sie Ihrem Mitarbeiter schuldig!« – Qualitätssicherung

### 11.9.1 Qualität des Beraters?

Da es sich bei der Dienstleistung, nach der Sie in diesem Moment suchen, um ein sehr sensibles Feld des Human Resources Managements handelt – es geht immerhin um die berufliche Existenz und Zukunft von Menschen – kommt der fachlichen Qualifikation und der Persönlichkeit der einzelnen Beraterin bzw. des einzelnen Beraters eine besondere Bedeutung zu. Doch wer garantiert, dass Ihr Mitarbeiter in einer großen Beratungsgesellschaft, die viel Werbung betreibt und sich mit Hochglanzbroschüren »ins rechte Licht« oder mit animierten Homepages »ins Netz« stellt, den wirklich gut ausgebildeten und vor allem engagierten Berater findet? Die Thematik mit dem brillanten Akquisiteur und dem blassen Hintermann ist im Hinblick auf die großen Beratungsgesellschaften seit Jahren hinlänglich kommentiert worden. Der einzelne Berater ist es doch, der die Betroffenen oft über mehrere Monate eng begleitet und dabei in die Tiefen der Persönlichkeit vordringt. Somit ist es von besonderer Bedeutung, welchen beruflichen Hintergrund er hat, wie seine Persönlichkeit aussieht und welche Expertise er als Consultant und Coach hat. Doch vor der Beantwortung dieser Frage steht noch eine ganz andere. »Wie sieht eigentlich das *Sollprofil* eines guten Outplacement-/Newplacementberaters aus?«

Ich wage zu bezweifeln, dass sich die Beratungsgesellschaften jemals Gedanken über die erforderliche Persönlichkeitsstruktur gemacht haben. Selbst bei den großen Gesellschaften, die auch verbandsmäßig organisiert sind, hege ich da Zweifel. Und wenn ein Profil vorliegt, ist die Frage, ist dieses überhaupt aktuell? Inwiefern entsprechen die tätigen Berater diesem Soll-Profil? Fragen Sie als Auftraggeber danach!

Erstaunlich ist: In all den Jahren bin ich ein einziges Mal danach gefragt worden, was mich denn für den Job prädestiniert. Das war in meiner Anfangszeit – und ich habe mächtig gerudert, damals an der Bergstraße mit Blick auf den sommerlichen Odenwald. Aber sonst hat weder ein Personalleiter, noch ein auftraggebender Vorstand, noch ein betroffener Mitarbeiter je gefragt. Und so frage ich Sie: Reicht allein das seriöse Auftreten der Beraterin im schicken Kostüm oder der Anblick des Beraters im dunklen Anzug und der Klang seiner sonoren Stimme, um im Akquisitionsgespräch Professionalität und Qualität zu dokumentieren? Deshalb stellt sich die Frage: Wie werden denn in größeren Gesellschaften neue Berater ausgewählt?

- Welches Screening durchlaufen die Berater?
- Gibt es ein objektives Auswahlverfahren oder reicht allein der Umstand, ein ehemaliger Geschäftsführer oder Marketingdirektor zu sein, um ein »guter« Berater zu werden?

- Ist die bloße Tatsache, einige Jahre Personalreferentin gewesen zu sein, bereits Voraussetzung genug, Menschen in Krisensituationen professionell begleiten und erfolgreich beraten zu können?
- Und wie sieht die Einarbeitung neuer Kolleginnen und Kollegen aus?
- Wie lange dauert die Einarbeitung und wie wird der Lernerfolg des neuen Beraters – egal ob jung oder alt an Jahren – gemessen?

Fragen Sie als Auftraggeber nach der Vita und den Schlüsselqualifikationen des einzelnen *Beraters* – nicht Akquisiteurs – und machen Sie sich durch eine *persönliche Begegnung* Ihr eigenes Bild von *dem Menschen*, dem Sie Ihren langjährigen, treuen Mitarbeiter anvertrauen. Er hat es verdient.

In vielen helfenden und beratenden Berufen sind Supervisionen und Fortbildungen obligatorisch. Die Frage ist, gibt es so etwas in den Beratungsgesellschaften, oder köchelt man im eigenen Saft? In welcher Form und wie intensiv finden denn Austausch und gegenseitige Befruchtung unter den Beratern statt? Wer führt eine Supervision des Beraters durch und wie bildet sich der Berater über neue Märkte, neue Berufsbilder, aktuelle Kommunikationstechniken fort? Wie erhält oder vertieft er sein Wissen und seine Praxis über Chaos- und Krisenmanagement, um das es doch in der Regel geht?

Fragen Sie nach! Fragen Sie den einzelnen Berater nach seinen Berufserfahrungen, seiner Zugehörigkeit im Unternehmen und seiner Beratererfahrung. Und fragen Sie nach seinen persönlichen Beratungserfolgen. Tun Sie es für ihre gekündigte Mitarbeiterin, um deren Existenzsicherung als alleinerziehende Mutter es geht. Sie hat es verdient.

In manchen Beratungsgesellschaften wird strikt zwischen den Bereichen Akquisition einerseits und Beratung andererseits, auch »Delivery« (= Lieferung – ein im Deutschen ungeeigneter Begriff) genannt, unterschieden. Die Akquisiteure haben den Kontakt zu den potenziellen Auftraggebern, sie »schaffen das Geschäft ran«. Die Berater arbeiten dann den Auftrag ab. Wenn sich dabei jede Persönlichkeit entsprechend ihrer Fähigkeiten einbringen kann, dann erscheint die Trennung auf den ersten Blick sinnvoll. Braucht doch ein Akquisiteur andere Eigenschaften als ein Berater. Der eine eher die Fähigkeit zu überzeugen, Geschäft zu generieren und die Verhandlungen über den Beratungsauftrag zum Abschluss zu bringen. Der andere eher die Fähigkeit sich einfühlen zu können, die Fähigkeit zur indirekten Führung und geschickten Motivation des Beratenen und Geduld ohne Ende.

Eine weitere Frage ist, wie sich die von manchen Beratungsgesellschaften praktizierte Trennung in Akquisition und Beratung langfristig und im Einzelfall für den Kandidaten auswirkt.

- Wie kann ein »Nur-Berater«, der als solcher in den Job eingestiegen ist, die Kenntnis des Marktes haben?
- Wie kann er die Wirkung seiner Beratung überprüfen?

- Wie kann ein »Nur-Berater« die Darstellung seiner Schützlinge überprüfen?
- Wodurch erhält er Feedback und Korrektiv (z.B. zur Gestaltung eines Zeugnisses oder eines Lebenslaufs), wenn er keinen direkten Kontakt mit dem Markt hat?

### 11.9.2 Flankierende Maßnahmen?

Wie hinlänglich bekannt ist, besteht das Procedere der Beratung im Wesentlichen aus einem persönlichen Coaching oder einem Gruppen-Coaching. In der klassischen Form der Individualberatung heißt es immer wieder: »Die Beratung lebt vom persönlichen Gespräch mit dem Berater.« Stimmt. Aber reicht das? Ab und zu gibt es noch eine Gruppensitzung, aber nach einer Zeit stellt sich die Frage: »Woher kommt die Befruchtung?« Beobachtungen in anderen Geschäftsfeldern und Erfahrungen in anderen Bereichen der Beratung werfen die Frage auf, ob individuelle, kreative, erprobte Maßnahmen angeboten werden, um den Beratungserfolg zu unterstützen. Wie wird das in der Regel angeknackste Selbstwertgefühl der Betroffenen wieder aufgebaut? Reichen allein Zuhören, Zureden, Abwarten aus? Sicher, es gibt Psychologen in den Beraterteams. Aber diese sind in der Regel nur für das Assessment in den ersten Sitzungen da. Für den jüngeren Kandidaten mit kürzerer Unternehmenszugehörigkeit mag das reichen. Aber was wird gezielt für die Gruppe *der* Betroffenen getan, die am schwersten an ihrem Trennungstrauma zu tragen haben – die 40 Prozent der Outplacement-Kandidaten, die über 50 Jahre alt sind? Von diesen blicken logischerweise viele auf eine extrem lange Unternehmenszugehörigkeit zurück, wenn sie den Stuhl vor die Tür gestellt bekommen. So bedarf es bei dieser Gruppe gezielter Maßnahmen.

- Nutzt der Berater die Möglichkeiten eines gezielten Encouraging-Trainings nach erprobten Konzepten und gibt Hilfen für später mit?
- Bietet er alternative Methoden an? Thai-Chi-Kurse vielleicht, eine Yogagruppe oder progressive Muskelrelaxation, um die Entspannung des Klienten zu fördern, um seine meditative Sammlung und Konzentration zu unterstützen?
- Gibt es neben den »Sit-Ins« im Beraterbüro den »Parkwalk«, um neue Standpunkte auszuprobieren, neue Blickwinkel einzunehmen?
- Was tut man für die »Mobilisierung« der Beratenen?
- Wie wird er bei der Übernahme von mehr Eigenverantwortung und der Befähigung, mit Krisen umzugehen, unterstützt?

Fragen Sie bei der Auswahl nach – im Sinne der Trennungs-Kultur Ihres Hauses. Und was ist mit der »Power, die aus der Gruppe kommt«? Alle Outplacement-Berater predigen das »Networking«. Doch was wird als aktives Networking angeboten? Aus anderen Bereichen des Berufs- und Privatlebens und aus anderen Teilen der Welt ist »die Kraft, die aus der Gruppe kommt« bekannt und genutzt.

- Motivieren die Berater – bei allem Respekt vor der Individualität und der Diskretion – die Beratenen, selber Arbeitsgruppen zu bilden (man muss ja nicht gleich von Selbsthilfegruppe reden), die auch über die Zeit der Beratung hinaus Unterstützung bieten?
- Nutzt man bei der beruflichen Neuorientierung das Kreativitätspotenzial und die Dynamik einer Gruppe? Oder glauben die Berater nicht daran, dass es viel wirksamer sein kann, wenn ein Kollege den Tipp oder das Korrektiv gibt als er selber?
- Und wie nutzt man die Kontakte der Klienten mit den Ehemaligen?
- Wie nutzt man die Erkenntnis, dass ein wenig Wettbewerb anspornt, dass Erfolgsstories motivieren? Warum gibt es denn in den vielen Ländern und zahlreichen Institutionen Alumni-Vereinigungen?

Munkelt da jemand, die Branche sei erstarrt in den Methoden der Gründertage? Oder wollen die Berater die beratenen Fach- und Führungskräfte schonen, sie nicht *wirklich* fordern?

- Konfrontiert man eine outgeplacete deutsche Führungskraft mit der Aufgabe der Selbstdarstellung vor einer Gruppe ebenso Betroffener oder erlässt man ihr dies unter dem Deckmäntelchen der Diskretion?
- Wie soll sie es lernen, wenn nicht in einem geschützten Raum und wohlwollenden Rahmen des Beraterbüros unter Gleichbetroffenen?
- Werden im Einzelfall Themen wie Selbstverantwortung vertieft, weiterführende, unkonventionelle Methoden genutzt, die Hinweise auf die Ursachen eines Problems und Ansätze für Lösungen einer Blockade bringen könnten, wie z.B. Familien- oder Organisationsaufstellungen?
- Stehen den gekündigten Mitarbeitern zum Beginn des neuen Jahrtausends die modernsten und erfolgversprechendsten Mittel und Wege zur Verfügung?

Fragen Sie nach den unkonventionellen Methoden der Berater. Ihr Mitarbeiter, den Sie mit Anfang 50 nach 27 Jahren Betriebszugehörigkeit entlassen haben, hat es verdient.

### 11.9.3 Proaktive Beratung – was ist das?

Unter dem Slogan »Hilfe zur Selbsthilfe« bieten die Outplacement-/Newplacementberater eine Reihe wertvoller Tipps und erfolgversprechender Ratschläge an. Aber was tun sie wirklich für ihr Geld? Insbesondere in der Phase, in der es um die Bearbeitung des Marktes geht? Zwar bieten die Unternehmen in ihren Büros Internet-Arbeitsplätze an, aber:

- Wie unterstützen sie ihre Kandidaten auf dem Weg durch den Dschungel einer ständig wachsenden Zahl von Jobbörsen?
- Was ist die ureigenste Leistung der Beratungsgesellschaft im Hinblick auf eine Vorselektion der Internet-Pfade oder Differenzierung der Börsen nach Hierarchien oder Branchen?

- Wissen die Berater, wie erfolgreich (oder nicht) die Suche eines Jobs im Internet für einen Topmanager oder die Platzierung eines Internet-Gesuchs für eine Telefonistin ist? Oder ist es nur Augenwischerei, das Angebot, im Internet surfen zu können? Hat jemals ein Auftraggeber nach dem Erfolg gefragt?
- Und wie fundiert sind die angepriesenen Kontakte zu Beraterkollegen der suchenden Zunft im Executive Search wirklich?
- Liegt eine Differenzierung der Branchenschwerpunkte einzelner Executive Searcher vor?
- Weiß der Berater wirklich, welcher »Headhunter« auf welchem Level oder für welche Hierarchieebene arbeitet?
- Kennt der Berater die »Kollegen« der Agentur für Arbeit und Zentralstelle für Arbeitsvermittlung (ZAV) und der nationalen und internationalen Managementvermittlung für oberste und obere Führungsebenen in Bonn und stellt er einen persönlichen Kontakt her?

Und wie sieht es im Zeitalter des immer wichtiger werdenden Informationsmanagements mit der internen Vernetzung der Beratungsunternehmen aus?

- Wie ist sichergestellt, dass ein Magdeburger Berater von der Vakanz, die im Schwetzinger Schwesterbüro aufgelaufen ist, unmittelbar und zeitnah erfährt?
- Wie erfolgt die Verwaltung und der Abgleich zwischen suchenden Fach- und Führungskräften einerseits und den als zahlreich bezeichneten vorliegenden Meldungen über offene Jobs andererseits?

Nachdem sowohl die Outplacementberater als auch die Executive Searchers über viele Jahre beteuert haben, wie wichtig es ist, dass sie nur *das eine* oder *das andere* anbieten, verschwimmt die Grenze immer mehr. Inzwischen stört sich kaum noch jemand daran – nicht einmal der Bundesverband der Unternehmensberater (BDU) –, dass zahlreiche Gesellschaften beides anbieten, Search und Outplacement. Und was bedeutet das Statement zu Seriosität und Ethik im Hinblick auf die strikte Trennung von Outplacement-Beratung und Executive-Search-Aktivitäten im eigenen Haus? Natürlich wäre es unseriös (was es in grauer Vorzeit einmal gegeben haben soll), wenn von einem Beratungsunternehmen für ein und denselben Menschen (Controller, Einkäufer, Marketingleiter, Geschäftsführer oder wen auch immer) vom abgebenden Unternehmen ein Honorar als Outplacement-Kandidat und von einem anderen Unternehmen das Honorar für die erfolgreiche Suche über Executive-Search eingestrichen würde. Aber ist das die Frage? Ich behaupte »Nein!«. Ich drehe die Thematik um.

- Die Frage ist doch, ob es nicht allen Beteiligten dienlich wäre, wenn durch eine seriöse Verknüpfung der Aktivitäten bei sauberer Abrechnung schnell eine Vermittlung zustande käme.
- Wäre es nicht ein kreativer Beitrag zur Trennungs-Kultur, wenn alle nur denkbaren und zur Verfügung stehenden seriösen Mittel und kreativen Wege genutzt würden, um dem einen neuen Job zu beschaffen, der doch nur des-

halb beraten wird, weil er seinen Job verloren hat und der zur Zeit nicht weiß, wie er in vier Monaten seine fünfköpfige Familie ernähren und die Hypothek für sein vor einem halben Jahr nach seiner Beförderung fertiggestelltes Haus bezahlen soll?
- Und welches Risiko, welchen Nachteil hat das Unternehmen, das diesen Mitarbeiter einstellt? Befragte Unternehmen sagen: »keinen«. Und suchende Menschen sagen: »keinen«. Das im suchenden Unternehmen angewendete Auswahlverfahren bleibt immer das gleiche. Die Entscheidungswege wie bisher. Die Verantwortung wie bisher.

Aber worum geht es dann bei dieser Diskussion? Zur Diskussion steht das *Honorar* des Executive Searchers und das *Honorar* des Outplacement-Beraters. Wer bekommt bei Erfolg was? Hier sind neue, kreative Verrechnungsmodelle gefragt, die alle Beteiligten auch zu wirtschaftlichen Gewinnern werden lassen. Alte Vorurteile gegenüber den »Outplacern« und ihrem Klientel (»dort landen die Looser«) sind zu überwinden. Eigene Schatten (»da muss doch etwas faul gewesen sein, sonst hätte man den nicht entlassen«) sind zu überspringen.

Denkt man das Thema der proaktiven Beratung weiter, ergibt sich die Frage:

- Wie werden denn eigentlich im Zeitalter von New Media, New Market, Fast Food und Fast Web die Fach- und Führungskräfte den internationalen und nationalen Unternehmen präsentiert? Klassisch auf Büttenpapier oder zeitlos mit Direktbrief und nachfolgendem Telefonat oder zeitgemäß mittels CD-ROM oder Videoband? Oder doch zumindest per Diskette?
- Wer kennt sich in den Beratungsunternehmen mit der zeitgemäßen Internetpräsentation und der Nutzung des Mediums wirklich aus?
- Gibt es einen DV-Spezialisten, der die Klienten diesbezüglich berät?

Fragen Sie nach. Gerade Ihre jungen Leute, die Sie – warum auch immer – nicht halten oder mitnehmen können, haben es verdient. Sie werden es Ihnen danken – und werden es weiter erzählen – im Sinne der Trennungs-Kultur. Fragen Sie nach den Berichten über den Fortgang der Beratung und nehmen Sie den Berater in die Pflicht. Das sind Sie Ihren Ehemaligen schuldig.

### 11.9.4 Qualitätssicherung und internes Controlling?

Immer wieder fallen die Broschüren und PR-Artikel der Outplacement-Berater auf, in denen von dem »typischen Kandidaten«, von der »durchschnittlichen Beratungsdauer«, von den »Prozentsätzen Beratungserfolg« geschrieben wird. Doch was bedeuten diese Zahlen wirklich? Immer wieder weisen die Beratungsgesellschaften auf ihre Erfolge hin. Zu Recht. 53,2 Prozent der Beratenen sind nach 6 Monaten »vom Hof« (alle Angaben aus Fischer 2001 – Daten der 699 Outplacement-Kandidaten). Freude kommt auf. Aber was ist mit den Klienten, die bis zu einem Jahr (30,9 Prozent) und ein weiterer Teil (8,8 Prozent) bis zu 16 Monate und länger (2,9 Prozent) brauchen, einen neuen Job zu finden? Braucht nicht gerade diese Gruppe, die manchmal despektierlich auch als »Longtermer« bezeichnet wird, die in den Beratungsbüros »nur das Telefon belegt und den Kaffee austrinkt«, nicht eine besondere Unterstützung im Sinne der proaktiven Beratung? Oder fragt der Auftraggeber schon gar nicht mehr nach seinem ehemaligen Mitarbeiter (aus den Augen aus dem Sinn)? Im Sinne des Bemühens um Trennungs-Kultur hören wir ein klares »JA«. Einige Fragen bleiben bisher unbeantwortet:

- Warum geben Sie sich als Auftraggeber mit Mittelwerten zufrieden, wo doch nur das Individuum, dessen neuer Job, dessen Zukunftssicherung zählt?
- Was ist den Beratern wichtiger, den Kandidaten »schnell vom Hof zu bringen«, oder, dass *er langfristig* erfolgreich und glücklich in der neuen Position ist?
- Gibt es überhaupt nach strengen Kriterien der Statistik angelegte, prospektive Untersuchungen über den Verbleib von Outplacement-Kandidaten in ihrer neuen Position? Wären nicht solche Daten über Verweildauer in der neuen Position stichhaltigere Marketingargumente als alles andere, was genannt wird?
- Oder sind solche Mitarbeiter, die ja meistens ohne Kenntnis des neuen Arbeitgebers eingestellt wurden, durch das individuelle Coaching vielleicht *auffallend erfolgreicher* als andere Kollegen?
- Welchen Effekt hat die Erfahrung des »Outgeplaced-Werdens« und welchen Nutzen hat die Sonderform des oft monatelangen, intensiven Coachings langfristig für die Betroffenen?
- Welches Beratungsunternehmen begleitet in Kooperation mit Hochschulen, Fachhochschulen oder BDU seine Beratungsaktivitäten durch fundierte Studien und dokumentiert die Erfolge, wie es in anderen Wirtschaftszweigen üblich ist?
- Wo erscheint eine ernst zu nehmende Fachpublikation zu diesen Fragen? Warum interessiert sich kaum ein Arbeitgeber im Rahmen von Trennungsprozessen für solche Dokumentationen und Daten? Ist das Ausdruck der bundesdeutschen »Trennungs-Un-Kultur«?

Ein weiterer Themenkomplex ergibt sich hinsichtlich der internen Leistungs- und Erfolgshonorierung der Beratungsunternehmen. Immer noch wird die *Akquisition von Beratungsfällen* als Maßstab aller Dinge angesehen und durch Bonus- und Prämienanreize honoriert.

- Wer aber macht denn gerade in der Outplacement-Beratung die eigentliche Beratungsarbeit? Es heißt doch *Beratungserfolg* und nicht Akquisitionserfolg, wenn ein Kandidat eine neue Position findet.
- Wer ist denn letztendlich wirklich für den Beratungserfolg des Kandidaten verantwortlich (außer natürlich im Sinne der Selbstverantwortung er selber)? Ist es der einzelne Berater – oder der Akquisiteur?

- Müssten nicht gerade die Berater entsprechend gewürdigt und honoriert werden, wenn sie die Beratung zügig und mit hoher Trefferquote hinsichtlich der Zielsetzung des Kandidaten zum Erfolg geführt haben?
- Und müsste die Beratungsgesellschaft dem selben Berater nicht nochmals eine Prämie zahlen, wenn der Kandidat in seiner neuen Position reüssiert und eine entsprechende Verweildauer meldet?
- Würden nicht solche Anreize die Qualität der Beratung anheben und den Beratungsprozess beschleunigen, nachfolgend hervorragende Marketingargumente liefern und damit geradezu zwangsläufig den langfristigen Erfolg der Beratungsgesellschaft sichern?

Fragen Sie als Auftraggeber nach Motivationsquellen des persönlichen Beraters und fordern Sie den *besten* Berater für Ihre Mitarbeiter. Es tut auch Ihrem eigenen Image gut – und dem Ihres Unternehmens – wenn Ihr Ehemaliger schnell erfolgreich ist.

Erfreulicherweise haben im Jahr 2003 engagierte Beraterinnen und Berater erhebliche Fortschritte im Hinblick auf die Qualitätssicherung in der Outplacement-Beratung erzielen können. Hierzu gehört unter anderem die Gründung der Deutschen Gesellschaft für Karriereberatung DGFK e.V. und deren Engagement im Rahmen von wissenschaftlichen Symposien, Begleitung von Studien und dem Angebot von Fortbildungen. Ratsuchende können sich direkt informieren unter www.dgfk.org. Ende 2003 gab es erstmalig ein spezifisches Fortbildungsangebot für Outplacement-Berater.

### 11.9.5 Ist Outplacement »out«?

Die Kritiker fragen, ob es zeitgemäß ist, wenn gerade die Berater, die über berufliche *Neu*-Orientierung reden, immer noch mit den gleichen alten Stories werben – wie vor 22 Jahren. Und sie fragen, warum sich sogar die Marktführer dieser Zunft immer noch als »Missionare« bezeichnen – nach so vielen Jahren? Ich persönlich halte eine Reform des »Outplacements« in Form, Inhalt und Begrifflichkeit – vor allem aber in qualitativer Hinsicht – nach wie vor für überfällig. Der Begriff »Out-placement« (für das Newplacement der Betroffenen) – gehört m.E. als erstes »outgeplaced«, da er irreführend, falsch, negativ, despektierlich ist.

### 11.9.6 Abgrenzung Outplacement Counseling und Newplacement Counseling

Bisher habe ich diese Abkürzungen vermieden. Ich führe sie an dieser Stelle »im letzten Moment« ein, da sie im Markt gebraucht und Ihnen sicher begegnen werden. Doch was ist was? Nur »Insider« verstehen, was gemeint ist – halten es aber nicht für nötig, eine saubere Begriffsdefinition zu erarbeiten. Sind sie zu arrogant oder zu behäbig, eine saubere Terminologie zu verwenden? Daher rege ich an dieser Stelle erneut an, *eine Neudefinition* vorzunehmen, die *Inhalte* neu zu belegen und *diszipliniert die Termini auseinander zu halten*.

**Outplacement-Beratung** (OPC = Outplacement Counseling) definiere ich als Begleitung eines Unternehmens im Sinne eines ganzheitlichen, professionellen Trennungsmanagements in der frühen Phase von Change- und Trennungsprojekten mit Begleitung der Projekte als »Mediator« und außergerichtlicher Schlichter. Sie umfasst die Beratung der Unternehmensleitung, das Coaching einzelner Führungskräfte und ist Gesprächspartner der Personalverantwortlichen ebenso des Betriebsrates und beinhaltet die Mitarbeit im Trennungskomitee.

**Newplacement-Beratung** (NPC = Newplacement Counseling) definiere ich als Coaching der von einer Kündigung oder einschneidenden Veränderung betroffenen Mitarbeiter in der Phase der Lösung vom alten Arbeitgeber sowie der beruflichen Neuausrichtung und Begleitung »zu neuen Ufern«. Ebenso gehört dazu: Die »Revitalisierung« der verbleibenden »Survivors« und die Assistenz der Geschäftsleitung bei der Neuausrichtung des Unternehmens im Sinne einer weitsichtigen und ganzheitlichen Organisationsentwicklung.

## 11.10 Checkliste zur Auswahl des geeigneten Newplacementberaters

| Fragen an Out-/Newplacementberater als Indizien für den Qualitätsstandard | Wichtig für mich (X) |
|---|---|
| • Gibt es ein Sollprofil für Berater hinsichtlich seines Persönlichkeitsprofils und Schlüsselqualifikationen, wie sieht das aus und von wann stammt es? | |
| • Mit welchen Methoden wird die Passgenauigkeit neuer Berater zu diesem Sollprofil abgegriffen, wie werden diese ausgewählt? | |
| • Wie sieht der Einarbeitungsplan zeitlich, inhaltlich und qualitativ aus? | |
| • Wer begleitet die Einarbeitung und wie wird der Lernerfolg beurteilt? | |
| • Würden Sie mir bitte die Vita des für meinen Mitarbeiter vorgesehenen Beraters schicken?! | |
| • Wie sieht die Supervision der alten und neuen Berater genau aus? | |
| • Welche Fortbildungsmaßnahmen konkret bietet die Beratungsgesellschaft ihren Beratern? | |
| • Wie ist die gegenseitige Befruchtung der Berater im Team organisiert? | |
| • Welchen Kontakt haben die Berater zum Markt? | |

→

| Fragen an Out-/Newplacementberater als Indizien für den Qualitätsstandard | Wichtig für mich (X) |
|---|---|
| • Welche flankierenden Maßnahmen begleiten die Beratung? | |
| • Welche Maßnahmen dienen der Verarbeitung des Trennungstraumas und dem Aufbau des Selbstwertgefühls bei den Betroffenen? | |
| • Wie werden Blockaden gelöst und welche Unterstützung erfahren »Longtermer«? | |
| • Wie sehen die Elemente der proaktiven Beratung konkret aus? | |
| • Wer begleitet die Kandidaten durchs Internet und wie geht das konkret? | |
| • Wie werden Informationen über Vakanzen zeitnah ausgetauscht – gibt es eine interne Vernetzung der Büros? | |
| • Welches sind die Quellen für Hinweise auf offene Positionen konkret, wie viele sind es im Jahr, in welcher Form stehen sie zur Verfügung? | |
| • Welchen Stellenwert hat die Gruppenarbeit in der Beratung – gibt es »Selbsthilfegruppen«? | |
| • Gibt es eine Datei über Kontakte zu Executive Searchern und von wann stammt das letzte Update? Ist eine Selektion nach Branchen oder Hierarchien möglich? | |
| • In welcher Form stehen die Kontakte zu Ehemaligen zur Verfügung? | |
| • Ist ein Zugriff nach Branchen oder Funktion möglich? | |
| • Mit welchen neuen Medien präsentieren sich die Klienten im Markt? | |
| • Welche Daten liegen über den Verbleib der Kandidaten in deren neuer Position vor? Wie sehen die Zahlen langfristig konkret aus? | |
| • Wie werden die Berater motiviert? | |
| • Wie werden die Berater am Unternehmenserfolg beteiligt? | |
| • Wie wird der individuelle Beratererfolg gemessen? | |

# Kapitel 12

# »Wollen Sie auch mal durchs Fernglas schauen?« – Ausblick

Nochmals komme ich darauf zurück: Betriebliche Trennungsprozesse sind keine *singuläre* Erscheinung und sollten *nicht* als »*reparativer*«, reaktiver Prozess verstanden werden. Management heißt Gestaltung. Trennungsmanagement heißt, notwendige personelle Veränderungen proaktiv anzugehen. Doch was liegt vor uns? Wie wird es weitergehen? Was sollten wir gemeinsam entwickeln? Was ist »reif«, in die Praxis umgesetzt zu werden? Hierzu einige Thesen.

Einige Aspekte, die mir in der Begleitung zahlreicher Unternehmen und bei der Durchführung unzähliger Workshops immer wieder begegnet sind und die mich in den letzten Jahren gedanklich sehr beschäftigt haben, möchte ich in dieser dritten Auflage des Buches deutlich ansprechen:

- Wahrhaftigkeit und Ehrlichkeit im Führungsalltag
- Vermeidung einer erneuten Abbau-Notwendigkeit
- Sinn der Krise und Notwendigkeit des Wandels

## 12.1 Schau mir in die Augen Kleines – Wahrhaftigkeit und Ehrlichkeit

Im Rahmen der Vorbereitung von Personalabbauprozessen wird regelmäßig das ganze Ausmaß einer mangelnden Wahrhaftigkeit und Ehrlichkeit im Führungsalltag deutlich. Nahezu alle Teilnehmerinnen und Teilnehmer meiner Workshops und die unzähligen Gesprächspartner in den Unternehmen kannten es aus eigener Erfahrung:

- Obwohl man mit dem Mitarbeiter nicht wirklich zufrieden war, steht in der Personalakte über Jahre hinweg eine sehr gute Beurteilung.
- Im Auswahlverfahren gibt die Personalakte argumentativ meist nichts her, um eine Trennung zu begründen.
- Mitarbeiter fallen aus allen Wolken, wenn sie hören, dass ihre Leistung oder ihr Verhalten nicht dem entspricht, was man von ihnen erwartet.

Sicher gibt es in nahezu allen Unternehmen ausgefeilte Systeme zur Rückmeldung an die Mitarbeiter. Es gibt Jahresgespräche, Kritikgespräche, Feedback-Gespräche. Aber in den meisten Gesprächen fehlt es am Wesentlichen: an Wahrhaftigkeit und Ehrlichkeit. Und diese mangelnde Wahrhaftigkeit und Ehrlichkeit holen die Vorgesetzten im Trennungsgespräch regelmäßig ein. Ich habe dieses an anderer Stelle im Buch bereits ausgeführt.

Wenn die systematische Auseinandersetzung mit dem Trennungsprozess und die professionelle Vorbereitung von Trennungsgesprächen in den letzten Jahren eines gelehrt hat, dann ist es dies:

- Die Themen »Führen schwieriger Gespräche« einschließlich »Führen von Trennungsgesprächen« gehören in jede Führungskräfteschulung. Hier gibt es erst wenige Ansätze in wenigen Unternehmen, die diese Themen in ihren Trainingsplan aufgenommen haben
- Die Themen *Wahrhaftigkeit* und *Ehrlichkeit* gehören regelmäßig in jedes Managementtraining für Führungskräfte und in jeden Katalog von unverzichtbaren Werten der Unternehmenskultur.
- Wahrhaftigkeit und Ehrlichkeit gegenüber den Mitarbeitern ist Ausdruck von Respekt und Wertschätzung! Dies bedeutet, auch kritische Anmerkungen und Defizite im Klartext anzusprechen. Und zwar im Alltag, nicht nur einmal im Jahr. Und auch kurzfristig, damit der Mitarbeiter sich ändern kann.

Konkret bedeutet dies, einem Mitarbeiter nahezulegen, sich ein anderes Unternehmen zu suchen, wenn man den Eindruck hat, dass er nicht zu diesem Haus passt. Konkret bedeutet dies, einem Mitarbeiter den Wechsel von einer Abteilung zur anderen zu ermöglichen, wenn man erkannt hat, dass seine Neigungen auf einem anderen Gebiet liegen und er sich bei seinen aktuellen Aufgaben schwer tut. Konkret bedeutet dies, durch alle Stufen der Eskalation hindurchzugehen: kritisches Gespräch, Kritikgespräch, Ermahnung, Abmahnung, Kündigung. Zum Wohle des Mitarbeiters. Und frühzeitig, nicht erst, wenn er im Unternehmen alt geworden ist und wir seine Trennung im Gewühl des Personalabbaus verstecken können.

## 12.2 Vermeidung einer erneuten Abbau-Notwendigkeit

Ein weiterer Aspekt, der mich sehr beschäftigt und den ich mit Unternehmensvertretern immer wieder und heftig diskutiere, ist die Frage, wie sich zukünftig ein erneuter Personalabbau vermeiden lässt. Genauer gesagt, meine ich die Teile des Personalabbaus, die nicht durch Doppelbesetzungen nach einer Fusion oder die Stilllegung eines gesamten Betriebszweiges bzw. die Verlagerung bestimmter Funktionen ins Ausland bedingt sind, sondern ich meine die Teile des Personalabbaus, die immer wieder als Überhang, als überflüssige Blase, als diejenigen, die wir mitschleppen, als Low Performer, die keiner mehr braucht, bezeichnet werden. Wissen Sie was ich meine? Nein?

**Die Fälle sind es:**

*»In Zeiten, als wir diesen Vertriebsdruck hatten und mehr Leute brauchten, haben wir nicht so genau hingeschaut bei den Einstellungsgesprächen.«*

*»Als es uns gut ging, na ja, da konnten wir die Schwachen noch mitschleifen. Das können wir uns heute nicht mehr leisten.«*

*»Aus den Zeiten, als unsere Führungskräfte noch zu gutmütig und zu lasch waren, haben wir einige Restbestände. Die stören uns heute erheblich.«*

Verstehen Sie jetzt, was ich meine? Ich denke schon!

Diese Fälle dürfen meines Erachtens nicht mehr vorkommen. Sie denken, ich bin zu blauäugig? Aber meine Damen und Herrn, Sie reden doch von Professionalität und sie reden von Humankapital und Benchmark. Diese Fälle dürfen nicht vorkommen! Wir sind es dem Humankapital, wir sind es den Menschen schuldig, dass diese Fälle nicht mehr vorkommen. Und damit sie nicht mehr vorkommen, braucht es Mut zum Führen und die oben beschriebene Wahrhaftigkeit und Ehrlichkeit.

Sehr zu Recht machte Heinz Plaga, ein aktiver Teilnehmer des 1. Frankfurter Klartext-Dialogs, der seit vielen Jahren in leitenden Positionen der Wirtschaft tätig ist, die Anmerkung, dass im Rahmen der Unternehmenskultur Trennungsvermeidung doch ein wichtiges Führungsziel sei. Selbstverständlich kann ich dem nur zustimmen. Und erneut ergibt sich der Zusammenhang zwischen Trennung, Trennungsvermeidung und guter Führung.

- Je besser die Führungs-Kultur, umso weniger entsteht aufgrund von Führungsschwäche ein Trennungs-Stau.
- Je besser die Feedback-Kultur gepflegt wird, umso weniger entsteht aufgrund von mangelnder Wahrhaftigkeit und Ehrlichkeit ein Trennungs-Stau.

Auch wenn zur Zeit der Erstellung und Drucklegung dieser dritten Auflage alle den Aufschwung beschwören, bleibt nach meiner Einschätzung viel zu tun. Hinsichtlich der hier angesprochenen Aspekte stehen wir meines Erachtens noch ziemlich am Anfang. Insofern gilt es auch aus diesem Grund, das Verständnis über Trennungs-Kultur viel weiter zu fassen. Trennungs-Kultur als Teil der Unternehmenskultur beginnt bereits bei der Einstellung neuer Mitarbeiter, hat sehr viel mit guter Führung und Feedback-Kultur zu tun und ist, da Veränderungen auch weiterhin das Wirtschaftsleben begleiten werden, als Teil der alltäglichen Personalentwicklung und Organisationsentwicklung ein Dauerthema. Genau aus diesem Grunde hatte der 1. Frankfurter Klartext-Dialog den Titel Trennungsmanagement als kontinuierliche Managementaufgabe.

## 12.3 Sinn der Krise und Notwendigkeit des Wandels

Ein weiterer Aspekt, mit dem Unternehmungen und die darin arbeitenden Menschen zukünftig besser umzugehen haben werden, ist der kontinuierliche und immer schnellere Wandel.

Jede Störung des Gewohnten, jede Veränderung des Liebgewonnenen, jede Entwicklung, die mit Veränderungen zu tun hat, wird von uns Menschen schnell als Krise wahrgenommen. In der Medizin bedeutet Krisis den meist schlimmsten Moment, den entscheidenden Wendepunkt zur Besserung. Das chinesisches Schriftzeichen für Krise beinhaltet zwei Symbole: Gefahr (wei) und Chance (ji). Bijan Amini, Begründer der Krisenpädagogik und Erziehungswissenschaftler an der Universität Kiel, definiert Krise als Chance zum Aufbruch und Durchbruch.

**Abb. 52:** Verschiedene Definitionen des Begriffs Krise

In seinem Buch Krisenpädagogik (Amini 2004, S. 160) benennt er das Thema eindrucksvoll und prägnant:

»Die Krise lehrt uns, dass das Leben weder linear noch kontinuierlich verläuft, sondern im Prinzip in Brüchen, in Gabelungen, in *Bifurkationen (Aufspaltungen, Verzweigungen)*. Weiter stellt er fest (S. 101): »Unser Leben, ist eine Prüfung. Wäre es keine Prüfung, würden wir klare Anweisungen bekommen, was zu tun ist. Da es aber eine Prüfung ist, bekommen wir Fragen und Aufgaben. Wir können uns weder die Fragen noch die Aufgaben aussuchen. Vielmehr müssen wir uns bewähren, indem wir die Fragen beantworten und die Aufgabe lösen.« So ist es, denke ich, auch im Leben eines Unternehmens. Von daher empfehle ich Ihnen, liebe Leser, die zitierte Literatur zum vertiefenden Studium, um zukünftig mit dem Wandel und den dazugehörigen Krisen persönlich und unternehmerisch besser fertig zu werden.

## 12.4 Trennungsmanagement ist Organisationsentwicklung

Professionelles Trennungsmanagement (TMgt) definiere ich so: »Trennungsmanagement ist eine ganzheitliche, interdisziplinäre Maßnahme zur Realisierung unternehmerischer Personalabbaumaßnahmen und integraler Bestandteil der Organisationsentwicklung (OE).«

*Ganzheitliches* Trennungsmanagement umfasst folgende Elemente:

- **Strategieentwicklung:** Definition der Ziele für ein Trennungsprojekt sowie die Festlegung der Werte und Normen im Trennungsfalle. Klärung der Begrifflichkeiten wie fair, professionell, sozialverträglich, ökonomisch für das spezifische Unternehmen.

- **Strukturentwicklung:** Vorbereitung und Durchführung von Trennungsprojekten nach den Regeln eines professionellen Projektmanagements mit Definition der Rollen, Aufgaben, Zuständigkeiten, Ressourcen, Verantwortlichkeiten etc. Definition der Maßnahmen zur Mitarbeiterbindung und -entwicklung nach Downsizing oder Einzelkündigung.

- **Kulturentwicklung:** Klärung der Frage, woran die Vorbildfunktion der Führungskräfte und des Personalmanagements für die Mitarbeiter erkennbar ist. »Übersetzung« der festgelegten Werte, Normen und ethischen Standards auf das alltägliche Verhalten in Trennungsprozessen.

**Abb. 53:** Ganzheitliches Trennungsmanagement

- **Qualifikationsentwicklung:** Implementierung von unternehmensspezifischen Standards zur Qualifizierung der Führungskräfte und Personalverantwortlichen wie die Durchführung von »Trennungs-Workshops«, Coaching für Führungskräfte zur Revitalisierung der Verbleibenden, Supervision der Kündigenden sowie spätere Evaluation des Projektablaufs und -erfolgs.

## 12.5 Interdisziplinäre Kooperation

Entwicklungsfähig – eigentlich muss ich sagen: *entwicklungsbedürftig* – ist m.E. die interdisziplinäre Zusammenarbeit zwischen dem Unternehmensmanagement, dem Projektmanagement, den Rechtsberatern, den Psychologen, den Personalprofis, den Personalentwicklern, Mediatoren und externen Trennungsprofis. Ziel muss sein, Lösungen »höherer« Ordnung zu finden und das »*System Unternehmen*« sowie das »*Trennungsmanagement*« zu verändern. Professionelles Trennungsmanagement bedeutet die ganzheitliche Sicht des Prozesses und Integration verschiedener Elemente wie (Auszug):

- Unternehmensstrategie
- Produktivität
- Profitabilität
- Sozialplan
- Juristische Aspekte
- Outplacement
- Newplacement
- Revitalisierung
- Retention und Development
- Employability

Die Beratungsunternehmen sind aufgerufen, ihre Dienstleistung den Erfordernissen des Marktes und den Erkenntnissen der Wissenschaft und Praxis schnellstmöglich anzupassen.

## 12.6 »Wie kommen wir da hin?« – Soll-Ist-Abgleich der unternehmensspezifischen Trennungs-Kultur

Wenn Sie klären möchten, ob die in Ihrem Unternehmen gelebte Trennungs-Kultur nach dem Studium dieses Buches noch Ihren Ansprüchen genügt, so überprüfen Sie bitte selbst und vergleichen Sie. Als Grundlage erinnern Sie sich bitte der Definition:

> *Trennungs-Kultur ist die Summe aller Regeln und Maßnahmen, die Trennungen und Veränderungen in Unternehmen fair und professionell machen. Trennungs-Kultur ist manifest, wenn Trennungen und Veränderungen mit möglichst geringen Verletzungen der Persönlichkeit aller Beteiligten einhergehen.*

Die Schaffung einer Trennungs-Kultur ist wie die Schaffung eines Mosaiks. Wer je die wertvollen Kuppelmosaike im Mausoleum für die Kaiserin Galla Placidia oder den einzigartigen Mosaikzyklus in der kleinen Kirche Sant' Appolinare Nuovo in Ravenna gesehen hat, weiß, welche Assoziation ich habe. Jedes einzelne Steinchen muss mit Bedacht ausgewählt, jedes einzelne Steinchen mit Liebe bearbeitet, jedes einzelne Steinchen fachmännisch eingesetzt werden. Machen Sie es wie die Künstler der frühchristlichen Zeit um 520 in Italien:

Schaffen Sie Ihr individuelles, unternehmenseigenes »Mosaik Trennungs-Kultur« (MTK). Wie das geht, möchten Sie wissen? Fragen Sie sich:

- Wie sieht unser Mosaik heute aus?
- Wie wird Trennungs-Kultur heute in unserem Unternehmen gelebt?
- Wie soll unser »Mosaik Trennungs-Kultur« morgen aussehen?
- Wer soll die Steinchen auswählen, wer sie bearbeiten, wer sie einsetzen, wer sie polieren?
- An welchen Säulen, in welchen Kuppeln unseres Unternehmens können die Menschen den Wert und die Einzigartigkeit unseres »Mosaiks Trennungs-Kultur« erkennen?

Nachfolgend finden Sie eine Checkliste, die Sie individuell ergänzen und adaptieren können. Die Stichworte sollen Sie unterstützen, sehr bewusst und systematisch die aktuelle Form, wie Trennungen bisher in Ihrem Unternehmen stattfinden, zu erfassen und anschließend ein neues Soll Ihrer Trennungs-Kultur zu entwickeln.

### Checkliste zum Soll-Ist-Abgleich der unternehmenseigenen Trennungs-Kultur

| Reflexion | |
|---|---|
| Ist-Analyse | Soll-Definition |
| **Ziele des Personalabbaus**<br>• Was wollen wir wirklich erreichen?<br>• Wie wollen wir dies erreichen?<br>• Welche Werte sind uns wichtig?<br>• Was bedeuten in unserem Unternehmen die Begriffe:<br>  – sozialverträglich<br>  – fair<br>  – human<br>  – ökonomisch<br>  – folgenminimierend<br>• Was tun wir für die Bindungsfähigkeit?<br>• Wie findet die »Revitalisierung« der Verbleibenden statt? | |

| Ist-Analyse | Soll-Definition |
|---|---|
| **Strategie**<br>• Welche Trennungs-Politik wollen wir betreiben?<br>  – Abfindungs-Sozialplan?<br>  – Transfer-Sozialplan?<br>  – Beschäftigungsgesellschaft?<br>  – ?<br>• Abfindungs-Politik?<br>• Wie wollen wir Trennungs-Kultur neu beleben?<br>• Wie wollen wir unsere neue Trennungs-Kultur implementieren? | |
| **Kompetenzen**<br>• Aufgaben?<br>• Verantwortlichkeiten?<br>• Zuständigkeiten?<br>• Befugnisse?<br>• Ressourcen?<br>• Rollen?<br>• Wer plant?<br>• Wer »managt«?<br>• Wer entscheidet? | |
| **Qualifikationen**<br>• Wer hat die Fähigkeit, als Projektmanager zu agieren?<br>• Wen wollen wir in der Thematik »Trennungsmanagement« qualifizieren?<br>• Welche Workshops wollen wir anbieten?<br>• Wie wollen wir die Führungskräfte als Kündigende coachen?<br>• Wie erfolgt die Supervision? | |
| **Kommunikation**<br>• Ist Thema »Trennung« tabu – oder offen besprochen?<br>• Wie findet Kommunikation über dieses Thema statt?<br>• Wann findet die Information statt?<br>• Durch wen wird informiert?<br>• Wer überbringt die Botschaft? | |

# Personalabbau als Risiko für das Intellektuelle Kapital eines Unternehmens

*von Karin Steiner*

*Auszug aus einem Forschungs- und Dissertationsprojekt am Institut für Personal- und Organisationsforschung der Universität der Bundeswehr München (Steiner 2007)*

Empirische Studien aus dem anglo-amerikanischen Raum, aber auch erste Erkenntnisse aus dem deutschsprachigen Raum zeigen, dass die gesetzten Ziele von Downsizing-Prozessen und Personalanpassungen häufig nicht oder nicht in vollem Umfang erreicht werden. Dies liegt unter anderem daran, dass die Ziele meist nur unzureichend konkretisiert werden und das relevante Zielsystem unvollständig ist. Denn häufig dominieren finanzielle bzw. materielle Zielvorgaben den Entscheidungsprozess ohne Berücksichtigung entsprechender Leistungsstrategien. Eine Reihe schwer prognostizierbarer und steuerbarer Nebeneffekte und Wechselwirkungen gefährdet die Zielerreichung von Anpassungsprojekten und kann auch auf den Gesamterfolg dysfunktional ausstrahlen. Zielsetzung dieser Arbeit ist daher die Entwicklung eines Ansatzes zur Analyse und Bewertung von Personalabbau-Entscheidungen hinsichtlich möglicher Risiken für das Intellektuelle Kapital des Unternehmens sowie die Ableitung von Gestaltungsempfehlungen für ein risikoorientiertes Trennungsmanagement.

**Personalabbau als Desinvestition von Intellektuellem Kapital**

Zur Bestimmung von strategischen Anpassungszielen bedarf es eines *Bewertungsansatzes*, der geeignet ist, die Wirkungen personalwirtschaftlicher Entscheidungen auf den Wert sowie die Wertschöpfungspotenziale einer Organisation abzubilden und einer Steuerung zugänglich zu machen. In dieser Arbeit wird gezeigt, wie die aktuelle Diskussion zur Bewertung von immateriellen Vermögensgegenständen und Potenzialen, hier speziell der *Ansatz des Intellektuellen Kapitals*, für eine vollständigere Analyse und Bewertung von personellen Anpassungsentscheidungen genutzt werden kann. Es wird betrachtet, inwieweit Personalabbau das Humankapital eines Unternehmens beeinflusst und wie sich dadurch auch Strukturelles Kapital und Wertschöpfungsprozesse in einer Organisation verändern (Bild A).

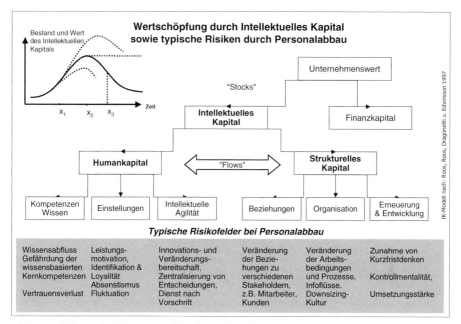

**Bild A:** Risiken für die Wertschöpfung durch Personalabbau

## Grundlagen eines Personalrisikomanagements bei Personalabbau

Zu berücksichtigen ist darüber hinaus, dass es sich bei Personalabbau um eine komplexe Entscheidungssituation unter Unsicherheit handelt: Zur Analyse und Bewertung der daraus resultierenden Informationsdefizite über das Erreichen der Anpassungsziele (= Chancen und Risiken), bietet der Ansatz des betrieblichen Risikomanagements Instrumente, deren Eignung und Übertragbarkeit auf personalwirtschaftliche Entscheidungsprozesse zu prüfen ist. Das Ergebnis der Überlegungen ist das situative *Grundmodell eines Personalrisikomanagements* mit drei Phasen (siehe Bild B):

(1) *Identifikation* des Wesens, der Entstehung und Auswirkungen von Risiken im besonderen Kontext von Personalabbau. Es werden unterschiedliche Zielsetzungen differenziert und Hypothesen über die Ursachen- und Wirkungsbeziehungen aufgestellt.
(2) *Risikoanalyse und -bewertung* mit einer Ermittlung von Risikodeterminanten und Bewertung des Ausmaßes und der Eintrittswahrscheinlichkeit von Schäden. Dazu werden geeignete Indikatoren und Messgrößen bestimmt.
(3) Entscheidungsgrundlage für eine *Risikohandhabung* mit Festlegung der Risikopolitik sowie Auswahl, Durchführung und Kontrolle von Maßnahmen zur Risikobewältigung. Hieraus lassen sich Gestaltungsempfehlungen und Instrumente für ein ursachen- sowie wirkungsorientiertes Trennungsmanagement ableiten.

Kapitel 12

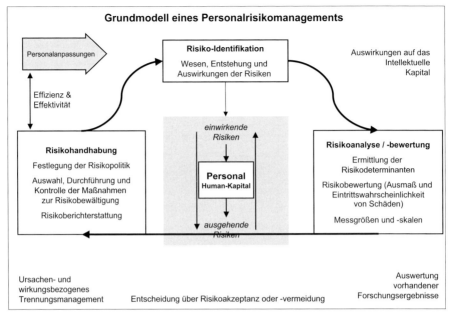

**Bild B:** Grundmodell eines Personalrisikomanagements

## Risikoorientiertes Trennungsmanagement

Die Identifikation, Analyse und Bewertung der mit einer Personalabbauentscheidung verbundenen Risiken ermöglicht die Konzeption eines Bezugsrahmens für ein umfassendes, risikoorientiertes Trennungsmanagement (siehe Bild C). Dieses umfasst eine strategische Steuerung der Personalkapazität mit der Zielsetzung, mögliche Risiken durch Personalabbau bereits im Vorfeld zu vermeiden. Eine aktive Risikoabwehr bei notwendigen Anpassungsprozessen kann zum einen darauf setzen, das Eintreten möglicher Schäden soweit wie möglich zu verhindern, beispielsweise durch einen fairen und transparenten Trennungsprozess und gutes Projektmanagement (ursachenorientiertes Trennungsmanagement). Zum anderen gilt es, das Ausmaß und die Tragweite der negativen Folgen eines Personalabbaus möglichst gering zu halten und durch geeignete flankierende Maßnahmen sowie ein zielgruppengerechtes Change Management abzufedern (wirkungsorientiertes Trennungsmanagement). Die Ergebnisse aktueller empirischer Studien, Praxisbeispiele und Best Practices runden die Überlegungen ab und ermöglichen eine Ableitung von Gestaltungsempfehlungen.

## »Wollen Sie auch mal durchs Fernglas schauen?« – Ausblick

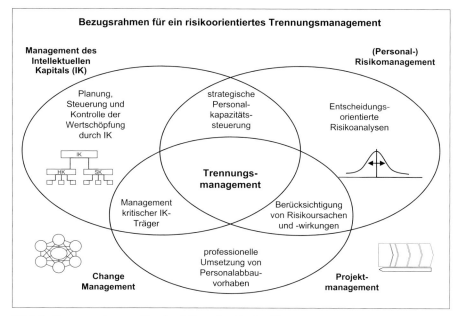

**Bild C:** Bezugsrahmen für ein risikoorientiertes Trennungsmanagement

# Kapitel 13

# Abspann – Szene nach dem »letzten Vorhang«

Der »letzte Vorhang« ist bereits geschlossen, die Zuschauer verlassen den Saal. Nur einer, der noch gedankenverloren vor der Bühne steht, hört Stimmengewirr aus dem »Off« – er lauscht.

**Kräftige Männerstimme**

*»Wir sind doch kein Sozialbetrieb – wir sind ein Wirtschaftsunternehmen – wir wollen verkaufen und Profit machen!«*

**Klare Stimme eines »Machers« – dennoch einfühlsam – von links oben**

*»Natürlich sind wir ein Wirtschaftsunternehmen und alles Tun dient wirtschaftlich-ökonomischen Zwecken. Und genau deshalb müssen wir alles, was den Erfolg und die Ergebnisse behindert, umgehend eliminieren.*

**Jemand reißt Papier vom Flipchart ab – Geraschel**

*»Zu viel Gesäusel über Humanität – ist nur was für Softies und Weicheier.«*

**Eine bekannte Stimme – trotzdem nicht auf Anhieb identifizierbar. War das der Controller oder der Personaler?**

*»Denken Sie. Ha – Gerüchte und Gerichte, die kosten Geld!«*

**Die sonore Stimme von vorhin: Es muss der Marketingmensch sein. Lacht hämisch**

*»Pah, was soll der ganze Psychokram – hier geht's ums harte Business.«*

**Eine Frauenstimme – vorher nie gehört – jetzt aber klar vernehmbar. Etwas schrill**

*»Aber Herr Direktor!*
*Sie reden doch immer von Human Resources und wichtigstes Kapital… «*

**Jemand fällt ihr ins Wort – so, wie er es immer tut. Laut und erbost**

*»Das kostet doch alles nur unser Geld – geht von unserem Profit ab. Auch das noch – nee, nicht mit mir!«*

## Abspann – Szene nach dem »letzten Vorhang«

**Ein Stuhl fällt um. Die junge Stimme – fragend. Das muss der mit dem verknitterten Leinenanzug sein**

*»Und die Transaktionskosten? Wer redet darüber? Die sind doch um ein Vielfaches höher, wenn die Motivation in den Keller geht und die guten Leute als Erste weglaufen! Dann ist die Produktivität am Arsch!«*

**Eine helle Stimme – direkt hinter dem Vorhang – deutlich hörbar**

*»Aber unsere Zeit. Wer denkt an unsere Zeit – die wir gerade jetzt nicht haben, Herr Kollege?*
*Jetzt sollen wir uns auch noch mit »Kultur« befassen!?«*

**Jemand klappt den Deckel des Laptops zu. Knurrig**

*»Dann verbringen Sie Ihre Zeit lieber auf dem Arbeitsgericht ...«*

**Ein tiefer Seufzer wird von rechts außen hörbar**

*»Betreuung, Beratung, Transfer ...*
*... dann hängen die noch ewig bei uns rum – nee!«*

**Betretene Stille. Nach einer Pause setzt er nach**

*»Die Akten meine ich – der Gekündigten, die Sie gefeuert haben.*
*Lieber ein goldener Handschlag – und gleich raus!«*

**Mehrere Stimmen – entrüstet**

*»Aber Herr Personaldirektor!«*

**Aus der Tiefe der Bühne – sich offenbar abwendend. Könnte die Stimme das Vorstandsvorsitzenden sein**

*»Wieder eine neue Mode – typisch Berater. Alles Firlefanz! Wie hieß das – folgenminimiertes Trennungsmanagement?*
*Da kann ich nur lachen ...«*

**Eine Tür fällt ins Schloss. Stille. Nur das Geräusch des Besens. Jemand fegt gelangweilt die Bühne.**

---

Der letzte Schritt

*»Auf dem Weg kommt man voran,*
*indem man alles Bisherige hinter sich lässt,*
*auch die bisherige Einsicht.*
*Und ich sage dir noch etwas zum Weg:*
*Das Ziel erreicht man mit dem letzten Schritt.*
*Alles andere ist Vorbereitung.«*

Bert Hellinger (zitiert aus Weber 1999)

# Kapitel 14

# »Mehrere Zugaben« – Anhang

## 14.1 Checklisten zur professionellen Vorbereitung und Durchführung von Trennungsgesprächen

Die Checkliste stellt ein »Summary« der detaillierten Ausführungen in den einzelnen Kapiteln dar. Sie dient der groben oder schnellen Orientierung. Ich verweise Sie zu einer gewissenhaften und umfassenden Orientierung auf die Abhandlungen der jeweiligen Themen.

### 1. Vorbereitungen allgemeiner Art

| Fragestellung | Erledigt? |
|---|---|
| 1.1. Haben Sie Einigkeit über die Personalplanung erzielt? | |
| 1.2. Verfügen Sie über alle aktuellen Informationen zum Unternehmensangebot? | |
| 1.3. Fand der vorgeschriebene Informationsaustausch mit dem örtlichen Betriebsrat und den verantwortlichen Personalreferenten statt? | |
| 1.4. Verfügen Sie als Vorgesetzter über Detailinformationen zu Person, Ausbildung, Qualifikation, zum beruflichem Werdegang sowie zur persönlichen, familiären und finanziellen Situation? Haben Sie diese Angaben über jeden Einzelnen Ihrer Mitarbeiter? | |
| 1.5. Organisatorisches:<br>Beschriften Sie die Schulungsräume zur Durchführung von Workshops nicht mit »Trennungsgespräche«, sondern einer neutralen Formulierung wie »Management-Schulung« | |
| 1.6. Haben Sie alle Schritte des Prozesses durchlaufen und das Eskalations-Szenario festgelegt? | |

### 2. Vorbereitung des Trennungsangebots

| Fragestellung | Erledigt? |
|---|---|
| 2.1. Für welche Mitarbeiter kommt welches Angebot aus dem Alternativkatalog in Frage? | |
| 2.2. Welches Ergebnis hat der Gedankenaustausch über das Angebot und mögliche Alternativen mit dem zuständigen Personalreferenten? | |
| 2.3. Welche Informationen müssen zur Formulierung des Angebots an den Mitarbeiter beschafft und ergänzt werden? Ist alles vollständig? | |

| Fragestellung | Erledigt? |
|---|---|
| 2.4. Welches Ergebnis hatte das Gespräch mit dem örtlichen Betriebsrat? | |
| 2.5. Haben Sie wirklich *alle* Alternativen mit *allen* Beteiligten anderer Geschäftsbereiche und Tochtergesellschaften abgeklärt? | |
| 2.6. Sind Sie sich als Vorgesetzter mit Ihrem nächsthöheren Vorgesetzten über das Angebot einig? | |
| 2.7. Haben Sie den Verhandlungsspielraum innerhalb des Angebots diskutiert, die Strategie und die Alternativen definiert? | |
| 2.8. Haben Sie die notwendigen Stellen im Unternehmen vorab informiert? | |

## 3. Vorbereitungen bei einem Angebot aus dem Alternativkatalog (Versetzung, Teilzeit, Vorruhestand)

| Fragestellung | Erledigt? |
|---|---|
| 3.1. Warum haben Sie diese Alternative ausgewählt und wie lautet die Begründung für genau *dieses* Angebot? | |
| 3.2. Warum haben Sie diese Alternative genau für *diesen* Mitarbeiter anzubieten? | |
| 3.3. Wann und in welcher Form wird die Frage, was mit dem Einzelnen geschieht, beantwortet? | |

## 4. Vorbereitungen bei Trennung durch Aufhebung oder Kündigung

| Fragestellung | Erledigt? |
|---|---|
| 4.1. Von welchem Mitarbeiter möchten Sie sich trennen? | |
| Sind alle denkbaren Alternativen geprüft worden? | |
| Denkbare Auswahlkriterien | |
| • Betriebszugehörigkeit | |
| • Lebensalter | |
| • Leistungen | |
| • Potenzial | |
| 4.2. Welche rechtlichen Risiken bestehen? | |
| • Haben Sie Gesichtspunkte einer sozialen Auswahl berücksichtigt? (Schwerbehinderung, Langzeiterkrankungen) | |
| • Welche vertraglichen Einschränkungen oder Hindernisse bestehen? | |
| 4.3. Wie formulieren Sie den offiziellen Trennungsgrund? | |
| Sind mehrere Mitarbeiter betroffen? | |
| Haben Sie die Argumentation mit anderen abgestimmt? | |
| • Geschäftsleitung | |

| Fragestellung | Erledigt? |
|---|---|
| • Betriebsrat | |
| • Örtliches Personalwesen | |
| 4.4. Wie definieren Sie die Konditionen der Trennung? | |
| • Kündigungsfrist | |
| • Restlaufzeit | |
| • Gehaltsfortzahlung/Bonus/Tantieme | |
| • Betriebliche Altersversorgung | |
| • Abfindung | |
| • Ruhegeld | |
| • Übernahme der Direktversicherung | |
| • Patente | |
| • Reisekosten-/Dienstwagenregelung | |
| • Spesenabrechnung | |
| • Büro- und Sekretariatsnutzung | |
| • Umgang mit Sonderleistungen (z.B. Firmendarlehen) | |
| • Auszahlung des Bildungskontos | |
| • Abwicklung des Resturlaubs | |
| • Aufhebung des Wettbewerbsverbots | |
| • Rückgabe von Unterlagen und sonstigen Gegenständen | |
| • Rückzahlung?<br>– Umzugskosten?<br>– Qualifizierungskosten | |
| 4.5. Wie verhalten Sie sich bei Nichtannahme des ersten Angebotes? Wie verhält sich die Unternehmensleitung? | |
| 4.6. Welche Abstimmung über das weitere Vorgehen und die Art und Weise (»härtere Gangart«) haben Sie getroffen? | |

## 5. Vorbereitung des Trennungs- und Kündigungsgesprächs

| Fragestellung | Erledigt? |
|---|---|
| 5.1. Wer spricht die Kündigung aus? Wann und wo? | |
| • Fachvorgesetzter? | |
| • Personalverantwortlicher? | |
| • Wochenanfang | |
| • In den Morgenstunden | |
| • Störungsfreier Rahmen | |
| 5.2. Wie lange soll das Trennungsgespräch dauern? | |
| • Wie haben Sie die ersten Minuten strukturiert? | |

| Fragestellung | Erledigt? |
|---|---|
| • Wie lauten Ihre ersten Sätze? | |
| • Kurze und präzise Information vorbereitet? | |
| • Zuhören und Pausen aushalten | |
| • Für wann haben Sie ein weiteres Gespräch terminiert? | |
| 5.3. Welche Unterlagen haben Sie sich bereitgelegt? | |
| • Personal-Datenblatt des Mitarbeiters | |
| • Personalakte | |
| • Betriebsvereinbarung | |
| • Sozialplan | |
| • Trennungskonditionen | |
| • Angebot schriftlich zur Aushändigung | |
| 5.4. Welche emotionalen Reaktionen erwarten Sie?<br>Wie beantworten Sie die Frage: »Warum gerade ich?«? | |
| • Rechnet der Mitarbeiter mit der Kündigung? | |
| • Wie wird der Mitarbeiter die Kündigung aufnehmen? | |
| • Welche emotionalen Reaktionen erwarten Sie? | |
| • Wie haben Sie sich vorbereitet? | |
| • Sind psychische oder medizinische Probleme bekannt? | |
| • Haben Sie alle Sicherheitsrisiken (Arbeitsplatz, sensible Daten, Mitarbeiter selbst) bedacht? | |
| 5.5. Welche Unterstützung bieten Sie dem Gekündigten an? | |
| • Finanzielle Hilfen (für Stellengesuch) | |
| • Organisatorische Hilfen (Sekretariatsservice) | |
| • Sonderleistungen (z.B. Beratung und Coaching) | |
| • Gespräch mit Betriebspsychologen | |
| 5.6. Wie verhält sich der Mitarbeiter nach dem Trennungsgespräch? | |
| • Ist Freistellung oder Weiterbeschäftigung geplant? | |
| • Wann findet ein Gespräch mit der Personalabteilung statt? | |
| • Wie erfolgt die Überleitung zum Auffanggespräch mit dem persönlichen Berater? | |
| • Gespräch mit einem Rechtsberater | |
| • Gespräch mit dem Betriebsrat | |
| • Wann findet das nächste Gespräch mit Ihnen statt? | |
| • Was tut der Gekündigte im nächsten Moment? Kehrt er an seinen Arbeitsplatz zurück oder geht er gleich nach Hause? | |
| • Wer informiert wann wen über was? | |

| Fragestellung | Erledigt? |
|---|---|
| • Welche Sprachregelung vereinbaren Sie? | |
| 5.7. Haben Sie sich über den Umgang mit den verbleibenden Mitarbeitern Gedanken gemacht? | |
| • Was sagen Sie den Verbleibenden als offizielle Trennungsbegründung? | |
| • Gibt es eine offizielle Mitteilung zum Ausscheiden des Kollegen an Kunden? | |
| • Wer wird wann und wie die Mitteilung vornehmen? | |

## 14.2 Argumentationsleitfaden – Behandlung der am häufigsten vorkommenden Fragen und Einwände im Trennungsgespräch

Eine in sich schlüssige und logische Beantwortung der Fragen, die von Gekündigten im Trennungsgespräch gestellt werden, ist ein wesentlicher Beitrag zur realen Vermittlung von Trennungs-Kultur. Nachfolgende Auflistung ist eine Auswahl aus der Fülle der in der Praxis am häufigsten vorkommenden Fragen. Sie soll Ihnen ein Gefühl für die Art und Weise vermitteln und eine Grundlage für Ihre eigenen Formulierungen sein. Die vorgelegten Antworten sind von Führungskräften und Personalverantwortlichen in der Praxis mit Erfolg eingesetzt worden. Dennoch bitte ich Sie, die Formulierungen nur als Anhaltspunkt und Vorschlag zu verstehen und Ihre Antworten Ihrer individuellen Unternehmenssituation und Sprechweise anzupassen.

### Einwände bei Versetzung oder Angebot eines alternativen Arbeitsplatzes

*»Der Job, den Sie mir eben angeboten haben, entspricht nicht meiner Qualifikation – die Aufgabe über-/unterfordert mich!«*
*»Da kann ich unmöglich meine Stärken und Neigungen einbringen, aber das ist mir sehr wichtig!«*

»Die Herausforderungen in der beschriebenen Position steigen ständig. Ich schlage vor, dass Sie sich zunächst über die Inhalte im Detail bei dem zuständigen Gruppenleiter informieren – bevor Sie eine endgültige Entscheidung treffen.«

*»Bekomme ich dort genau so viel Geld wie bisher?«*
*»Eine Versetzung zu unattraktiven Konditionen akzeptiere ich nicht!«*

»Die mit dem Gesamtbetriebsrat ausgehandelte Betriebsvereinbarung sieht vor, dass bei Übernahme einer Position, die mit geringerer Einstufung dotiert ist, die Anpassung schrittweise innerhalb von drei Jahren erfolgt. Ihr Personalreferent wird Ihnen die genauen Schritte im Detail darlegen.«

*»Wegen eines Pflegefalls in meiner Familie bin ich ortsgebunden. Ich kann das Angebot, nach ... zu wechseln, definitiv nicht annehmen!«*

»Gerne möchte ich Sie nach Kräften unterstützen. Ist denkbar, die notwendige Pflege innerhalb der Familie, durch kirchliche, staatliche oder private Pflegedienste zu organisieren?«

**Einwände bei einer Reduzierung von Vollzeit- auf Teilzeitarbeit**

*»Sagen Sie's doch gleich. Sie halten meine Leistungen für schwach?!«*

»Mit Ihrer Leistung sind wir bisher sehr zufrieden; wir müssen den Umfang Ihrer Aufgaben reduzieren, um die Stelle teilen zu können. Die wirtschaftliche Lage macht diesen Schritt unumgänglich.«

*»Ich bin alleinerziehende Mutter mit zwei Kindern – das geht nicht. Da komme ich vorne und hinten nicht zurecht!«*

»Bitte glauben Sie mir, ich verstehe Ihre Situation. Natürlich haben wir sehr ausführlich nachgedacht. Als Ausgleich für die Einbußen erhalten Sie eine Abfindung, die in drei Raten ausgezahlt wird. Außerdem steht Ihnen frei, auch eine zweite Arbeit bei einem anderen Unternehmen aufzunehmen, um ein vergleichbares Jahreseinkommen zu erzielen.«

*»Nachmittags kann ich unmöglich kommen. Da muss ich bei meinen Kindern sein. Meine Mutter schafft das nicht mehr alleine.«*

»Schauen wir uns doch bitte nochmals genau die Arbeitszeiten an. Es geht um … Stunden, die Ihre Kinder unbeaufsichtigt sind. Lassen Sie uns sehen, welche Lösung wir mit dem Betriebskindergarten finden können.«

**Einwände beim Angebot von Zeitarbeit bei einer Tochtergesellschaft des Konzerns**

*»In meinem Alter ist das eine Zumutung! – Frechheit – eine solche Idee überhaupt zu äußern.«*

»Für Ihre Reaktion, Herr/Frau ... habe ich Verständnis. Ich möchte Sie – so schwer es fällt – bitten, auch die Situation unseres Unternehmens im Markt zu verstehen. Sie müssen die Entscheidung respektieren.«

*»Was glauben Sie eigentlich, wie das zu Hause gehen soll. Was würde Ihre Familie dazu sagen?«*

»Im Moment geht es um Sie. Wie können wir jetzt eine Variante finden, die es Ihnen ermöglicht, mit der Familie offen darüber zu sprechen?

*»Ich will wie bisher meine festen Aufgaben haben. Sie können davon ausgehen, dass ich dies notfalls gerichtlich durchsetzen werde!«*

»Selbstverständlich können Sie sich juristisch beraten lassen. Aber was halten Sie davon, sich bei Ihrem zuständigen Personalbetreuer im Detail über die Alternativen zu informieren? In Zukunft werden wir keinem Mitarbeiter garantieren können, dass seine Aufgaben auf ewige Zeiten unverändert bleiben.«

*»Ich bin hier im Ort sehr engagiert und gebunden!«*

»Die Einsatzorte werden in erster Linie in Ihrer Region sein. Die meisten werden Sie von zu Hause aus innerhalb einer Stunde erreichen können; für andere werden Sie wegen zu langer An- und Abfahrtszeiten am Einsatzort bleiben müssen.«

*»Bezahlen Sie mir die Mehrbelastung durch die Fahrerei und Übernachtungen?«*

»Selbstverständlich werden diese Kosten vom Unternehmen getragen. Für die Aufwendungen für die Unterbringung an den wechselnden Orten und zusätzliche Fahrten steht ein Budget von ... zur Verfügung.«

*»Ist diese Variante die Vorstufe zur Entlassung?«*

»Wir selbst haben ehrlich gesagt noch keine Erfahrungen. Die Erfahrungen anderer Unternehmen zeigen aber, dass Mitarbeiter aus einem solchen Zeit-Programm sehr oft eine anspruchsvolle Aufgabe angeboten bekommen.«

*»Da mach ich nicht mit. Mal was anderes: Welches Seminar zur Weiterqualifizierung können Sie mir anbieten?«*

»Während der Zeitarbeit stehen Ihnen auch weiterhin die Qualifizierungsangebote aus dem PE-Katalog und der externen Anbieter zur Verfügung. Wir haben vorgesehen, Qualifizierungsmaßnahmen in die schwachen Monate zu legen. Genaueres sollten Sie aber mit Herrn/Frau ... von PE besprechen.«

**Einwände beim Angebot der Vermittlung zu einem externen Zeitarbeitsunternehmen**

*»Oh je, ich durchschaue Ihre fiesen Tricks. Sie wollen mich auf diesem Weg billig loswerden!«*

»Sie erhalten Ihr jetziges Gehalt in unveränderter Höhe für weitere 3 Jahre. Zeitarbeit GmbH bietet Ihnen in dieser Zeit die Chance, eine neue passende Aufgabe zu finden. Sie können Ihren potenziellen neuen Arbeitgeber gut kennen lernen, bevor Sie sich binden.«

*»Ist das nicht nur eine Scheinfirma? – Das ist mir suspekt«*

»Zeitarbeit GmbH ist ein gut etabliertes Zeitarbeitsunternehmen und sehr erfolgreich im Markt tätig. Sie kennen sich sehr gut aus mit den Erfordernissen in dieser Region und sie haben viele Kontakte zu Firmen und Institutionen. Schauen Sie es sich doch einmal an.«

*»Und wieder eine Probezeit. Nein, nicht mit mir!«*

»Eine Probezeit wird es nicht geben. Wir haben vorher die Rahmenbedingungen für Sie geprüft, sonst würden wir Ihnen diesen Weg nicht anbieten.«

*»Was geschieht, wenn die Zeitarbeit GmbH keine Arbeit für mich hat?«*

»Für mindestens 18 Monate erhalten Sie Ihr bisheriges Gehalt, auch, wenn zeitweise keine Arbeit für Sie da ist. Sollten Sie mal Leerlauf haben, so können Sie am PE-Programm teilnehmen ... «

**Einwände beim Angebot von Altersteilzeit**

*»Aha, jetzt ist es raus: Ich gehöre also auch zum alten Eisen?«*

»Nein, selbstverständlich nicht! Wir zählen auch weiterhin auf Ihre Erfahrungen und Ihre Loyalität. Deshalb haben wir uns entschieden, Ihnen dieses Angebot ... zu unterbreiten.«

*»Meine beiden Kinder studieren noch. Ich kann eine Reduzierung meines Einkommens nicht verkraften!«*

»Nach allen Abzügen werden Sie 76 Prozent Ihrer bisherigen Nettobezüge erhalten. Eine detaillierte Nettoberechnung übergibt Ihnen am Montag Frau ... Dann können Sie die Kalkulation auch mit Ihrem Steuerberater abstimmen.«

»*Das ist mir viel zu kompliziert. Ich verstehe Ihr Angebot nicht!*«

»Inhalt unseres Gesprächs ist, Ihnen das Modell in den Grundzügen zu erläutern. Für die Klärung der Details sollten wir uns nächste Woche mit Herrn ... gemeinsam treffen.«

»*So sieht also der Dank aus! Das ist alles? Für so viele Jahre Einsatz?*«

»Sie sind sehr enttäuscht. Das kann ich nachvollziehen. Wie kann ich Ihnen in diesem Moment am besten weiterhelfen? Bitte sagen Sie, was ich Ihnen nochmals erläutern soll.«

»*Ich möchte sofort an der Weiterbildung in ... teilnehmen. Dann wäre ich vielseitiger einsetzbar!*«

»Während der Übergangszeit können Sie selbstverständlich an den Weiterbildungsmaßnahmen teilnehmen. Eine Garantie, dass wir Sie dann wieder in der Zentrale werden einsetzen können, bedeutet das allerdings nicht.«

**Einwände beim Angebot einer Vorruhestandsregelung**

»*Haben Sie mir jetzt gekündigt – oder wie soll ich das verstehen?*«

»Nein! Wir haben ein Modell ausgearbeitet, das Ihnen erlaubt, bereits 3 Jahre vor dem gesetzlichen Rentenalter »auszusteigen«. Im vergangenen Jahr haben viele Mitarbeiter im vergleichbaren Alter von diesem Angebot Gebrauch gemacht. Und sind sehr zufrieden mit ihrer Entscheidung.«

»*Jetzt kriege ich die Quittung. Das ist also der Dank für meine offene Kritik und meine Ehrlichkeit!*«

»Nein, wir haben Ihre Anregungen sehr geschätzt, auch, wenn sie manchmal sehr vehement vorgetragen waren. Der einzige Grund, warum wir Ihnen diesen Weg anbieten, ist der Wegfall Ihrer Position.«

»*Da gibt es in unserer Tochtergesellschaft ein Projekt, das könnte ich übernehmen!*«

»Wir haben im Unternehmensverbund alle Möglichkeiten geprüft und uns sehr um eine Alternative bemüht. Es gibt keine.«

»*Was wird jetzt aus meiner Pensionszusage?*«

»Ihre Pensionszusage bleibt selbstverständlich bestehen. Die Auszahlung dieser Rente beginnt mit dem frühestmöglichen Eintritt in die gesetzliche Rente. Bei Ihnen ist dies – lassen Sie mich kurz nachsehen – der Fall am ...«

»*Wie soll's jetzt mit mir in meinem Alter weitergehen?*«

»Was halten Sie davon, dass wir in den nächsten Tagen ausführlich darüber reden? Wie wäre es am ... Außerdem sollten Sie mit Ihrer Personalbetreuerin, Frau ... , sprechen. Ich informiere sie über unser Gespräch.«

**Einwände bei Trennung durch Kündigung oder Aufhebungsvertrag**

**a) Sachliche Fragen und Einwände**

*»Wer hat diese Entscheidung getroffen?«*

»Ich habe mir die Entscheidung nicht leicht gemacht. Ich habe sie sorgfältig vorbereitet und mit ... abgestimmt.«
oder
»Wir haben uns die Entscheidung nicht leichtgemacht. Ich habe sie mit ... sorgfältig überlegt, im Kreis ... mit .... diskutiert und dann gemeinsam beschlossen.«

*»Wie lange kann ich noch in meinem Büro bleiben? Bis wann läuft mein Vertrag?«*

»Die Kündigungsfrist, wie sie in Ihrem Arbeitsvertrag steht, werden wir einhalten, d.h. in Ihrem Falle ... Allerdings möchte ich Sie zum ... freistellen, damit Sie Ihre gesamte Zeit für die Suche nach einer neuen Aufgabe außerhalb des Unternehmens einsetzen können.«

*»Bin ich definitiv entlassen?«*

»Ja, ich muss Ihnen zu meinem Bedauern die Kündigung aussprechen.«
oder
»Sie haben richtig verstanden, ich werde das Arbeitsverhältnis mit Ihnen zum .... auflösen.«

*»Warum gerade ich? Warum haben Sie gerade mich ausgewählt?«*

»Die Auswahl der betroffenen Kolleginnen und Kollegen wurde nach verschiedenen Kriterien vorgenommen. Organisatorische Notwendigkeiten, individuelle Kenntnisse und Berufserfahrungen, persönliche Leistungen und zukünftige Erfordernisse spielten dabei eine Rolle.«

*»Was kann ich gegen die Entlassung tun? Ich werde mich wehren!«*

»Nichts, Herr/Frau .... Die Entscheidung ist definitiv gefallen.«

*»Sind auch Frau ... oder Herr ... betroffen?«*

»Informationen zu anderen Mitarbeitern im Unternehmen möchte ich Ihnen nicht geben. Ich bin überzeugt, auch Sie hätten es nicht gerne, wenn ich mit Kollegen über Sie sprechen würde.«

*»Ich möchte darüber mit Ihrem Vorgesetzten reden, lieber Chef.«*

»... ist, wie gesagt, in die Entscheidungsfindung eingebunden. Natürlich dürfen Sie gerne mit ihm sprechen. Sie werden dort allerdings nichts anderes erfahren, als was ich Ihnen bereits gesagt habe.«

*»Ich möchte weitere Gespräche nur mit meinem Rechtsanwalt gemeinsam führen.«*

»Bitte gerne, es scheint sinnvoll, dass Sie sich beraten lassen, und es ist möglich, dass Ihr Rechtsanwalt direkt mit uns Kontakt aufnimmt. Darf ich Ihnen bitte zunächst aufzeigen, was ich Ihnen konkret anbiete?«

**b) Emotional betonte Einwände**

*»Ich bin im Leben der ewige Looser! Jetzt auch noch sowas!«*

»Wie betroffen Sie sind, kann ich sehen und auch nachfühlen Darf ich bitte erläutern, was wir für Sie tun möchten?«

»Ich hab's gespürt. Sie konnten mich noch nie leiden und jetzt wollen Sie mich auf die billige Art loswerden!«

»In den vergangenen Jahren hat es zwischen uns immer wieder Meinungsverschiedenheiten gegeben – das stimmt. Für die Entscheidung zur Trennung von Ihnen waren sie nicht ausschlaggebend. Ihr Arbeitsplatz entfällt ... und ich kann Ihnen keine Alternative anbieten.«

»Wie können Sie mir dies nach so vielen Jahren antun?«

»Ich kann Ihnen den Zusammenhang gerne nochmals erläutern. Diese ... Reorganisation und Umstrukturierung ist aus ... Gründen erforderlich.«

### c) Aggressive Einwände

»Von Ihnen als meinem Chef und Mensch bin ich sehr enttäuscht! Sie sind ein echtes Schw ...«

»Herr/Frau ... ich versichere Ihnen, dass ich ohne die Entwicklungen in Fernost die Trennung von Ihnen nicht durchführen würde.«

»Das dürfen Sie doch nicht tun, das ist unsozial!«
»So leicht kommen Sie mir nicht davon!«

»Ihre Verärgerung kann ich durchaus verstehen. Auch Ihre Verletzung nehme ich wahr.« (Danach, nach einer Pause: Fragen stellen)

»Ich werde Sie verklagen. Meine Beurteilungen waren doch immer gut bis sehr gut!«

»Nach wie vor halte ich Sie für einen guten Mitarbeiter und dies werde ich auch in Ihrem Zeugnis zum Ausdruck bringen. Die Situation im Unternehmen ... veranlasst mich allerdings zu der getroffenen Entscheidung.«

»Warum sagen Sie mir das jetzt erst? Ich gehe zu einer Zeitung, dann werden Sie schon sehen, was passiert!«

»Ihre Wut kann ich verstehen. Lassen Sie uns bitte zunächst in der nächsten Viertelstunde über die Rahmenbedingungen reden, wie wir bisher auch konstruktiv miteinander geredet haben.«

»Ich muss ausbaden, was das Management verbrochen hat! Jetzt bin ich der Gekniffene!«

»Die Situation des Unternehmens ist heute so, wie ich sie Ihnen dargelegt habe. Wie kann ich die Informationen ergänzen?«

»Warum verlassen Sie nicht selbst das Unternehmen und wir sparen Ihr hohes Gehalt ein? Dann kann ich bleiben!«

»In diesem Moment geht es definitiv nicht um mich, sondern um Sie, sehr geehrter Herr ... Die Reorganisation und ihre Folgen können aber durchaus auch mich treffen.«

»Ich bin nicht bereit, die Almosen anzunehmen und das Unternehmen zu verlassen!«

»Das faire Angebot, das ich Ihnen soeben unterbreitet habe, sollten Sie bitte jetzt erst einmal prüfen lassen. Ein Verhandlungsspielraum ist nicht mehr gegeben.«

### d) Einwände und Suche nach Alternativen

»*Kann ich mich innerhalb unserer Firma in einer anderen Abteilung bewerben?*«

»Ich habe im Konzern bereits geprüft, ob irgendwo eine passende Stelle für Sie verfügbar ist. Da dies nicht der Fall ist, empfehle ich Ihnen, sich auf die Suche nach einer neuen Position außerhalb unseres Unternehmens zu konzentrieren.«

»*Ich kann nicht verstehen, warum ich nicht innerhalb eines so großen Unternehmens, wie wir es sind, für einen anderen Job in Frage komme.*«

»Wir haben die Möglichkeiten, Sie weiter zu beschäftigen, sehr eingehend geprüft, bevor wir über die Trennung entschieden haben. Leider können wir Ihnen derzeit keine ...«

»*Gerade habe ich von ... gehört, dass in der Abteilung von Herrn Dr. ... in ... neue Leute gesucht werden!*«

»Ja, es stimmt, bei Dr. ... sind zwei Positionen ausgeschrieben. Dort werden Kollegen mit spezifischem Ausbildungs- und Erfahrungsprofil gesucht. Ich habe die Möglichkeiten für einen Wechsel für Sie bereits intensiv geprüft. Die Idee wurde einstimmig verworfen.«

»*Sie haben mir seinerzeit versprochen, dass ich bei Ihnen Karriere machen kann! Was ist jetzt?*«

»Als ich Sie ... eingestellt habe, haben wir Sie fachlich gezielt entwickelt und gefördert. Unter dem Druck der Globalisierung haben sich die Rahmenbedingungen völlig verändert. Dass ich unsere gemeinsamen Pläne nicht realisieren kann, tut mir persönlich sehr leid.«

### e) Ausdruck der Existenz- und Zukunftsängste

»*Meine Arbeit ist alles, was ich habe, mein einziger Lebensinhalt!*«

»In der Tat, Sie haben sich über das normale Maß hinaus im Unternehmen engagiert. Das möchte ich soweit wie möglich berücksichtigen. Ich helfe Ihnen, dass Sie so schnell wie möglich eine neue Stelle finden.«

»*Sie haben mich völlig ruiniert! Das geht doch nicht mit rechten Dingen zu!*«

»Ich möchte genau verstehen, wie Ihre Situation in wirtschaftlicher Hinsicht derzeit aussieht. Bitte erklären Sie mir, was Sie genau meinen mit »ruiniert«? Mit der Abfindung möchte ich Sie für eine gewisse Zeit absichern und durch das Coaching werden Sie bei der Suche nach einer neuen Aufgabe unterstützt.«

»*Wie soll ich das meinen Kindern und meinen Nachbarn erklären?*«

»Lassen Sie uns gemeinsam nachdenken. Was haben Sie Ihrer Familie über die Situation im Unternehmen und die Entwicklungen nach der Fusion erzählt? Haben Sie schon einmal über die Verlagerung der Buchhaltung nach ... und die Aktivitäten in ... berichtet? Wie wird Ihre Familie voraussichtlich reagieren?«

»*Bei den Arbeitslosenzahlen, wie sie jeden Tag in der Zeitung stehen, habe ich doch überhaupt keine Chancen mehr!*«

»Die Lage in der ... Branche ist zur Zeit extrem schwierig, besonders in unserer Region, das stimmt. Da wir dies wissen, bieten wir Ihnen bei Ihrer beruflichen Neuorientierung ein professionelles Coaching an.«

»Ich kann nicht umziehen, ich habe hier ein Haus und meine kranke Mutter. Außerdem gehen beide Kinder auf die Waldorfschule!«

»Im Moment ist noch nicht gesagt, dass Sie umziehen müssen. Lassen Sie uns gemeinsam nachdenken, welche ... «

»Was wollen Sie jetzt für mich tun? Welche Leistungen stehen mir eigentlich bei Betriebsübergang zu?«

»Wir haben in der Vereinbarung festgeschrieben, eine ganze Reihe von Maßnahmen anzubieten. Darf ich diese erläutern? Einzelheiten wird dann Frau ... in der Personalabteilung mit Ihnen klären.«

»Wer macht eigentlich ab .... meine Arbeit? Wer soll mich ersetzen?«

»Ja es ist bitter auch für mich. Ich werde künftig ohne Sie auskommen und die Arbeit auf andere Bereiche verteilen müssen.«

### f) Einwände beim Angebot einer Abfindung

»Das ist ja eine billige Lösung für den Vorstand!«

»Seien Sie versichert, dass wir uns die Entscheidung nicht leicht gemacht haben. Wir ziehen auch die finanziellen Konsequenzen und unterbreiten Ihnen dieses Angebot. Ich biete Ihnen an, dass wir später in aller Ruhe über die Zahlen reden.«

»So billig werden Sie mich nicht los!«

»Wir möchten Sie nicht billig loswerden. Sie haben entsprechend Ihrer Zugehörigkeit ... und nach einschlägiger Beratung Ihrer individuellen Situation Anspruch auf ... Diesen Betrag haben wir um ... erhöht.«

»Wie lange gilt das Aufhebungsangebot?«

»Wir haben keinen Termin festgelegt. Bitte vereinbaren Sie mit Frau ... von der Personalabteilung in den nächsten Tagen einen Gesprächstermin. Dann wird Sie Ihnen alles erläutern.«

## 14.3 Coaching im professionellen Trennungsmanagement

Aufgrund der Komplexität und Vielschichtigkeit eines Change- und Trennungsprojektes sowie der Tatsache, dass die in den Prozess involvierten Personen in der Regel »zu dicht dranstehen«, erscheint es sinnvoll, die Einschaltung eines externen Trennungs-Profis zu erwägen. Die Reflexion des Coaching-Bedarfs in Ihrem Unternehmen unterstützt nachfolgende Übersicht und die beispielhafte, stark verkürzte Darstellung erprobter Workshop- und Coaching-Angebote.

# Kapitel 14

| Zielgruppe | Themen und Inhalte |
|---|---|
| Top-Management | Persönliches Coaching zur Vorbereitung des Trennungsprozesses in der Outplacementphase |
| Führungskräfte, Personalprofis, Betriebsräte | Organisation und Begleitung des Trennungskomitees als Task-Force-Group |
| Führungskräfte | Individuelles Coaching und/oder Workshop zur Vorbereitung von Trennungsgesprächen (Beispiel 1) |
| Gekündigte Mitarbeiter | Newplacementberatung in bedarfsgerechter Form (Beispiel 2):<br>• Individualberatung,<br>• Gruppenberatung,<br>• Career Center |
| Die Verbleibenden | Workshop-Sequenz zur Bindung und für einen neuen psychologischen Kontrakt (Beispiel 3) |
| Die neuen Chefs | Coaching zum professionellen Umgang mit den Verbleibenden und Neuen (Beispiel 4) |
| Das neue Team | »Revitalisierungs«-Workshops für mehr Produktivität und Motivation |
| Top-Management Führungskräfte Personalprofis Trennungskomitee | Evaluations-Workshop (Beispiel 5) zur Ermittlung der »Entstehungsgeschichte« und der Auslöser für die Notwendigkeit des Personalabbaus; Konsequenzen für die lernende Organisation |

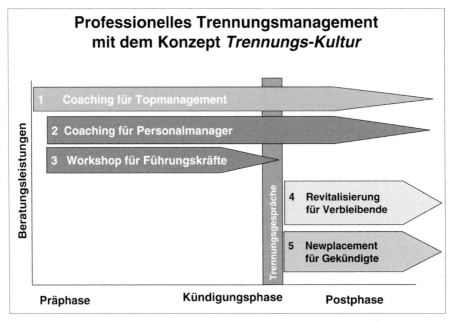

Abb. 53: Gesamtkonzept Trennungs-Kultur (Award für Innovation)

**BEISPIEL 1**
Workshop für Führungskräfte und Personalverantwortliche zu Theorie und Praxis eines fairen und professionellen Trennungsmanagements

---

### Modul 1

»Trennungs-Kultur« – Tabus und Trends

Führungskräfte weinen nicht!

Wirtschaftliche Aspekte im Trennungsprozess

Dynamik des Trennungsprozesses

Praxisteil und Fragen der Teilnehmer (Gruppenarbeit)

### Modul 2

Grundsatzfragen zum Trennungsgespräch

Führen des Trennungsgesprächs

Gruppenarbeit: Praktische Umsetzung im eigenen Unternehmen

Reaktionsmuster der Betroffenen

Praktische Übungen zum Umgang mit den verschiedenen Reaktionen (Rollenspiele)

Plenum: Präsentation und Diskussion der Erkenntnisse

### Modul 3

Reflexion des bisher Erarbeiteten

Praxisteil: Bearbeitung unternehmensspezifischer Fragen

Umgang mit den »Survivors«

Die Newplacementphase

Praxisteil: Praktische Umsetzung im eigenen Unternehmen

**BEISPIEL 2**
Newplacementberatung für Gekündigte

---

### SELBSTERKENNTNIS

Bewerbung als »Verkaufsprozess«

Berufliche Leistungen und Erfolge

Gruppenarbeit

Präsentation der Ergebnisse der Gruppenarbeit

Zusammenfassung/Ausblick auf den folgenden Tag

### ERFOLG IM ARBEITSMARKT

Eigene Unterlagen

Eigene Präsentation

Berufliche Zielsetzung

Erfolgreiche Bewerbungstechniken

### QUALIFIZIERUNGSMÖGLICHKEITEN

Kommunikationstraining

Organisatorische Fragen

Individuelle Beratung der Gruppenteilnehmer

Kommunikation im Bewerbungsgespräch

Zusammenfassung der 3 Tage

**BEISPIEL 3**
**Workshopreihe für »Survivors«**

### 1. Teil nach 78 Stunden

Teilnehmer: Alle Mitarbeiter des Bereiches oder aus dem unmittelbaren Umfeld. Darf eine »größere« Gruppe sein.

Inhalte:
- Erste Informationen geben
- Raum für Betroffenheit geben
- Gründe für Kündigung und Personalabbau
- Reaktionen und Gefühle (Trauerarbeit)
- Theorie und Praxis eines Trennungsprozesses

### 2. Teil nach 21 Tagen

Teilnehmer: Parallel kleinere Gruppen

Inhalte:
- Informationen geben
- Vertrauen schaffen
- Begleitung anbieten
- Klagemauer anbieten
- Emotionale Situation bearbeiten
- Bestimmungsfaktoren für das subjektive Erleben

### 3. Teil nach 5 Wochen

Teilnehmer: Parallel kleinere Gruppen

Inhalte:
- Informationen anbieten
- Austausch fördern
- Sounding Board
- Organisatorische Entwicklung des Trennungsprozesses

### 4. Teil nach Abschluss des Trennungsprozesses

Teilnehmer: Alle

Inhalte:
- Abschluss markieren
- Entwicklungen und Erfolge würdigen
- Resümee durch die Beteiligten
- Dankesworte der Geschäftsleitung

**BEISPIEL 4**
Workshop für Vorgesetzte zum professionellen Umgang mit den Verbleibenden

---

### DER MENSCH STEHT IM MITTELPUNKT

»Trennungstrauma« der Verbleibenden

Gefühle und Ängste

Bruch des »Psychologischen Kontraktes«

Typische Fragen und Vorwürfe der »Survivors«

Der Vorgesetzte als »Survivor«

### ORGANISATORISCHE ASPEKTE

Krisen des Systems

Informationspolitik gegenüber den Verbleibenden

Trennungsbegründung

Lösungswege bei zusätzlicher Arbeitsbelastung und Stress

### NEUAUSRICHTUNG

Neue Strukturen und Abläufe

Das neue Team

Commitment und Motivation

Erneuerung des »Psychologischen Kontraktes«

**BEISPIEL 5**
»Evaluations«-Workshop für Mitglieder des Trennungskomitees

---

### DIE PRÄ-PHASE DES TRENNUNGSPROZESSES

Die Entwicklung bis zur Notwendigkeit des Personalabbaus

»Schuldfrage« und Verantwortlichkeiten

Situatives Erleben der Trennung

Eigene, persönliche Erfahrungen mit Trennungen

### DIE POST-PHASE DES TRENNUNGSPROZESSES

Feedback von gekündigten Mitarbeitern und Newplacementberatern

Auswertung der Exit-Interviews

Rückmeldung der »Survivors«

Eigenes Erleben als Führungskraft

### EVALUATION DER MANAGEMENTFEHLER

Der »eigene Anteil«

Der Unternehmensanteil

Ursachen und Konstellationen

### MASSNAHMEN ALS LERNENDE ORGANISATION

Ableitungen und Konsequenzen

Adaptation der Trennungs-Kultur

Änderungen im Trennungsmanagement

# Kapitel 15

# »Wie, Sie wollen mehr?« – Hinweise auf weiterführende Literatur

Nachfolgend finden Sie weiterführende Literatur zur Vertiefung der einzelnen Themen.

- Arbeitslosigkeit und Folgen

*Admunson, N.E., Borgen, W.A.:* The dynamics of unemployment: Job loss and Job search. In: Personnel and guidance journal, 60/1982, S. 562–564.
*Becker, R., Nietfeld, M.:* Arbeitslosigkeit und Bildungschancen von Kindern im Transformationsprozess. Kölner Zeitschrift für Soziologie und Sozialpsychologie 51, 1/1999, S. 55–79.
*Bundesanstalt für Arbeit Nürnberg:* Strukturanalyse 2003: Bestände sowie Zu- und Abgänge an Arbeitslosen und gemeldete Stellen. Sondernummer der Amtlichen Nachrichten der Bundesanstalt für Arbeit Nürnberg, 51. Jahrgang, 04.12.2003.
*Büssing, A.:* Arbeitsplatzunsicherheit und Antizipation von Arbeitslosigkeit als Stadien des Arbeitslosigkeitsprozesses. In: Soziale Welt. Zeitschrift für sozialwissenschaftliche Forschung und Praxis, 38, 3/1997, S. 310–329.
*Conger, R.D., Elder, G.H.:* Families in trouble times. Adapting to change in rural America. De Gruyter, New York 1994.
*Gesellschaft für Arbeitswissenschaft e.V. (Hrsg.):* Die Zukunft der Arbeit erforschen – Ein Memorandum der Gesellschaft für Arbeitswissenschaft e.V. zum Strukturwandel der Arbeit. Dortmund 2000.
*Houben, A./Frigge, C.:* C4 Consulting Düsseldorf – Mitteilung Presseabteilung vom 19.06.2007.
*Hurst, J., Shepard, J.:* The dynamics of extended emotional roller coster ride. Journal of counselling and development, 64, 6/1986, S. 401–405.
*Jahoda, M., Lazarsfeld, P., Zeisl, H.:* Die Arbeitslosen von Marienthal. Frankfurt/Main 1933 und 1975. *Erste Untersuchung über die Auswirkungen von Massenentlassungen in einem schweizer Bergort auf Leben, Alltag, Sozialverhalten etc.*
*Jahoda, M.:* Wie viel Arbeit braucht der Mensch? Beltz Verlag, Weinheim 1983.
*Kieselbach, Th., Wacker, A.:* Bewältigung von Arbeitslosigkeit im sozialen Kontext: Programme, Initiativen, Evaluationen. Dt. Studien-Verlag, Weinheim 1995.
*Kieselbach, Th., Lödige-Röhrs, L., Lünser, A.* Die ambivalente Bedeutung von Familien in der Arbeitslosigkeit – Effekte und Ressourcen. In: Marschner, L. (Hrsg.): Beratung im Wandel. Matthias-Grünewald-Verlag Mainz 1999, S. 42–62.

*Liem, J.H., Liem, G.R.:* Understanding the individual and family effects of unemployment. In: Eckenrode, J., S. Gore et al. (Eds.): Stress between work and family, Plenum Press, New York 1990, S. 175–204.

*Lopez, F.G.:* The victims of corporate failure: Some preliminary observations. In: Personnel and guidance journal, 61, 1983, S. 631–632.

*Mattenklott, A.:* Thema. In: Personalführung 8/2007, S. X.

*Montada, L. (Hrsg.):* Arbeitslosigkeit und soziale Gerechtigkeit. Campus Verlag, Frankfurt/Min 1994.

*Montada, L.:* Arbeitslosigkeit ein Gerechtigkeitsproblem? In: Montada, L.: Arbeitslosigkeit und soziale Gerechtigkeit. Campus Verlag, Frankfurt/Main 1994, S. 53–86.

*Vohwinkel, H.:* Schleichend wächst die Angst vor dem sozialen Abstieg – Arbeitslosigkeit bedroht den wohlhabenden Mittelstand: Ein Fallbeispiel. Welt am Sonntag, 46, vom 17.11.2002.

*Walper, S.:* Betroffen ist man nicht allein. Arbeit – Schüler 2000 – Friedrich Verlag, Seelze 2000, S. 32–34. *Auswirkungen des Arbeitsplatzverlustes auf Kinder und Familie.*

- **Kündigung und Personalabbau**

*Althauser, U.:* Beendigung von Arbeitsverhältnissen. In: Franke, D., Boden, M. (Hrsg.) Personal Jahrbuch 2003, Luchterhand Verlag, Neuwied 2003.

*Andrzejewski, L.:* Personalabbau und Kündigung wirtschaftlich, professionell und fair gestalten. Hernsteiner, Wien 3/2003, S. 4–9.

*Andrzejewski, L.:* Konstruktiv trennen statt kopflos feuern. ManagerSeminare 63/2003, S. 18–25.

*Andrzejewski, L.:* Die Psychologie der Kündigung. In: Franke, D., Boden, M. (Hrsg.) Personal Jahrbuch 2003, Luchterhand Verlag, Neuwied 2003.

*Andrzejewski, L.:* Angst in Phasen von Personalabbau und Kündigung. In: Impulse 4/2002, S. 3–4.

*Backes, S.:* Transfergesellschaften. Grundlagen, Instrumente, Praxis. VDM Verlag Dr. Müller, Saarbrücken 2006.

*Bausch, M.:* Deutlich weniger Stellenangebote für Fach- und Führungskräfte. Frankfurter Allgemeine Zeitung, Nr. 173 vom 28. Juli 2001, S. 65. *Die Wachstumsschwäche hinterlässt auch auf dem Akademikermarkt Spuren. Übersicht über Stellenangebote und Suchende aus der Sicht der Management-Vermittlung national der Zentralstelle für Arbeitsvermittlung (ZAV) Bonn.*

*Brückmann, W.G.:* »Ich habe manch gestandenen Mann weinen sehen.« Eine Kündigung ist nie fair, sollte aber »human« abgewickelt werden. Beispiele für die gelungene Bewältigung von Brüchen und Übergängen. In: Frankfurter Rundschau, Nr. 212, 11.09.2004.

*Busch, R.:* Bei Restrukturierung ist Teamgeist gefragt. Personalwirtschaft 11/2006. *Was sollte man bei Restrukturierungsmaßnahmen aus Arbeitgebersicht beachten, wenn man sich in den Verhandlungen mit den Arbeitnehmervertretungen befindet?*

*Deckstein, D.:* Schlecht aufgelegt im Arbeitsalltag. Kündigung und Managementfehler verderben die Stimmung – und verursachen hohe Kosten. In: Süddeutsche Zeitung, Nr. 194, 25.08.2003.

*DGFP e. V.:* Kündigungen professionell managen. Fachtagung zum Trennungsmanagement. In: Personalführung 1/2007, S. 4-6.

*Frankfurter Allgemeine Zeitung:* Nicht nur High-Tech-Konzerne bauen ab. Viele europäische Großunternehmen streichen Arbeitsplätze. Frankfurter Allgemeine Zeitung Nr. 173, 28.07.2001, Seite 14. *Übersicht über die Stellenentwicklung von 24 Großunternehmen von 1998 bis 2001.*

*Freimuth, J., Elfers, C.:* Die organisatorische Verarbeitung von Mitarbeiterkündigungen – Verdrängung oder Reflexion? ZfP 1/1992, S. 49–57. *Lern- und Gestaltungschancen bei Trennungen.*

*Gäßner, B.:* Beschäftigungs- und Qualifizierungsgesellschaften zur Unternehmenssanierung in der Insolvenz. Kovac, Hamburg 2002.

*Grauenhorst, J.:* Hire & Fire: Die Desinvestition von Humankapital in Konzernen. Ursachen, Auswirkungen und Lösungsmöglichkeiten. VDM Verlag, Saarbrücken 2007.

*Jaeger, M.:* Personalmanagement bei Mergers & Acquisitions. Luchterhand Verlag, Neuwied 2001.

*Jaeger, M.:* Personalabbau human gestalten. Personalwirtschaft 5/2001, S. 30–32. *Kritische Stellungnahme zu den Folgen von Sozialplänen und Abfindungen und alternative Lösungsvorschläge.*

*Kets de Vries, M.F.R., Balzs, K.:* Die menschliche Seite des Personalabbaus. In: Organisationsentwicklung 4/1996, S. 4–18.

*Kieselbach, Th.:* Wenn Beschäftigte entlassen werden: Berufliche Transition unter einer Gerechtigkeitsperspektive. In: Wirtschaftspsychologie 1/2001, 37–50. *Dimensionen der Gerechtigkeit und Auswirkungen auf das Management und die Survivors.*

*Kieselbach, Th.:* Die Verantwortung von Organisationen bei Personalentlassungen: Berufliche Transitionen unter einer Gerechtigkeitsperspektive. In: Blickle, G. (Hrsg.): Ethik in Organisationen: Konzepte, Befunde, Praxisbeispiele. Verlag für Angewandte Psychologie, Göttingen 1998.

*Kieselbach, T., Beelmann, G., Mader, S., Wagner, O.:* Berufliche Übergänge. Sozialer Geleitschutz bei Personalentlassungen in Deutschland. Rainer Hampp Verlag, München 2006.

*Kiesow, H.:* Heiße Eisen – Schwierige Mitarbeitergespräche motivierend führen. Econ Verlag, S. 205–230.

*Kirsch, J., Knuth, M., Krone, S. , Mühge, G., Müller, A.:* Zuschüsse zu Sozialplanmaßnahmen. Langsame Fortschritte bei der Gestaltung betrieblicher und beruflicher Umbrüche. Beiträge zur Arbeitsmarkt- und Berufsforschung Nr. 242. Institut für Arbeitsmarkt- und Berufsforschung Nürnberg 2001.

*Kirsch, J., Knuth, M., Krone, S. , Mühge, G.:* Ein Instrument mit vielen Gesichtern. Zweiter Zwischenbericht der Begleitforschung zu den Zuschüssen zu Sozialplanmaßnahmen nach §§ 254ff. SGB III. IAB Werkstattbericht Nr. 7/18.07.2000.

*Kirsch, J., Knuth, M., Krone, S. , Mühge, G.:* Vorerst geringe Inanspruchnahme, Konzentration auf Kleinbetriebe in Konkursfällen. Erster Zwischenbericht der Begleitforschung zu den Zuschüssen zu Sozialplanmaßnahmen nach §§ 254 ff. SGB III. IAB Werkstattbericht Nr. 5/19.04.1999.

*Knowdell, R.L., Branstedt, E., Moravec, M.:* From Downsizing to Recovery. CCP Books.

*Langmaack, B.:* Ungeplanter Ruhestand. Klett-Cotta, Stuttgart 1997.

*Latka, J.:* Kündigen, aber mit Stil . Wer Konflikte in Trennungsgesprächen vermeidet, kann viel Geld sparen. Handelsblatt – Karriere und Management, 20.07.2001, S. K1.

*Leana, C.R., Feldmann, D.C.:* Coping with job loss: how individuals, organizations and communities respond to layoffs. Lexington Books in: Organizations and Management Series, New York 1992.

*Löcher, G.:* Kompetenzbasierte Entlassungen sozialverträglich gestalten. Personalwirtschaft 11/2003, S. 31–34.

*Marr, R./Steiner, K.:* Personalabbau in deutschen Unternehmen: Empirische Ergebnisse zu Ursachen, Instrumenten und Folgewirkungen, Wiesbaden 2003.

*Marr, R., Steiner, K.:* Personalabbau in deutschen Unternehmen: Empirische Ergebnisse zu Ursachen, Instrumenten und Folgewirkungen. Deutscher Universitäts-Verlag, Wiesbaden 2003.

*Maurer, P.:* Warum Fusionen scheitern. In: wirtschaft + weiterbildung 5/2007. *Was kann man tun, um einen Fusionsprozess optimal zu unterstützen? Unter anderem viel Klarheit schaffen und kommunizieren.*

*Meyer, A.:* »Wenn Sie mir gegenüber nicht loyal sind, schmeiß' ich Sie 'raus!« Mitarbeiterführung – ein Spiel mit der Angst? In: Freimuth, J. (Hrsg.): Die Angst der Manager. Verlag für Angewandte Psychologie, Göttingen 1999, S. 165–173.

*Meyer, A.:* Zwischen Ratlosigkeit und Routine: HR-Manager im Trennungsgespräch. In: Personalführung 11/1999. Reflexion der Rolle und Situation der Vorgesetzten und Gedanken zur Unternehmenskultur.

*Molitor, A.:* Raus, aber schnell! In: brand eins 2/2006. *Was es bedeutet, wenn Personalarbeit vor allem Kündigung bedeutet. Ein illusionsloser Bericht über die Beschäftigungslage in Deutschland, in der jeden Tag Meldungen über anstehende Kündigungen in der Zeitung stehen.*

*Morgenthaler, M.:* »Emotionslos und klar« kündigen. In: Der Bund (Schweiz), Nr. 37, 17.05.2005.

*Morris, J., Cascio, W., Young, C.:* Downsizing after all the years: Questions and answers about who did it, how many did it, and who benefited from it. In: Organizational Dynamics, 27/1999, S. 78–87. *Studie mit über 3.500 Unternehmen belegt, dass sehr häufig die angestrebten Ziele eines Personalabbaus nicht erreicht werden.*

*Müller, W.R.:* Die wichtigsten Folgen von Entlassungen fehlen in der Bilanz. Frankfurter Allgemeine Zeitung vom 22.09.2003, S. 21.
*Rebele, J.:* Wozu fair kündigen? Der Einfluss prozeduraler und interaktionaler Gerechtigkeitswahrnehmungen während des Personalentlassungsprozesses auf die Reaktionen betriebsbedingt gekündigter Arbeitnehmer gegenüber dem ehemaligen Arbeitgeber. Diplomarbeit, Trier 2004.
*Reich, F.:* Gekündigt! Was jetzt? – Fallbeispiele mit Arbeitnehmern und Arbeitgebern. Stern vom 08.05.2003, S. 25–43.
*Reinl, K.:* Trennungsgespräche fair und zielorientiert führen. In: Personalwirtschaft 1/1994, S. 28–31.
*Schmitz, E.:* Überraschung und Unsicherheit bei Arbeitsplatzverlust. ABO aktuell, Jg. 5, 3/1998. *Auswirkungen des Überraschungseffektes bei Kündigungen und Handlungsbedarf im Management.*
*Schrader, E., Küntzel, U.:* Kündigungsgespräche. Über den menschlichen Umgang mit persönlichen Katastrophen. Windmühle Verlag, Hamburg 1995. *Erste publizierte Arbeit, in der das Thema »Kündigungsgespräch« thematisiert wird.*
*Schrep, B.:* Geräuschlos gefeuert – Trennungsberater zeigen Führungskräften, wie sie richtig entlassen. Der Spiegel vom 02.06.2003, S. 50–51.
*Schürmann, M.:* Feuert schön – Ein Leitfaden zur Kündigungskultur. Financial Times Deutschland, 31.01.2003.
*Schwierz, C.:* Neue Spielregeln bei Entlassungen. Ursachen von Entlassungen und Mitarbeiterbindung. In: Personalwirtschaft 04/2001, S. 36–41.
*Seisl, P.:* Der Abbau der personellen Überkapazitäten: unternehmerische Handlungsspielräume – Folgewirkungen – Implikationen für ein Trennungsmanagement. Erich Schmidt, Berlin 1998. *Wichtiges Werk! Behandelt das Phänomen Trennung, Antizipation der Angst, Gerechtigkeit, Survivor-Thematik, Folgeerscheinungen.*
*Steiger, H.:* Viele Beschäftigte verdrängen die Angst vor dem Job-Verlust: Angst verursacht Kosten – Unternehmen wollen interne Kommunikation verbessern. In: VDI Nachrichten, Jg. 49, 11/1995, S. 1–18.
*Stein, H.F.:* Todesvorstellungen und die Erfahrung organisatorischen Downsizing oder: Steht Dein Name auf Schindlers Liste? Manuskript Universität Wuppertal, Download aus dem Internet, Juli 2001.
*Tomasko, R.M.:* Rethinking the corporation: the architecture of change. New York 1993. *Untersuchung über die enttäuschenden Ergebnisse von Personalabbau bei über 1.000 Unternehmen.*
*Weber, P.:* Ende der Beziehung. In: Markt und Mittelstand 07/2006, S. 34–37.
*Wenzler, O.:* Das letzte Gespräch. Fehler in Trennungsgesprächen. In: Personalwirtschaft 04/2001, S. 42–44.
*Wettach, S.:* Fremdes Territorium – Angst um den Job. Die Konjunkturschwäche und die Börsenflaute erreichen mit Verspätung den Arbeitsmarkt. In: Wirtschaftswoche 32/2001, S. 22–27.
*Wunderer, R., Dick, P.:* Personalmanagement 2010 – Quo vadis? Luchterhand Verlag, Neuwied, 2. Auflage 2000.

*Zimmer, M.:* Fairness Pays. The Global Employer, May 2003, S. 10–11.
*Zollinger, M.:* Abschied nehmen mit Stil. In: Handelszeitung (Schweiz), Nr. 26, 29.06.2005.

- Outplacement und Newplacement

*Adensam, F., Hofmann, W., Jaeger, M.:* Transfer-Sozialplan mit integriertem Qualifikationskonzept. In: management & training 10/2000.
*Andrzejewski, L., Weißweiler, M.:* Berater auf den Prüfstand stellen: Qualitätssicherung in der Outplacementberatung. In: Personalwirtschaft 11/2001, S. 16–21.
*Andrzejewski, L., Hofmann, W.:* Marktübersicht Outplacement mit Kommentierung. In: Personalwirtschaft 04/2004, S. 16–21.
*Berg-Peer, J.:* Outplacement in der Praxis: Trennungsprozesse sozialverträglich gestalten. Gabler Verlag, Wiesbaden 2003.
*Blickle, G.:* Karriere, Freizeit, Altern, Engagement. Rainer Hampp Verlag, Hamburg 1999.
*Brexel, E.:* Informationen – Beratung – Vermittlung: Das Dienstleistungsangebot der Bundesanstalt für Arbeit bei der Besetzung von Führungspositionen. In: Joka, H.J. (Hrsg.): Führungskräfte-Handbuch. Springer Verlag, Heidelberg/New York 2001.
*Brexel, E.:* Überdurchschnittliche Karrierechancen im Top-Management. In: Sesselwechsel, 20, 2000, S. 42–44.
*Brexel, E., Thyrauer, D.:* Jobperspektiven für Akademiker in kleineren und mittleren Unternehmen. In: Personalführung, 6/1998, S. 20–26.
*Bröll, C.:* Im mittleren Management ist Outplacementberatung kein Tabu mehr. Frankfurter Allgemeine Zeitung, 09. Dezember 2000.
*Brown, D., Brooks, L. et al.:* Karriere-Entwicklung. Aus dem Amerikanischen von Maren Klostermann. Klett-Cotta, Stuttgart 1994.
*Buchborn, E.:* Sanfte Trennung. In: Manager Magazin 11/2000.
*BDU-Studie:* Personalberatung in Deutschland 2002. Bundesverband Deutscher Unternehmensberater BDU e.V., Bonn 2001.
*Boenig, J.:* Outplacement – Lichtblick nach Kündigung. In: ManagerSeminare 68/2003, S. 18–24.
*Cattell, R.B., Eber, H.W., Tatsuoka, M.M.:* Handbook for the sixteen personality Factor Questionaire (16 PF). Champain, Illinois, 1980. Institut for Personality and Ability Testing.
*Clever, P.:* Neue Wege der gesetzlichen Beschäftigungsförderung. In: Beschäftigungsförderung durch neues Arbeits- und Sozialrecht: Fachtagung der Bayer-Stiftung für deutsches und internationales Arbeits- und Wirtschaftsrecht am 7. November 1997. Beck Verlag, München 1998.
*Day, Heike:* Mosaik für Beschäftigung. In Personalwirtschaft 1/2000, S. 54–57.

*Deutsche Gesellschaft für Karriereberatung DGfK e.V.:* Ausgewählte Aspekte zum Thema Karriere und Karriereberatung – Bericht vom 1. DGfK-Karriere-Symposium am 08.02.2003 in Frankfurt. DGfK-Verlag, Rödermark 2004.

*Deutscher Gewerkschaftsbund, Abt. Arbeitsmarktpolitik (Hrsg.):* Handlungshilfen für Betriebsräte. Wenn der Personalabbau droht. Hilfen des neuen Arbeitsförderungsrechts bei betrieblichen Krisen. Düsseldorf 2000.

*Diedert, T.:* Sozialverträglicher Personalabbau mit Outplacement, AOK Rheinland-Pfalz, 08/2004.

*Didert, Th.:* Sozialverträglicher Personalabbau mit »Outplacement« – Ein neuer Weg im Personalmanagement der AOK Rheinland-Pflalz. Studienarbeit. Nentershausen 2004.

*Dürndorfer, M.:* Freisetzung und Neuplatzierung von Führungskräften: eine Analyse der Identitätslogik von Outplacement-Beratungen aus theoretischer und empirischer Perspektive. Kovac Verlag, Hamburg 2000.

*Fischer, Carolin:* Outplacement – Abschied und Neubeginn. Wirkfaktoren in der Outplacementberatung. Dissertation FU Berlin 2001. *Fundamentale Arbeit: Auswertung der Daten von 699 (!) Outplacement-Kandidaten zum Persönlichkeitsprofil, Trennungsgrund, soziodemographischer Angaben etc.*

*Flemisch, V.:* Quellen beruflichen Erfolges. Tectum Verlag, Marburg 2007.

*Fritz, W., Schulz, D., Seiwert, L.J., Walsh, L.:* Outplacement: Personalfreisetzung und Karrierestrategien. Gabler Verlag, Wiesbaden 1989.

*Gloger, A.:* Karriereberatung – Hilfe von Beratern, Hilfe für Berater. In: Manager-Seminare 62/2003, S. 34–40.

*Groth, K.-J.:* Outplacement: Gefahren und Folgen. Langen-Müller Verlag, München 2000.

*Heizmann, St.:* Outplacement: Die Praxis der integrierten Beratung. Huber, Bern 2003.

*Hess, D.:* Was ist professionelles Outplacement? Bericht über den Outplacement-Gipfel 2002 in Köln. In: Personalführung 11/2002, S. 10–11.

*Hofmann, W.:* Outplacement – Chancen und Potenziale eines Konzeptes gegen drohende Erwerbslosigkeit. In: Zempel, J., Bacher, J., Moser, K. (Hrsg.): Erwerbslosigkeit, Ursachen, Auswirkungen und Interventionen. Psychologie sozialer Ungerechtigkeit, Band 12. Leske & Budrich, Opladen 2001, S. 322–344.

*Hofmann, W., Theymann, W.:* Wenn Personalabbau unvermeidlich wird – Outplacement als sozialverträglicher Lösungsweg? In: Refa-Nachrichten 3/2002, S. 25–30.

*Hummerl, Th.R., Zander, E.:* Erfolgsfaktor Unternehmensberatung: Auswahl – Zusammenarbeit – Kosten. Wirtschaftsverlag Bachem, Köln 1998.

*Karent-Studie:* Trennungsmanagement 2005. Persönliche Mitteilung, Karent Outplacement GbR, Frankfurt.

*Knuth:* Zuschüsse zum Sozialplan. In: BA 2432 Beiträge.

*Kohler, S.:* Outplacement, Studienarbeit Hochschule Pforzheim. Pforzheim 2007.

*List, K.H.:* Outplacement: Vom Kündigungsgespräch zur Karriereberatung. Bildung und Wissenschaft Verlag und Software GmbH, Nürnberg 2003.
*Marktübersicht Outplacement-Berater.* In: Personalwirtschaft 04/2001. S. 80–83.
*Marktübersicht Outplacement-Berater.* In: Personalwirtschaft 04/2004.
*Mayerhofer, W.:* Der gegenwärtige Stand der Outplacement-Diskussion. In: Zeitschrift für Personalforschung, 1997, S. 147–180. *Darstellung, Beurteilung und Konsequenzen für die Forschung.*
*Mayerhofer, W.:* Trennung von der Organisation. Vom Outplacement zur Trennungsberatung. DUV Verlag, Wiesbaden 1989.
*Mayerhofer, W.:* Outplacement – Stand der Diskussion. In: Die Betriebswirtschaft (DBW), 49/1989, S. 55–68.
*Meyer, J.L., Shadle, C.C.:* The changing outplacement process: new methods and opportunities for transition management. Westport, CT: Quorum Books, 1994 *Das Standardwerk für Outplacement in angelsächsischen Ländern.*
*Müller, F., Schiff, H.-B., Strauch, G. M.:* Personaltransfer sozial. Mit einem Outplacement den Wandel fair gestalten. Kohlhammer, Stuttgart 2005.
*Reinl, K., Gergely, G.:* Das Trennungsgespräch als konstruktives Element der Personalarbeit und die Bedeutung der Outplacement-Beratung. Interne Publikation DBM v. Rundstedt & Partner GmbH, Frankfurt 1993. *Darstellung der Trennungsgründe bei 303 Outplacementfällen.*
*von Rundstedt, E.:* Outplacement – Trennung ohne Konflikte. In: Dahlems, R. (Hrsg.): Handbuch des Führungskräfte-Managements. Beck, München 1994, S. 458–475.
*von Rundstedt, E.:* Outplacement-Beratung. In: Sattelberger, Th. (Hrsg.): Handbuch der Personalberatung: Realität und Mythos einer Profession. Beck, München 1999.
*Sauer, M.:* Outplacement-Beratung. Konzeption und organisatorische Gestaltung. Gabler, Wiesbaden 1991.
*Siemann, C.:* Trennungsberater sind wenig gefragt. In: Personalmagazin 8/2005. *Der Bund Deutscher Unternehmensberater hat 25 Beratungsunternehmen nach der Entwicklung der Outplacement-Umsätze befragt. Der ist zwar leicht gestiegen, aber die Zahl der betreuten Kandidaten sinkt.*
*Siemann, Chr.:* Gute Zeiten für Trennungen. In: Personalwirtschaft 2/2007, S. 14–16.
*Schneider, M.:* Die sanfte Kündigung – Marktübersicht Outplacement. In: management & training 9/2000, S. 24–29.
*Schwierz, C.:* Outplacement für professionelle Kündigungen – Befragung von HR-Managern. In: Personalwirtschaft 4/2003, S. 56–58.
*Schulz, D., Fritz, W., Schuppert, D., Seiwert, L., Walsh, I. (Hrsg.):* Outplacement – Personalfreisetzung und Karrierestrategie. Gabler, Wiesbaden 1989.
*Siemann, C.:* Trennungsberater sind wenig gefragt. Personalmagazin 8/2005, S. 16.
*Stoebe, F.:* Die Outplacement Untersuchung. Dissertation 1991.
*Stoebe, F.:* Outplacement – Manager zwischen Trennung und Neuanfang. Campus Verlag, 1993.

*Thom, N., Kraft, Th.:* Die Zusammenarbeit zwischen Personalberatern und Klienten bei der Suche und Auswahl von Fach- und Führungskräften – Ergebnisse einer empirischen Untersuchung in Deutschland und in der Schweiz. Arbeitsbericht Nr. 36 des Instituts für Organisation und Personal der Universität Bern (IOP), Bern 2000.

*Weber, P.:* Harte Trennung auf die sanfte Tour – Outplacementberatung auf dem Prüfstand. In: Personalmagazin 11/2003, S. 56–58.

*Widmer, U.:* »Top Dogs« – Ein Managementdrama. Spectaculum 64. Fünf moderne Theaterstücke und Materialien. Suhrkamp Verlag, Frankfurt/Main 1997.

*Wild, M.:* Outplacement – Make or Buy. E-Book. GRIN Verlag, München 2007.

*Wolf, B.:* Kündigung nach Fusionen – Berufliche Neuorientierung für Manager. Luchterhand Verlag, Neuwied 2001. *Die erste authentische publizierte Fallstudie über die »Entlassungs-Geschichte« eines Topmanagers – ein Tagebuch.*

- Change und Trennung

*Andrzejewski, L., Hofmann, W.:* Personalentwicklung bei Personalabbau und Kündigung. In: Handbuch Personalentwicklung, Nr. 83, Kapitel 8.19, Juli 2003.

*Bach, R., Munsinson, F.:* Die Möwe Jonathan. Ullstein Verlag, Berlin 12. Aufl. 1976.

*Benz, D.:* Motivation und Befinden bei betrieblichen Veränderungen: Zur Bedeutung unterschiedlicher Facetten von Arbeitsplatzunsicherheit. Beltz Verlag, Weinheim 2002.

*Buchner, D.:* Der Mensch im Merger: Erfolgreich fusionieren durch Zielorientierung, Integration und Outplacement. Gabler Verlag, Wiesbaden 2002.

*Canacakis, J., Bassfeld-Scherpers, A.:* Auf der Suche nach den Regenbogentränen. Heilsamer Umgang mit Abschied und Trennung. C. Bertelsmann Verlag, München 1994.

*Drake, Beam, Morin (DBM Inc., New York):* »CEO Turnover and Job Security«. Interne Publikation, 1999. *Ergebnisse einer weltweiten Studie zum Führungswechsel in Chefetagen.*

*Fischer, T.:* Wu Wei – Die Lebenskunst des Tao. Rowohlt Taschenbuch Verlag, Hamburg 1998. *Taschenbuch über die Kunst des Loslassens – klein und praktisch.*

*Jaeger, M. (Hrsg.):* Public Merger – Fusionen im öffentlichen Sektor vorbereiten, planen und durchführen. Gabler Verlag. Wiesbaden 2004, S. 1–13.

*Johnson, S.:* Die Mäuse-Strategie. Ariston Verlag, München 5. Auflage 2001, S. 6–27. *Hervorragende Metapher zu Loslassen und Wandel – schnell zu lesen – mit Tiefenwirkung.*

*Schmidt-Braße, U.:* Wenn Unternehmen Trauer tragen: Personalabbau im großen Stil kann ganze Organisationen in eine tiefe Krise stürzen und das Betriebsklima beschädigen. In: Personalführung, 6/2002, S. 68–75.

*Ohne Verfasser:* »Warum Veränderungsprojekte scheitern«. Studie mit 350 Führungskräften über Gründe für das Scheitern von Veränderungsprojekten. Akademie für Führungskräfte der Wirtschaft, Bad Harzburg 1999.
*Watzlawick, P., Weakland, J.H., Fisch, F.:* Lösungen. Zur Theorie und Praxis des menschlichen Wandels. Verlag Huber, Bern 1997.


- **Verbleibende »Survivors«**

*Andrzejewski, L.:* Aufbruchstimmung wecken. In: management & training 9/2003, S. 16–19.
*Andrzejewski, L., Refisch, H.:* Faktor Angst bei Personalabbau. In: Personalwirtschaft 2/2003, S. 47–50.
*Andrzejewski, L.:* Aufbruchstimmung wecken. Personalabbau organisieren und begleiten. In: GmbH Geschäftsführer 2/2005, S. 35–36.
*Andrzejewski, L.:* Bleiben tut weh – Aufbruchstimmung wecken. In: management & training 9/2003, S. 16–9.
*Andrzejewski, L.:* Warum muss man die »Überlebenden« retten? In: FAZ Beruf und Chance, Nr. 6, 08.01.2005, S. 53.
*Badura, B.:* Fehlzeiten Report 1999. Springer Verlag, Heidelberg/New York 1999.
*Baruch, Y., Hind, P.:* »Survivor syndrome« – a mangement myth? Yournal of Managerial Psychology, Vol. 15 No. 1/2000, S. 29–45.
*Beckmann, S.:* Downsizing – Zwischen unternehmerischer Notwendigkeit und individueller Katastrophe. Dissertation München 1998. *Eine der beiden einzigen deutschsprachigen Studien über die Folgen von Personalabbau in deutschen Unternehmen und die Reaktionen der Verbleibenden.*
*Berner, S.:* Reaktionen der Verbleibenden auf einen Personalabbau. Dissertation der Universität St. Gallen 1999. *Grundlegende Abhandlung (die zweite deutschsprachige Studie) über die Thematik der Survivors mit Aufarbeitung der aktuellen Literatur und zahlreiche praktische Empfehlungen für das Management von Trennungsprozessen. Nachschlagewerk für alle, die sich in diese Thematik vertiefen wollen.*
*Brockner, J., Carter, D.C.:* Layoffs, self-esteem, and survivor guilt: Motivational, affective, and attitudinal consequences. In: Organizational Behavior and Human Decision Process, 36/1985, S. 229–244.
*Brockner, J.:* The effects of work layoffs on survivors: research, theory and practise. In: Organizational Behavior, 10/1988, S. 213–255. *Strukturelles Modell der Survivor-Reaktionen: Abhandlung über Emotionen, Einstellungen und Verhalten der Survivors.*
*Brockner, J.:* Managing the Effects of Layoffs on Survivors. California Management Review, Winter 1992, S. 9–28.
*Gertz, W.:* Mitarbeiterbindung. Management & Karriere Verlag, Düsseldorf 2004.
*Gowing, M.K., Kraft, J.D., Quick, J.C.:* The new organizational reality: downsizing, restructuring, and revitalization. American Psychological Assoc., Washington 1998.

*Grote, G., Raeder, S.:* Der neue psychologische Kontrakt. In: Persorama, 4/1999, S. 30–33.
*Hillengaß, H.W.:* Ressource Mitarbeiter. Ernst Klett Verlag, Stuttgart 1994.
*Jaeger, M.:* Personalabbau human gestalten. Alternative Lösungen bei Personalabbau nach Mergers & Acquisitions. In: Personalwirtschaft 5/2001, S. 30–34.
*Jaeger, M.:* Personalmanagement bei Mergers & Acquisitions. Luchterhand Verlag, Neuwied 2001.
*Kern, U.:* Die Besten gehen zuerst. In: Personalwirtschaft 8/2000, S. 66.
*Krenz-Maes, A.:* Innere Kündigung – ein unterschätztes Phänomen in vielen Unternehmen. In: Personalführung 5/90, S. 48-53.
*Kübler-Ross, E.:* On death and dying. New York, 1996. *Grundlegende Arbeit über Ergebnisse der Trauer- und Verlustforschung, über den phasischen Verlauf der Gefühle und das Trauerprozess-Modell.*
*Lohaus, D., Habermann, W.:* Kosten des Motivationsrückgangs. In: Personal 12/2002, S. 22-27.
*Millward, L., Brewerton, P.:* Psychological contracts: Employee relations for the twenty-first century? In: International Review of Industrial and Organizational Psychology, 15/2000, S. 1–62.
*Mone, M.A.:* Relationships between Self-Concepts, Aspirations, Emotional Responses and Intent to Leave a Downsizing Organization. In: Human Resource Management, Summer 1994, S. 281–298. *Auswertung und Diskussion zweier Studien über die Auswirkungen von Downsizing auf die Survivors – Hintergrundarbeit.*
*Nagel, A.:* Was Mitarbeiter bindet. In: Personal 4/2005, S. 24.
*Noer, D.:* Healing the Wounds: Overcoming the Trauma of Layoffs and Revitalizing Downsized Organisations. Jossey-Boss. San Francisco 1993.
*Noer, D.:* Leading organizations through survivor sickness: a framework for the new millenium. In: Burke, R.J., C.L. Cooper (Eds.): The Organization in Crisis. Downsizing, Restructuring and Privatization, Oxford 2000, S. 235–250. *Knüpft an die Publikation von Noer »Healing the wounds« San Francisco 1993 an. Stellt anhand des Prozess-Modells die Symptome der Survivors im Downsizing-Prozess dar.*
*Ochmann-Kauzner, Ch.:* Herz-Schrittmacher für Teams. Metropolitan Verlag Düsseldorf, Berlin 2001. *Begleitend für den Neuanfang, Thematisiert u.a. Würde und Respekt.*
*Pitsch, R.:* Innere Kündigung erkennen und gegensteuern. In: Personalwirtschaft 11/2002, S. 55–57.
*Rutishauser, S.:* Auswirkungen von Massenentlassungen auf die Weiterbeschäftigten. In: Hilb, M. (Hrsg.): Management der Human-Ressourcen: Neue Führungskonzepte im Praxistest. Luchterhand Verlag, Neuwied 1998.
*Spreitzer, G., Mishra, A.:* An experimental examination of a stress-based framework of survivor responses to downsizing. In: Burke, R.J., C.L. Cooper (Hrsg.): The Organization in Crisis. Downsizing, Restructuring and Privati-

zation, Oxford 2000, S. 97–118. *Darstellung eines Modells der vier »Survivor-Archetypen« und deren Verhalten.*

*Volk, H.:* Wenn der psychologische Vertrag zerbricht. In: management berater, 4. Jahrg. März 2000.

*Weiss, V., Udris, I.:* Downsizing und Survivors. Arbeit, 2/2001, S. 103–121. *Umfassende Übersichtsarbeit zum Stand der Forschung zum Leben und Überleben in schlanken und fusionierten Organisationen. Übersichtlich, gut lesbar, konkret.*

*Winkler, B., Dörr, S.:* Fusionen überleben, Strategien für Manager. Carl Hanser Verlag, München/Wien 2001. *Bewältigungsstrategien für Middle-Manager in der Sandwichposition mit Checklisten und CD-ROM.*

- **Unternehmenskultur und Ethik**

*Andrzejewski, L.:* Anstand führt zu Wohlstand. Interview J. Scholl. In: Personalwirtschaft 2/2008, S. 18–19.

*Andrzejewski, L., Hofmann, W.:* Trennungs-Kultur. In: Personal Box. Wolters Kluwer Verlag, Unterschleißheim 2004.

*Andrzejewski, L.:* Die Einführung eines folgenminimierenden Trennungs-Managements. In: Maess, Th., Misteli, J.M., Günther, K. Das Unternehmer Jahrbuch 2003, Luchterhand Verlag, Neuwied 2003, S. 159–167.

*Dierks, M., Hähner, K., Raske, D.:* Theoretisches Konzept und praktischer Nutzen der Unternehmenskultur. In: Bullinger, H.-J., H.-J. Warnecke (Hrsg.): Neue Organisationsformen im Unternehmen. Springer Verlag, Heidelberg/New York S. 315–332.

*Hofmann, W.:* Die ethischen Dimensionen in betriebspädagogischen Handlungsfeldern. Universität Koblenz Fachbereich Erziehungswissenschaft, 1995. *Grundlegende Abhandlung über Betriebspädagogik und Ethik, Menschenbild, ethische Aspekte des Lernens; Umfassende Literaturdokumentation.*

*Jacobsen, N.:* Unternehmenskultur. Europäische Hochschulschriften, Bd. 1873, Verlag Peter Lang, Frankfurt/Main 1996.

*Kant, I.:* Die Metaphysik der Sitten. Weischedel, Darmstadt Bd. 7, 1983, S. 61, 331 ff.

*Keßeböhmer, E., Knof, D.:* Den Kulturwandel fördern und begleiten. Qualitativer Personalumbau in der HSH Nordbank AG. In: Personalführung 12/2006, S. 72–77.

*Lentz, B.:* Fair und respektvoll – Trennungsgespräche. In: Capital Nr. 20 vom 18.09.2003, S. 76–78.

*Löwisch, D.J.:* Ethik für Betriebs- und Führungspädagogen. In: Baustein des WSB Landau. Duisburg 1992.

*Löwisch, D.J.:* Grundlagen unternehmerischer Ethik. In: Baustein 342 des WSB Landau o.J.

*Löwisch, D.J.:* Einführung in pädagogische Ethik: eine handlungsorientierte Anleitung für die Durchführung von Verantwortungsdiskursen. Wissenschaftliche Buchgesellschaft, Darmstadt 1995.

*Müller, W. R.:* Die wichtigsten Folgen von Entlassungen fehlen in der Bilanz. In: FAZ, Nr. 220, 22.09.2003.

*Muuss, P., Pichler:* Qualifizierung statt Abfindung. In: Personalführung Plus 1999, S. 18ff.

*Schein, E.:* Coming to New Awareness of Original Cultur. In: Sloan Management Review, 1984.

*Schein, Edgar:* Unternehmenskultur. Campus Verlag, Frankfurt/Main.

*Scholz, C., Stein, V., Bechtel, R.:* Human Kapital Management. Wege aus der Unverbindlichkeit. Luchterhand Verlag, Neuwied 2005.

*Scholz, Ch.:* Wege aus der Kapitalvernichtungsfalle In: Personalwirtschaft 9/2007, S. 42–44.

*Simon, H.:* Unternehmenskultur und Strategie. Frankfurter Allgemeine Buch, Frankfurt/Main 2001.

*Staute, J.:* Das Ende der Unternehmenskultur. Campus Verlag 1997. *Polemisch und bewusst einseitig werden die Floskeln als Lüge entlarvt. Spricht manchem aus dem Herzen, allerdings nicht allzu tiefgründig.*

*Steiner, K.:* Personalabbau als Risiko für das Intellektuelle Kapital, Neubiberg 2007.

*Ulrich, P.:* Rationalisierung. In: Enderle, G. (Hrsg.): Lexikon der Wirtschaftsethik. Herder Verlag, Freiburg 1993.

*Ulrich, P.:* Führungsethik. Ein grundrechttheoretischer Ansatz. In: Thommen, J.-P. (Hrsg.): Management-Kompetenz. Die Gestaltungsansätze des Executive MBA der Hochschule St. Gallen. Gabler Verlag, Wiesbaden 1995.

*Voltz, T.:* Analyse der gelebten Firmenkultur. In: Personalwirtschaft 4/1998, S. 66–67.

*Waechter, H., Metz, T.:* Professionalisierte Personalarbeit. Hampp Verlag, München 1995.

*Zürn, P.:* Unternehmensethik und Führungskultur. In: Bullinger, H.-J., H.-J. Warnecke (Hrsg.): Neue Organisationsformen im Unternehmen. Springer Verlag, Heidelberg/New York, S. 297–314.

- **Management in Krisenzeiten**

*Adl-Amini, B.:* Krisenpädagogik. Band 1, Syllabus Verlag, Aschaffenburg 2005.

*Adl-Amini, B.:* Krisenpädagogik. Band 2, Syllabus Verlag, Aschaffenburg 2004.

*Andrzejewski, L.:* Führungskräfte. Was hält Führungskräfte in menschlich schwierigen Situationen bei der Stange? In: FAZ – Beruf und Chance. Nr. 117, 20.05.2006, S. 53.

*Andrzejewski, L.:* Vom praktischen Nutzen der »Trennungskultur«. In: Unternehmen & Gesellschaft. Magazin für Unternehmer und Führungskräfte. Nr. 3, 10/2005, S. 30-33.

*Falk; A./Kosfeld, M.:* Auswirkungen von Kontrolle auf die Motivation und Leistung. Studie Distrust – The Hidden Cost of Contol. Studie der Universität Bonn, ZA DP No. 1203.

*Freimuth, J.:* In: Freimuth, J. (Hrsg.): Die Angst der Manager. Verlag für Angewandte Psychologie, Göttingen 1999, S. 13–29.

*Freimuth, J.:* Rollen und Rollenkonflikte des Personalmanagements in flexiblen Organisationen. In: Wächter, H., T. Metz (Hrsg.): Professionalisierte Personalarbeit? Perspektiven der Professionalisierung des Personalwesens. Hampp Verlag, München 1995.

*Frey, H.:* Personalkostenmanagement – Wege zur Produktivitätssteigerung. Beck Verlag, München 1997.

*Kast, R.:* Betriebsräte als Sozialpartner. Arbeits- und Arbeitsrecht – Personal Profi, 10/2007, S. 612-613.

*Keßeböhmer, E.:* Sich Veränderungen stellen. Personalwirtschaft 02, 2007, S. 22–23.

*Lenz, G., Ellebrecht, H., Osterhold, G.:* Vom Chef zum Coach – Der Weg zu einer neuen Führungskultur. Gabler Verlag, Wiesbaden 1999.

*Ludwig, E.:* Aufgaben für Führungskräfte in unternehmerischen Krisensituationen, insbesondere dann, wenn durch wirtschaftliche Entwicklungen Personalabbau droht. GRIN Verlag, München 2006.

*Molitor, A.:* Raus, aber schnell! In guten Zeiten ist leicht führen. Was aber, wenn Personalarbeit vor allem Kündigung bedeutet? In: brand eins. Wirtschaftsmagazin, 02/2006, S. 88–95.

*Olbert, M.:* Kosten der Rekrutierung – Wer Kosten senken will, muss wissen, wo sie entstehen. In: Personalwirtschaft 12/1999, S. 40–45.

*Pape, Ch.:* Loslassen und Sich-einlassen-Können als Ressourcen im Managen von Trennungsprozessen. Hernsteiner Verlag, Wien 3/2003, S. 10–14.

*Pinnow, D.F.:* Leadership 2004: Führen im Gespräch – Führungskompetenzen in Krisenzeiten. In: Personalwirtschaft 1/2004, S. 30–33.

*Pinnow, D.F.:* »Beziehungs-Weise ...« Führung und Unternehmenskultur. Studie mit 242 Führungskräften über Beziehungsmanagement in deutschen Unternehmen. Akademie für Führungskräfte der Wirtschaft, Bad Harburg 2001.

*Pinnow, D.:* Durch das Tal der Tränen. In: Personal 01/2006. *Wenn es nicht gut läuft in den Unternehmen, ist die Führung besonders gefragt. Und im Moment ist nicht mehr von Incentives, sondern von Kostensparprogrammen und Personalabbau die Rede. Was wirklich zählt...*

*Reischauer, C.:* Hass auf den Chef – Wenn das Büro zum Schlachtfeld wird. In: Wirtschaftswoche 2/1999, S. 61–67.

*Salmon, R.:* Alle Wege führen zum Menschen – Mit humanem Management zu dauerhaftem Erfolg. Gabler Verlag, Wiesbaden.

*Schulz, D.:* Freisetzung als Vorgesetztenaufgabe. In: Kieser, A., Reber, G., Wunderer, R. (Hrsg.): Handwörterbuch der Führung. Poeschel Verlag, Stuttgart 1987, S. 339–348.

*Schwuchow, K.:* Das Bewusstsein erweitern. Entlassungen in kleinen Unternehmen. Personalwirtschaft 12/2007, S. 20–21.

*Siekerkötter, R.:* Jede vierte Führungskraft mit gesundheitlichen Problemen. In: Personalführung 11/2000, S. 4–5. *Ergebnisse einer Umfrage zur Arbeitsbelastung in der chemischen Industrie.*

*Simon, H.:* Geistreiches für Manager. Campus Verlag, Frankfurt/New York 2000. *Eine kostbare Sammlung von Zitaten gegliedert nach Managementthemen und Autoren – geeignet als Geschenk für Manager – Weisheiten durch die Hintertür.*
*Sprenger, K.:* Aufstand des Individuums. Warum wir Führung komplett neu denken müssen. Campus Verlag, Frankfurt/New York 2000.
*Sprenger, K.:* Das Prinzip Selbstverantwortung. Wege zur Motivation. Campus Verlag, Frankfurt/New York, 9. Aufl. 1998.
*Stark, M.:* Die Rolle der HR-Manager und PersonalentwicklerInnen in Trennungsprozessen. Hernsteiner Verlag, Wien 3/2003, S. 19–22.
*Watzlawick, P.:* Management oder Konstruktion von Wirklichkeit. In: Watzlawick: Münchhausens Zopf oder: Psychotherapie und Wirklichkeit. Bern, Stuttgart, Toronto 1988, S. 124–134.
*Wever, U.A.:* Die Leiden der Leitenden – Wie Unternehmen die Loyalität ihrer Engagierten aufs Spiel setzen. In: Personalführung 3/1996, S. 214–219.

- Trennungsmanagement

*Altmann, G., Fiebiger, H. Müller, R.:* Mediation: Konfliktmanagement für moderne Unternehmen. Beltz Verlag, Weinheim, Basel 1999.
*Andrzejewski, L., Hofmann, W.:* Kostenfallen erkennen und vermeiden – Kostenmanagement bei Personalabbau. In: Personalmagazin 12/2002, S. 22–24.
*Andrzejewski, L.:* Die Psychologie der Kündigung: Sandwichposition der kündigenden Führungskräfte. In: management & training 2/2002, S. 16–19.
*Andrzejewski, L.:* Die Angst des Vorgesetzten vor dem Trennungsgespräch. In: Personalführung 6/ 2002, S. 76–84.
*Andrzejewski, L.:* Das Thema Kündigung wird tabuisiert. Lebensmittelzeitung, 6/2002.
*Andrzejewski, L., Zimmer, M.:* Konstruktiv trennen, statt kopflos feuern. In: GmbH Geschäftsführer, 7/2006, S. 8–11.
*Arnold, R., Burbach, C., Eibelshäuser, B., Müller, D.:* Mehr als nur ein Trennungsprozess. In: Personalführung 6/2007. *Wie funktioniert eine wirklich menschliche Entlassung (wenn es so was überhaupt gibt)? Die Degussa macht es vor.*
*Bennecke, J.:* Fair kündigen. Psychologische Auswirkungen des Trennungsmanagements. VDM Verlag, Saarbrücken 2006.
*Böhm, M.:* Der Trennungspapst. In: Frankfurter Rundschau – Wirtschaft, Nr. 150, 01.07.2005, S. 27.
*Brenner, D:* Die Angst des Vorgesetzten vor dem Trennungsgespräch. Frankfurter Allgemeine Zeitung, Nr. 58, 09.03.2002.
*Deckstein, D.:* Schlecht aufgelegt im Arbeitsalltag – Kündigungen und Managementfehler verderben die Stimmung – und verursachen hohe Kosten. Süddeutsche Zeitung 194 vom 25.08.2003.
*Femppel, K., Zander, E.:* Die Not der Führungskräfte. In: Personal 3/2005. *Der Titel erzeugt Mitleid, und in der Tat: Die Autoren verdeutlichen, dass das*

*Arbeitsplatzrisiko bei Führungskräften größer ist als bei »normalen« Mitarbeitern, und was im Kündigungsfalle alles zu beachten ist.*

*Hübner, E.*: Das Trennungsgespräch: Unglücklich macht meist nicht das »Was«, sondern das »Wie«. Hernsteiner Verlag, Wien 3/2003, S. 15–18.

*Jessl, R.*: Trennungsberatung im Umbruch. In: Personalmagazin 1/2005. *Wenn der Personalabbau nachlässt, verliert auch der Markt für die Outplacement-Berater an Dynamik. Die aber geben sich gelassen, ihre Dienstleistung wird Bestand haben – zumal sie ihr Portfolio erweitert haben.*

*Kahls, U.*: Gute Führung, faire Trennung. In: FAZ – Beruf und Chance, Nr. 269, C1, 18.11.2006.

*Karent* (Managementberatung): Studie Trennungsmanagement 2005.

*Kausch, D.*: Zukunftstrends im Trennungsmanagement. Grundlagen und Perspektiven für professionelle und faire Personalfreisetzungen, Vdm Verlag Dr. Müller, Saarbrücken 2006.

*Köhler, M.*: Unprofessionelle Gespräche richten Schaden an – Professionelles Trennungsmanagement am Beispiel der Taunus Sparkasse. Frankfurter Allgemeine Zeitung 299 vom 24.12.2002.

*Leddin, B.-U.*: Was ist Fairness im Trennungsgespräch? Ohne funktionierende Feedback-Kultur gibt es keine professionellen Kündigungsgespräche. In: Personalführung 6/2002, S. 92–94.

*Mai, J.*: Gut im Abgang: Kündigungsmanagement. In: Wirtschaftswoche 31/2002, S. 68–75.

*Marr, R., Steiner, K., Schloderer, F.*: Personalabbau in deutschen Unternehmen. Deutscher Universitätsverlag, Wiesbaden 2003.

*Mischke, R.*: Die Angst des Chefs vorm Feuern. Die Welt vom 15.02.2003.

*Mischke, R.*: Kein Kaffee, keine Kekse – Mit professionellem Kündigungsmanagement lässt sich der Ruf des Unternehmens wahren – und dem Betroffenen helfen. Handelsblatt vom 08.08.2003.

*Monke, L.*: Mehr Rechtssicherheit bei der Verwendung von Punkteschemata – Personalwirtschaft 2/2007, S. 42f.

*Nicolai, W.*: Einfluss der Betriebsräte wichtig? In: Personalwirtschaft 8/2007, S. 34–35.

*Peseschkian, N.*: Psychologie des Alltagslebens. Konfliktlösung und Selbsthilfe. Fischer Taschenbuch 1977.

*Schirmer, U.*: Commitment fördern, Mitarbeiter halten. In: Personalführung 3/2007. *Gibt es Neuigkeiten, wie Unternehmen ihre Mitarbeiter binden? Und welche Empfehlungen gibt ein Experte dazu?*

*Schmeisser, W./Clermont, A.*: Die kalkulierte Freisetzung. In: Personalwirtschaft 2/2006, S. 43 ff.

*Schulz von Thun, F., Ruppel, J., Stratmann, R.*: Miteinander reden: Kommunikationspsychologie für Führungskräfte. Rowohlt, Reinbeck 2001.

*Schwarz, G.*: Selbsthilfe in Konflikten. Verlag Geistesleben, Stuttgart 1999.

*Schwarz, G.*: Konfliktmanagement. Konflikte erkennen, analysieren, lösen. Gabler Verlag, Wiesbaden 5. Aufl. 2001.

*Steiner, A., Maier, G., Eisenbach, D.:* Vor der Trennung ins Training: Chancen nach der Kündigung. In: Personalführung 6/2004. *Die schwache Konjunktur fordert ihren Tribut: Gespart wird überall – selbst am Personal. Doch schwierige Zeiten schließen verantwortungsvolles Handeln nicht aus. Von den positiven Auswirkungen einer »professionellen Trennung«...*

*Thomann, CH., Schulz von Thun, F.:* Klärungshilfe. Handbuch für Therapeuten, Gesprächshelfer und Moderatoren in schwierigen Gesprächen. Rowohlt Taschenbuch Verlag, Reinbeck, Hamburg 1990.

*Thomann, Ch.:* Klärungshilfe: Konflikte im Beruf. Rowohlt Taschenbuch Verlag, Reinbeck 2. Aufl. 2000. *Handliches, praxisbetontes Buch über Methoden und Modelle klärender Gespräche bei gestörter Zusammenarbeit – so auch nach Downsizing.*

*Weisbach, Chr.-R.:* Professionelle Gesprächsführung. Ein praxisnahes Lese- und Übungsbuch. Beck-Wirtschaftberater, dtv 5. Aufl., München 2001.

- Encouraging und Selbstmanagement

*Adl-Amini, B.:* Krisenpädagogik. Veränderung und Sinn. Band 1. Syllabus Verlag, Aschaffenburg 2002.

*Adl-Amini, B.:* Krisenpädagogik. Krise und Entwicklung. Band 2. Syllabus Verlag, Aschaffenburg 2004.

*Adl-Amini, B.:* Nachtstunden des Lebens. Krisen verstehen – Krisen bestehen. Herder Freiburg, Freiburg 1992.

*Antoine de Saint-Exupéry:* Der Kleine Prinz. *Für alle, die bereit sind, mit dem Herzen zu sehen. Lesen Sie es noch einmal!*

*Brenner, D., Andrzejewski, L., Refisch, H. (Hrsg.):* Karriere-Spots. DGfK – Deutsche Gesellschaft für Karriereberatung e.V., Frankfurt 2004.

*Brenner, D., Andrzejewski, L., Refisch, H. (Hrsg.):* Karriereberatung LIVE. DGfK – Deutsche Gesellschaft für Karriereberatung e.V., Frankfurt 2006.

*Deidenbach, H.:* Zur Psychologie der Bergpredigt. Fischer Taschenbuch Verlag, Frankfurt/Main 1994. *Über Verantwortung.*

*Donald, N.:* Gespräche mit Gott. Ein ungewöhnlicher Dialog in drei Bänden. Wilhelm Goldmann Verlag, München 11. Aufl. 1996.

*Flemisch, V.:* Quellen beruflichen Erfolges. Arbeitspsychologische Erklärungsansätze für den Berufserfolg. Tectum Verlag, Marburg 2007.

*Kals, U.:* Mut zum Wechsel. So gelingt Ihnen der Aufbruch in die zweite Karriere. F.A.Z.-Institut für Management-, Markt- und Medieninformationen GmbH, Frankfurt/Main 2007.

*Kals, U.:* Zehn Fallstricke. Die fatalsten Fehler, die Sie aus dem Job katapultieren. F.A.Z.-Institut für Management-, Markt- und Medieninformationen GmbH, Frankfurt/Main 2005.

*Münchhausen von, M.:* Wo die Seele auftankt. Die besten Möglichkeiten, Ihre Ressourcen zu aktivieren. Campus Verlag, Frankfurt/Main 2004.

*Rump, J., Sattelberger, Th., Fischer, H. (Hrsg.):* Employability Management, Gabler, Wiesbaden 2006.
*Schoenaker, T.:* Mut tut gut. Ich weiß, ich bin okay. Horizonte Verlag, Filderstadt 10. Aufl. 2001. *Fundierte und praxisverwendbare Umsetzung der Individualpsychologie mit unmittelbar spürbaren Folgen für jeden, der die Übungen wirklich macht. Ein Muss für jeden »Survivor«.*
*Smothermon, R.* Drehbuch für die Meisterschaft im Leben. Context Verlag, Obertshausen 11. Aufl. 1996. *Ein »Arbeitsbuch« in kleinen, schnell lesbaren Kapiteln. Breites Themenspektrum hervorragend für das berufliche Umfeld. Wer damit arbeitet, wird es merken: das hat es in sich.*
*Weisbach, Ch., Dachs, U.:* Emotionale Intelligenz. Mit Gefühlen bewusst umgehen. Gräfe & Unzer, München 1997.

- Organisationen und Systeme

*Backhaus, J., Kobi, J-M. (Hrsg.):* Personalcontrolling. Grundsätze einer fairen Trennungs-Kultur. Deutscher Sparkassenverlag, Stuttgart 2005, S. 81–94.
*Erb, K.:* Die Ordnungen des Erfolgs. Kösel Verlag, 2001. *Einführung in die Organisationsaufstellung im beruflichen Kontext – Über die Dynamik in Firmen und Organisationen.*
*Grochowiak, K., Castella, J.:* Systemdynamische Organisationsberatung. Die Übertragung der Methoden Hellingers auf Organisationen und Unternehmen. Carl-Auer-Systeme Verlag, Heidelberg 2001.
*Havranek, Ch. (Hrsg.):* Flex-Ability. Personelle Kapazitätsschwankungen professionell steuern. Die Toolbox für das Unternehmen von morgen. Linde Verlag, Wien 2003.
*Huber, A., Jansen, S. A., Plamper, H. (Hrsg.):* Public Merger. Strategien für Fusionen im öffentlichen Sektor. Gabler Fachverlag GmbH, Wiesbaden 2004.
*Ruppert, F.:* Berufliche Beziehungswelten. Das Aufstellen von Arbeitsbeziehungen in Theorie und Praxis. Carl-Auer-Systeme Verlag, Heidelberg 2001.
*Schwuchow, K., Gutmann, J. (Hrsg.):* Jahrbuch Personalentwicklung 2007. Ausbildung, Weiterbildung, Management Development. Wolters Kluwer Deutschland, Köln 2005.
*Sparrer, I., Varga von Kibéd, M.:* Ganz im Gegenteil. Tetralemmaarbeit und andere Grundformen Systemischer Strukturaufstellungen. Carl-Auer-Systeme Verlag, Heidelberg 2000.
*Weber, G. (Hrsg.):* Praxis der Organisationsaufstellungen. Grundlagen, Prinzipien, Anwendungsbereiche. Carl-Auer-Systeme Verlag, Heidelberg 2000. *Übertragung der Arbeit mit dem »Familienstellen« auf Organisationen und das betriebliche Umfeld. Ein völlig neuer Ansatz zur Lösung vieler Probleme. Nur etwas für »Mutige«.*
*Weber, G. (Hrsg.):* Zweierlei Glück – Die systemische Psychotherapie Bert Hellingers. Carl-Auer-Systeme Verlag, Heidelberg 12. Aufl. 1999.

# Kapitel 16

# »Was suchen Sie ?« – Stichwortverzeichnis

A
Abfindungen
– durchschnittlicher Faktor 144
– Einwände bei Angebot 335
– Verhandlungsstrategien 143ff.
Ängste der Betroffenen 120, 229, 287, 334
Ängste der Führungskräfte
– Auswahlverfahren 74
– Formulierung der individuellen Begründung 76
– Gesamtdarstellung 59–94
– Imageverlust des Vorgesetzten 73
– Trennung trotz positiver Unternehmensentwicklung 76
– Verlust der eigenen Glaubwürdigkeit 72
Ängste der Verbleibenden 252
Arbeitslosigkeit 67, 129, 131
Arbeitsplatzverlust 146, 287, 295
Argumentationsleitfaden 190, 328
Aufhebungsverhandlungen 80, 148
Aufhebungsvertrag 30, 80, 179, 332

B
Beratung in Zeiten des Wandels
– Ablauf Newplacementberatung 280
– Angebote 279, 297
– Angebote für Verbleibende 265
– Auswahl 297, 299, 308
– Bedarf 89
– Dauer 150
– Einsatz von Trennungsexperten 113
– Erfolgsfaktoren 291
– Existenzgründungsberatung 279
– Finanzierung 147
– Formen der Newplacementberatung 279
– Gruppenberatung 279
– Individualberatung 279
– Inhalte einer Newplacementberatung 280
– Kompaktberatung 279
– Kosten 146, 296
– Kosten-Nutzen-Analyse 292
– Newplacementberatung 278ff.
– pro-aktive Beratung 303
– profesionelle Trennungsberatung Seite 367
– Qualität des Beraters 300
Beratungsangebot 21, 277
Beratungsunternehmen in Zeiten des Wandels
– Auswahl 297, 299, 308
– Controlling (internes) 305
– interne Vernetzung 304
– Leistungs- und Erfolgshonorierung 306
– Qualitätssicherung 305
– Suche des geeigneten 297
Betriebsrat
– Abstimmung der Inhalte des Trennungsgesprächs 174
– arbeitsrechtliche Regelungen 109ff.
– Einbindung 97, 225
– Information 90, 166, 196
– Mitarbeiterauswahl 100
– Mitglied im Trennungskomitee 121
– Reaktionen 223ff.
Berufliche Trennung 23, 61
Betriebliche Trennung 310
Bindung s. Mitarbeiterbindung

C
Change- und Trennungsprozess 61, 73, 89, 91, 99, 260, 289
Coaching in Zeiten des Wandels
– Bedarf 335
– Checkliste 204
– Gesamtdarstellung 278–309
– individuelles 55, 244, 279, 306
– Karriereberatung 285
– Probezeit-Coaching 283
– profesionelles Trennungscoaching 367
– Verbleibende 259

Downsizing 75, 143, 254, 259

Ehrlichkeit
– Führungsalltag 310ff.

- Trennungsbegründung 187, 196
Emotionale Reaktionen 235
Emotionen der Gekündigten 235ff.
Ethik 37, 259, 304

**F**
Familie 66, 127ff., 163, 230, 328, 334
Fehler im Management 77ff., 167, 194, 257, 341
Freistellung 149, 151, 182, 203
Führungskräfte
- Ängste beim Trennungsgespräch 59–94
- Delegation des Trennungsgesprächs als Fehler 78
- Fehler im Verhalten 78
- Glaubwürdigkeit 72
- Imageverlust 73
- Informationspolitik (unbedachte) 81
- mangelnde Erfahrung 63
- mangelnde Vorbereitung 78
- Rückhalt der Geschäftsleitung 79
- Selbstreflexion 89
- Unterstützungsbedarf 87
- Verantwortlichkeit für das Trennungsgespräch 157

**G**
Gerüchte und Folgen 137, 232, 266
Gesprächseröffnung 184
Gesprächsinhalte 97, 174

**I**
Informationspolitik 81, 125, 167, 178
Interviewtraining 283

**K**
Karriereberatung, Möglichkeiten und Grenzen 285
Kommunikation in Zeiten des Wandels
- Ankündigung 165
- Checkliste zum Soll-Ist-Abgleich 317
- Fehler 46
- gemeinsame Basis für die Führungskräfte 88
- Gesprächstechniken (fehlende) 90
- Kommunikationswege 173
- Kompaktberatung 279
- Regeln 182, 242
Kontakt zum Autor 367
Kosten
- direkte 141

- indirekte 133
- ungeplante 138
- versteckte 136
Kündigung
- Änderungskündigung 45
- Alternativen 123
- Ankündigung 165
- außerordentliche 45
- Auswahl 99
- Berechtigung 158
- betriebsbedingte 45, 192
- Betroffene 126
- Formen 44
- fristgerechte 44
- fristlose 45
- Gerechtigkeitsempfinden 253
- Grund 192
- ordentliche 44
- psychische Reaktionen 230
- Rollenmodelle 210
- Schutzklagen 295
- systemische Aspekte 255
- Terminologie 187
- Top Dogs 244
- verhaltensbedingte 45, 192
Kündigungsgespräch s. Trennungsgespräch
Kündigungsgrund 44, 142
Kündigungsschock 34

**L**
Leistungsträger, Kündigungsargumentation
  High-Performer 75
Auffanggespräch 279
Low-Performer 75, 99, 194

**M**
Mitarbeiterauswahl zur Trennung
- Betriebsrat 100
- Punkteschema 100
Mitarbeiterbindung
- Aufgabe der Führungskraft 140
- ganzheitliches Trennungsmanagement 314
- Motivation der Verbleibenden 46
- Leistungsträger 264
- Praxisbeispiel 261
- Projektplan 112
- Verbleibende 102
- Vetrauensbildung 271
- Workshopreihe 339

## N

Newplacement
- Chancen 291
- Checkliste 204
- Grenzen 288
- Phase im Trennungsprozess 108, 278

Newplacementberatung
- Ablauf 280
- Anbieter 299
- Angebote 279
- Deeskalation 293
- Definition 278, 308
- Formen 279
- Inhalte 280
- Kosten 149, 296
- Phasen 282
- Praxisbeispiel 93
- Vorteile für Betroffene 296
- Workshop (Beispiel) 338

Newplacementphasen 278ff.
Not der Vorgesetzten 59
Ökonomische Aspekte 132
Organisationsentwicklung 44, 95, 313
Outplacement
- Begriffsverständnis 108, 250
- Einkommen der Betroffenen 38

Outplacementberatung
- Auswahl 299, 308
- Beratungsangebot 297, 299
- Beratungsangebot nach Hierarchie-Ebenen 280
- Nutzen eines Outplacement-Services 119
- pro-aktive Beratung 303
- Reduzierung von Kündigungsschutzklagen 294
- Rolle des Beraters 109
- Suche geeigneter Berater 297, 299

Outplacementkandidaten
- Funktionen 246
- Persönlichkeitsprofil 245

## P

Personalabbau
- Betriebsrat 223
- Effizienz 54
- Folgewirkungen (Forschungsergebnisse) 47
- Gewinnmaximierung 42
- Gründe 39
- Instrumente 124
- kurzfristige Effekte 52
- Mitarbeiter-Auswahl 100
- Planung 43
- Vorlaufzeiten 110ff.
- Wirkungsebenen 51
- Wissensverlust 153, 318
- Zielerreichung (Forschungsergebnisse) 49

Personalverantwortliche
- Ängste 59–94
- Beteiligung in Extremfällen 170
- Coaching der Verbleibenden 259
- interdisziplinäre Kooperation 315
- Qualifikationsentwicklung 314
- Rolle im Trennungsprozess 157, 211, 218
- Situation im Trennungsprozess 205–225
- Training 55
- Vorbereitung der Trennungsgespräche 78
- Vorgaben der Unternehmensleitung im Trennungsprozess 145

Phasen des Trennungsprozesses 97
Planungsphase des Trennungsprozesses 107ff.
Potenzialanalyse 281
Qualitätssicherung 126, 148, 300, 305

## R

Reaktionen in Zeiten des Wandels
- Betriebsrat 223
- Checkliste 230
- emotionale 327
- Körperreaktionen 241
- medizinische 231
- Personalverantwortliche 218
- Phasenmodell 233
- psychische 230
- Reaktionsmodelle 257ff.
- Reaktionstypologie 215, 235
- Umgang 191
- Verbleibende 67, 251

Reaktionstypologie 215, 235
Replacement 278
Restlaufzeit, Gestaltung 149
- Umgang mit den Verbleibenden 273
Revitalisierung der Verbleibenden 261, 271, 308, 314ff., 336

## S

Sicherheit
- des Arbeitsplatzes 167, 178
- des Mitarbeiters 36, 106, 161, 178

Sozialplan 100

363

# Stichwortverzeichnis

Survivor 120, 205, 250ff., 274, 308, 337, 339
Survivor-Syndrom 250

Top Dogs 38, 39, 244
Trennungsbegründung
- Abstimmung der Formulierung 179
- Antidiskriminierungsrecht 187
- Checkliste 201
- Gesamtdarstellung 191–204
- Gründe 98
- individuelle 76, 90, 173

Trennungsgespräch
- Ängste der Vorgesetzten 59–88
- Ankündigung 165
- Argumentationshilfen 90
- Argumentationsleitfaden 328
- Argumentationsnotstand 65
- Atmosphäre 96
- Begriff 102
- Botschaften 241
- Checklisten zur Durchführung 324
- Dauer 86, 170
- Delegation 78
- Durchführung 173–204
- Einzigartigkeit 65
- Erfahrungsaustausch 87
- Fehler 77
- Gefühlszustand des Vorgesetzten 86
- Gesprächsführung 156
- Gesprächstechniken 90
- Glaubwürdigkeit 72
- Körpersprache 241
- Kommunikationsregeln 242
- Nachsorge 166
- Organisation 96, 111
- Ort 168
- Perspektiven 87
- Reizworte 242
- Rolle des Vorgesetzten 85
- Selbstreflexion 89
- Sicherheitsaspekte 167
- Systematik 89
- Teilnehmerkreis 158
- Unternehmenskultur 91
- Vorbereitung 85
- Zeitpunkt 160

Trennungsgründe 37, 192
Trennungskomitee 99, 120ff., 204, 308, 336
Trennungs-Kultur
- Abfindungen 143, 148
- Abfindungspoker 143
- Abstimmung über Trennungsbegründung 179
- Aufklärung über arbeitsrechtliche Konsequenzen 178
- Begriffsverständnis des Autors 24
- Behandlung in der Wirtschaftspresse 32
- Bestimmungsgrößen 37
- Betriebsrat 223
- Checkliste zum Soll-Ist-Abgleich 316
- Coaching 278–309
- Datenbankrecherchen zum Begriff 31
- Definition 37
- Elemente (Übersicht) 22
- Firmenimage 55, 148
- Fürsorgepflicht 147
- gemeinsames Verständnis 125
- Homepages zum Begriff Trennungs-Kultur 29
- Konzept 27, 336
- Konzept (Schaubild) 27
- Kostenaspekte 140
- Motivationslage des Mitarbeiters 142
- Nachsorge 166
- Newplacementberatung 278–309
- Personalmarketinginstrument 55
- Restlaufzeit 149
- Soll-Ist-Abgleich 315
- Tabuisierung 25, 88
- Trennungskomitee 123
- Trennungskonditionen 177
- Unternehmensimage 55, 148
- Unternehmenskultur 91, 312
- Verpflichtung des Mitarbeiters zur persönlichen Reflexion etc. 202
- Wertschätzung des Mitarbeiters 183
- Zeitpunkt des Trennungsgesprächs 164

Trennungsmanagement
- Arten von Trennungen 44
- Auffanggespräch 280
- Betriebsrat 223
- Coaching 335ff.
- Coaching der Verbleibenden 259
- direkte Kosten 141
- Einsatz der eigenen Schlüsselqualifikationen 217
- Elemente 315
- Fluktuationskosten 138
- ganzheitliches 314
- Gründe für Trennungen 44
- indirekte Kosten 133
- Konzept 27

- Kosten 132–155
- Managementaufgabe 25, 43
- ökonomische Aspekte 132–155
- Organisationsentwicklung 313
- Produktivitätsverlust 136
- risikoorientiertes 320
- Trennungsarten 44
- Trennungsgründe 44
- Trennungskomitee 120
- ungeplante Kosten 138
- ursachenorientiertes 319
- wirkungsorientiertes 310
- Workshop (Beispiele) 337ff.

Trennungspaket 142, 202
Trennungsprozess
- Begleitung des 367, 368
- Betriebsrat 223
- Controlling 126
- Dynamik 95ff.
- Einbindung der Vorgesetzten 89
- emotionale Symptome 106
- Empfehlungen für Vorgesetzte zum professionellen Umgang 106
- Energie-Krisen 95ff.
- Entscheidungsphase 97
- Eskalationsstufen 117
- Gesprächsphase 97
- Glaubwürdigkeit der Führungskräfte 72
- Humanität 166
- Integration der Unternehmenskultur 91
- Kompetenzen (Klärung) 120
- Konsens (fehlender) 79
- Kosten 132–155
- Nachsorgephase 97
- Newplacementphase 278–309
- ökonomische Aspekte 132–155
- Outplacementphase 97
- Phasen 97, 108
- Planungsphase 107–125
- Produktivitätsverluste 136
- Projektmanagement in der Planungsphase 109
- Rolle der Personalverantwortlichen 218
- Rolle des Vorgesetzten 85
- Rollenmodelle 210
- Rollentausch 210
- Rückhalt der Geschäftsleitung (fehlender) 79
- soziale Normen 37
- Sozialplan 61
- Strategie 145
- Trennungskomitee 120ff.
- Unterstützung der Vorgesetzten 89
- Verbleibende 82, 250–277
- Verhandlungspartner 145
- Verständnis 37
- Vorbereitung (mangelhafte) 78, 85
- Vorbereitungsphase 97
- wirtschaftliche Aspekte 132–155
- Zielsetzung des Mitarbeiters 141

Trennungstrauma 229, 242, 280, 302

U
Unternehmenskultur
- Begriff 35
- Integration in die Trennungs-Kultur 91
- Trennungskonditionen 177
- Werte 36

V
Veränderungsmanagement 270
Verbleibende
- Ängste 252
- Angebote 265
- Bedürfnisse 260
- Betroffenheit 128, 166
- Checkliste zum professionellen Umgang 273
- Coaching 259
- Energiezustände 276
- Folgewirkungen von Personalabbau 50
- Gefühle 251
- Identifikationsquellen 265
- Motivation 254, 268
- Nichtbeachtung 82
- Outplacement-Service 120
- Probleme 251
- Produktivitätsverluste 46
- Reaktionen 67, 251
- Revitalisierung 314
- Situation 250–277
- Solidarisierung 125
- Survivor-Syndrom 257
- Symptome 251
- Trennungsritual 257
- Verunsicherung 138
- Widerstand 266
- Wirkung der Maßnahmen (Checkliste) 273
- Workshop für Vorgesetzte zum Umgang 340

Wahrhaftigkeit
- Führungsalltag 310ff.
- Trennungsbegründung 187, 196

Wirtschaftliche Aspekte 132

**Z**

Zeit
- als Kostenfaktor 135
- Dauer eines Trennungsgespräches 86
- Restlaufzeit 149, 203
- Umsetzungsdruck 56
- Verarbeitung bei den Gekündigten 106, 258, 274
- Zeitgleichheit der Trennungsgespräche 166
- Zeitpunkt der individuellen Mitteilung 162
- Zeitpunkt der Trennungsbotschaft 162

Dr. Laurenz Andrzejewski
Jahrgang 1951

**Management:**
Viele Jahre leitende Stabs- und Linienfunktionen in der Pharma- und Markenartikelindustrie. Schwerpunkte im Marketing und Vertrieb.

**Beratung:**
Als Trennungsexperte seit 1989 Begleitung von Wandlungs- und Personalprozessen in Unternehmen. Beratung von Top-Management, Führungskräften und Personalabteilungen in der Outplacementphase und Coaching gekündigter Mitarbeiter bei deren Newplacement. Im Jahre 2000 Gründung der Management- & Karriereberatung – spezialisiert auf professionelles Trennungsmanagement und berufliche Neuorientierung. Davor langjähriger Senior Consultant und Niederlassungsleiter einer internationalen Personal- und Managementberatung. Ausbildung, Trainings und Supervisionen bei DBM Inc., New York, der weltweit führenden Beratungsgesellschaft für Career Transition Counseling.

**Publizist:**
Autor mehrerer Handbücher zum Newplacement, Ratgeber zum Karriere-Management. Anfang 2002 erschien die erste Auflage von *Trennungs-Kultur – Handbuch für ein professionelles, wirtschaftliches und faires Kündigungsmanagement* im Luchterhand Verlag. Zahlreiche Fachpublikationen in Personalzeitschriften und Wirtschaftsmagazinen.

**Dozent und Projektpate:**
Moderation von Seminaren und Workshops unter management1×1 sowie für die DGFP – Deutsche Gesellschaft für Personalführung e.V., das F.A.Z.-Institut, die Akademie der Deutschen Genossenschaftsbanken, FORUM-Institut Heidelberg und andere namhafte Bildungsinstitute.

Für die Deutsche Ausgleichsbank (DtA) Berlin und die Industrie- und Handelskammer Frankfurt (IHK) als Experte und Projektpate am »DtA-Runden-Tisch« in der Beratung von mittelständischen Unternehmen tätig. Im Jahre 2002 Gründung und Vorstand der *Deutschen Gesellschaft für Karriereberatung e.V. – DGFK*.

**Auszeichnungen:**
Er wurde 2005 von der Fachzeitschrift »personalmagazin« als »*Einer der 40 führenden Köpfe im Personalwesen*« gewürdigt.

Seine Konzeption wurde vom BDVT im Rahmen des »Deutschen Trainingspreises 2004« mit einem Award ausgezeichnet.

Wegen seines Engagements für Humanität und Fairness im Trennungsprozess wird er von Personalfachleuten und in der Wirtschaftspresse als »*Deutschlands Trennungspapst*« bezeichnet.

## »Und wer hilft uns weiter?« – Kontakt

*Ihre Erfahrung ist gefragt,*
*Ihre Anregung willkommen!*

Wie in der Einleitung bereits zum Ausdruck gebracht, lade ich Sie herzlich ein, mitzuhelfen, das Thema Trennungs-Kultur vom Schleier des Tabus zu befreien. Bitte befruchten Sie die offene Diskussion des Themas durch Ihre Erfahrungen, kontroverse Meinungen, Anregungen und Anekdoten mit einer E-Mail an:

LA@management1x1.de

Oder mit der Post:

Dr. Laurenz Andrzejewski
management 1 × 1
Management- & Karriereberatung
Nikolaus-Reuter-Straße 12
D-61250 Usingen/Taunus

Möchten Sie die Themen dieses Buches vertiefen?
Interessieren Sie die Workshops zum Buch?
Dann schauen Sie doch einfach mal rein:

www.management1x1.de

Ihr Spezialist für die heikelsten Managementaufgaben.